HISTOIRE D'ELBEUF

par **H. SAINT-DENIS**

TOME IV

(De 1688 à 1736)

ILLUSTRÉ DE 12 PLANCHES HORS TEXTE

PAR DÉLIBÉRATION DU CONSEIL MUNICIPAL D'ELBEUF,
EN DATE DU 9 MAI 1894

Elbeuf. — Imprimerie H. Saint-Denis

1897

HISTOIRE D'ELBEUF

TOME IV

L'ancien Château des ducs d'Elbeuf, rue Saint-Etienne

HISTOIRE
D'ELBEUF

par H. SAINT-DENIS

TOME IV

(De 1688 à 1736)

ILLUSTRÉ DE 12 PLANCHES HORS TEXTE

PAR DÉLIBÉRATION DU CONSEIL MUNICIPAL D'ELBEUF,
EN DATE DU 9 MAI 1894

Elbeuf. — Imprimerie H. Saint-Denis

1897

HISTOIRE D'ELBEUF

Tome Quatrième

CHAPITRE Ier
(1688-1689)

Charles III et Henri de Lorraine *(suite)*. — Les biens des protestants d'Elbeuf. — Jean Bénard de Granville. — Une seconde société de secours mutuels. — Ordonnance royale et arrêt du Parlement pour les tapissiers d'Elbeuf. — Désarmement des protestants. — Réparations a la chapelle Saint-Auct. — La basse sergenterie. — Les barbiers-baigneurs-étuvistes-perruquiers.

Dans notre notice sur La Londe, nous avons publié un état des biens sis en cette paroisse et confisqués sur Nicolas, Thomas et les deux Jean Lemonnier, qui étaient également propriétaires à Boscroger et dans d'autres localités des environs. Nous avons également mentionné un procès intenté aux sieurs Lemonnier, « absents pour cause de religion P. R. »

Nous devons à M. E. Lesens, de Rouen, la liste suivante, dressée en 1688, indiquant les biens abandonnés par des protestants d'Elbeuf, lors de leur fuite à l'étranger :

1. — Nicolas Lemonnier. — Terres à La Londe ; rentes sur divers ; maison à La Londe.

2. Jean Lemonnier père.—Terre à La Londe ; ferme à Saint-Ouen de La Londe ; terre à Grand-Couronne ; maisons, masure et terres à Moulineaux.

3. Jean Lemonnier fils.—Terre à La Londe ; une grande maison à Elbeuf, paroisse Saint-Etienne, affermée à Jean-Baptiste Lesueur et Henry Leclerc ; plus une place audit Elbeuf près le moulin Saint-Etienne, affermée aux mêmes.

4. Thomas Lemonnier. — Terre et maison à La Londe ; maison et jardin à Elbeuf, paroisse Saint-Etienne, vis-à-vis l'église, tenus à fieffe par Pierre Grandin ; plusieurs terres et maisons à Boscroger ; plus une rente sur Pierre Lefebvre et ses frères, absents, pourquoi ledit Lemonnier a fait décréter deux maisons à Elbeuf, adjugées à Hector Ygou, boulanger à Rouen.

5. Charles Lecointe. — Terres et ferme à Etréville ; terre à Bourneville ; maison et masure à Sahurs.

6. Louis Lecointe. — Terre et maison à la Sologne.

7. Guillaume Carue, ministre à Boscroger (Bouquetot). — Plusieurs héritages à Thouberville ; la terre de la Brosse, à Saint-Ouen-de-Thouberville.

ANNÉE 1688

8. Thomas Lecointe. — Un grand ténement de maisons à Elbeuf, près la grande rue, paroisse Saint-Jean ; un ténement de maisons, rue Meleuse ; terre à Elbeuf ; terre à Saint-Pierre-des-Cercueils.

9. Nicolas Bénard. — Un moulin à huile avec un petit îlot, appelé le Moulin à Tan, à Elbeuf, paroisse Saint-Etienne, affermé à Robert Desnoyers.

10. Jacques Bénard, drapier. — Terre à la Haye-Malherbe.

11. Augustin Dehors. — Maison à Elbeuf, grande rue, paroisse Saint-Jean, tenue à fieffe par Nicolas Flavigny, drapier à Elbeuf.

12. Catherine Dugard, veuve de Thomas Tribout. — Maison et masure à Elbeuf, rue Meleuse, affermée à Mathieu Frontin.

13. Nicolas Féré. — Maison et enclos à Elbeuf, rue Meleuse.

14. Marthe Frontin, veuve de Jean Lecointe, drapier. — Maison au Mont-Roty, paroisse Saint-Etienne ; un clos au triage des Rouvalets, proche ladite maison.

15. Pierre Lefebvre. — Maison et jardin à Elbeuf, grande rue, paroisse Saint-Étienne ; affermée à Robert Desnoyers ; maison près la grande rue, même paroisse, plus une autre maison ; terres à Thuit-Anger, à Caudebec-lès-Elbeuf, à Boscroger, à Bosnormand et à Fouqueville ; rentes.

16. Elisabeth Lefebvre, veuve de Nicolas Bénard. — Maison et jardin, grande rue, paroisse Saint-Jean.

17. Jean de Paris. — Maison et jardin, rue Meleuse.

18. Nicolas Robert, drapier. — Terre à la

Haye-Malherbe ; maison et masure à Thuit-Anger.

19. Louis Tribout. — Maison rue Meleuse.

20. Nicolas Tribout. — Maison et jardin rue Meleuse, affermés à Robert Desnoyers ; terre, paroisse Saint-Etienne, affermée au même.

21. Charles Varin. — Maison à Elbeuf, nommée l'*Ecu de Lorraine*.

Cette liste n'est certainement pas complète; mais elle contribue à montrer quelle perturbation avait causé dans notre bourg la révocation de l'Edit de Nantes.

En cette année 1688, Anne Lemonnier, fille de Thomas et de Marie Leboulanger, était réfugiée à Amsterdam avec ses trois enfants. Quant à son beau père, il s'était établi dans cette ville, ainsi que Jean Lemonnier père, qui mourut en 1691. Cette famille avait des parents depuis plus d'un siècle en Hollande : le protestant Simon Lemonnier, né à Elbeuf, s'était établi à Flessingues en 1587 et y avait fait souche.

Parmi les autres réformés elbeuviens passés à l'étranger depuis l'introduction du culte dans notre localité, M. Lesens cite Jean Bonnet, couturier à Elbeuf, réfugié à Genève dès 1557. De 1576 à 1600, on trouve un grand nombre de protestants d'Elbeuf en Angleterre : des Dugard, Garel, Duchesne, Mansel, Hébert, Chéron, etc. Noé Camin, fabricant de draps à Elbeuf, s'était marié à Rachel Lecointe ; de ce mariage était né, en 1672, une fille, Rachel, qui, après la révocation de l'Edit de Nantes, fut faite prisonnière sur le navire qui la transportait en Angleterre.

Le 13 janvier 1688, on inhuma, dans l'église

Saint-Jean, le corps de Jacques Bigot, avocat, décédé la veille, à l'âge de 63 ans.

François Deshays, de Thuit-Signol, fut « mis en liberté des prisons et conciergerie d'Ellebeuf, où il avoit esté arresté et escroué le 24 janvier 1688, à l'instance de Me Robert Le Camus, huissier du Roy en sa Cour des aydes de Normandye, par Me Guillaume Lepaintre, sergent royal en la viconté de Conches, pour le siège d'Anfreville la Champagne, pour le payement de la somme de trois cents livres transportée audit sieur Le Camus à prendre sur ledit Dehayes par le sieur Leprevost, huissier sergeant en la haulte justice de la Londe… » Pour se libérer et recouvrer sa liberté, Deshays vendit deux pièces de terre.

Nous relevons les articles suivants de l'inventaire qui fut dressé, le 1er mars, du mobilier et des marchandises appartenant à Jeanne Pigerre, veuve de Simon Duruflé, à l'occasion de son mariage avec Pierre Godet :

« Un ourdisseur tournant, fourny   10 liv.
« Un autre ourdisseur   2
« Une douzaine de tournettes . .   1
« Les laisnes et soyes non ouvragées.   675
« Quatre rouëts   2
« Une presse   17
« Un mestier ligature   41
« Cinq pièces de tapysserie sur 2 c. 1/2.   115
« Un ballot de tapysserie estant chez le sieur Duhan, à Paris . . .   110
« Dix huict aulnes de poinct . .   36

Au total, Jeanne Pigerre apportait à son second mari pour 2.506 livres 18 sols de mobilier et de marchandises ; elle devait à divers, notamment au teinturier, une somme totale de 1.405 livres 14 sols 4 deniers, ce qui fut reconnu par Pierre Godet.

Le premier des registres de la Manufacture de tapisseries d'Elbeuf portait en tête l'ordonnance qui suit :

« Il est à sçavoir, qu'en l'année 1686 au mois de juillet, Sa Majesté ayant esté deüment informée de l'abus qui se commettoit dans la fabrique des tapisseries par les maîtres ou ignorans, ou impuissants, auroit à la poursuite et diligence d'honorables hommes Jacques Divory, Nicolas Maille, Jacques Pollet, Louis de Riberpré et George Viel, maîtres dudit métier audit Elbeuf, accordé ses lettres patentes, par lesquelles en expliquant ses intentions, elle veut et ordonne que les statuts et reglements qui ont esté dressez, contenans le nombre de 31 articles, pour le fondement, entretien et conservation de ladite maistrise, soient executez de point en point selon leur forme et teneur, à laquelle fin les auroit renvoyez pour estre registrez au parlement de Rouen, à fin d'execution.

« Il est encore à remarquer que pour un plus seur, plus ferme et plus stable establissement de ladite maistrise, et pour en mieux connoistre l'importance, il s'est fait par ordonnance de la cour information sur information de l'utilité d'icelle, en conséquence desquelles informations est intervenu arrest le traize de fevrier 1688, au raport de monsieur de Tiremois, sieur Darqueville, conseiller commissaire, qui ordonne que lesdites lettres patentes, ensemble lesdits statuts et reglements seront registrez es registres de la cour, ce qui fait a esté.

« Et finalement les mesmes susdites lettres, statuts et reglemens, ensemble le susdit arrest de la cour ont esté lûs audit Elbeuf l'audience seante du mardy 24 dudit mois de février 1688, ensuitte de quoy ont esté faites l'eslection de gardes aux formes ordinaires, la visite generalle, du nombre des maistres actuellement travaillants, et la deliberation necessaire pour l'introduction et maintien de ladite manufacture receuë en leur assemblée devant le juge du lieu, juge naturel, et d'abondant commis par lesdits statuts suivant l'acte du huit de mars ensuivant, desquelles lettres patentes, statuts et arrest de la cour la teneur ensuit ».

Suivaient les Statuts, Règlements et lettres patentes que nous avons publiés à leur date, puis cet extrait des registres du Parlement de Rouen :

« Entre Jacques Divory, Nicolas Maille, Jacques Pollet et Louis de Riberpré, tant pour eux que pour les autres maistres tapissiers du bourg d'Elbeuf, demandeurs en requeste, aux fins de l'enregistrement des lettres patentes à eux accordées par le roy à Versailles, au mois de juillet 1686, portant confirmation des statuts reglements de leur mestier et fabrique des tapisseries au bourg d'Elbeuf, ensemble desdits statuts et de leur deliberation du 13 jour d'aoust 1685, et defendeurs en requeste d'opposition d'une part, et Nicolas du Buisson, Pierre Bachelet et autres compagnons dudit mestier, oposants audit enregistrement d'autre part :

« En la presence de messire Charles de Lorraine, duc d'Elbeuf, pair de France, et gouverneur pour le roy en la province de Picardie, partie intervenante, donnant adjonction audit enregistrement d'une autre part.

« Veu par la cour l'arrest d'icelle, du dix-huitième jour de juillet dernier, par lequel ledit sieur de Lorraine auroit esté reçeu partie intervenante au procez, et les parties appointées à écrire et produire lesdites desliberation, statuts et lettres patentes cy-devant dattez.

« Arrest de la chambre des vacations, du douzième jour de septembre mil six cens quatre vingt six, rendu sur la requeste desdits maistres tapissiers, aux fins de l'enregistrement desdites lettres patentes, statuts et desliberation, par lequel leur auroit esté accordé acte de la presentation desdits statuts et lettres patentes de confirmation d'iceulx, lesquels seroient representez après la saint Martin : Et cependant permis ausdits tapissiers de travailler par provision conformement auxdits statuts et lettres patentes.

« Autre arrest de ladite cour du vingt-huitième jour de janvier mil six cens quatre-vingt sept, rendu sur la requeste presentée à icelle, par lesdits maistres tapissiers, aux fins dudit enregistrement, par lequel avant que faire droit auroit esté ordonné que par le bailly de Roüen ou son lieutenant au siège du Pondelarche, ou par un des conseillers commissaires de ladite cour, trouvé sur les lieux sans voyage, il seroit informé de la commodité ou incommodité que pouvoit aporter au Roy et au public lesdits statuts et lettres patentes de confirmation d'iceux, à laquelle lesdits statuts et lettres patentes seroient luës aux prônes des messes paroissialles des paroisses dudit bourg d'Elbeuf, et à l'audience dudit lieu du Pondelarche, pour les procez verbaux desdites lectures et information raportez à la cour, avec l'avis dudit juge et du substitut du procureur general du roy, sur l'établissement de maîtrise entre les tapissiers du bourg d'Elbeuf, et le tout communiqué audit procureur général, estre ordonné ce qu'il apartiendroit.

« Actes de lectures desdites lettres patentes et statuts, aux prônes des messes paroissialles des paroisses de Saint Estienne, et Saint Jean d'Elbeuf, des saize et vingt troisième jour de fevrier ensuivant.

« Autre acte de lecture d'iceux à l'audience dudit siège du Pondelarche, du vingt du mesme mois, liste des temoins fournie par ledit substitut dudit procureur general du roy, au Pondelarche dudit jour de fevrier, exploit d'assignation donnée ausdits temoins devant ledit juge du Pondelarche, pour estre ouys du vingt quatre du mesme mois.

« Information faite en consequence par ledit juge ledit jour vingt quatre et vingt cinq fevrier, mil six cens quatre vingt sept, avis desdits juge et substitut sur ledit etablissement du trois mars ensuivant.

« Arrest de nôtre cour, du trente et un may mil six cens quatre vingt sept, rendu sur la requeste desdits maistres tapissiers, par lequel auroit esté ordonné que par devant les conseillers commissaires de ladite cour qui seroient deputez, il seroit plus amplement informé de la commodité ou incommodité que peut apporter, au roy et au public, l'etablissement dudit mestier de tapissier audit bourg d'Elbeuf en maistrise et corps de mestier, sur la liste des temoins qui seroit fournie par ledit procureur general pour ce fait, et à luy communiqué estre ordonné ce qu'il apartiendroit, liste des temoins fournie par ledit procureur general le deux juin dernier, exploits des quatre et six dudit mois, d'assignations données ausdits temoins, devant le sieur Buquet, conseiller commissaire, pour estre examinez.

« Arrest de ladite cour du neuf dudit mois de juin, rendu sur la requeste desdits compagnons tapissiers, pour estre receus oposans à l'enregistrement desdites lettres patentes, et statuts, par lequel il leur auroit esté accordé acte de leur opposition, et ordonné qu'ils auroient communication desdites lettres patentes, pour donner leurs moyens d'oposition, escrit de moyens d'oposition desdits compagnons, signifié le quatre juillet dernier.

« Response desdits maistres tapissiers, signifié le dix-sept dudit mois, requeste d'intervention dudit sieur duc d'Elldbeuf, du saize du mesme mois de juillet, ordonné estre montrée à partie et signifiée ledit jour.

« Requeste d'employ desdits compagnons, du vingt-trois dudit mois, signifiée dudit jour.

« Requeste desdits maistres tapissiers du premier aoust ensuivant.

« Copie d'arrest de la cour, du quatorze de mars mil six cens soixante et onze, rendu entre René Piquenot, maistre tapissier audit Elbeuf, et Jean Bizet, Richard Lamy, et François Dugard, aussi maistres tapissiers audit lieu, conclusions du procureur general du roy.

« Arrest de ladite cour du trois de decembre dernier, par lequel avant que faire droit, auroit esté ordonné que ledit arrest du trente et un may precedent, seroit executé, ce faisant par devant les conseillers commissaires de la cour, il seroit plus amplement informé de la commodité ou incommodité que pouvoit aporter au roy et au public, l'etablissement dudit mestier de tapissier audit bourg d'Elbeuf, en maistrise et corps de mestier, sur la liste des temoins fournie par ledit procureur general, pour ce fait à luy communiqué, et le tout remis ès mains du conseiller commissaire, pour estre ordonné ce qu'il apartiendroit.

« Requeste presentée à la cour, par lesdits maistres tapissiers d'Elbeuf le dix de ce mois, à ce que, sans s'arrester aux modifications portées par les conclusions dudit procureur general, il plût à ladite cour proceder à l'enregistrement de leursdits statuts et lettres patentes de confirmation d'iceux, purement et simplement, et où la cour trouveroit à propos de faire faire une plus ample information, il seroit procedé à l'examen de gens non suspects, ordonnée estre communiquée au procureur general du roy.

« Conclusions dudit procureur general estant sur ladite requeste.

« Arrest de ladite cour rendu sur icelle le 11 de ce mois, par lequel ce requerant ledit procureur general, auroit esté ordonné que ledit arrest du 3 de decembre precedent seroit executé, ce faisant qu'il seroit plus amplement informé par devant le conseiller commissaire sur la liste des tesmoins, qui seroit fournie par ledit procureur general, pour ce fait et communiqué audit procureur general estre ordonné ce que de raison, et tout ce que les parties ont mis par devers la cour :

« Ouy le rapport du sieur de Tiremois Darqueville, conseiller commissaire; tout consideré :

« La cour a ordonné et ordonne que les

lettres de confirmation des reglements et statuts des maistres tapissiers d'Elbeuf seront registrez ès registres d'icelle, et executez selon leur forme et teneur, à la charge neantmoins que les ouvriers natifs dudit bourg qui auront au jour de l'enregistrement des presentes cinq années d'exercice ou aprentissage dudit mestier pourront estre reçus maistres, après avoir fait leur chefd'œuvre en la manière accoustumée, comme aussi que ceux qui auront des mestiers, boutiques ou manufactures establies hors dudit bourg et dans les villages circonvoisins, pourront continuer leur travail comme ils ont fait par le passé, en demeurant assujettis à la visite et aux reglements des gardes dudit mestier d'Elbeuf, ne pourront exposer leurs ouvrages en vente, qu'après avoir esté deüment visitez par lesdits gardes et trouvez conformes auxdits statuts.

« Fait à Roüen en parlement le 13 fevrier 1688. Signé Jacques, et collationné ».

Le 20 mai, Georges Alain et Jeanne Hesbert, sa femme, vendirent au trésor de Saint-Jean, stipulé par Nicolas Duchesne, curé ; Jean Le Comte, trésorier syndic, Antoine Bérenger, Louis Le Roy et Jean Hamon fils Nicolas, trésoriers en charge, « une portion d'heritage faisant moityé ou environ de certain lieu enclos de muraille, anciennement nommé le Tripot, d'en part une haie qui sépare lad. portion d'avec un espace qui est entre la muraille dud. Tripot et le jardin surplus dud. heritage ; icelle portion bornée d'un costé le jardin ou masure appartenant à lad. Hesbert, d. c. le cemitière de l'eglise, d'un bout le surplus dudit lieu appelé le Tripot, et d. b. M° Nicolas Bourdon.

… » Cette vente fut consentie pour la somme de 250 livres, sur laquelle les époux vendeurs laissèrent 30 livres au trésor pour être maintenus en la possession à perpétuité de la place et du banc qu'ils avaient dans la grande nef de l'église.

« Ladite portion ainsi acquise par lesd. sieurs curé et thresoriers pour suppleer à la petitesse du cemitière, qui ne suffit pour enterrer les corps des habitants de lad. parroisse… »

Le 9 juin, Michel de Beaulieu, chevalier, seigneur de Richebourg, demeurant au château du Bec-Thomas, en présence de Charles de Beaulieu, marquis du Bec-Thomas, son frère, alors à Elbeuf, entendit lecture par Me Masse, tabellion, d'un contrat passé à Paris le 11 avril, devant les notaires du Châtelet, par lequel le marquis du Bec-Thomas abandonnait à son fils Charles de Beaulieu, chevalier, exempt des gardes du roi, la propriété des terres du Bec-Thomas et de Richebourg, qui lui appartenaient, ainsi que celle de Guerguesalle, appartenant au sieur de Richebourg, au droit de la remise qui lui en avait été faite, par Grégoire Glachan, conseiller du roi, auquel il les avait vendues pour un prix mentionné au contrat en ce qui concernait Bec-Thomas et Richebourg, et par 50.000 livres pour Guerguesalle, à l'effet de payer ses dettes.

Un acte du 15 de ce même mois concerne la prise à fieffe d'une « pièce de terre en coste, contenant deux acres, appelée le Mont Lambert, sise au triège des Rouvalets, bornée par les terres de la chappelle Saint Haut Saint Félix » et d'une autre pièce « en bordage de la forest du marquisat de la Londe, plantée de noyers, sise au dessus de ladite chapelle, adjacente et bornante d'un costé ladite coste du Mont Lambert, d'autre costé le grand chemin tendant d'Elbeuf au Bourgtheroulde, d'un bout ladite forest et d'autre bout jusques à certain vestige d'antien fossé en descendant vers lad. chappelle ». Le bailleur était Louis Duperré, écuyer, auditeur en la Chambre des comptes de Normandie, fils du bailli de la Londe.

On sait que le roi avait fait saisir les biens de Jean Lemonnier, l'un des fabricants qui n'avaient pas voulu abjurer et étaient partis à l'étranger. En avril, le monarque les donna à Jean Bénard de Granville, de Montmirail, neveu du fugitif.

Voici, à ce sujet, un extrait des minutes de l'ancien notariat d'Elbeuf, tenu par M° Masse, notaire, ayant pour adjoint M° Louis Hamon :

« Du 3ᵉ juillet 1688, fut present Jean Benard de Grandville, l'un des entrepreneurs de la Manufacture royalle de Montmirail en Brye... lequel a constitué pour son procureur general et special la personne de (*le nom n'est pas indiqué*), auquel il donne plain pouvoir, puissance et authorité de sa personne representer et specialement poursuivre en consequence du don qui luy a esté fait par Sa Majesté, au mois d'avril dernier, verifié par ordonnance de Monseigneur l'intendant, des biens meubles et immeubles ayant appartenu au sieur Jean Lemonnier, son oncle, lors de sa retraitte du Royaume, soubz pretexte de la Relligion pretenduë reformée, au prejudice des ordonnances et declarations de Sa Majesté, tous les debitteurs, fermiers, rentiers et aultres tenus ou sensez pour redebvables audit sieur Lemonnier lors de son depart... » et conformément à une sentence rendue par le bailli de la Londe, dans la juridiction duquel Lemonnier possédait un assez grand nombre de petites propriétés.

Une seconde confrérie de Saint-Roch fut fondée le 6 août, entre les tisserands drapiers des deux paroisses d'Elbeuf, avec cette particularité, qu'à l'exemple de celle des tondeurs, elle se constituait en société de secours mutuels dès son début. Voici quels furent les statuts de cette nouvelle association :

« A la plus grande gloire de Dieu,

« Les compagnons tisserands drapiers d'Elbeuf, assemblez soubz les auspices du glorieux St Roch pour deliberer sur les moyens de subvenir à leurs besoings spirituels et temporels, ont entr'eux aresté d'un consentement unanime, les articles suivants :

« Il sera dict par chacun an au jour et feste St Roch, à commencer au prochain, une messe basse sur les sept heures, en l'eglize paroissiale de St Estienne d'Elbeuf, à laquelle assisteront tous lesdits compagnons tisserends drapiers cy dessoubz nommés et ceux qui s'associeront cy aprez avec eux, à peine de deux sols six deniers d'amende, si les defaillants n'ont demandé congé et propozé excuse raisonnable à celui qui sera lors en exercice de ceuillir les deniers et de prendre soing des affaires de la Societté, comme il sera cy après explicqué ; lequel payera au thresor de ladite eglize led. jour 35 sols, dont sera distribué au sieur prestre qui dira la messe 15 sols, au coutre pour la sonnerie en carillon 5 sols.

« Lors qu'un des associez tombera malade et que luy sera porté le St Sacrement, il faira advertir lesd. associez, qui seront tenus d'assister au convoi dudit St Sacrement, avec chacun un cierge à la main, soubz pareille amende que dessus en cas de manque.

« Lorsque le malade se trouvera en danger de mort, il sera faict dire aux despends de la Societté une messe basse, à laquelle assisteront lesd. associez, pour demander à Dieu qu'il luy plaise accorder au malade les grâces et assistances necessaires dans ce temps decisif de son salut, et si aucun meure de mort subite ou impreveue, lad. messe sera faicte dire le jour de son inhumation pour le repos de son âme, et y assisteront lesd. associez à peine de pareille amende comme dessus contre chacun desdits defaillants. Toutes lesquelles messes seront celebrées en lad. eglize St Estienne aux despens de la Societté.

« Tous les associez assisteront au convoy et inhumation des decedez de leur Societté et rameneront les parens desd. decedez en leurs maisons, en rang, avec les frères de charité, à laquelle fin seront advertys par lesd. parens des decedez.

« Lorsqu'un des associez sera attaqué d'une maladye considerable et qui l'empeschera de travailler, il en fera donner advis à celuy qui aura lors le soin de la Societté, qui aussy tost sera tenu de le venir veoir, et s'il cognoit que veritablement le malade soit hors de pouvoir vacquer à son travail, pour la verité de quoy, s'il y trouve du doubte, il s'informera du sieur curé ou sieur vicaire de la parroisse où demeurera le malade, il donnera audict malade soixante sols par sepmaine, jusqu'à ce qu'il soit guari et en estat de faire son travail ordinaire.

« Lorsque les associez seront parvenus à un aage decrepit ou qu'ils seront devenus estropiatz, en sorte qu'ils ne puissent plus travailler, ils en fairont donner advis comme dessus, et leur sera payé vingt sols par sepmaine leur vie durante ; si cependant ils estoient devenus malades et estropiés par leur faulte, comme par querelles et batteryes dont ils auroient donné l'occazion, il ne leur seroit rien payé.

« Pour subvenir aux choses cy dessus, lesdicts associez payeront chacun cinq sols par mois es mains d'un d'entre eux, qui sera tenu d'en faire recepte, ce qui sera commencé par Joseph Loizel l'aisné, et auront soin de porter leur contribution chez le receveur, le premier jour de dimanche ou feste de chaque mois, à commencer au mois de septembre prochain, a peine de 2 sols 6 deniers d'amende, parce qu'à la fin dud. mois de septembre led. Loizel sera obligé de delivrer les deniers à celuy qui aura esté nommé depositaire de la Société, et ainsy sera continué la recepte et depositions des deniers par lesd. associez de mois en mois, selont l'ordre qu'ils seront inscripts cy après.

« La nomination et choix du depositaire, qui sera un desd. associés, sera faicte tous les ans le jour de S¹ Roch, après la messe, et pourra estre continué autant de temps qu'on le trouvera à propos et qu'on sera seur de sa suffizance, et ensuite sera procedé à l'examen des comptes des deniers receus et distribués pendant le cours de l'année, à laquelle fin seront, par les douze qui auront faict la collecte et distribution pendant lad. année, representés leurs memoires et quittances qu'ils auront pris des malades ou de ceux qui en auront le soing, ainsi que des vieillards et estropiatz, auquel compte assisteront douze des plus antiens desd. associés, pour la première fois, et après led. compte sera rendu devant les douze qui auront geré les affaires de la Societté l'année prochaine precedent celle dont sera compté.

« Sera faict un coffre aux despends de la Societté auquel seront mises trois serrures et clefs differentes, l'une desquelles le receveur en charge de la Societté sera saisy, de l'autre le receveur du mois precedent, et de la troiziesme le depozitaire, qui demeurera gardien dud. coffre, dont ouverture ne pourra estre faicte, soit pour y mettre ou pour y prendre de l'argent qu'en presence des trois susdits, qui bailleront lesd. clefs à leurs successeurs.

« Ceux qui desireront estre receus en la presente Societté après l'an de la dabte des presents seront tenus de payer à leur entrée quarante sols, et en après les cinq sols par mois ; et si aucun des associez s'absente du bourg d'Elbeuf, il ne sera receu à son retour qu'en payant trente sols, quoy faisant il ne sera inquietté pour les mois qui seront escheus pendant son absence et demeure hors dudit bourg, pourveu toutes fois qu'il revienne dans le quarantiesme an de son aage au plus tard, et où il auroit lors de son retour passé cet aage, il ne pourra rentrer à la Societté qu'en payant tous les mois qui seront escheubs pendant sad. absence.

« Et pour eviter l'abus qui se pourroit glisser dans la suitte des temps par faveur ou autrement, il a esté arresté qu'après ledit an de la dabte des presentes, il ne sera receu aucun tisserend en la Societté qui aura passé l'aage de trente ans, afin qu'un chacun merite par la contribution qu'il faira dans la force

Année 1688

de son aage la subvention dont il aura besoing dans son aage descrepit.

« Les amendes seront receues et payées dans le prochain mois après qu'elles auront esté encourues, de la mesme manière que les cinq sols, et applicquées à mesmes uzages, sans que les redevables attendent condamnation ny contrainctes.

« Ensuict les noms et surnoms desd. drapiers tisserends qui font et establissent soubz le bon plaisir de Dieu lad. Societté :

« Joseph Loizel, Jean Petitgrand, Jean Benard, Nicolas Panel, Jean Panel, Elye Loizel, Adrien Dumontier fils Jacques, Joseph Loizel fils Joseph, Romain Maçon, Romain Maçon fils Romain, Jean Allain, Laurens Allain, Jacques Le Thiais fils François, Pierre Martin, Louis Dugard fils Pierre, Pierre Dumontier fils Nicolas, Louis Le Prieur, Jacques Revel, Adrian Desnos, Adrian Desnos fils Adrian, Nicolas Le Pelletier dict Menil, Jean Mancel, Jacques Le Merc fils Pierre, Jacques Benard, Jean Lefrançois, Anthoine Duruflé, Jacques Le Houx, Charles Cartier, Jacques Engran, Jean Lerat l'aisné, Jean Denesle, Michel Duruflé, Charles Bisson, Pierre Revel fils Jean, Guillaume Kaizin, Pierre Grimouin, Helye Grimouin, François Cornu, Marin Bené, Jean Larcier, Jean Martin, Charles Rivière, Thomas Theroulde, Jacques de Noyon, Anthoine Lenfant, Louis Vallée, Jean et Robert Beaucousin, Jean Cauchoix, Louis Lemenu, Louis Grimouin, Michel Le Cerf, Jean Roullé, Pierre Barbenson, Pierre Revel fils Pierre, Robert Le Roy, Jean Josselin, Simon Delacroix, Gabriel Dugard, Pierre Petitgrand, François Feré, Michel Duruflé fils Michel, Jean Girard,

Jean Tulle, Charles Gouel, Nicolas Cauchoix, Jean Thierry, Simon Rifault, Louis Roullé, Théodore Portier, Louis Duval fils Pierre, Nicolas Blondel et Guillaume Saillant ».

Tous signèrent ou apposèrent leur « merc » au bas de cet acte, conservé dans les archives de Me Fessard, actuellement notaire à Elbeuf. — Sur les 77 membres de la confrérie de Saint-Roch, 28 seulement savaient écrire.

On remarquera que tous ces ouvriers n'avaient qu'un seul prénom et que la presque totalité de leurs noms se retrouve dans la population elbeuvienne de notre époque.

Bien que les serfs d'un seigneur, dit M. Maille, obtinssent du roi liberté, lettres d'affranchissement et de bourgeoisie, de métier et de corporation, et que le seigneur fût tenu de confirmer, le fait de la confirmation n'en était pas moins nécessaire en lui même ; c'est pourquoi le duc d'Elbeuf intervint dans l'enregistrement des statuts ce que l'on vient de lire, et y donna une adjonction conforme à ses droits féodaux.

Au 11 août, les Ursulines d'Elbeuf et Nicolas Flavigny, maître drapier, plaidaient à Paris contre Charles de Beaulieu, marquis du Bec-Thomas, exempt des gardes du corps du roi, au sujet d'héritages situés dans le marquisat du Bec-Thomas.

Le 15, « Pierre Gueroult, roy de la confrairie de St Roch estabiye en l'eglise parroissialle de St Jean », présenta pour être reçus membres de cette association François Foucquet, Louis Thomas et Michel Caron, drapiers tisserands de la paroisse Saint-Etienne, qui furent admis par le conseil d'anciens de la confrérie, composé de Nicolas Moulin, David

Campion, Guillaume Giriél, Antoine Mointon, Jean et Mathieu Rouvin.

Guillaume Lefebvre, l'un des principaux fabricants de tapisserie de la paroisse Saint-Jean, mourut le 16 octobre. Dans l'inventaire de ses mobilier, matériel et marchandises qui fut dressé par la suite nous trouvons :

« Deux bottes de soye ouvrée, plusieurs autres bottes de soye et teurques de couleurs diverses, treize autres bottes de soye de differentes couleurs, une balance de cuivre, une chignolle à ourdir, une tournette, cinq pieds de tournettes, une claye à deplier de la laisne ; dans l'écurie : quatre chevaux, un mestier à fleur de lys prest à travailler ; dans la bouticque : cinq mestiers dont trois de sept quarts, un de cinq et l'autre d'une aulne, le tout prest à travailler, trois rouëts, six tournettes, deux pieds de tournettes, une grande marmitte, un baquet à parement ; au grenier : un ourdissoir avec son chevallot, le bois de deux mestiers, 81 toisons de mère laisne, 413 livres de laisne filée, 10 autres livres de laisne en pièces, 64 livres de laisne cardée tant incarlatte que isabelle, 234 livres de laisnes cardées de diverses couleurs, 10 livres de bouts, 8 livres de lin, plusieurs morceaux de bois servant au mestier de tapisserye, un chevallot à ourdir des chaisnes de sayette, onze bobines pleines de fil, cinq morceaux de bois servant à la presse ;

« Dans diverses chambres : 78 aulnes de tapisserye, 33 autres aulnes de tapisserye besongne, 20 pièces de tapisserye de deux aulnes et demie de hauteur, 24 fonds de soye sur sept quarts de haut, 11 fonds de laisne de mesme hauteur, quatre fonds de laisne sur cinq quarts, 100 bordures de quart et demy de laisne, 59 bordures de soye d'un quart, 21 bordures d'un quart de hauteur et de cinq quarts de long en laisne, 6 bordures de laisne de quart et demy, 26 bordures de laisne d'un quart, 3 bordures de soye sept quarts de long et d'un quart de haut, 5 bordures de soye d'un quart, 10 bordures de laisne de quartier et demy, une pièce de tapisserye de soye de deux aulnes un quart de haut et quatre aulnes de long et quantité d'autres bordures en soye ou en laine.

« 32 livres de laisne blanche et noire, 52 livres de laisne couleurs de feu et isabelle teinture de Rouen, 24 livres de laisne en diverses couleurs, 20 livres de laisne rouge et jaune teinture du païs, un quarteron de soye vert gay et verd jaune, 14 livres de laisne sur des tuyaux ; un rouleau de tapisserye à fleurs de lys et 66 aulnes sur trois quarts de large, un lot d'agnelin en toison, quatre sacs de laisne... ».

Tout cela dans le plus grand désordre, à côté de pots de beurre, de pelles, de foin, de divers objets de literie, d'écurie ou de cuisine, de vêtements, etc.

Le 19 octobre, devant les notaires d'Elbeuf, « fut present Gabriel de Quenneville, seigneur de Corbelin, conseiller du Roy, intheressé dans les fermes de Sa Majesté, adjudicataire general des revenus du duché d'Elbeuf, demeurant à Paris, rue Montmartre, parroisse Saint Eustache, estant de present en ce lieu, lequel en consequence de l'adjudication generalle à luy faitte par M^r le lieutenant general au bailliage de Rouen, le 20e d'octobre 1687, en execution de l'arrest contradictoire rendu en la quatriesme chambre des enquestes du Parlement de Paris, le 5e de septembre audit an, des revenus du duché d'Elbeuf en general, circonstances et deppendances compris et non compris dans ladite adjudication, sans aulcune exception ny reserve, pour huit années commençant au 1er de janvier de l'an 1689 ; ladite adjudication faitte en la presence et du consentement de son Altesse monseigneur le prince d'Elbeuf, du procureur de Leurs Altesses Monseigneur le prince et Madame la princesse de Vaudémont, et du procureur de Messieurs les creantiers de leurs dittes Altesses.

« A, ledit seigneur de Corbelin, baillé à tiltre de ferme à commencer du 1er janvier prochain, pour huit années... à Joseph Le Sueur, sieur du Becquet, demeurant à Thuit Anger... la ferme des halles, grandes et petites coustumes du bourg d'Elbeuf, despendantes de ferme des moullins dudit lieu, avec le droit de verte moulte deub dans la parroisse de Boscroger..., ensemble du langueage des porcs dudit lieu ».

Outre diverses charges stipulées au contrat, Joseph Lesueur s'engagea à payer un loyer de 1.800 livres par an.

Le même jour, Gabriel de Quenneville, qui avait pris logement chez la veuve Jacques Bourdon, cabaretière, paroisse Saint-Jean, bailla également à ferme, pour huit ans, à Charles et Guillaume Marabot père et fils, meuniers, demeurant à la Londe, « la ferme du moulin à vent de Boscroger faisant de bled farine » appartenant audit duc d'Elbeuf. Cet affermage fut consenti moyennant 340 livres par an, plus certaines charges.

Le lendemain, Quenneville bailla à ferme

pour le même laps de temps, à Noël Letourneur, laboureur à Mandeville, « la ferme de la prevosté et seigneurye de Mandeville despendante du duché d'Elbeuf, consistant tant en cens, deniers, grains, œufz, oyseaux et aultres espèces de rentes seigneurialles, relliefs, traiziesmes, domaine fieffé et non fieffé, compris le droit de jauge, sans toucher aux confiscations, droitz de lignes, extaintes et reversion qui demeurent reservez... ». Le bail fut signé moyennant un loyer annuel de 130 livres et des charges stipulées au contrat.

En décembre, Michel Davoult, Georges Regnault, Louis Delarue fils Louis et François Bérenger, en qualité de trésoriers de la paroisse Saint-Etienne, achetèrent une petite rente.

Le 10, Marie Bucquet, veuve de Guillaume Pastallier, tabellion d'Elbeuf, donna 100 livres au trésor de Saint-Jean pour la fondation de six basses messes annuelles.

En 1688, Michel Osmont, Charles Lamy, Louis Fosse et André Nicolle étaient prêtres à Saint-Etienne, et Valentin Maille, diacre. Vers la fin de l'année, arriva comme curé Jean Le Doulx, originaire d'Evreux. Bientôt après Pierre Patallier est cité comme prêtre en la même paroisse ; on l'appelait ordinairement « Monsieur Pierre ».

Le 3 janvier 1689, Antoine Beaudouin, lieutenant de la verderie d'Elbeuf, et Joseph Le Sueur, sieur du Becquet, à Thuit-Anger, prirent à ferme, pour huit années, la recepte de Caudebec, dépendant de la ferme générale du duché, que tenait toujours le sieur Quenneville. Le bail fut consenti moyennant 950 livres par an, plus 200 livres pour le vin du marché.

Ce même jour, Joseph Le Sueur rétrocéda la ferme des grandes et petites coutumes du bourg d'Elbeuf, moyennant 1.800 livres par an.

Le lendemain, il fut procédé au partage des biens laissés par feu Jacques Bigot, procureur fiscal au marquisat de La Londe, qui avait épousé Marguerite Duperré. Les héritiers étaient Louis Bigot, chanoine de la Saussaye, et Marguerite Bigot, veuve de Nicolas Bourdon, en son vivant aussi procureur fiscal au marquisat de La Londe.

Dans l'acte sont mentionnés : la maison du Choucquet, rue de la Barrière, bornée par Hélie Bigot, curé d'Iville, Claude Bigot, prieur de Saint-Aubin, et autres ; un pré d'une demi-acre dit Pré de la Foire, borné par la ruelle Banastre, la ruelle Beaumont, etc.

Suivant des ordres reçus du gouvernement, le bailli fit procéder, par un sergent, au désarmement de tous les protestants restés à Elbeuf et à Caudebec. Les ventes domiciliaires furent faites le lundi 31 janvier.

Chez Abraham Roblot, on saisit « un bâton dans lequel il y avait une meschante espée » ;

Pierre Frontin n'avait plus le fusil qu'il possédait autrefois comme fermier dans la forêt de Lyons ;

Nicolas Lefebvre possédait une épée qui ne put être retirée du fourreau, tellement les deux objets étaient rouillés ;

Chez Daniel Roblot, on saisit deux vieilles épées et un vieux mousqueton très rouillé et hors de service. Autrefois, il possédait un fusil, mais il l'avait vendu ;

Il fut trouvé une épée, sans fourreau, chez Michel Jean ;

Chez deux autres protestants, le sergent ne

trouva aucune arme ; mais, dit-il, dans son procès-verbal, « sur l'advis à nous donné que les dessus nommés ou aucuns d'iceux auroient fait transporter des armes en une maison appartenant à Mathieu Frontin, proche des Rouvalets, occupée par Pierre Gatebled et Pierre Bayeux, tous deux nouveaux convertys, proche la forest de La Londe, nous y sommes allés, où estant aurions trouvé lesdits Gatebled et Bayeux qui nous ont dit n'avoir aucune arme ». Et, en effet, la perquisition faite chez eux ne fournit aucun résultat ;

Chez Mathieu Frontin, le sergent saisit une épée ; il avait jadis un fusil et deux pistolets, mais il les avait remis à Louis Delarue.

Des visites faites chez quatre autres protestants restèrent infructueuses ; mais chez la veuve de Pierre Bénard, il fut trouvé « un petit meschant poignard du père grand de son mary ».

Lecouturier, de Caudebec, chez lequel l'agent se rendit ensuite, déclara qu'en conséquence des ordonnances publiées, il s'était défait de ses armes, en les remettant à Michel Dupont, de la paroisse Saint-Jean, garde des bois du duc d'Elbeuf. Ces armes consistaient en un mousqueton d'un pied et demi, un pistolet de ceinture, une épée et un poignard.

Le 1er février, quelques jours après le décès d'Antoine Baudouin, lieutenant de la verderie du duché, il fut procédé à l'inventaire de ce qu'il laissait, tant à Elbeuf, rue Meleuse, qu'à Saint-Martin-la-Corneille. Pendant sa maladie, ceux qui le soignaient avaient été obligés de mettre six assiettes d'étain en gage pour obtenir quelque argent.

Le 14, Louis Caumont, prêtre, titulaire de

la chapelle Saint-Félix et Saint-Adauct, bailla à ferme, pour douze années, à Jacques Dugard, maître boulanger, de la paroisse Saint-Etienne, les terres dépendant de ce bénéfice, moyennant 200 livres, payées par avance, pour être employées à la réparation de la chapelle, plus 10 livres par an.

Pierre Delarue, l'un des principaux fabricants de notre bourg, avait sa « bouticque » au haut de la rue Notre-Dame, dans une maison appartenant à l'un de ses anciens confrères parti de France après la révocation de l'Edit de Nantes, et alors administrée par le sieur Lucas, « commis à la recepte des revenus et biens des nouveaux convertys et religionnaires fugitifs ».

Delarue mourut vers le 1er mars. Son matériel se composait de six métiers à tisser, « un laneux, une estuve, un hasple, trois rouets à bobiner, deux tables à tondre, neuf paires de forces, une table à espincer en escreu, un faudet, une grande table, douze douzaines de croisées de chardon, deux grandes brosses, quatre cuves à ensemer, douze corbeilles tant bonnes que meschantes, un brancard et une série de poids, une claye de cardes, un ourdissoir, sept ou huit douzaines de bobines, une tournette, un rame dans la masure », et c'est à peu près tout.

Comme matières premières, il laissait « six balles de laisne tant Ségovie que ségoviennes, partie de dix que le deffunct avoit achetées du sieur Dacoste, marchand à Rouen, 155 toisons, une demi-balle de ségovienne, plusieurs petits lots de laisne teinte en diverses couleurs, plusieurs paquets de fil de laine, deux paquets de chardon, des laines et fils à lizières».

Enfin, il avait 23 pièces de drap ou de droguet en apprêt ou bonnes à livrer.

Parmi les objets que nous trouvons détaillés dans l'inventaire du mobilier de Pierre Delarue, nous citerons encore un sucrier d'étain, un fusil de trois pieds et demi, un pistolet d'arçon, un manchon de poil de chien noir, un panier à salade, « trois perruques avec la teste de bois », et enfin « quatre mouchoirs de poche à l'uzage du deffunct ». Sa veuve n'en avait pas, probablement parce qu'elle ne prisait point.

Jean Delarue, drapier, tuteur de Pierre, son frère, bailla, par acte du 9 mars, à Daniel Guenet, teinturier, « une maison et bouticque propre et servant au mestier de teincturier, avec deux grandes chaudières tenantes viron neuf à dix ponçons chacque, deux cuves restantes de trois et autres ustanciles servant aud. mestier..., le tout sis en la ruelle de l'Abreuvoir, parroisse Saint Estienne... » Le bail fut consenti moyennant 300 livres par an. — A cette date, Simon Guenet était également maître teinturier en la paroisse Saint-Etienne.

Le 14 du même mois, Madeleine Lhermite et Marie Vitcoq, de la paroisse Saint-Etienne, donnèrent au monastère de Sainte-Ursule d'Elbeuf, représenté par Elisabeth Duchesne, supérieure ; Charlotte Le Féron, assistante ; Marie Malapert, zélatrice ; Françoise Le Féron, Geneviève Mulot, Marie-Catherine de Vincy et Claude Le Vayer, religieuses, la somme de 400 livres, moyennant quoi les donatrices auraient leur vie durant la jouissance d'une petite maison avec jardin, sise rue de la Justice ; en outre, les religieuses s'engagèrent à faire dire « le nombre de sept cents messes basses, desquelles en sera dicte une par chacque sepmaine pendant le vivant desdictes filles donatrices pour obtenir de Dieu les grâces necessaires à leur salut, et advenant la mort d'une d'icelles, en sera la moytié de ce qui restera lors à celebrer dites incessamment après et continué une par sepmaine sur l'autre moityé, qui sera par semblable incessamment celebrée après le décès de la dernière... »

Cette année-là, on fit des réparations à la chapelle Saint-Auct. L'acte suivant se rapporte aux travaux ; il est daté du 27 mars :

« Jean-Baptiste Duruflé, de la paroisse de Caudebec, ayant entrepris la reparation de la chapelle de Saint Adauct Saint Felix, a fait marché avec Pierre Brizemontier, aussy maçon, de Saint Aubin jouxte Boulleng, pour faire partye de lad. reparation, scavoir : de reparer et redifier toute la couverture de lad. chapelle, de reparer et redifier la muraille et pignon du bout de lad. chapelle vers la forest de La Londe, couvrir le petit clocher, qui sera reedifié par charpentiers sur lad. chapelle, et plastrer où besoing sera, plastrer aussy le pignon de la nef vers Elbeuf, regiper la muraille de lad. chapelle par dedans partout où il y sera necessaire, mesme renduire par dedans ledit pignon vers la forest de La Londe, et tous les travaux cy dessus rendre prests en bon et deub estat, soubz sous visite d'experts, dans un mois de ce jour, parce que ledit Duruflé s'oblige luy fournir tous les matereaux qui seront necessaires sur le lieu, et en outre luy payer la somme de 43 livres fur et à mesure que le travail advancera, plus 25 sois pour le vin du marché ; et si fournira ledit Duruflé à chaque ouvrier qui travaillera aux reparations cy dessus, trois chopines de boisson par jour ouvrable... » — Duruflé ne savait pas écrire; son « merc » représente un marteau de couvreur.

Michel Martin, aubergiste, paroisse Saint-Etienne, prit un abonnement le 31 du même mois, pour les droits de quatrième dus au roi sur la vente des eaux-de-vie, moyennant 108 livres par an. Le receveur était Salomon Delahaye, directeur des aides à Pont-de-l'Arche.

Par acte passé devant M° Robert Bourdon, « avocat à la cour, notaire garde nottes du roy hereditaire à Elbeuf, et M° Louis Hamon, conservateur des tiltres audict lieu, son adjoinct », Nicolas Godet, garennier du marquis du Bec Thomas, donna au trésor de cette paroisse la somme de 45 livres tourn. pour fondation de trois messes basses.

Un contrat d'apprentissage de « drapier tisserand aux deux mains », daté du 15 mai, nous apprend qu'il était alors d'usage que le salaire de la première chaîne faite par le compagnon et son apprenti appartint en entier au premier, et que celui des suivantes, pendant quatorze ou quinze mois, fut réparti pour les deux tiers au compagnon et pour le reste à l'apprenti.

Le 26 du même mois, Henri Legendre, écuyer, sieur de la Bretesque, à Caudebec, garde du corps de roi, épousa Marie Haisset, de Rouen, dans notre église Saint-Jean, laquelle, cette même année, reçut les dépouilles de François Dupont, décédé à l'âge de 53 ans.

Le 29 juin, Jean Malassis, en qualité de procureur de « très hault et très puissant prince Monseigneur Hercules Meriadec de Rohan, abbé commendataire de l'abbaye de Saint

Taurin d'Evreux » bailla à ferme pour six ans, à Pierre Pollet, curé de Caudebec, la grosse dîme des paroisses de Caudebec et de Saint-Jean d'Elbeuf, à la charge d'entretenir le chancel et les granges de menues réparations, de payer 100 livres de pension annuelle au curé de Saint-Jean, et, en outre, moyennant 1.100 livres de ferme par an. Le curé de Caudebec se fit cautionner par son cousin Jacques Pollet, lieutenant du duché d'Elbeuf, pour l'exécution des charges imposées au bail.

Quelques jours après, le curé Pollet rétrocéda, par parties, les dîmes qu'il avait affermées de l'abbé de Saint-Taurin.

Le 19 juillet, Jean Le Sueur, drapier de la paroisse Saint-Etienne, acheta un immeuble à la Harengère que lui vendit « Hector-François de Tierville, escuyer », demeurant en cette dernière paroisse.

En passant, nous remarquons que sur de nombreux contrats de mariages et inventaires de mobiliers ouvriers figure « une housse de tapisserie », faisant presque toujours suite à une couverture de laine. Souvent aussi, les nouveaux mariés possédaient une vache.

Par ordonnance du roi, rendue à Versailles, le 21 septembre, Pierre Duruflé fut nommé receveur des consignations, avec qualité de conseiller du roi. Cet office avait été créé par un édit royal, en juin 1685.

A cette époque, un conflit s'était élevé entre le duc Henri et les créanciers de Charles de Lorraine, son père, d'une part, et Nicolas Pollet, premier huissier de la cour des Aides de Normandie, héritier en partie de feu Jean Pollet, d'autre part, au sujet de la basse sergenterie du bailliage d'Elbeuf, dont Pollet se disait seul propriétaire, à cause de l'aliénation faite par les prédécesseurs d'Henri de Lorraine, et pour laquelle des aveux avaient été rendus sans être suivis d'aucun blâme ou réclamation quelconque. Pollet ajoutait que l'exercice de cette sergenterie avait été confirmé à l'un de ses prédécesseurs par arrêt du Parlement de Rouen, le 16 janvier 1620.

Le duc d'Elbeuf et les créanciers de son père opposaient que quel que fût le laps de temps écoulé depuis la prétendue aliénation, celle-ci était nulle dans son origine : les fiefs et dignités étant de leur nature indémembrables, ainsi qu'en avaient décidé divers arrêts du Parlement de Paris, et que, en tous cas, il aurait été indispensable qu'elle eût été validée par le roi, ce à quoi les aveux et l'arrêt de la cour de Rouen ne pouvaient suppléer.

La contestation en était là, lorsque Chastelain, intendant des affaires d'Henri de Lorraine et son procureur, proposa une transaction à Pollet, que celui-ci accepta.

Il fut convenu, le 9 octobre, que Pollet abandonnerait la basse sergenterie, qui serait réunie au duché et à la haute justice d'Elbeuf comme autrefois, et qu'en échange il recevrait une somme de 2.050 livres ; ce qui eût lieu.

En effet, six mois après, Adrien Savary, sergent royal au duché d'Elbeuf et fermier de la haute sergenterie de ce lieu, prit à ferme de Gabriel de Quenneville, seigneur de Corblin, adjudicataire général des revenus du duché d'Elbeuf, représentant les créanciers du feu duc, « la ferme et exercice de la basse sergeanterye dudict duché », moyennant 100 livres par an.

Le 3 novembre, Nicolas Larible, vendit à

Pierre Senescal, barbier-baigneur-étuviste-perruquier, demeurant paroisse Saint-Etienne, « l'office de barbier, baigneur, étuviste et perruquier aud. bourg d'Elbeuf, dont ledit Larible a esté pourveu par Sa Majesté, par lettres de la grande chancellerye du 12e de janvier 1680, desquelles lettres, ensemble la quittance de finances dud. office du 24e de novembre 1679 et de l'acte de reception dudit Larible à l'exercice dud. office en ce bourg d'Elbeuf..., led. Larible a presentement saisy led. Senecal pour, en son lieu et place et par subrogation à ses droits, jouyr, faire et disposer luy et les siens du mesme office, au desir de l'edict de création et desd. lettres de provision et quittance de finance... » Pour prix de cet office, Senescal céda à son vendeur une pièce de terre de 27 perches assise à Bosnormand au triège des Franches-Fieffes, tenue du marquisat de La Londe. Cet acte d'échange est suivi de la grande signature — car il en avait plusieurs — de Me Bourdon, tabellion d'Elbeuf, dont le nom et le paraphe n'occupent pas moins d'un décimètre carré.

On voit encore, actuellement, de petits plats à barbe se balancer à la porte de nos barbiers — on prononce « coiffeurs » aujourd'hui — et ceux-ci sont libres de les choisir de telle couleur qui leur convient. Il n'en était pas ainsi autrefois : les barbiers devaient uniformément avoir pour enseigne des bassins blancs, ceux de couleur jaune étant réservés et spéciaux à la corporation des chirurgiens, qui n'auraient pas toléré un empiètement des barbiers sur ce point.

Ainsi qu'on a pu s'en convaincre par l'acte que nous venons de citer, les barbiers joignaient au privilège de raser le public, celui de baigner leurs clients et de confectionner les perruques, fort à la mode sous Louis XIV. — Nous aurons l'occasion de reparler des anciens barbiers de notre bourg, dont plusieurs descendants remplirent de hautes fonctions à Elbeuf.

Le 10 décembre, Etienne Foucquet, bourgeois de Saint-Etienne, à l'instance de « Jean Benard, sieur de Granville, demeurant en la ville de Montreuil, donataire par gratification de Sa Majesté des biens qui furent au sieur Jean Lemonnier, fugitif du Royaume, recongnut estre obligé envers led. Jean Lemonnier en la faisance d'une rente, eschue depuis le depart dud. Lemonnier... »

Le 15, Anne Lemonnier, veuve d'André Lecointe, ayant-droit, en vertu d'un édit du roi, enregistré au Parlement de Paris, le 9 de ce même mois, de recueillir conjointement avec Jean Bénard de Granville, demeurant à Montmirail, fils de feu Suzanne Lemonnier, sa sœur, les biens délaissés par Jean Lemonnier, frère d'Anne et de Suzanne, et par les sieurs Thomas, Nicolas et Jean Lemonnier, fils de feu Nicolas Lemonnier, leur autre frère, « comme étant les plus proches parents et héritiers régnicoles desdits sieurs Lemonnier, sortys du Royaume »; laquelle Anne Lemonnier, en reconnaissance des services que Bénard de Granville lui avait rendus, déclara que Bénard, son neveu, serait seul propriétaire des biens délaissés par Jean Lemonnier, son frère, dont il était déjà en possession par don du roi. En retour, Bénard de Granville s'engagea à servir une rente annuelle de 300 livres à sa tante.

Année 1689

Pierre Lesueur, Nicolas Gaillard, Ferrand Choucquet, Pierre Flambart, Laurent Beaucousin, Jean Eloy et Nicolas Dubuisson, tous collecteurs de la taille de la paroisse Saint-Etienne, convinrent, le 26 décembre, que pour règle à l'avenir, ils s'assembleraient, pour aller ensemble procéder à la collecte des deniers, chez Pierre Lesueur, principal collecteur, chaque samedi entre neuf et dix heures du matin, sous peine de 20 sols d'amende pour les absents, sauf le cas de maladie. Si la maladie durait plus de trois semaines, l'absent devrait fournir un homme pour le remplacer. — Lesueur et Gaillard savaient seuls écrire leur nom.

Le 28 du même mois, Pierre Flavigny, maître brodeur, demeurant à Rouen, rue des Carmes, vis-à-vis la Chambre des comptes, fieffa à François Corblin, mégissier de la paroisse Saint-Jean d'Elbeuf, un corps de bâtiment « avec la petite cour par dedans laquelle est et coule un des esseaux du vivier du moulin de Sainct Jean, le tout avec la porte sur la rue de la Rigolle... borné par les héritiers de Jean Flavigny l'aisné... »

Le lendemain, le procureur fiscal reçut cette dénonciation :

« Nous Jean Le Doulx, pbre curé de la paroisse Sainct Estienne d'Elbeuf, denonçons à justice que Jean Guillot, Pierre Hellouin et Jean Dieu, travaillants de la fabrique de ce bourg et depuis peu demeurant en nostre paroisse Sainct Estienne, entretiennent un infâme commerce avec une fille surnommée la Griseline, au grand scandale du quartier où ils demeurent, et comme un mal en attire un autre, ils firent la veille de Noël dernier au soir, dans la rue, un grand vacarme où ils defoncèrent des portes, en jurant et blasphemant le saint nom de Dieu, ce qui est punissable suivant les ordonnances, et nous esperons que justice en faira une punition exemplaire... Ce 29° de decembre 1669. — Le Doulx ».

Dans des obligations de cette année 1689, nous sont cités : Louis Godard, chirurgien juré ; Jacques Anfré, brodeur ; François Michel, chapelier ; Jean Buquet, boulanger, tous de la paroisse Saint-Jean ; Marthe Boissel, veuve de Jacques Delarue, drapière, Louis Bucquet, savetier, et Louis Fosse, prêtre habitué, de la paroisse Saint-Etienne. — Antoine de Campion, chevalier, seigneur de Bellefontaine, qui passa plusieurs actes à Elbeuf, habitait Rouen.

CHAPITRE II
(1690-1691)

Charles III et Henri de Lorraine (*suite*). — Une invention en tapisserie. — Enquête sur les Ursulines. — Orage extraordinaire ; la ravine ; dégats causés par les eaux. — Le trousseau d'une jeune bourgeoise. — Adjudication définitive du duché d'Elbeuf au prince Henri. — Effondrement des voutes de l'église Saint-Jean. — Affermage des revenus du duché. Réserve de bois pour la marine royale.

Les deux contrats suivants démontreront que la tendance des Elbeuviens à chercher de la nouveauté pour tenter les consommateurs se manifestait déjà il y a plus de deux siècles :

Le 26 janvier 1690, Pierre Delabarette, de Caudebec, compagnon tapissier, s'engagea à travailler chez Nicolas Vitecoq, maître tapissier à Elbeuf, pendant trois années consécutives.

« Ce marché faict tant à la charge pour led. Delabarette de s'applicquer avec soing et fidelité au travail de tapisserye, à quoy il sera employé qui est d'une nouvelle invention ; d'en garder le secret inviolablement et en rien decouvrir directement ou indirectement à aucune personne, que moyennant qu'il luy sera payé par ledit Vitecoq pour chacun jour de travail actuel 15 sols, pendant ledit temps de trois ans ; à cette condition toutesfois que si la tapisserie de cette nouvelle invention ne pouvoit avoir cours et que led. Vitecoq n'en pût avoir le debit que difficilement ou avec perte, et fût par cette raison contrainct d'en cesser la fabricque, le present demeurera de chacune part resolu.

« Et encore a esté stipulé que si ledit Delabarette est convaincu de la moindre contravention à la promesse par luy presentement faicte et jurée de garder inviolablement le secret de lad. fabricque, en ce cas, il sera tenu de payer audict Vitecoq la somme de 300 livres, à quoy il pourra estre contrainct en vertu du present escript par corps et par biens, sans qu'il soit besoing soit de sentence ou permission de justice, car cessant ce, le present marché n'auroit pas esté faict ny conclu... »

Par un autre contrat en date du même jour, Vitecoq embaucha Michel Dubosc, fils de Jean et de Marie Saint-Ouen. Il s'engagea « à nourrir et entretenir honnestement, ledit Michel Dubosc pendant trois ans, de luy donner 30 sols par chacque sepmaine et à la fin desdits trois ans luy donner une somme de 200 livres, parce que ledit Dubosc à ce moyen s'est obligé de se tenir assidu chez led. Vitecoq pendant lesd. trois ans, de luy monstrer et aux ouvriers qu'il luy propozera à travailler à une fabricque de tapisserye de nouvelle invention, dont il luy a desjà faict un eschantillon par essay, et qu'il faira ses efforts pour le perfectionner, qu'il y travaillera luy mesme pendant lesdits trois ans pour le proffict dud. Vitecoq, qu'il ne divulguera pendant ledit temps led. secret, etc...

« Et a esté seulement convenu qu'il s'il se presentait quelques semples à raccommoder pour quelques autres maistres tapissiers de ce bourg, il pourra y travailler en la maison de ladite sa mère et non ailleurs, de peur qu'il ne soit aliecié de decouvrir ledit secret ; en en consideration duquel led. Vitecoq luy a non seulement promis les avantages cy dessus, mais encore luy a promis passer brevet d'apprentissage dud. mestier de tapissier soubz luy toutes fois et quantes ; duquel brevet led. Vitecoq renonce à pretendre ny demander aucun esmolument, quelque somme qui soit employée en iceluy, ce qui ne se faira que pour la forme seulement ; promettant led. Dubosc faire autant de journées de travail après lesd. trois ans expirés, pour led. Vitecoq, qu'il en aura employé à faire semples pour d'autres tapissiers... »

« Suivent les mêmes réserves que dessus en cas d'insuccès de la nouvelle invention. Vitecoq promit encore à Dubosc, en plus des 200 livres, si les tapisseries projetées donnaient un profit considérable, une récompense secondaire ; mais il réitéra la condition du secret qui devrait être gardé envers d'autres que Vitecoq et ses ouvriers, sous peine de 300 livres de dommages-intérêts.

Quelques jours après, Vitecoq passa un marché en tout semblable à celui conclu entre lui et Delabarrette, avec Jean Fortin, de Saint-Aubin, et Louis de Saint-Pierre, de Caudebec, compagnons tapissiers.

Sans doute que le vieux manoir de la place du Coq n'était pas à la convenance du duc Henri de Lorraine, car cette année-là, pendant un séjour qu'il fit dans notre contrée, il résida à Saint-Aubin, probablement au château de Monplaisir.

Le 22 mars, étant à Saint-Aubin, il vendit à Jean Delarue, drapier d'Elbeuf, treize acres de bois faisant partie de la forêt des Monts-le-Comte, au triège et côte du Mont-Duve, situées « immediatement au-dessus d'un clos en plant et bocqueteau appartenant aux heritiers Michel Lefebvre. y compris deux portions de terre en labeur estant au bas dudit Mont Duve, traversées par le chemin du Thuit Anger, et lesquelles faisoient partie de la fieffe qui fût au sieur Carbon ». Cette vente fut consentie pour le prix de 2.200 livres plus les droits seigneuriaux, et pour tenir quitte le duc d'Elbeuf de pareille somme qu'il devait à son acheteur, Henri lui accorda, par le même acte, le droit de nourrir et chasser du gibier dans les treize acres. — Le duc signa : « HENRY DE LORRAINE, PRINCE D'ELBEUF ».

Le 29 du même mois, Georges Regnault, drapier, trésorier en charge de la paroisse Saint-Étienne, reçut de Louis Bucquet, savetier, de la même paroisse, le remboursement d'une rente en laquelle ce dernier s'était constitué envers « la confrairie de Sainct Crespin Sainct Crespinien, fondée en ladite paroisse, ...puis transportée par les confrères de la dicte confrairie au thresor et fabrique de lad. eglize... »

Nous avons rappelé sommairement les aventures de Henri de Campion, sieur de Limare et de Montpoignant. On voit aux archives de l'ancien tabellionage d'Elbeuf, à la date du 11 avril 1690, l'inventaire des titres et écritures qui furent trouvés chez lui après son décès, et d'autres pièces, assez nombreuses, concernant sa succession. L'inventaire fut dressé à la requête de Jean de Campion, écuyer, demeurant à Rouen, et de Nicolas Abraham de Campion, aussi écuyer, seigneur de Montpoignant, porteur de la procuration de Louis de Campion, également écuyer, sieur de la Bucaille.

Le 12, Charlotte Dugard donna six livres de rente à l'église Saint-Etienne, représentée par Jean Le Doulx, curé, Georges Regnault, Louis Delarue et François Bérenger, trésoriers, pour faire dire, à l'intention de ses maris décédés, deux hautes messes avec service funèbre, chaque année.

Le procureur du roi au bailliage de Pont-de-l'Arche dressa, le 13 du même mois, la liste des personnes qui seraient entendues dans une nouvelle enquête « sur la commodité ou incommodité que pouvoit presenter l'establissement des Ursulines au bourg d'Elbeuf, en execution de l'arrest du Parlement du 20 décembre 1688 ». La commission se composa de neuf personnes prises par tiers dans chacun des trois ordres de l'Etat ; ce furent, pour le clergé : Jean Ledoux, curé, Louis Caumont, vicaire de Saint-Etienne, et Louis Busquet, prêtre habitué de Saint-Jean. Pour la noblesse : François de Filleul, écuyer, sieur de Freneuse ; Jean-François Le Diacre, écuyer, sieur de Saint-Cyr-la-Campagne, et Antoine Lemercier, sieur du Gruchet, à Tourville-la-Rivière. La roture fut représentée par Louis Le Roy, marchand de Saint-Jean ; Jacques

Bourdon et Marin Maille, tous deux drapiers de la paroisse Saint-Etienne.

Nicolas Langlois, sieur de Jeucourt, conseiller du roi, lieutenant général et particulier civil et criminel du bailliage de Rouen, dressa un procès-verbal, le 18, de la situation du couvent d'Elbeuf. En voici les principaux passages ; ils nous diront ce qu'était le monastère à cette époque :

« Nous nous sommes transportés au bourg d'Elbeuf où, parvenu en la maison et couvent des dames Ursulines, nous avons en presence du procureur du Roy recongneu qu'à l'entrée du costé droit et vers l'occident est située leur eglize; il y a une cour close par de petits bastiments servant de parloir ; de laquelle cour nous avons passé dans une autre aussy environnée de bastiments tous anciens d'uzage, de cuisines et escolles pour l'instruction des jeunes filles, à la reserve d'un gros bastiment du costé du midy basty à la moderne, où les dittes dames ont pratiqué un beau refectoir et dortoir dessus.

« De là nous avons passé dans une autre cour close de bastiments du costé de l'occident, lesquels servent à loger les pensionnaires ; ensuite de quoy nous avons entré dans un jardin planté d'arbres fruitiers en partye et le reste servant de potager, lequel est entouré de muraille de moilion et bauge, et peut contenir avec l'occupation des bastiments cy dessus specifiées environ six vergées, le tout borné d'un costé la vefve et herittiers de Jacques Delarue, d'autre costé la ruelle de l'hôpital et autres, d'un bout la rue Moilleuse et d'autre bout la sente de la Sellette... »

Voici la fin d'une déclaration faite par les Ursulines, le 1er juin suivant :

« ...Laquelle declaration nous donnons plus volontiers que nous esperons qu'elle excitera à avoir compassion de nous, plus tost que de nous faire tort, voyant si peu de bien pour trente-huit religieuses, un confesseur, sacristain, procureur, tourrières, jardinier et telles autres personnes necessaires au service d'une communauté qui, par son institut, n'a aucun loisir de travailler pour gagner sa vie, étant toute occupée au service public par l'instruction de la jeunesse, et particulierement encore si l'on a egard aux grandes pertes que nous sommes à la veille de faire ».

Cette déclaration est signée de « Charlotte Le Féron dite de Sainte-Marie, supérieure ; Elisabeth Du Chêne de Saint-François, Catherine Le Féron de Jésus, Anne Malapert de Sainte-Agathe, dépositaire ».

La population elbeuvienne était plongée dans la consternation depuis le 23 mai.

Ce jour-là, à trois heures de l'après-midi, un orage épouvantable et d'une violence telle que de mémoire d'homme ni de tradition on n'avait connaissance de semblable, s'abattit sur Elbeuf et les abords du Roumois.

Les eaux coulèrent en torrents terribles par la vallée de l'Epine dite des Ecameaux, par le vallon du Buquet et par la vallée du Thuit-Anger. Au confluent des eaux, à la Croix-Ferré, c'est-à-dire au bout de la rue Meleuse, plusieurs murailles furent renversées et des bâtiments crevés.

Dans la rue Meleuse, toutes les maisons furent inondées, quelques-unes jusqu'au plafond du rez-de-chaussée. Les meubles, marchandises, ustensiles de fabrication et de teinture furent détruits ou au moins grandement endommagés. On pourra juger du volume du courant quand nous aurons dit qu'après le retrait des eaux, il se trouva une épaisseur de quatre pieds de vase et de graviers devant les portes des maisons de cette rue, dans lesquelles on ne pouvait plus accéder.

Au bas de la rue Meleuse, c'est-à-dire place du Bout-du-Couvent, que l'on nommait alors le carrefour de Saint-Etienne, les eaux du torrent se partagèrent. Une partie passa par la grande rue (rues de la République et Saint-Jean actuelles) et enleva le pavage sur une longueur de 120 pieds avant de se jeter dans la Seine. Une très grande épaisseur de terre et de cailloux fut laissée sur le parcours de cette ravine.

L'autre branche, en quittant le carrefour du Bout-du-Couvent, se jeta sur le moulin, qui, nous le rappelons une fois encore, se trouvait à l'ouest de l'extrémité de la rue du Glaveul actuelle, entra dans les maisons et les teintures et combla en un instant le bassin de la Rigole, où les eaux laissèrent également un amas considérable de terres et de graviers. Ce réservoir étant rempli, les eaux sautèrent par-dessus la chaussée (actuellement rue de la Rigole), entrèrent dans les habitations et se jetèrent en partie dans le courant du moulin Saint-Jean, qui demeura obstrué par un épais dépôt, de sorte que ce moulin fut arrêté pendant quelque temps.

Aux environs de notre bourg, les chemins étaient dégradés, au point d'être absolument impraticables. Dans la campagne, notamment sur les versants, de nombreux arbres avaient été déracinés et transportés au loin par la ravine.

La population d'Elbeuf était encore sous le coup de cet orage extraordinaire, quand, pendant la nuit du 4 au 5 juillet, une seconde ravine vint affliger notre bourg.

Alors le procureur fiscal réclama l'établissement de « bois touts capables d'engloutir les eaux des ravines » ; mais, en attendant, il fit débarrasser les rues des graviers qui les encombraient et réparer provisoirement le chemin pour accéder au quai. Les habitants des deux paroisses s'assemblèrent pour prendre des mesures en commun.

Pierre Noiret, originaire d'Abbeville, avait été reçu chirurgien à Elbeuf, le 4 juin, avec permission de « lever bouticque », après examen et sur la recommandation de « Nicolas de Grouchy, chirurgien juré et barbier, lieutenant de M. le premier chirurgien et barbier du Roy, garde des chartres, statuts, privilèges et ordonnances royaux faicts sur la science et art de maistre barbier chirurgien et ses dependances, en la ville, bailliage et vicomté de Rouen », qui avait reconnu Noiret capable « d'estancher un flux de sang, asseoir un premier appareil aux personnes malades et ressemment blessées, faire seignées, barbes et cheveux... » Il prêta serment devant le bailli et fut déclaré admis.

Le 7, Anne Bouvier, de Rouen, donna 100 livres de rente, remboursables par 2.000 livres, au monastère de Sainte-Ursule d'Elbeuf, à charge par les religieuses de faire célébrer une basse messe chaque dimanche et fête de l'année, à perpétuité, et encore les jours de saint François et de saint Alexis, auxquelles messes toutes les Ursulines seraient tenues de communier et d'offrir à Dieu leur communion pour le soulagement de l'âme de la donatrice ; de même à la communion de la fête de sainte Anne.

Les admissions à la confrérie de Saint-Roch se faisaient par acte authentique, ainsi que nous le démontre le suivant, passé devant le notaire d'Elbeuf, le 24 juin du même mois :

« Pierre Dumoutier, tisserand, faisant les fonctions dans le present mois de depositaire de la confrairie de Sainct Roch, fondée en l'eglize Sainct Estienne, au lieu et place d'Adrian Desnos, Joseph Loisel, Jean Petitgrand, Jean Benard et Pierre Revel, aussy confrères de lad. confrairie, lesquels en suivant la deliberation et consentement verbal qu'ils ont dit avoir de leurs autres confrères, ont receu et admis en leurdicte confrairie Jacques Deriberpré, Jean Berenger et Martin Gaillard, tisserands, qui se sont submis à l'entretien et execution des Statuts et Reglements de lad. confrairie... »

Michel de Saint-Ouen, prêtre, demeurant en la paroisse Saint-Jean, fils non héritier de feu Jean de Saint-Ouen, sergent royal au duché d'Elbeuf, avait intenté un procès, en 1681, à Jean et Jean Lemonnier, pour liquider son tiers légal sur les biens dont son père était saisi quand celui-ci s'était marié. Les sieurs Lemonnier, depuis « s'étant absentés et retirés hors le Royaume pour le faict de la Religion... et leurs biens donnés par le Roy au sieur Jean Benard Granville... », un accord fut signé, le 13 juillet, entre Bénard et Michel de Saint-Ouen.

Charles Duchesne, sieur des Chastelliers,

licencié en lois, remontra au lieutenant du bailli que le prince Henri de Lorraine avait donné son consentement à la démission de la charge de verdier, faite en sa faveur le 24 mars précédent, par François Duchesne, sieur des Monts, son père, bailli et verdier du duché, Charles Duchesne fut reçu verdier le même jour 13 juillet.

Le 15, mourut Pierre Godard, chirurgien, à l'âge de 50 ans ; il fut inhumé dans l'église Saint-Etienne, comme beaucoup d'autres paroissiens de cette époque.

La fabrique d'Elbeuf était alors en réputation, car nous voyons des fils de Rouennais et autres y venir faire leur apprentissage. C'est ainsi que Louis Delarue, drapier de Saint-Etienne, prit comme apprenti, le 20 de ce mois, le jeune Guillaume Martin, fils Me Guillaume, conseiller du roi, demeurant à Pont-de-l'Arche. Le prix ne fut fixé qu'à 250 livres; la plupart des contrats étaient de 300 et même quelques-uns de 400 livres, pour les trois années d'apprentissage.

Le 13 août, Charles Duval donna à la charité de Sainte-Croix, établie à Saint-Etienne, le tiers des héritages qu'il possédait, à charge par le curé et Dugard, échevin, et leurs successeurs, de faire célébrer chaque année un service religieux.

Il en coûtait alors 60 livres pour apprendre « le mestier de blanchœuvre », qu'exerçait à Elbeuf Jacques Dévé, et l'apprenti devait donner trois ans de son temps, pendant lesquels il était nourri par le maître.

Le 25, Louis Bunel, tisserand drapier, de la paroisse Saint-Jean, constitua une rente de 3 livres 4 sols, en faveur du trésor paroissial de Saint-Etienne, stipulé par Michel Davoult, maître drapier, trésorier de cette église.

Un procès de mœurs, qui se déroula devant la justice d'Elbeuf, fit beaucoup de bruit cette année-là. En résumé, Marguerite Saint-Ouen demandait à Jacques Léger de l'épouser, ce à quoi celui-ci, qui était en prison, se refusait.

Au commencement d'octobre, la justice d'Elbeuf eut à s'occuper de plusieurs vols de laine, dont partie avait été transportée à Tourville chez un receleur. Il s'en suivit un procès contre plusieurs individus.

Un acte d'achat fait par un bourgeois d'Elbeuf, portant la date de novembre 1690, mentionne que le paiement eut lieu en « louis d'or ancienne fabrique, en louis de 62 sols, de 31 sols et de 15 sols 6 deniers et autres monnoyes de present ayant cours ».

Le 25 novembre, Robert Viel, bourgeois de Saint-Jean, et Robert Viel, son fils, déclarèrent que bien que ce dernier, « depuis qu'il était parvenu à l'ordre de prestre, demeurast chez son père, ils n'estoient point en communauté de meubles..., que le fils avoit faict à ses frais accommoder une chambre ou salle basse pour sa demeure, dans laquelle estoient reportés les meubles à luy appartenants, consistant en un lict fourny, un petit paire d'armoires, quatre landiers, deux chaudières, douze chaises, deux broches, deux tables, un pot d'estain, une chopine, un demion et un pot à eau d'estain, six plats, dix-sept assiettes aussi d'estain, deux tasses d'argent, trois cuillers et une fourchette d'argent, une pallette, deux paires de pincettes, un miroir, douze serviettes fines, six grosses, six nappes,

Année 1690

six napperons et la tenture de tapisserie estant autour de lad. chambre avec un tapis...»

Le 9 décembre, Michel Dupont, « adjudicataire des droits de six deniers pour pot de vin, trois deniers pour pot de cidre et deux deniers pour pot de poiré et bière », qui se vendaient en détail à Elbeuf, rétrocéda son adjudication aux habitants des deux paroisses de ce bourg, représentés par Jean Hamon et Louis Delarue, syndics.

Ce contrat signé, les Elbeuviens déclarèrent ne s'être procuré la perception de l'octroi que pour faire subsister le bail qu'ils avaient auparavant passé, pour les mêmes droits, avec Salomon Delahaye, intéressé aux fermes du roi, pour le même prix de 600 livres par an.

Le 18, Louis Dugard, toilier, de la paroisse Saint-Etienne, donna à cette église, stipulée par Louis Caumont, vicaire, Louis Delarue, trésorier syndic, François Béranger, Jacques Bourdon et J.-B. Lesueur, trésoriers, la somme de 177 livres, pour la fondation de deux hautes messes. La charité de Sainte-Croix est seule mentionnée dans l'acte.

Nous avons relevé, sur des obligations de cette époque, les noms d'un certain nombre d'habitants d'Elbeuf.

Résidaient en la paroisse Saint-Etienne : François Dugard, Nicolas Hermeroult, Robert Gaillard, Pierre Fauxpoint, maîtres tapissiers ; — Jean Maigret, Pierre Regnault, Jean et Pierre Lesueur, Mathieu Frontin, Robert Boisselier, Jean Grandin, Michel et Jean Davoult, Marin Maille, Jean Lamy, Jean et Pierre Delarue, Louis Delarue fils Louis, Louis Delarue fils Jacques, Jacques Bourdon, Antoine Bucquet, Pierre Lefort, Pierre Juvel ;

Pierre Bizet, Charles Capplet, Thomas Cousturier, tous maîtres drapiers ; — Daniel Guenet, teinturier ; Louis Dulong, menuisier ; Jacques Dugard, boulanger ; Pierre et Charles Lamy frères, prêtres:

Sur la paroisse Saint-Jean se trouvaient :

Pierre Bunel fils Pierre, Pierre Viel, Louis Deriberpré, Denis Vitecoq, Louis Bunel, maîtres tapissiers ; — Louis Flavigny, Nicolas Dupont, Mathieu et Nicolas Poullain, tous maîtres drapiers.

Jean Gemblet, Louis Bigot, avocats ; Pierre Noiret, chirurgien juré ; Adrien Savary, sergent royal ; Jacques Heudron, huissier ; Jean Dupont père et fils, bouchers ; Nicolas Drouais, meunier ; Pierre Hayel, cirier chandelier ; J.-B. Martin, hôtelier ; Georges Leriche, Mathieu Pastallier, cordonnier ; Antoine Dévé, bourrelier ; Jacques Hamon, brodeur ; Jean Buquet, Nicolas Talon, Jean Leclerc, Georges Dubuc, Antoine Bérenger, boulangers, ce dernier trésorier en charge de la paroisse en 1689.

Jacques Pollet, avocat à la cour, conseiller du roi, référendaire en la chancellerie près le Parlement de Rouen, lieutenant général du duché d'Elbeuf, habitait également la paroisse Saint-Jean. Charles Pollet, sieur du Thuit, lieutenant particulier au siège général des Eaux et forêts de Normandie, résidait à Rouen, rue Damiette.

Nous trouvons encore, sur des actes passés à Elbeuf, les noms de Jacques Bourdon, maître tapissier à Moulineaux ; Nicolas de Saint-Ouen, curé de Saint-Martin-la-Corneille ; Toussaint Langlois, curé de Montaure, et Marc-Antoine Dandasne, écuyer, sieur de de Caletot, demeurant à Rouen, rue du Vert-

Buisson, propriétaire de la ferme du Port-Saint-Gilles, à Saint-Aubin, fils de feu Adrien Dandasne, sieur de Quiéville, et de Geneviève du Moucel.

Jean Genu, curé de Caudebec, laissa des notes manuscrites sur les événements de son temps. Nous y lisons que les années 1689, 1690 et 1691 furent très fertiles en blé et en vin. A la halle d'Elbeuf, le prix du blé oscilla, pendant ces trois années, entre 18 et 35 sols le boisseau ; mais l'année suivante, le blé valut 45, 50, 55 et même jusqu'à 60 sols le boisseau.

Le 14 janvier 1691, à l'issue de la messe, les paroissiens de Saint Etienne s'assemblèrent au son de la cloche, en présence de Jean Ledoulx, curé, pour donner pouvoir à Louis de la Rue, trésorier comptable, de placer une somme de 280 livres.

Un des plus riches contrats de mariage entre habitants de notre bourg que nous rencontrons, en ce temps, est celui qui fut dressé le 21 octobre, entre Louis Delarue fils Louis, maître drapier, et Jeanne Flavigny fille feu Jean. La promise apportait à son futur une somme de 4.500 livres provenant de l'héritage de son père. Louis Delarue n'avait que 1.500 livres ; ses deux frères, Pierre et Jean, mariés avant lui, avaient reçu pareille somme.

Voici l'inventaire du trousseau de Jeanne Flavigny, lors de son mariage avec Louis Delarue : « Deux douzaines de chemises, une jupe de toile blanche, huict mouchoirs de col, treize coiffes à cornette et quatre à dentelle, un tablier ou seigneux de toile blanche, quatre coiffes de nuit, une coiffure de gaze et deux paires de manchettes pareilles, trois paires de manchettes tant unyes que avec dentelles, un habit de damas à fleurs coulleur de caffé — Louis XIV fut le premier, en France, qui but du café ; on voit que, de son temps même, on en connaissait au moins la couleur à Elbeuf — jupe et manteau, un manteau et la jupe de ferandine noirs, une jupe de serge de Londre blanche, un manteau et jupe de ferandine rayée bleu et blanc, une jupe de serge de Londre coulleur de feu, un manteau d'estamine, une jupe de froc rouge, une jupe de froc blanc pour tous les jours, deux corps de taffetas rouge, un tablier d'estamine ». — Cette description ne vaut-elle pas une peinture pour représenter le costume des bourgeoises elbeuviennes de cette époque ?

Un autre contrat de mariage, postérieur de quelques mois au précédent, nous indique la provenance et le genre de diverses étoffes entrant dans l'habillement :

« Un habit de drap de Châlons, un manteau noir de camelot de Hollande, une juppe grise avec le manteau de poil de chèvre garny de soye ; une juppe de drap noir, une autre juppe de sarge d'Hollande avec une grande guipeure, une juppe jaulne de camelot de Lisle, un habit de toile de coton »... La future apportait également : « six tableaux de mignature, deux grands miroirs, un rabat et un mouchoir de poinct de France, un justaucorps brun de drap de Châlons, avec le devanteau de mesme estoffe... », etc.

Suit la copie d'une pièce ayant fait partie d'une liasse de papiers concernant le duché d'Elbeuf :

« Par arrêt de la quatriesme chambre des

Enquestes du 9 may 1691, la propriété incommutable du duché d'Elbeuf a esté adjugée à Henry de Lorraine, tant en son nom que comme donataire de Charles de Lorraine, son frère consanguin (le Trembleur); Louis de Lorraine, Emmanuel-Maurice de Lorraine; Henry de Lorraine, prince de Vaudemont et Elisabeth de Lorraine, son espouze.

« Lesdits Henry de Lorraine et Louis de Lorraine et Emmanuel-Maurice de Lorraine enfants de Charles de Lorraine, troisiesme duc d'Elbeuf, et de dame Elisabeth de la Tour d'Auvergne, sa seconde femme,

« Lesdits Charles de Lorraine, donateur, et princesse de Vaudemont, enfants dudit Charles de Lorraine, troisiesme duc d'Elbeuf, et de dame Elisabeth de Lannoy, sa première femme.

« Ledit delaissement a esté fait pour remplir tous les susnommés de leurs creances liquidées par ledit arrest et du tiers coutumier deu auxdits enfants du second mariage dudit Charles de Lorraine, troisiesme duc d'Elbeuf, sous la condition que dans le cas où ces creances et ledit tiers coutumier ne monteraient pas à la somme de 700.000 livres, à laquelle le prix dudit duché a esté fixé, ils tiendraient compte de l'excedent à la direction des creanciers de leur ayeul denommé audit arrêt...

« Le tiers coutumier, tant sur le duché d'Elbeuf que sur le comté de Lislebonne, fixé à 250.000 livres, a esté liquidé à la somme de 316.666 livres 16 sols 4 deniers.

« Par ledit arrest, Henry de Lorraine, en qualité de donataire de Charles de Lorraine, son frère, ... a esté jugé creancier pour raison de la part qui revenoit audit Charles de

Lorraine dans la dot de ladite dame de Launoy, sa mère... soit 240.845 livres, 18 sols...

« Le prince et la princesse de Vaudemont ont esté jugés creanciers pour ... 245.654 livres 3 sols 6 deniers... »

Le 27 mai, « Jean Benard de Granville, un des entrepreneurs de la manufacture de Montmirel, y demeurant ordinairement, envoyé en possession, soubz la faveur de l'edit du Roy du mois de decembre 1689 et encor par gratification speciale de Sa Majesté, des biens tant meubles qu'immeubles delaissés par le sieur Jean Lemonnier et les sieurs ses nepveux » reçut de Nicolas Lesage une somme de 300 livres que celui-ci devait à Jean Lemonnier, protestant sorti de France.

Un événement grave mit cet année-là toute la population d'Elbeuf en émoi. François Dupont le rapporte dans ces termes :

« Un jour de samedi, entre onze heures et midi, les voûtes de la nef de Saint-Jean et celles de la collatérale de Saint-Nicolas tombèrent. Il n'y avoit heureusement personne dans l'église ; mais les stalles du chœur, le banc de l'œuvre, celui de la Charité, qui étoit vis à vis, et la plus grande partie des bancs des paroissiens furent brisés.

« Il paroit que la partie de la voûte qui est sur le sanctuaire ne tomba pas, car la contretable auroit été entièrement rompue ; et dans une deliberation sur papier volant de l'année 1696, que j'ai trouvée dans les papiers de M\u1d63 Flavigni, grenadier à cheval, il n'est nullement fait mention d'aucun accident arrivé à la contretable, non plus que dans le compte de Nicolas Maille, trésorier en charge de 1695 à 1696.

« On y voit seulement que, dans son année, il fut fait marché avec le sieur Bayeux, architecte, pour la réparation des voûtes ; que le banc de l'œuvre (qui étoit avant la chute, du côté gauche) fut refait, et que les bancs des paroissiens furent rétablis par les particuliers, auxquels on vendit des emplacemens de cinq à six places pour des sommes de 3, 6, 10 et 20 livres une fois payées, ce qui réduisit le casuel de l'église à presque rien.

« En 1696, suivant le compte de Pierre Hayet, les voûtes furent finies, et on travailla aux hautes stalles du chœur, qui furent finies l'année suivante, Nicolas Talon étant trésorier en charge ».

Le 20 juin, « Nicolas Delaquèze, musicien de la musique du Roy demeurant à Versailles, vendit à Jean Davoult, drapier de la Manufacture royale du bourg d'Elbeuf, une masure contenant une acre et demie, sise rue Meleuze proche la Croix Féret, bornée d'un costé la sente de l'Esclette..., d'autre bout Pierre Flavigny, brodeur... » Cette masure était exempte de reliefs et treiziesmes parce qu'elle était assise en bourgage.

Le 18 juillet, à Elbeuf, devant « Robert Bourdon, avocat à la Cour, notaire gardenottes du Roy hereditaire aud. Elbeuf, et Louis Hamon, controlleur des tiltres aud. lieu, pris pour adjoinct ;

« Fut present très hault, très puissant et très illustre prince Monseigneur Louis de Lorraine, abbé commendataire de l'abbaye de Nostre Dame d'Ourcamp, demeurant ordinairement à Paris, en son hostel rue de Tournon, parroisse de St Sulpice, tant en son nom que comme fondé de procuration de très hault, très puissant et très illustre prince Monseigneur Henry de Lorraine, prince d'Elbeuf, gouverneur et lieutenant general pour le Roy des provinces de Picardye, Artois, Boulonnois, pays conquis et reconquis et des ville et citadelle de Monstreuil sur la mer..., et M° Toussaint François Chastelain, conseiller du Roy, controlleur des guerres, intendant de mondit seigneur prince d'Elbeuf, tuteur oneraire de très hault, très puissant et très illustre prince Monseigneur Emanuel Maurice de Lorraine, frère de mesdits seigneurs prince d'Elbeuf et abbé de Lorraine ;

« Lesquels ont declaré que quoyque par le bail par eux passé le 3 de ce mois au proffict du sieur Mesme Bouchet, bourgeois de Paris, par devant de Troyes et Longé, notaires au Chastelet de Paris, de la ferme generalle du duché d'Elbeuf, il soit stipulé que la jouyssance de ladite ferme ne commencera qu'au jour de la St Jean Baptiste dernier, neantmoins les partyes sont convenues que ledit sieur Bouchet commencera à jouyr des fruicts et revenus dudit duché du 9e de may dernier, conformement à l'arrest de nosseigneurs du Parlement de Paris dudit jour ;

« Et d'autant que la couppe des bois de la forest des Monts le Comte qui est escheue et exploictée pour la presente année 1691, a desjà esté faicte et perceue par Louis Lefebvre, sous fermier du sieur de Quenneville, il a esté arresté que ledit sieur Bouchet faira raison à mesdits seigneurs de ce qu'il touchera dudit Lefebvre, pour lad. couppe de la presente année, au prorata du temps, qui doibt commencer sondict bail, attendu qu'il aura encore six couppes complettes desd. bois pendant le cours d'iceluy... » — Suivent les signatures de l'abbé de Lorraine, de Chastelain et de Bouchet.

Nous avons dit que les abords du quai n'avaient été que légèrement réparés, à la suite des orages de l'année précédente. Les habitants du bourg réclamèrent une meilleure réfection. Etant à Elbeuf le 24 juillet, l'abbé de Lorraine, frère et porteur de la procuration du duc d'Elbeuf, adressa cette lettre au bailli:

« Nous Louis de Lorraine, tant pour nous que pour M. le prince d'Elbeuf, nostre frère, donnons pouvoir aux sieurs bailly et procureur fiscal d'Elbeuf de faire faire un talut et accommoder le quay de la voiture, pour empescher que les ravines ne continuent à emmener le pavé et ruiner le quay ; faire aux endroits qui seront necessaires paver, et faire contribuer pour ledit pavé ceux qui ont des maisons voisines, et au sieur Bouchet, fermier general du duché d'Elbeuf, d'en faire paier les deniers par son sous fermier, dont leur sera tenu compte... — L'ABBÉ DE LORRAINE ».

Les travaux furent mis en adjudication au rabais en octobre suivant.

En ce même temps, on répara la prison, les moulins et l'on nettoya à fond « la noe du moulin Saint Jean », encore obstruée par des sables et des terres.

Le 13 septembre, Marguerite Duperré, veuve de Jacques Bigot, en son vivant avocat à la cour du Parlement et procureur fiscal du marquisat de la Londe, vendit à Jean Grandin, drapier, une propriété, sise paroisse Saint-Etienne « en la rue des Archers ».

Le 26, Mesme Bouchet, de Paris, fermier général du duché d'Elbeuf, par contrat du 3 juillet précédent, passé avec Louis de Lorraine, abbé d'Ourcamp, tant en son nom qu'en celui d'Henri de Lorraine, prince d'Elbeuf, et en celui de Chastelain, tuteur d'Emmanuel-Maurice de Lorraine, frère des deux premiers, se trouvait à Elbeuf, où il nomma un procureur en la personne de Louis Lefebvre, marchand de bois à Orival, pour faire couper cinq ventes dans les bois d'Elbeuf, en cinq années consécutives.

Ce même jour, Mesme Bouchet vendit ces cinq coupes de bois à ce Louis Lefebvre, moyennant diverses conditions dont la principale était le paiement de la somme de 66.437 livres 10 sols, payable par dix portions égales à raison de deux par an. L'acheteur fut cautionné par Philippe Lefebvre, son père, marchand drapier de la paroisse Saint-Etienne, lequel gagea sa promesse sur tous ses biens et particulièrement sur deux bateaux flottant en Seine, qu'il possédait en toute propriété, dont un de 500 tonneaux et le second de 150, avec leurs flettes, agrès, etc.

Ce jour encore, Mesme Bouchet bailla à ferme pour cinq années, à René Leport, garde à cheval des bois et chasses du duché d'Elbeuf, le droit de sous-louer les pâturages des herbes dans les bois du duché, pour y mettre des bestiaux. Ce bail fut contracté moyennant 50 livres de ferme par an.

Le lendemain 27, Bouchet nomma deux autres procureurs : Pierre Sablier, verdier au comté de Louviers, et Charles Picard, bourgeois de Louviers, pour cultiver et faire valoir la ferme et la recette de la baronnie de Quatremares, dépendant du duché d'Elbeuf. Puis, par un autre acte du même jour, Bouchet donna à loyer à Sablier et Picard, pour six ans, cette seigneurie, moyennant 2.700 livres par an, plus diverses autres conditions.

Le 29, Jean Potteau, concierge des prisons d'Elbeuf, et Adrien Potteau, son fils, boulanger, de la paroisse Saint-Etienne, vendirent à Pierre Lesueur, drapier, « un jardin planté de vignes, assis paroisse Sainct Jean en la ruelle des Bœufs ». La somme qui revenait à Jean Potteau fut immédiatement remise au sieur de Quienneville, fermier général du duché d'Elbeuf, en payement de ce que le geôlier devait pour la ferme du poids et de la conciergerie de notre bourg. — Un autre acte passé le mois suivant, concerne également un jardin planté de vignes, sis paroisse Saint-Jean.

Le 1er octobre, Bouchet bailla à ferme la baronnie de Groslay, membre du duché d'Elbéuf, à Jean Bourdon, sieur de la Haistraye, cautionné par Gilles Fermanel, écuyer, demeurant à Groslay, moyennant d'assez lourdes charges et, en outre, un loyer annuel de 2.300 livres.

Le fermier général donna à bail, le 15 du même mois, à Adrien Savary, l'exercice de la sergenterie royale et de la basse sergenterie du duché d'Elbeuf, tenues auparavant par Jean Féret et Girard de Saint-Ouen, aux conditions d'usage : service des officiers de la justice d'Elbeuf, recouvrement des droits dus au duché, nourriture des prisonniers, payement du salaire du geôlier, transport des détenus appelants à Rouen, etc., plus le paiement de 600 livres.

Le lendemain, il bailla à ferme la prévôté de Mandeville, à Marin Védie, bourgeois de Rouen, par le prix annuel de 130 livres ;

celui de la voiture d'Elbeuf à Paris, à Nicolas Maille et Jacques Pollet, maîtres tapissiers de notre bourg, moyennant 900 livres par an ; la ferme de l'eau et rivière de Seine, à Nicolas Fréret, de Freneuse, par la somme de 450 livres chaque année.

Enfin, quatre jours après, il afferma l'exercice du jaugeage « en ce compris les grands et petits vaisseaux et des boissons vendues audit Elbeuf », à Pierre Patallier fils Simon, pour un loyer annuel de 250 livres.

Le 16 octobre, par ordre de l'archevêque et du chapitre métropolitain de Rouen, Marguerite Mulot dite de Sainte-Thérèse entra comme pensionnaire aux Ursulines d'Elbeuf. Sa pension fut payée, la première année, par l'abbesse d'Almenêche, au Mans. Il résulte d'une note que nous avons sous les yeux que la marquise du Boullay, sa belle-mère, qui demeurait au Neubourg, devait payer une partie de la pension de Marguerite Mulot.

Le 23 novembre, « Très haut... prince monseigneur le duc d'Elbeuf, comte de Lislebonne, gouverneur de Picardie, Artois, Boulonnois... », etc., se trouvait dans notre bourg, où il vendit quelques parcelles de terre à Jean Delarue, acquéreur du Mont-Duve.

Le même jour, on inhuma dans le chœur de l'église Saint-Jean, le corps de Pierre Flavigny, curé de Chrestienville, décédé la veille, à l'âge de 77 ans. — Quelques mois auparavant, Marguerin Delacroix, mort à l'âge de 68 ans, avait été inhumé dans la chapelle du cimetière entourant cette église.

Par un Edit du mois de mars 1673, Louis XIV avait établi, par mesure générale, « l'Art et Profession de barbier, baigneur, étuviste et perruquier » en maîtrises. Plus tard, par un arrêt du 6 novembre de la même année, il avait fait défense à tous maîtres chirurgiens-barbiers « de se mêler d'aucun commerce de cheveux, ni de faire aucunes perruques, et à toutes autres personnes de s'immiscer de faire le poil et la barbe, sous prétexte d'avoir le droit desdits chirurgiens-barbiers, à peine de 500 livres d'amende ».

En novembre 1691, le roi supprima les places de barbiers-baigneurs-étuvistes-perruquiers, et créa des maîtres en cette quadruple profession, chacun ayant pour enseigne devant sa boutique un bassin blanc portant cette inscription : « *Barbier, baigneur, étuviste et perruquier ; céans on fait le poil* ». La nouvelle corporation avait aussi le droit de vendre des cheveux, des savonnettes, pommades, essences, poudres et pâtes, et autres choses relatives à la profession.

Le 3 décembre, furent signés les accords du mariage de Guillaume-Gabriel de Gaugy, écuyer, fils de feu Antoine de Gaugy, aussi écuyer, avec Marguerite Delarue, fille unique de Jean Delarue, l'un des principaux maîtres drapiers d'Elbeuf, qui promit verser à son futur gendre, le lendemain du mariage, la somme de 12.500 livres, « dont 4.166 livres 13 sols 4 deniers pour le don mobile dudict sieur futur espoux et le surplus pour estre la dot de ladite damoiselle future espouse... » En plus, Marguerite reçut « une chambrée fournye, bagues et joyaux » évalués à 3.000 livres.

Gabriel de Gaugy était un des officiers du prince d'Elbeuf, qui donna son consentement à ce mariage. Au nombre des témoins se trouvait M⁰ de Gaugy, prieur de Regmalart.

Le 7, Isaac de Busigny, maître charpentier au Havre, présenta au tabellionage d'Elbeuf des lettres de commission le chargeant de marquer les bois propres à la construction des vaisseaux du roi, et les fit enregistrer sur les minutes de M° Bourdon. Elles étaient ainsi conçues :

« Paul de Louvigny, chevalier, conseiller du Roy en ses conseils, intendant de justice, police, finances de la Marine et des fortifications des places maritimes en Normandie,

« Estant necessaire pour le bien du service de Sa Majesté de nommer un maistre charpentier de ce port pour faire la visite des bois appartenants à divers particuliers, scitués en Normandye, nous avons faict choix d'Isaac Busigny..., luy enjoignant de partir incessamment et de se transporter aux lieux que nous luy avons indiqués, pour par luy, en chacun d'iceux, dresser son procedz verbal de la quantité, qualité, grosseur, longueur, en distinguant les échantillons et le nombre d'arbres propres pour chaque et des pièces de bois necessaires à la construction des vaisseaux de Sa Majesté.

« Et s'informera s'il n'y a poinct eub de bois soit en fustaye, boucquets ou scis sur des fossés qui ayent été abattus et mesme enlevés, et en cas qu'il s'en trouve qui l'ayent esté sans permission du Roy ou qui soient encore abattus sur le lieu, il en dressera son procedz verbal de l'estat d'iceux, les noms des particuliers à qui ils appartiennent, s'ils ont esté vendus, et à qui saisira lesdicts bois qu'il trouvera coupés ou que l'on abat, les mettra en sequestre et en donnera la garde au plus proche voisin ou au cappitaine et syndic des parroisses où ils se trouvent situés ; donnera assignation aux propriétaires et marchands d'iceux lesquels n'auront point eub de permission de comparoir devant nous à jour competent...

« Enjoignons aux maires, eschevins, juges et cappitaines des parroisses de donner toute assistance et main forte audict Busigny pour l'entière execution de la presente, s'agissant du service de Sa Majesté...

« Au Havre de grâce le 27º de novembre 1691... »

Isaac Busigny commença immédiatement sa tournée dans notre région, par la visite des parties de bois alors en coupe dans les forêts d'Elbeuf et de la Londe.

Le 19, Marie Bachelet, étant à son lit de mort, donna à la fabrique de Saint-Jean « son plus grand et meilleur coffre et la meilleure tasse d'argent, pour estre vendus et les deniers employés à la réédification de ladite eglise ; plus son chappelet, deux draps et quatre serviettes de belle taille blanche pour servir à l'autel de la Ste Vierge ; veut et entend que le surplus de ses meubles soient mis en la saisine de Madame la lieutenante Pollet pour faire prier Dieu pour elle... » Témoins : Jean Dupont, prêtre ; Jacques Pollet, lieutenant, et Nicolas Bourdon, procureur fiscal.

CHAPITRE III
(1692-1693)

Charles III et Henri de Lorraine *(suite)*. — Mort du duc Charles. — Un roi d'Angleterre a Elbeuf. — Addition aux statuts de la société des tondeurs. — Le duc Henri a Namur et a Nerwinden ; ses farces en voyage. — Une crise drapière ; cherté des subsistances et nouvelle épidémie.

Le 2 janvier 1692, François Bérenger, trésorier syndic de la paroisse Saint-Etienne, au nom de la fabrique et du consentement des habitants, et en vertu de l'arrêt du Conseil en date du 12 décembre 1890, pour « subvenir au payement du droit d'amortissement à quoy l'eglise parroissiale dudit Saint Estienne avoit esté taxée », vendit à Pierre Grandin, maître drapier, une partie de 34 livres de rente moyennant 680 livres. Cette rente avait été autrefois donnée à l'église par Jacques Boisselier, curé de Quatremares, et Etienne Boisselier, son frère, bourgeois d'Elbeuf.

Mesme Bouchet, fermier général du duché, bailla à ferme pour cinq ans, le 15 de ce mois, à Jean Mallet, maréchal, demeurant paroisse

Saint-Etienne, « le poids du bourg d'Elbeuf, que tenoit cy devant Jean Potteau l'aisné et au précédent Nicolas Féret, à la charge de fournir bancard, balances et poids, de bien et deubment servir le public, etc., et par le prix et somme de six vingts livres chaque année ». Bouchet afferma également, à François Cavillon, garde des bois et chasses du prince, « la conciergerye et prizons d'Elbeuf, que tenoit auparavant Jean Potteau, moyennant 50 livres par an ».

Un contrat de ce même jour concerne Jacques Lancelevée, moulinier, demeurant à Romilly, lequel, se voyant hors d'état de pouvoir rendre à Thomas Couturier, de Caudebec, la somme de 400 livres qu'il lui avait prêtée pour réparer le moulin à foulon qu'il exploitait, céda à Couturier ce moulin pour autant de temps qu'il serait nécessaire pour se couvrir des 400 livres.

C'est à ce moulin de Romilly que les fabricants d'Elbeuf envoyaient une grande partie de leurs draps pour être foulés. Le chariage se faisait tantôt par eau, tantôt par voitures.

Le départ des Lecointe et des Lemonnier avait fait naître diverses contestations entre des membres de leur famille, ainsi qu'on l'a déjà vu ; mais il y en eût d'autres encore, qui paraissent cependant s'être toutes terminées à l'amiable. Voici une pièce, datée du 14 février, extraite des registres du bailliage de La Londe, que nous citons comme exemple :

« La question qui estoit pendante entre Me Marin Benard, advocat à la Cour, bailly de La Londe, procureur du sieur Thonnet, marchand à Lyon, ayant espouzé la fille unicque de deffunct André Lecointe et, en cette qualité, héritière des enfants de deffunct Jean Lecointe, sortye hors le Royaume à cause de la Religion, d'une part, et Pierre Frontin et Thomas Cousturier, tuteur des enfans de deffunct Mathieu Frontin, lesdits Frontin heritiers de Marthe Frontin, leur sœur, veuve dudit Jean Lecointe, aussi sortie du Royaume pour le faict de la Religion, d'autre part ».

Il fut convenu que le ténement de maisons, cour et jardin, acquis par Jean Lecointe, pendant son mariage avec Marthe Frontin, et situés au Mont-Roty, paroisse Saint-Etienne, seraient partagés également entre les héritiers.

Charles III de Lorraine, duc d'Elbeuf, mourut le 4 mai, à Paris, à l'âge de 72 ans. Il fut inhumé dans l'église des Petits Jacobins de Paris. Sa première femme avait été enterrée dans celle des Augustins.

Le 8, un service solennel fut célébré en l'église Saint-Jean, pour le repos de l'âme du duc Charles, auquel assistèrent les officiers du duché et toutes les notabilités du bourg et des paroisses voisines.

Bussy-Rabutin a laissé ce portrait rimé du défunt :

> Et d'Elbœuf, homme assez profond
> Dans la science de la chasse,
> Qui remplissait fort bien sa place
> Lorsqu'il appliquait ses efforts
> Après quelque grand bruit de cors.
>
> Il nous contait, pour l'ordinaire
> Tous les faits de son chien Cerbère,
> S'il s'était jeté tout à coup
> Sur quelque cerf ou quelque loup ;
> Si le chevreuil ou bien le lièvre
> Avait eu, ce jour-là la fièvre,
> En se voyant, dessus ses fins,
> A la merci de ses mâtins.

Nous avons dit que Charles III de Lorraine s'était marié trois fois. Il avait eu de sa seconde femme, Elisabeth de Bouillon, fille aînée de Frédéric-Maurice de la Tour, duc de Bouillon, et de Léonore-Fébronie de Berh, trois fils et cinq filles. Ces trois fils étaient : 1º Henri de Lorraine, né le 7 août 1661 ; 2º Louis de Lorraine, né le 18 septembre 1662, et 3º Emmanuel-Maurice de Lorraine, dit le prince Emmanuel, né le 20 décembre 1677.

On sait aussi que le duc Charles avait forcé son fils aîné, dit le Trembleur, issu de son premier mariage, à abdiquer et à résigner en faveur de son frère Henri tous ses droits sur le duché d'Elbeuf, dont celui-ci était déjà possesseur à la mort de son père.

Peu après l'inhumation de Charles III, le duc Henri partit à l'armée royale où nous le retrouverons bientôt.

Le 18 mai, on baptisa à Saint-Jean, Anne Chrestien, fille de Pierre Chrestien le jeune, commissaire inspecteur à Beauvais, et d'Anne Michel. L'enfant eut pour parrain Pierre Chrestien, avocat au Parlement et conseiller à la Table de marbre du palais, et pour marraine Marguerite Delarue, femme de Gabriel de Gaugy, aide de camp en l'armée du roi et écuyer du duc d'Elbeuf.

Le contrat de mariage de Charles Duchesne, sieur des Chastelliers, verdier du duché, fils du bailli d'Elbeuf, avec Catherine Davoult fille Jean, fut dressé le 26 du même mois. La cérémonie nuptiale fut célébrée le lendemain, en l'église Saint-Jean.

En cette même semaine, le bailli condamna plusieurs boulangers d'Elbeuf qui ne donnaient pas le poids à leurs pains. Il examina, en ce même temps, s'il n'y avait pas lieu d'augmenter la capacité du boisseau d'Elbeuf d'un seizième.

La célèbre bataille navale de la Hogue eut lieu le 29. L'amiral de Tourville, avec 37 navires seulement, tint tête pendant toute la journée à 199 vaisseaux anglais et hollandais, dont 78 comptaient chacun plus de 50 canons.

Le lieutenant général Le Roux d'Infreville, l'un des descendants des Le Roux, d'Elbeuf, opéra si habilement que, avec 14 vaisseaux, il mit en échec 36 gros bâtiments hollandais.

Le roi Jacques II d'Angleterre, que ses actes de despotisme avaient fait fuir de son royaume, se trouvait sur l'un des vaisseaux français. Après la bataille, Jacques débarqua dans un port de notre littoral, passa par Elbeuf, puis alla se réfugier à Saint-Germain-en-Laye, où il mourut. Il semble même être venu trois fois dans notre bourg, la deuxième en se rendant à Cherbourg où il avait rejoint un bâtiment de notre nation.

M. Guilmeth a écrit que Charles III de Lorraine avait reçu le roi d'Angleterre dans le château que l'on voit actuellement rue Saint-Etienne ; c'est une erreur, car ce château n'était pas encore bâti. Suivant cet auteur, Jacques II serait venu la première fois à Elbeuf beuf en 1690, et aurait couché dans l'auberge du *Louvre* rue Saint-Jean, près la rue Berthelot actuelle.

Henri de Lorraine, duc d'Elbeuf assista au siège de Namur, et, le 1er juillet, au moment où les assiégés firent battre la chamade, il se trouvait dans la tranchée. Il mena au roi les otages offerts par le prince de Barbançon, gouverneur de Namur.

Au siège et à la prise de Namur était aussi le régiment Liégeois infanterie, ayant alors le comte de Guiche pour colonel, et qui devint plus tard le 39e régiment de ligne, dont trois compagnies sont depuis le mois de septembre dernier (1896), en garnison à Elbeuf.

En 1692, Jean Davoult exerçait à Elbeuf les fonctions d'essayeur-contrôleur des objets en étain, office récemment créé par le roi.

Le deuxième registre de la Manufacture d'Elbeuf commence à la date du 24 juillet. François Duchesne, écuyer, sieur des Monts, avocat à la cour et bailli d'Elbeuf, présidait toujours les réunions. Bourdon était encore procureur fiscal du duché. Les gardes en charge étaient Jean Maigret et Georges Renault. Maigret fut remplacé, le 25 août, par Pierre Grandin. Ce registre ne contient guère que des débats entre fabricants et maîtres teinturiers, soulevés à propos de mauvaise teinture, ou entre fabricants et foulonniers. Nous remarquons que plusieurs manufacturiers d'Elbeuf faisaient fouler leurs draps à Darnétal, et d'autres à la Rivière-Thibouville.

Ce même jour 24 juillet, Jean Biot fut reconnu, en l'audience tenue au prétoire de la haute justice d'Elbeuf, comme juré crieur, en remplacement de François Hamon. — Cet office avait été créé par Edit du roi en janvier 1690 ; il consistait à crier le nom et la demeure des morts dans les principales rues et et aux carrefours, à crier les enchères aux ventes publiques, tant dans le bourg qu'aux halles, sur le quai et sur les navires, à publier les ordonnances, etc. Un tarif assez curieux, mais trop long pour être reproduit, accompagne les pièces de la nomination du nouveau titulaire.

Le 25, Pierre Dupont, marchand de blé à Rouen, « un des confrères de la confrairie de St-Jacques, establye en l'eglize Saint Jean d'Elbeuf », donna au trésor de cette paroisse, stipulé par Nicolas Duchesne, curé, et Nicolas Dupont, syndic, Bourdon, notaire, Laurent et Nicolas Flavigny, trésoriers en charge, 16 livres 13 sols 4 deniers de rente, pour la fondation de quinze messes basses annuelles et diverses prières.

Le 31, les tisserands drapiers de la Manufacture déclarèrent approuver la réception précédemment faite dans leur société de Jean Soligny, Jean Cavelier, Nicolas Adam, Michel Revel, Pierre et Henri Lambert, Nicolas Revel, Jacques Dupont, Jean Fremont et Nicolas Osmont, qui avaient accepté les statuts du 6 août 1688, augmentés de l'article suivant :

« Les associés seront tenus d'assister à la procession du Très Saint Sacrement et à celles du dimanche et de l'octave, tenant chacun un cierge ardant à la main, à peine de 2 sols 6 deniers d'amende... »

Les confrères décidèrent également qu'il ne serait désormais reçu aucun tisserand en leur société en dehors du jour de saint Roch, « afin qu'il en soit au prealable deliberé à l'assemblée generale qui se faict ledit jour de saint Roch, pour assister à la messe qui se celèbre en leur intention le mesme jour... »

Le 9 août, on inhuma, dans la chapelle Saint-Nicolas de l'église Saint-Jean, Marguerite Lesueur, femme de Nicolas Flavigny. — — En cette même année, plusieurs autres membres de la famille Flavigny furent inhumés dans la même église, qui continuait à recevoir un assez grand nombre de corps.

Jean Gemblet, avocat au Parlement, avait été nommé avocat fiscal du duché d'Elbeuf par Henri de Lorraine ; il fut reçu dans cette fonction le 15 septembre.

Le 24 novembre, Louis Delarue, drapier, promit montrer son métier à Louis de Lanquetot, né à Rouen, « à commencer du jour où il aura esté juré apprentif, pendant trois ans ». La mère du jeune homme, Marthe de Métérie, veuve de René de Lanquetot, s'engagea à payer 450 livres pour son apprentissage. — Un autre fabricant prit un apprenti moyennant 400 livres seulement.

Vers ce même temps, Thomas Beaufils s'engagea à montrer son métier de « savetier-carleur » à André Carpentier, de Mandeville, pendant un an, durant lequel Beaufils « le nourrira et lui fournira feu, lit et l'hostel, s'obligeant ledit Carpentier de porter honneur et obeissance audit Beaufils et de lui payer trente six livres tournois ».

Le 13 décembre, Pierre Carbon, chevalier de l'ordre du roi de Portugal, et son frère Michel, vendirent à Jacques Marsollet, drapier, un ténement de maisons provenant de la succession de leur mère.

Le 26 décembre, les membres de la confrérie des tondeurs de draps, assemblés, déclarèrent admettre parmi eux François Bocquet, Pierre Durand, Louis Cauchoix, Pierre Aillet, Pierre Heudouin, Jean Ménard, Noël Buhot, Gabriel Regnault, Antoine Suzanne, Claude Bourguignon, Jean Delaleau, Daniel Lefebvre, Thomas Hesbert et Philippe Bucquet, aussi tondeurs de draps en la manufacture d'Elbeuf.

Ce même jour, la confrérie ajouta à ses statuts du 6 août 1687 plusieurs articles, les derniers intéressants surtout au point de vue des secours mutuels :

« Lorsque le Saint Sacrement sera porté à un d'eux quand il sera malade, ceux qui ny pourront assister pour cause raisonnable, seront tenus de le declarer à celuy qui fera la semonce pour lui estre donné congé, autrement sera l'amende de cinq sols contre chacque defaillant.

« Sera aussy l'amende de deux sols six deniers contre chacque qui n'aura poinct porté son cierge en la main au convoy, estant neantmoins à entendre que cette assistance ne se faira que pour les malades qui seront actuellement dans le bourg et non poinct pour ceux qui seront à la campagne.

« Lors que le malade sera agonizant ou dans un danger manifeste de sa vie, il sera faict dire des deniers de la dite Societté une messe basse en son intention, pour luy obtenir de Dieu les secours necessaires dans cet estat perilleux et decizif de son salut ; ce qui sera aussy observé à l'egard des femmes des associés, et où elles seroient prevenues de mort, la messe sera dicte après leur deceds aux despens de la Societté.

« Si aucun ne paye precizement dans chacque mois cinq sols es mains de celuy qui sera chargé de faire la ceuilte pendant ledit mois, ladicte somme doublera et sera tenu payer dix sols à celuy qui faira la ceuilte dans le mois prochain suivant, outre les cinq sols du mois courant.

« Si celuy à qui escherra de faire la ceuilte demeure à la campagne, il sera tenu dans le tour qu'il faira de nommer aux associés un d'entre eux qui soit domicilié dans ce bourg, afin qu'ils puissent porter chez lui leur cinq sols au cas qu'ils n'ayent payé à celuy qui sera en exercice lorsqu'il faira ledict tour.

« Celuy qui aura faict la ceuilte dans son mois sera tenu d'en rendre compte dans le huitiesme du mois suivant, presence de son successeur et du depozitaire, lequel depozitaire sera esleu à la pluralité des voix, incontinent après que Mr Caumont, pbre vicaire de la parroisse de St Etienne d'Elbeuf, qui a bien voulu l'estre par le passé, sera party pour aller resider en son benefice dont il est pourveu, et les deniers mis dans un coffre qui sera à cette fin achepté aux depens de la Societté, où seront mis les papiers d'icelle, et duquel coffre le collecteur en charge desdits deniers et son predecesseur auront chacun une clef differente, pour ne pouvoir estre ouvert qu'en presence l'un de l'autre et du depozitaire, qui sera domicilié dans ce bourg. Et délivrera le collecteur sortant à son successeur une feuille qui contiendra tous les noms et surnoms des associés, avec mention de ceux qui auront payé leurs cinq sols pendant son mois ; et en cas qu'il soit defaillant de rendre ledict compte, representer les deniers et delivrer la feuille dans led. jour sus marqué, il sera tenu payer 60 sols d'amende.

« Pour remedier aux abus qui se sont commis, en ce qu'aucuns se sont fait 60 sols par sepmaine soubz pretexte d'une maladie qui ne s'est cependant trouvée estre qu'une légère indisposition, il a esté resolu qu'il ne sera rien donné pour la première sepmaine de maladye, mais pour la seconde et suivantes jusques à guarizon et que le malade sera en estat de travailler, saouf toutesfois le cas d'une maladye pressante et grave et dont le danger soit evident, auquel cas le malade sera assisté dès le 1er jour, à laquelle fin celuy qui sera de mois tenu du moment qu'il aura esté adverty d'aller viziter le malade et prendre exactement garde s'il est en danger ou non.

« Il sera distribué à ceux qui, par vieillesse ou par infirmité incurable, ne pourront plus travailler, vingt sols par sepmaine jusques à leur deceds, pour leur ayder à subsister, et ne contribueront plus rien en commun.

« Ceux qui voudront estre receus en la Socielté payeront 60 sols d'entrée, et ne sera aucuns tondeurs admis en la Socielté à l'advenir qui auront passé l'âge de 35 ans.

« Sy les deniers du coffre viennent à manquer par le trop grand nombre de malades, les associés payeront chacun dix sols au lieu de cinq par mois, jusques à ce que, par la cessation de la maladye, la ceuilte ordinaire puisse suffire.

« Il ne sera exigé d'aucun des associés, lorsqu'il changera de bouticque, aucune bienvenue.

« Ils assisteront tous aux inhumations les uns des autres.

« Pour l'advenir, il ne sera plus rien payé par la Socielté pour faire panser et medicamenter les malades, qui seront tenus de payer eux-mesmes les medecins et chirurgiens qu'ils voudront employer, parce que, au lieu de 60 sols, il leur sera payé 4 livres par sepmaine tant que durera la maladye ».

Suivent environ cinquante-cinq signatures ou marques de confrères.

Par un édit du mois de décembre 1692, une

compagnie de marchands de grains fut établie à Rouen, « avec le droit exclusif de vendre des grains dans l'interieur de ladite ville, comme aussi d'en acheter dans les quatre marchés d'Andely, Elbeuf, Duclair et Caudebec »; mais ce droit leur fut enlevé plus tard par un autre édit.

Un certificat délivré vers cette époque par M⁰ Moulin, prévôt du prieuré de Bourgachard, atteste que André Nicolle, prêtre d'Elbeuf, était resté quarante jours dans ce monastère, lieu de retraite imposé par l'autorité ecclésiastique du diocèse de Rouen aux prêtres ayant commis quelque faute grave.

Le 2 janvier 1693, la fabrique de Saint-Jean, représentée par « noble homme et discrette personne Mʳᵉ Nicolas du Chesne, curé ; Nicolas Dupont, Laurent et Nicolas Flavigny, tresoriers, reçut d'Anne Leboulanger, la moityé d'une maison sise paroisse Saint Estienne au triège du Mont Duve, bornée d'un bout le chemin ou cavée tendant à la vallée de l'Espine », à charge de prières pour la mère de la donatrice.

Un acte de ce même temps mentionne une maison de la rue de la Barrière, ayant droit de passage par une allée qui reliait cette rue à la ruelle de « la Barge ». Dans un autre contrat, on lit ruelle de « la Bargue », dénomination qui se modifia encore par la suite et devint de « la Bague ». — On sait que « barge » et « bargue » signifiaient navire ; un petit ou moyen bateau était appelé barguette.

Un contrat d'apprenti drapier fut signé le 4 mars, entre Louis Flavigny et Delarue, maître drapier. — Eustache et Jean Caumont père et fils étaient alors maîtres drapiers paroisse Saint-Etienne, où Louis Caumont, leur fils et frère était vicaire.

Le 10, Germain Telée, Michel Dupont et Georges Fumière, fermiers des coutumes, firent marché avec Mathieu Guéroult, maçon à Caudebec, pour réparer les halles d'Elbeuf, moyennant 110 livres, de façon que les « fermiers generaux de monseigneur le duc » ne pussent les inquiéter lorsqu'ils remettraient leur ferme à la fin du bail, qui devait expirer au 31 décembre 1696.

Le 3 avril, mourut Thomas Bourdon, avocat au bailliage d'Elbeuf, à l'âge de 50 ans. Il fut inhumé à Saint-Etienne, en présence de « Monsieur Pierre » [Patallier] et de Charles Lamy, prêtres.

Robert Bourdon, avocat au Parlement et notaire à Elbeuf, mourut le 7, à l'âge de 46 ans. Le lendemain, mourut Jean Gemblet, également avocat, décédé à l'âge de 36 ans. Tous deux furent inhumés en l'église Saint-Jean, dans la journée du 8. — Un autre Jean Gemblet était avocat à la cour du parlement et lieutenant du marquisat de la Londe.

Marie Bourdon, veuve de l'avocat Bourdon, fit procéder à l'inventaire de son mobilier, dans lequel nous remarquons des « fourchettes en argent » renfermées dans une armoire avec le reste de l'argenterie, dont la valeur totale fut estimée à 200 livres.

Le 18, Nicolas Lefebvre, maître drapier, présenta au Bureau de la manufacture Daniel Roblot pour être reçu apprenti. Louis Flavigny s'y opposa, parce que Lefebvre « ne faisant aucune fonction de la religion catholique, apostolique et romaine, il ne pouvait recevoir pour apprentif ledit Roblot, veu qu'il ne fait particulièrement aucune fonction de ladite religion et qu'il est marié ».

L'inspecteur des manufactures Le Chéron demanda que cette protestation fut portée devant l'intendant, « attendu que lesdits Lefebvre et Roblot ne font profession de la Religion catholique, apostolique et romaine ». Le bailli Duchesne ordonna qu'il en serait ainsi.

En juillet, sur l'avis probablement favorable de l'intendant, Roblot fut autorisé à entrer en apprentissage, mais on lui intima l'ordre de ne plus faire de tapisseries, sous peine de confiscation des marchandises.

Guillaume Sénécal « maître barbier, baigneur, étuviste et perruquier, porteur des provisions du Roy nostre sire pour les six places de barbier, baigneur, étuviste et perruquier dans le bourg d'Elbeuf, en dabte du 23⁰ jour de may dernier », vendit le 16 juillet à Antoine Martin l'une de ces six places, « pour en jouir avec les privilèges et prérogatives attribués à ladite profession... moyennant 42 livres 10 sols... » Témoins : Jacques de la Croix, prêtre ; Marin Bénard, bailli de la Londe.

Voici un second acte concernant cette corporation ; il porte la date du 29 novembre de la même année.

« Scolasticque Allais, velve de Mᵉ Pierre Senecal, en son vivant pourveu d'une des six places de barbier, baigneur, etuviste et perruquier, laquelle faisant encore valloir ledit office, a promis nourir, loger et blanchir Adrian Frerot pendant un an, durant lequel ledit Frerot sera tenu de se rendre assidu à travailler à tout ce qui lui sera commandé tant par elle que par les maistres garçons de sa bouticque, avec lesquels ledit Frerot sera tenu s'accommoder s'il advize que bien soit pour apprendre ledit mestier... Ce marché faict moyennant la somme de 10 livres que ledit Freret s'est submis payer à ladite vefve Senecal... Après lequel temps ladite vefve s'est submis de livrer audit Frerot une lettre de finance d'un desdits six offices de barbier..., à la charge par iceluy Frerot de se faire recepvoir à ses frais et despens, au moyen et parce que ledit Frerot s'est submis de mettre es mains de ladite vefve une obligation de la somme de 100 livres... »

Vers ce temps, Pierre Capplet, greffier du bailliage d'Elbeuf, fut pourvu de l'office de greffier de la manufacture pour ce qui concernait les jugements rendus par le bailli. Louis Flavigny remplissait les fonctions de greffier pour les affaires de la fabrique et du bureau de la Communauté, en remplacement de Thomas Bourdon, décédé.

Le 29 juillet, le maréchal de Luxembourg gagna la bataille de Neervinde sur Guillaume d'Orange, malgré la mauvaise volonté de Feuguières, lieutenant général français, « qui ne chargea ni ne branla ». Le duc d'Elbeuf lui reprocha sa conduite devant toute l'armée, aux applaudissements des officiers supérieurs.

Ce fut dans cette bataille que, pour la première fois, les Français chargèrent à la bayonnette, parce qu'ils manquaient de munitions ; l'effet en fut terrible. Depuis, la bayonnette devint l'arme la plus redoutée des ennemis de la France. — Un des régiments qui eurent le plus de part à cette victoire fut le Liégeois infanterie, qui, nous l'avons déjà dit, est devenu le 39e de ligne, actuellement en garnison à Rouen et à Elbeuf (octobre 1896).

Tout courtisan qu'était Henri de Lorraine, dit M. Maille, il n'épargna pas plus la vérité au propre fils du roi, au duc du Maine, qui, dans une autre circonstance, sur l'ordre d'attaquer, temporisa, ne montra ni subordination, ni courage, ni résolution, et laissa échapper l'occasion d'une victoire importante.

« Comme la campagne était sur son déclin et les princes sur le point de leur départ, il pria Monsieur du Maine, devant tout le monde, de lui dire où il comptait servir la campagne suivante, parce qu'il voulait aller où il irait et servir avec lui, n'importe où.

« Après s'être fait presser pour donner la raison de sa demande, il répondit :

« Le pourquoi ? C'est qu'avec lui on est as-
« suré de sa vie.

« Ce trait accablant et à brûle-pourpoint,
« dit Saint-Simon, fit grand bruit.

« Monsieur du Maine baissa les yeux et
« n'osa souffler mot.

« Sans doute qu'il la garda bonne à Mon-
« sieur d'Elbeuf, mais Henri, fort bien avec
« le roi, et par lui et par les siens, était d'ail-
« leurs en situation de ne s'en soucier guères ».

« Dans ses allées et venues de Paris en Flandre et de Flandre à Paris, Henri, alors qu'il était jeune et vaurien, a été accusé de plus d'une escapade.

« Entr'autres tours on lui en a reproché un intitulé la chaise percée du duc d'Elbeuf.

« Voulez-vous le connaître, retenez votre haleine et bouchez-vous le nez.

« Avant de quitter les chambres des auberges qu'il fréquentait en route, il faisait ouvrir les matelas des lits qu'il avait occupés, lui et ses gens, y déposait, devinez quoi, les faisait parfaitement recoudre et refermer, puis décampait.

« Quand les officiers généraux qui le suivaient, venaient, descendus dans les mêmes hôtelleries, à vouloir se coucher. c'était partout une horrible infection qui les chassait de tous appartements, les envoyait passer la nuit à la belle étoile et les privait ainsi de sommeil et de repos.

« Alors les hôteliers de gémir, de s'excuser, de jeter les hauts cris, disant ignorer la cause de ces parfums.

« De retour à la cour, les victimes racontaient leurs mésaventures, et le duc d'Elbeuf de rire, assurant avoir hanté les mêmes lieux et s'y être très-bien trouvé.

Voilà de ses fredaines, qui ne prouvent chez lui ni délicatesse, ni élévation dans les idées et les sentiments, mais une imagination sale et basse, bien qu'on ait vanté son esprit.

Le garde élu le jour de Saint-Louis, c'est-à-dire le 25 août, en remplacement de Georges Renault, garde sortant, fut Nicolas Flavigny. La fabrique comptait alors trente-sept maîtres drapiers, qui étaient :

Georges Renault, Pierre Grandin, Jean Davoust, Jean Delarue aîné, Pierre Lesueur, Louis Delarue aîné, Pierre Delarue, Nicolas Dupont, Thomas Couturier, Nicolas Poullain, Jean Delarue jeune, Jean Grandin, Jean Maigret, Nicolas Flavigny, Jean Lamy, Jean Couturier, Laurent Flavigny, Nicolas Lefebvre, Jean Caumont, Mathieu Poullain, Jacques Bourdon, Louis Flavigny, Gilles Mellicieux, Jacques Marsollet, Marin Maille, Louis Lamy,

Pierre Delacroix, Jacques Henry, Louis Delarue jeune, Nicolas Gemblet, Benoist Gosset, Pierre Juvel, Louis Bucquet, Charles Capplet, Guillaume Bocquet, François Bigot et Jacques Yvelin.

Par une bulle du pape Innocent XII, donnée le 22 septembre, une nouvelle confrérie fut fondée en l'église Saint-Jean, sous l'invocation de Notre-Dame de Liesse. L'évêque d'Evreux promulgua cette bulle le 19 mars 1694, mais le Parlement ne l'enregistra que le 14 juillet 1723. Entre temps, le 19 novembre 1712, l'évêque d'Evreux donna la permission à la confrérie de Notre-Dame de Liesse de faire exposer le Saint-Sacrement le jour de la Présentation.

Louis Fosse, prêtre habitué à Saint-Etienne, mourut dans une maison qu'il possédait au Mont-Fautrel, paroisse de Saint-Nicolas du Bosc-Asselin. Le 16 octobre, le notaire d'Elbeuf se rendit dans cette maison pour procéder à l'inventaire des meubles et papiers du défunt. Il n'est pas fait mention de livres.

D'un débat porté devant le bailli, le lendemain 17, au sujet de « flammes » qui s'étaient produites sur un drap, nous extrayons ce passage : « Romain Fretigny, espincheur, a soubz luy la conduite d'autres personnes qui travaillent à l'espinchage. Par ledit Fretigny a esté dit que sitost qu'on leur apporte des draps, elles les espinchent, les portent au moullin où le moullinier les esbroue, ensuite ledit espincheur les espinche, et aprez qu'il les a rachevez d'espincher, les reporte au moullin pour fouller, et s'il y avoit lors des taches, ledit moullinier ne devoit pas les fouller sans en donner advis... » — Le prix de l'épincetage était alors de 35 à 40 sols par pièce, pour les draps de couleurs, et de 3 livres à 3 livres 10 sols pour les blancs et les bleus.

Du 24 novembre: « Charles Esloy, pourveu par Son Altesse monseigneur le duc d'Elbeuf de l'office de facteur sur le quay dudict Elbeuf, pour veiller et donner ordre à la conservation des marchandises qui viennent de la campagne audict bourg pour mettre et charger la voiture pour voiturer à Rouen, et qui viennent dudict Rouen à Elbeuf, suivant la commission à luy donnée et signée de mondict seigneur en dable du 25e aoust 1688, lequel, soubz le bon plaisir de Son Altesse monseigneur, a faict et estably en son lieu et place Nicollas Osmont, pour faire les fonctions dudict office de facteur... au moien de la somme de 10 livres de rente annuelle... »

A cette époque, la misère était grande à Elbeuf et dans toute la contrée, par suite de la cessation des travaux de fabrique de draps et de la cherté du pain. Une quantité considérable d'actes mentionnent la détresse qui, par suite, s'était abattue sur presque toutes les classes de la société. Nous n'en relèverons qu'un ; il concerne Me Jean Boissonnet, chirurgien, qui, après avoir vendu son mobilier pour subvenir à ses besoins et à ceux de sa femme et de ses deux enfants, adressa une requête au bailli d'Elbeuf pour être autorisé à vendre aussi une partie de ses biens. C'est par plusieurs à la fois que des suppliques du même genre parvenaient au bailli d'Elbeuf et à ceux des environs.

Le 10 décembre, Marin Bénard « advocat à la cour, bailly de la haulte justice de la Londe, procureur general du sieur Jean Benard de Grandville », vendit, au nom de ce dernier, à « Mᵉ Jacques Caben, greffier des Eaux et forests du duché d'Elbeuf, demeurant à Caudebec, une pièce de terre abandonnée estant en friche depuis quinze années, appelée vulgairement le Clos Bidet, contenant une acre, assise au triège de la Vallée de la Saussaye, paroisse dudict Caudebec..., moyennant trois livres de rente par an.

Gabriel de Gaugy, « capitaine des chasses et plaisirs » du duc d'Elbeuf, qui avait épousé Marguerite Delarue, de notre bourg, eut une fille, que l'on baptisa à Saint-Etienne, le 15 du même mois. Son parrain fut Jacques de Gaugy, ancien prieur de Sainte-Catherine près Rouen, alors prieur de l'abbaye de Pavilly.

François Dupont nous apprend que la contagion de 1693-1694 qui, suivant lui, emporta un tiers de la province, fit 310 victimes dans la seule paroisse Saint-Jean, dont les corps furent inhumés. Il ajoute que de tous les fléaux qui ravagèrent notre ville depuis la peste noire de 1347, celui-là fut le plus funeste.

CHAPITRE IV
(1694-1695)

Henri de Lorraine *(suite)*. — Les marques de la Manufacture d'Elbeuf. — Discussions au Bureau de la fabrique. — Difficultés d'existence pour les ouvriers. — Continuation de l'épidémie. — Le duc Henri a la cour. — Plaintes contre plusieurs fabricants. — Attentat, a Elbeuf, contre la majesté de Louis XIV ; excommunications. — L'ancien cimetière protestant. — Mort du bailli. — Une série de crimes. — La fierte de saint Romain.

Le premier volume des *Mémoires* du duc de Saint-Simon est rempli de détails sur les questions de préséance soulevées par le duc de Vendôme. L'abbé de Chaulieu imagina de lui faire prétendre l'ancienneté de la première érection de Vendôme en faveur du père du roi de Navarre, père d'Henri IV, et d'attaquer les ducs d'Uzès, d'Elbeuf, Ventadour, Montbazon, la Trémouille et autres.

Le feu duc d'Elbeuf, père de Henri de Lorraine, s'était toujours montré fort jaloux de ses droits de pairie. M. de Chaulnes avait attaqué le duc d'Elbeuf par de fines railleries sur son indolence contre M. de Luxembourg, « et il etoit parvenu à l'exciter à imiter son père jusqu'à lui faire des remerciements de lui avoir ouvert les yeux, et il en etoit là, lorsque M. de Vendôme obtint la permission du roi d'attaquer ses anciens et leur donna une première assignation ».

Un jour les ducs de Vendôme et d'Elbeuf suivaient le roi dans une promenade ; ils parlèrent de leur procès, s'aigrirent, « se picotèrent, et enfin se querellèrent. M. d'Elbœuf dit à M. de Vendôme qu'il n'etoit de naissance ni de dignité à ne rien ceder, et qu'il le precederoit partout comme avoient fait ses pères ». La dispute continua longtemps.

Deux pièces, portant la date du 17 février 1694, concernent la paroisse Saint-Etienne.

La première est une rectification apportée par Jean Ledoulx, curé, à une déclaration qu'il avait faite antérieurement. Son bénéfice ne pouvait valoir, suivant lui, dans les meilleures années, que 300 livres « à cause de la diminution arrivée par les orages et depossession d'une partie des dixmes ».

La seconde est signée de Jacques Dugard, fermier des terres appartenant à « la chapelle Saint Chaud ». Il certifie qu'il en tient pour la somme de 10 livres par an, de Me Louis Caumont, prêtre, titulaire de cette chapelle.

— Cette pièce porte une autre déclaration signée par « Michel Osmont, prestre, ayant la garde de la clef de la chapelle Saint Chaud » qui certifie également que le loyer des terres baillées à ferme à Dugard se monte à 10 livres par an.

Le 25 de ce même mois, mourut Louis Bigot,

avocat au Parlement, âgé de 62 ans ; on l'inhuma dans l'église Saint-Jean. Le 9 mars, on procéda à l'inventaire de son mobilier, assez pauvre, car il ne fut estimé, par le notaire, qu'à la somme de 100 livres. A noter que le défunt ne possédait que six assiettes, six cuillères et pas de fourchettes. — A cette époque encore, presque tous les bourgeois elbeuviens mangeaient avec leurs doigts, car même dans des inventaires plus riches que celui de l'avocat Bigot, il n'est pas fait mention de ces instruments qui nous paraissent indispensables aujourd'hui,

Par actes des 15 mars 1694 et 2 mai 1695, passés devant les notaires du Châtelet à Paris, Jean Delarue, bourgeois de notre bourg, prit à bail la recette générale du duché d'Elbeuf et de ses dépendances, que lui fit Henri de Lorraine et Toussaint-François Chastelain, ce dernier comme tuteur d'Emmanuel-Maurice de Lorraine, héritier sous bénéfice d'inventaire de feu Louis de Lorraine, abbé de Notre-Dame d'Ourcamp, et du consentement des syndics des créanciers du feu duc d'Elbeuf.

Quelques protestants d'Elbeuf s'étaient réfugiés aux environs du bourg et y gagnaient leur vie du mieux qu'ils pouvaient. L'un d'eux, Jean Dugard, habitait, avec sa mère, le hameau du Camp des Ventes, près la Haye-Malherbe, et y fabriquait des tapisseries ; mais il fut dénoncé aux magistrats du duché. Une perquisition fut faite chez lui, le 18, et l'on y saisit plusieurs pièces de tapisserie, dont une était sur le métier, et le tout fut expédié au Bureau de la Manufacture d'Elbeuf. Pendant la saisie, Dugard, outré de colère, avait, suivant le procès-verbal, « juré et blasphemé le saint nom de Dieu, disant en ces termes : Mordieu ! Tête-Dieu ! Je m'en vais dans ma chambre prendre un fusil, il faut que je tue ce b...-là ». Ce malheureux fut arrêté et jeté en prison.

Le 20 mars 1694, l'inspecteur des manufactures et les gardes en charge firent une visite chez les maîtres drapiers ayant des apprentis, et constatèrent que huit de ces derniers n'étaient pas présents lors du passage des visiteurs.

Le 26, mourut César Paris, ancien trésorier de Saint-Etienne, à l'âge de 82 ans.

Sur une réquisition du procureur fiscal, les maîtres drapiers se réunirent le 22 avril « au sujet du desordre arrivé ou efforcé faire par certains compagnons tisserands de ce bourg, attrouppez en grand nombre chez le sieur Pierre Lesueur, l'un desdits maîtres et antien garde ». Ils furent d'avis de donner une suite convenable « et necessaire pour la vindicte d'une telle action, qui regarde tout le corps et le public ». — Nous n'avons trouvé aucun autre renseignement sur cette affaire, si ce n'est que, peu de jours après, plusieurs tisserands s'assemblèrent sur la place du Coq et maltraitèrent David Duval, aussi tisserand, parce qu'il avait accepté de travailler chez Pierre Lesueur au-dessous de l'ancien prix, baissé par suite de la mévente des draps, de l'encombrement des magasins et de la perte qu'éprouvaient les manufacturiers.

Louis Bénard, à la requête de « Me Jean Ledoux, curé, et procureur de la confrairie des Dames de Mizericorde, establie en l'eglize de Saint Estienne », reconnut, le 26 avril, être obligé à une rente, en vertu d'un contrat passé au profit de cette association, le 2 juin 1667.

Le 11 mai, Pierre Fréret, charpentier de bateaux à Criquebeuf-sur-Seine, céda à Guillaume Fréret « cy devant sergeant de l'eau d'Elbeuf en rivière de Seine, demeurant à Freneuse, ladite sergeanterie de l'eau ».

Il y avait alors procès, au bailliage d'Elbeuf, entre Jacques Bourdon, marchand drapier, et « Girard Esloy, cy devant voiturier par terre de la voiture d'Elbeuf à Paris et de Paris à Elbeuf », au sujet d'une pièce de drap qui avait été volée pendant le trajet de Paris à Elbeuf. Ce différend se termina par une transaction, signée le 12 mai.

Une rixe, survenue le 29 mai, entre deux gentilshommes des environs d'Elbeuf, fut l'objet des conversations pendant quelque temps. Voici succinctement les faits :

Pierre Allorge, écuyer, sieur du Brument, demeurant à Thuit-Signol, sortait de notre bourg et remontait par la cavée de Thuit-Anger, quand il rencontra le sieur de La Motte-Bretonville, habitant Thuit-Signol également, avec lequel il était en mauvaise intelligence, et qui lui barra le chemin l'épée à la main.

Allorge tira aussi la sienne et se mit en garde ; mais, au lieu de l'approcher, La Motte ramassa une pierre « dans le dessein de casser la tête » de son ennemi, qui s'enfuit. La Motte le poursuivit, finit par le rejoindre et le frappa derrière la tête d'un violent coup de pierre. Allorge tomba et s'évanouit ; néanmoins La Motte continua à le frapper ; il lui porta, entre autres, plusieurs coups de plat de son épée ; mais un tiers étant survenu, La Motte partit.

Sa victime déposa une plainte à la justice d'Elbeuf ; mais le marquis de la Londe pria le bailli de notre bourg d'arranger amiablement cette affaire, qui ne paraît pas avoir eu de suites.

Le mardi 22 juin, « la populace d'Elbeuf » saisit une quantité de blé, que son propriétaire reportait du marché de notre bourg à Pont-de-l'Arche. Ce blé fut confisqué et vendu aux enchères à la halle du marché suivant.

Daniel Guenet, « marchand maistre teinturier de la paroisse Saint Etienne d'Elbœuf » prit à ferme pour six ans, par acte du 9 juillet, de Me Ledoulx, curé, « la dixme des biens excroissans sur le dimage de laditte paroisse, à la réserve de quelques pièces de terre en contestation avec Monsieur le marquis de la Londe », moyennant la somme de 240 livres par an.

Un contrat du 14 juillet, que nous avons sous les yeux, fixe les conditions d'apprentissage pour le métier de « rentreur de draps ». L'apprenti devait rester quatre ans chez son maître, Jacques Picot, et lui payer 100 livres, mais il était logé et nourri gratuitement.

Le sieur Chrestien, inspecteur des manufactures, en remplacement de Le Chéron, fit une visite chez les maîtres drapiers, le lendemain 15. Il trouva cinquante-deux métiers battants seulement, et cinq apprentis absents de chez leurs patrons.

Notons ici qu'il est peu surprenant que tous les registres de la Manufacture ne soient pas parvenus jusqu'à notre époque, puisque dès cette année 1694, on constata que le registre de 1691 était introuvable.

En ce mois de juillet, les maîtres drapiers

rendirent hommage à Jean Delarue, pour les services « qu'il avoit rendus au bourg, tant pour le franc-alleu que pour la taxe du mestier de ce corps, qu'il a fait diminuer par son credit et les frais qu'il a faits en consequence ».

Le 25 août, jour de la fête de Saint-Louis, patron de la Communauté des fabricants, ceux-ci s'assemblèrent après la messe, à l'effet d'élire un garde pour remplacer Pierre Grandin, garde sortant. On demanda le registre à Louis Flavigny, qui avait servi comme greffier depuis le décès de Thomas Bourdon, c'est-à-dire depuis plus d'un an. Flavigny répondit qu'il avait rempli ces fonctions sans rétribution, croyant qu'on l'exempterait de la marque de ses draps et qu'il serait indemnisé de ses frais de bureau, mais qu'il n'en avait rien été, et qu'il gardait le registre « dans la crainte que son escripture fut altérée ». L'assemblée ordonna à Flavigny d'apporter son registre. — Jean Lamy fut nommé garde.

Le lendemain, les fabricants se réunirent en la chambre de la Manufacture devant le bailli. Ils condamnèrent Robert Lancelevée, foulonnier, en 10 livres d'amende, pour avoir mal travaillé une pièce de drap.

Ce même jour, un autre avocat au Parlement fut inhumé dans l'église Saint-Jean ; c'était Pierre Le Roy, décédé la veille, à l'âge de 30 ans.

Pierre et Charles Lamy, tous deux prêtres, habitant la paroisse Saint-Etienne, se firent une donation mutuelle de leurs biens meubles, le 13 septembre.

Le Parlement de Normandie rendit un arrêt en faveur des Ursulines d'Elbeuf, le 25 septembre, contre « damoiselle Barbe Odelin, veuve et héritière du sieur Jean Féron ».

Me Chrestien, inspecteur de la manufacture d'Elbeuf, convoqua les membres du bureau le 7 octobre. Il leur exposa que Nicolas Flavigny avait enlevé « l'enclume et le poinson des marques de dedans le Bureau de la manufacture et les avoit portées chez luy, et avoit marqué pendant plusieurs jours des draps à plusieurs maistres de son authorité ».

Flavigny reconnut le fait ; mais c'était, dit-il, pour la commodité des fabricants qui envoyaient des marchandises à la foire de Saint-Denis, parce qu'il n'y avait pas de voiture certaine pour ce lieu, et que plusieurs maîtres l'avaient approuvé, d'autant plus que la marque n'était pas en sûreté dans le bureau « veu que l'on a vollé les barreaux de fer qui estoient aux fenestres ».

Chrétien répondit que s'il manquait quelque chose au bureau, la communauté devait y remédier. Il demanda d'enfermer les marques dans un bon coffre placé dans le bureau, et dit que « n'estoient que discours frivolles les raisons données ». Le bailli Duchesne décida que les deux gardes en exercice auraient chacun une clef des marques et feraient réparer le bureau aux frais de la communauté.

Le même jour, le bailli ordonna que les draps venant du tisserand seraient portés au bureau chaque jour de la semaine pour y être visités, et qu'à cet effet deux maîtres drapiers seraient nommés visiteurs à tour de rôle.

L'inspecteur Chrestien réclama encore une condamnation à 50 livres d'amende chacun, contre les deux gardes en charge, pour n'avoir pas fait faire de marques nouvelles portant l'année de leur élection, malgré l'injonction à eux signifiée précédemment.

Notre bourg fut en émoi le matin du 13 novembre. Pendant la nuit précédente, les prisons avaient été forcées et plusieurs prisonniers s'étaient évadés. Le bailli fit une enquête. Il trouva toutes les clefs de la conciergerie sur une table de la cuisine du geôlier, nommé Pierre Nouvel dit Céleste, lequel, détail assez bizarre, s'était enfui avec un des prisonniers. Nouvel avait été préposé à la garde de la prison par le sieur Bouchet, receveur du duché. On ne paraît pas avoir tiré cette affaire au clair, mais des soupçons se portèrent sur Bouchet.

Le 19, « Me Pierre Capplet, notaire garde nottes du Roy hereditaire, au bourg d'Elbeuf, y demeurant paroisse Saint Jean », fit l'inventaire des meubles de « Charles Duchesne, escuyer, sieur des Chastelliers, verdier de ce lieu, fils de François Duchesne, bailly d'Elbeuf, et gendre de Jean Davoult, bourgeois de ce bourg, à la requeste desquels cet acte fut dressé », après la mort du verdier, survenue la veille. Le lendemain 20, Charles Duchesne, décédé à l'âge de 29 ans, fut inhumé dans le chœur de l'église Saint-Jean.

Des actes du mois de décembre mentionnent Michel de Saint-Ouen, prêtre habitué de Saint-Jean, et l'emprisonnement, à Elbeuf, de Michel Métairie, de la Pyle.

Voici un assez curieux procès-verbal d'une séance tenue le 2 décembre « en la Chambre de la Manufacture royalle de drapperye du bourg d'Elbeuf, presence de M. le bailly, et des gardes et antiens dudit mestier assemblés :

« Le sieur Jean Maigret, l'un desdits maistres, a présenté la personne de Pierre Capplet, ayant esté sous luy receu apprenty, suivant son brevet du 11e octobre 1691, et son acte de reception et presentation en ce bureau dudit jour ; ledit brevet deubment registré en ce bureau et de luy quittancé, aux fins d'estre receu en faisant son chef-d'œuvre ; à laquelle fin demande d'estre receu et aggregé au nombre des maistres.

« Par le sieur Nicolas Flavigny, garde en charge, a esté consenty qu'il fasse son chef-d'œuvre.

« Par le sieur Jean Lamy, autre garde, a esté dit qu'il faut informer s'il s'est deubment acquitté de son apprentissage et s'il n'y a point de plaintes contre luy.

« Par le sieur Jean Delarue a esté dit, parlant pour luy et antiens, qu'il y a viron un an et demy qu'il contesta et soustint la cassation de l'apprentissage dudit Capplet, demande que cet acte soit representé et que les gardes en charge fassent venir de grey ou par exploit le sieur Louis Flavigny, qui pour lors faisoit l'exercice de greffier et est porteur dudit acte; lequel acte ledit sieur Delarue dit avoir relevé et envoyé à Paris, à M. de Quesseau, conseiller d'Estat.

« Par le sieur Maigret a esté dit que ledit Capplet, son apprenty, ayant esté receu sans contestation, suivant son acte où ledit sieur Delarue et autres opposants ont signé, ils ne peuvent plus empescher la reception sur son chef-d'œuvre qu'il accorde faire ; l'acte vanté ne regardant ledit apprentissage, mais le greffier seulement, consentant qu'il soit representé, veu que ledit sieur Delarue l'a relevé.

« Par ledit sieur Delarue et antiens a esté

dit qu'ils ont veritablement consenty à la reception d'apprentissage dudit sieur Capplet, croyant qu'il s'en acquitteroit conformement aux statuts ; mais bien loing de ce, voyant qu'il continuoit la charge de greffier, tant à Elbœuf qu'à la Londe, et qu'il avoit encore pris le nottariat dudit Elbœuf et de la Londe, qui sont des charges qui occupent assidument, et que de plus il n'a travaillé chez le maistre sous lequel il a travaillé qui est son beaufrère. Ce fut la raison pour laquelle ils demandèrent, par l'acte dessus dit, la cassation dudit apprentissage.

« Par ledit Capplet apprenty a esté dit que, par ledit acte cy dessus, on n'a pas trouvé à propos de prononcer sur la cassation, qui a tombé à la charge desdits appelants, ayant executté les statuts, n'y ayant pas d'incompatibilité entre ses charges et le mestier où il demande à estre receu, ayant pris des commis autant qu'il en a eu besoin pour remplir lesdites charges lorsqu'il a esté question d'executter les statuts.

« Par ledit sieur Delarue et autres a esté desnié qu'il aict remply, suivant les statuts, le service qu'il devoit faire sous son maistre.

« Par ledit Capplet a esté soustenu du contraire, veu ses actes qu'il represente et qu'il obeit au chef-d'œuvre.

« Nous avons accordé acte des raisons des partyes, sans prejudice desquelles nous avons ordonné qu'il faira son chef d'œuvre à la maison du sieur Jean Davout ». Signé : « Duchesne », bailli.

Delarue et les autres anciens gardes appelèrent de cette décision, en ce qui concernait e chef-d'œuvre.

Le même jour, Thomas Bourdon, autre apprenti, fut reçu sans contestation. Le bailli lui assigna la « boutique du sieur Nicolas Dupont » pour faire son chef d'œuvre.

Quelque temps après, les anciens gardes se présentèrent à l'improviste dans cette boutique, où ils virent Bourdon travailler « en toutes les partyes du mestier » et le jugèrent capable d'être reçu maître, et d'être admis dans la corporation après prestation de serment.

Le 9 du même mois, l'inspecteur Chrestien représenta à l'assemblée des fabricants que présidait le bailli Duchesne, qu'il avait ordonné que les gardes en charge « feroient faire une marque nouvelle où la dabte de l'année de leur élection soit imprimée, conformement à l'arrest du Conseil du 24 juillet 1688, et que l'ancienne sera cassée, dont sera dressé procès verbal, et, faute par lesdits d'y avoir satisfait, demande qu'ils soient condamnés en 100 livres d'amende.

« Sur quoy faisant droit, nous avons ordonné que lesdits gardes... à la huictaine, apporteront une nouvelle marque, faute de quoy sera faict droit sur les conclusions dudit sieur inspecteur ». — Signé : « Duchesne ».

La pièce qui suit est intéressante à plusieurs titres : « Monsieur le bailly de la haulte justice du marquisat de la Londe, supplie humblement Marguerite Pollet, femme de Michel Duruflé, demeurant à Saint Estienne d'Elbeuf, et vous remontre qu'il y un an et plus que ledit son mary l'a abandonnée et s'est engagé au service de Sa Majesté dans la compagnie qui a esté la dernière en ce bourg en cartier d'hyver, avec une petite fille âgée de viron douze ans et qu'elle est ainsy que sa dite fille reduite en un pitueux estat, attendu la cherté des vivres et cessation de la drapperye où elles s'employaient ; et d'autant que le nommé Nicolas Pollet, demeurant à Orival, a une somme de trente livres en ses mains appartenante à ladite sa fille de laquelle il ne fait aucun intherest... » La suppliante demanda l'autorisation de recueillir cette somme : ... « Ce faisant vous la tirerez hors du péril où elle est de perir faute de nourriture, et sera obligée de redoubler ses prières pour votre santé et prosperité ».

Cette supplique fut appuyée d'un certificat signé de Ledoux, curé de Saint-Etienne, attestant la misère de la mère et de la fille. En l'absence de Mᵉ François Le Noble, procureur fiscal, Capplet, bailli de la Londe, autorisa l'emploi de cette somme de 30 livres à la nourriture de l'enfant.

L'année 1694 fut donc, par continuation, pour les ouvriers elbeuviens, une période bien pénible, par suite de l'excessive cherté des vivres et du manque de travail dans les manufactures. Une quantité de travailleurs, possesseurs d'un petit lopin de terre ou d'une bicoque durent vendre ce qu'ils possédaient pour subvenir à leurs besoins. Les fabricants perdirent presque tous beaucoup d'argent, à cause de la mévente des draps et de faillites.

Cette année encore, suivant une remarque de Jean Genu, curé de Caudebec, vit une grande mortalité dans notre région ; et, en effet, les registres paroissiaux mentionnent beaucoup de décès, dès les premiers mois de l'année, comme en celle précédente. Avec l'été, l'épidémie augmenta et arriva à son point culminant en août-septembre. A partir d'octobre, la mortalité décrut ; en décembre, le nombre des décès redevint à peu près normal.

On a estimé que la population d'Elbeuf, par suite de la révocation de l'Edit de Nantes et de la peste de 1693-1694, diminua de près de 1.000 habitants ; cela est fort possible, puisque la seule paroisse Saint-Jean perdit 310 personnes par maladie en quelques mois.

Jean Genu nota également que « en 1693, le bled fut un peu à plus haut prix. La cherté fut sur le pain et le vin. Les années suivantes, le pain et le vin furent à bon marché ».

En 1694, Louis Le Testu vint comme prêtre à Saint-Etienne, et resta dans cette paroisse.

Le 5 janvier 1695, mourut Pierre Lechandelier, prêtre, âgé de 38 ans ; il fut inhumé dans le chœur de l'église Saint-Jean.

Les hivers, à la cour, ne se passaient guère sans aventures et sans tracasseries. « M. d'Elbœuf trouva plaisant de faire l'amoureux de la duchesse de Villeroy, toute nouvelle mariée, et qui n'y donnoit aucun lieu. Il lui en coûta quelque séjour à Paris pour laisser passer cette fantaisie, qui alloit plus, dit Saint-Simon, dans ses *Mémoires*, à insulter MM. de Villeroy qu'à toute autre chose. Ce n'etoit pas que M. d'Elbœuf eût aucun lieu de se plaindre d'eux ; mais c'etoit un homme dont l'esprit audacieux se plaisoit à des scènes eclatantes, et que sa figure, sa naissance et les bontés du roi avoient solidement gâté ».

Le duc d'Elbeuf fit un tour de courtisan le Vendredi-Saint. « Les Lorrains ni aucun de ceux qui avoient rang de prince étranger ne se trouvoient jamais à l'adoration de la Croix, ni à la Cène, à cause de la dispute de prescance avec les ducs, qui etoient aussi exclus de la Cène, mais non de l'adoration de la Croix. L'un et l'autre avoient été rendus à MM. de Vendôme ; ils s'y trouvèrent donc cette année, et le duc d'Elbeuf aussi, qui comme duc et pair y pouvoit être. Comme le grand prieur en revenoit, le roi ne vit personne qui y allât. Il attendit un moment, puis, se tournant, il vit le duc de Beauvilliers, et lui dit : « Allez donc, monsieur. — Sire, « répondit le duc, voilà M. le duc d'Elbœuf « qui est mon ancien. » Et aussitôt M. d'Elbœuf, comme revenant d'une profonde rêverie se mit en mouvement et y alla. Le grand ecuyer et le chevalier de Lorraine lui en dirent fortement leur avis ; il leur donna pour excuse qu'il n'y avoit pas pensé, mais le roi lui en sut très bon gré ».

Dans la séance du 4 janvier 1695, l'inspecteur des manufactures dit que Pierre Delacroix avait fait venir deux demi-balles de laine de qualité inférieure et en demanda la confiscation, comme étant « falsifiées, y ayant dedans de la seconde segovienne et de la tierce meslées de cuisses et autres laines défectueuses et enfin d'une qualité incapable d'être employée dans la manufacture d'Elbeuf ».

Delacroix prétendit que sa laine était seconde ségovienne et l'autre « arbarazin (?) » propre à faire des couleurs, et que plusieurs autres fabricants s'étaient servis de pareille ; ce qui fut contesté par les gardes, qui assurèrent n'avoir trouvé de mauvaise laine dans les fabriques d'Elbeuf que chez Delacroix.

Le bailli déclara les laines incapables d'être utilisées, condamna le délinquant à 15 livres d'amende, et à renvoyer à Rouen les deux demi-balles, et dit qu'il justifierait de leur réexpédition par un certificat.

Les ouvriers tisserands et autres étaient également justiciables de la Chambre des fabricants, toujours présidée par le bailli. Nous trouvons de nombreuses condamnations prononcées contre des « compagnons » de la fabrique, pour diverses causes.

Un acte du tabellionage d'Elbeuf, daté du 15 juin, concerne un transport fait par « Me Hieronisme Feron, conseiller du Roy, payeur des gaiges de Messieurs de la Cour du Parlement de Rouen, au couvent et monastère de Saincte Ursule, estably paroisse Sainct Estienne à Elbeuf, stipulé par reverende mère sœur Charlotte Le Feron dicte de Saincte Marie, superieure ; sœur Catherine Feron dicte de Jesus, assistante ; sœur Elisabeth Duchesne dicte de Sainct François, zelatrice ; sœur Catherine de Vincy dicte de Saincte Cecille, sœur Catherine Lefebvre dicte de Sainct Augustin, sœur Anne Le Vayer dicte de Saincte Therèze, et sœur Anne de Malapert dicte de Saincte Agathe, depozitaire, toutes religieuzes... », dont les signatures figurent au bas de l'acte. Me François Pastallier était à cette époque le directeur spirituel du couvent ; ce prêtre était fils d'Etienne Pastallier, marchand plâtrier, paroisse Saint-Jean.

Le 10 juillet, la veuve de Nicolas Leduc, huissier au Parlement, et Pierre Leduc, son fils, constituèrent une pension de 160 livres à leur fille et sœur Marie Leduc, qui avait été reçue au couvent des Ursulines d'Elbeuf en mai 1681, sur la caution de Me Robert Le François, prêtre, et qui devait au monastère 900 livres d'arrérages.

A cette époque, Marin Bénard, avocat à la Cour et bailli de la Londe, demeurait à Elbeuf, paroisse Saint-Jean. — Guillaume Lefebvre, bourgeois du bourg, était enfermé dans la prison d'Elbeuf, pour une dette de 573 livres. Mais par acte passé « à la conciergerye entre les deux guichets », il vendit cinq vergées de terre sises à Boscroger, qui furent achetées par Daniel Guenet, maître teinturier à Elbeuf, et le prisonnier recouvra sa liberté.

Les maîtres drapiers dirent au Bureau de la manufacture, le 30 juin, qu'un désordre existait parmi les compagnons, et qu'il provenait de ce que Leclerc et Lesueur, travaillant sous l'autorité du Conseil et sans avoir été reçus maîtres à Elbeuf, étant depuis peu séparés d'intérêts et « faisant chacun boutique à part et n'ayant pas suffisamment d'ouvriers, ils ont pris et alleciéles ouvriers d'un chaqun par des recompenses qui excèdent le prix que on leur donne communement ».

Leclerc et Lesueur furent assignés à comparaître pour le 7 juillet. Ils prétendirent « n'avoir desbauché aucuns ouvriers d'aucuns maistres, et que s'il etoit venu des compagnons et filleuses, ils n'ont pas dit qu'ils travailloient chez aucuns maistres et que la plus grande partie estoit sans ouvrage et que les autres venoient d'autres manufactures, et que si on en rencontroit ayant travaillé chez aucuns maistres de cette manufacture, ils obeissoient leur donner congé.

« Par le sieur Flavigny a esté dit que pendant le meschant temps ils se sont obligés à des intherests pour empescher que lesdits travaillants de mourussent de faim, qu'ils n'ont manqué d'ouvrage pendant tout ledit

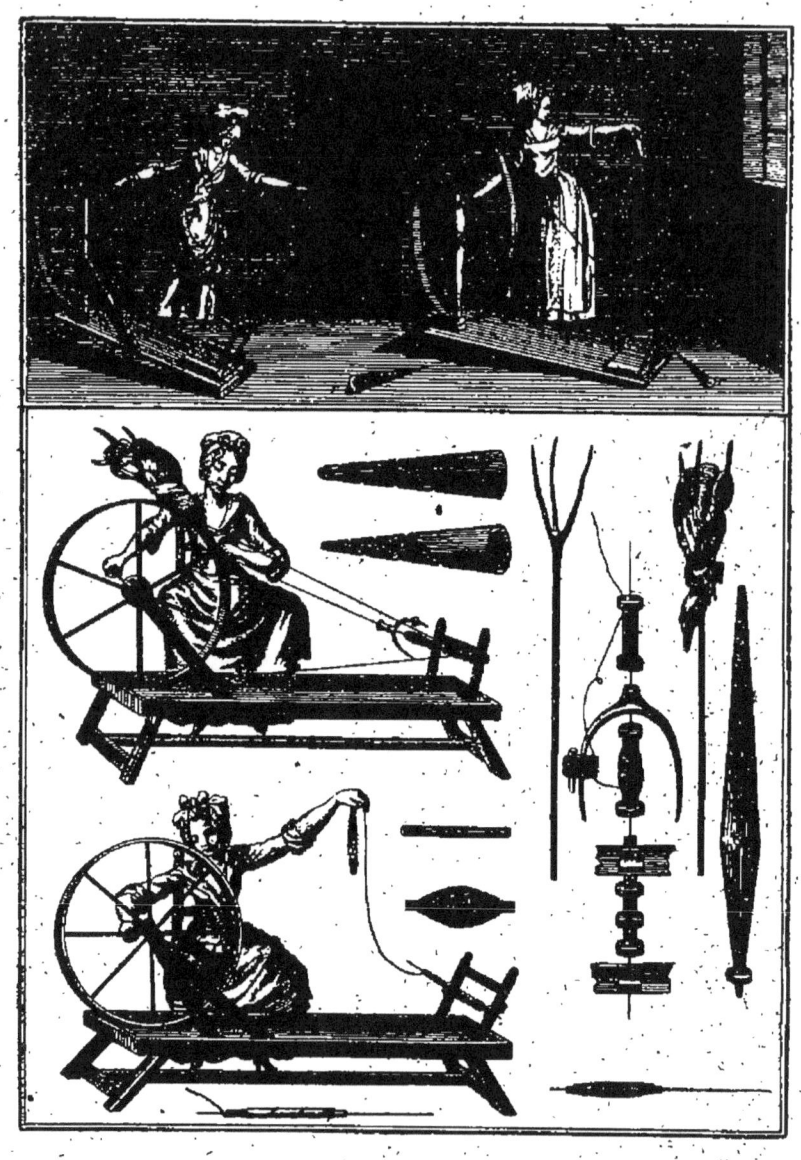

LE FILAGE DES LAINES

(D'après une gravure du XVIIIᵉ siècle)

temps, et presentement lesdits quittent sous pretexte qu'ils trouvent un prix plus fort par lesdits Leclerc et Lesueur qui augmentent leur commerce ; et dit de plus que les filleuses qui travaillent ordinairement pour les autres fabricants prennent des laines et se servent de leurs cardes et les usent pour filler pour autruy, ce qui peut faire un desordre extrême... en ce qu'ayant des laines de differents maistres et de differentes coulleurs, ils peuvent barer et bringer leurs draps, les mélangeant par malice ou par hazard.

« Par lesdits sieurs Leclerc et Lesueur a esté dit qu'ils ont payé suivant qu'ils ont trouvé l'ordre establi par MM. les Monnier, dont ils occupent les maisons ».

Le bailli fit défense aux fileuses de prendre de la laine chez plusieurs patrons, sous peine d'amende, et ordonna aux maîtres d'en avertir leurs ouvriers.

Un jour de la seconde huitaine de juillet, le portrait de Louis XIV, qui ornait le Bureau des fabricants d'Elbeuf, fut trouvé percé de deux coups de couteau. On déféra l'affaire à la justice, et l'on trouve à l'Hôtel-de-Ville une pièce concernant cet événement, qui se termina par une excommunication :

« Jean François Lemesle, prêtre, docteur en theologie de la Faculté de Paris, curé de Saint Cande le Vieux et chanoine du diocèse de Rouen, au curé ou vicaire de la paroisse Saint Etienne d'Elbeuf, salut ;

« De la part de Nicolas Flavigny, maître garde de la manufacture du bourg d'Elbeuf, tant pour luy que pour tous les maîtres drappiers dudit bourg, luy donnant adjonction, poursuittes et dilligences de Me Nicolas Bourdon, procureur fiscal au duché d'Elbeuf, permis par sentence donnée par le sieur bailly dudit lieu, le 16 et le 18 du present mois de juillet 1695, d'obtenir censures ecclesiastiques.

« Aux fins desquelles ils nous ont remontré que lesdits maîtres et gardes sortants assemblez en la Chambre de ladite manufacture pour affaires extraordinaires qu'ils y avoient, en la presence desdits sieurs bailly et procureur fiscal, ils auroient esté advertys et fait voir comme dans le tableau effigié de la sacrée personne du Roy, qui est posé dans ledit Bureau, contre la paroy de la seconde Chambre de ladite manufacture, a esté percé d'ung coup, qui parroist d'ung cousteau, du costé de la joue droicte et ung autre plus petit joignant et proche le mesme endroict ; ce quy ne peult n'avoir esté faict que par des malveillants et perturbateurs du repos publicq, et d'autant qu'il y a plusieurs personnes et tesmoings qui ont congnoissance de ceux qui ont commis ladite action, soit pour y avoir esté presents, participants, donné confort et aide, lesquels sont reffusants d'en dire et depposer la verité s'il n'y sont contraincts par les presentes censures ecclesiastiques, que lesdits sieurs exposants nous ont humblement requises et qu'accordez leur avons.

« C'est pourquoi nous vous ordonnons, selon la forme prescrite dans votre manuel ou nouveau rituel, pendant trois dimanches consecutifs, au prône de la messe paroissiale, sans designer ni nommer personne, d'enjoindre les malfaiteurs de donner satisfaction ; aux autres, qui ont connoissance du delit, de dire et relater tout ce qu'ils ont vu, su, connu ou entendu dire.

« Que, s'ils refusent de le faire après les trois dimanches écoulés, nous conformant aux règles canoniques, le quatrième dimanche, par ces présentes, nous les excommunions comme contumaces et voulons qu'ils soient annoncés et regardés comme excommuniés ;

« Et si, au bout de quinze jours, les excommuniés par contumace persistent dans leur excommunication, qu'ils soient aggravés et reaggravés ; qu'après avoir allumé les cierges, les avoir eteints et avoir fait sonner les cloches, ils soient ouvertement et publiquement denoncés pour des excommuniés, et qu'ils soient considerés comme tels.

« Donné à Rouen le 22 juillet 1695 ». Signé : « J.-F. Lemesse, Panel le jeune ».

Nous ne savons si les cérémonies d'excommunication eurent lieu, ce qui est probable cependant, mais il parait certain qu'on ne sut, ou plutôt que l'on ne voulût pas nommer les auteurs de ce crime de lèse-majesté.

Les deux gardes Nicolas Flavigny et Jean Lamy n'étaient pas en bonne intelligence. Celui-ci reprocha à celui-là de donner les clefs du bureau à des ouvriers, de sorte qu'il n'était pas surprenant que la mutilation du portrait du roi se soit produite, et qu'en outre ses ouvriers disposaient des marques. Flavigny répondit que l'ouvrier envoyé au bureau était un honnête homme, mais que, s'il l'y avait envoyé, c'était parce que Lamy n'avait pas voulu se déranger pour aller à la marque.

Les Règlements donnés par Colbert aux fabricants de drap d'Elbeuf n'étaient pas toujours suivis. Nous voyons, par exemple, en septembre, les maîtres et gardes en exercice assigner, devant le bailli du duché, Henri

Le Clerc, bourgeois de Paris et manufacturier à Elbeuf, pour avoir contrevenu aux Règlements :

1° en faisant sécher aux rames le dimanche ; 2° en conservant des pièces sans chef et ne portant pas le nom du fabricant ; 3° en faisant teindre et apprêter à Elbeuf des draps tissés ailleurs, dans le but de les vendre ensuite comme des produits de la manufacture elbeuvienne ; 4° en faisant venir des draps de Sedan à Elbeuf, où les pièces étaient coupées en deux, etc.

Les débats de ce procès nous apprennent que Le Clerc et son associé Lesueur, qui, auparavant, faisaient battre quarante métiers à tisser à Elbeuf, n'en occupaient plus que cinq ou six depuis dix-huit mois au moins, et que, par suite, « la plupart de leurs ouvriers étaient morts de faim, faute de travail » ; que Le Clerc et Le Sueur achetaient des laines, puis les revendaient à des fabricants de province et qu'ils se faisaient payer en drap.

Nous trouvons encore que la vogue étant revenue aux draps d'Elbeuf, Le Clerc et Lesueur avaient remonté de quarante à quarante-cinq métiers, qu'ils faisaient occuper par des ouvriers enlevés aux autres fabricants d'Elbeuf, ce qui causait un préjudice à ces derniers, à tel point que plusieurs ne pouvaient plus payer la taille et autres impositions dont notre bourg était chargé.

Le Bureau de la communauté concluait au maintien de la confiscation de quatre pièces de drap saisies par Savary, sergent, et à une condamnation à l'amende. La requête est signée de vingt-deux fabricants elbeuviens. Chrétien, inspecteur des manufactures de la généralité de Rouen, réclama également la condamnation de Le Clerc et la confiscation des étoffes ; mais nous ne connaissons pas le jugement rendu par le bailli d'Elbeuf dans cette affaire.

Etienne Patallier fils de Pierre constitua sur tous ses biens 8 liv. 6 s. 7 d. de rente au profit des frères et sœurs du Tiers-ordre de Saint-François, moyennant la somme de 150 livres qu'il reçut d'eux, et, par le même acte, lesdits frères et sœurs transportèrent cette rente au trésor de la paroisse Saint-Jean. L'acte est du 26 septembre.

Le même jour, Mᵉ François Patallier, prêtre, donna au trésor de Saint-Jean, stipulé par Mᵉ Nicolas Duchesne, curé ; Nicolas Flavigny, trésorier en charge ; Nicolas Maille, Pierre Aillet et Laurent Flavigny, aussi trésoriers, 8 livres 6 sols, pour la fondation d'une haute messe et « avant laquelle messe sera faite la procession dans le cimetière autour de l'eglise».

Voici un testament daté du 28 :

« Marie Nicolas Bourdon, advocat à la Cour et procureur fiscal du duché d'Elbeuf, gissant en son lict, malade de corps, sain neantmoins d'esprit, lequel aprez avoir recommandé son âme à Dieu, prié la saincte et sacrée Vierge, sainct Nicolas son patron, tous les saincts et sainctes du paradis de l'aidder de leurs suffrages et intercessions auprès de Sa Divine Majesté, a declaré ses dernières volontés... :

« ...Veut ledit sieur Bourdon que ses funerailles soient faites avec toute l'humilité, modestie et devotion.

« Que son corps soit inhumé dans l'eglise de Sainct Jean du bourg d'Elbeuf, au lieu de la sepulture de ses pères.

« Que la somme de 200 livres soit prise sur le meilleur et le plus apparoissant de ses meubles et effects pour estre employée en rente à la subsistance des pauvres dudit bourg à perpétuité, à la diligence, et par le ministère des sieurs economes de l'hôpital dudit lieu.

« Que les prières soient faites pour le repos de son âme tant dans l'eglise Sainct Jean d'Elbeuf qu'au couvent des Frères mineurs de Rouen.

« Qu'un fonds de 10 livres de rente soit pris sur ses meubles en faveur dudit couvent, qui sera tenu d'envoyer à Elbeuf le 8º de février de chaque année, sous la conduite et direction du très reverend père Selles, qui est prié de se souvenir de luy dans ses sainctes prières et aprez luy du reverend père gardien, un predicateur qui, du consentement de Mr le curé de Sainct Jean, fera ledit jour le discours du Très sainct cœur de la Saincte Vierge.

« Qu'il ne soit rien demandé par ses heritiers à la fabrique de ladite eglise Sainct Jean pour les avances qui ont esté par luy faites pour sa reparation.

« Que la somme de 120 livres qu'il auroit esté obligé de payer au Roy à cause de la fondation par luy faite en ladite eglise, et qui a esté payée par la fabrique d'icelle, soit prise sur ses meubles, pour estre employée à l'achapt de deux chapes pour l'entier accomplissement de la chapelle d'ornemens de la confrairie du très sainct et très agréable Sacrement de l'autel, parce que ladite chapelle d'ornemens servira tous les ans le jour du Très sainct cœur de la Saincte Vierge.

« Que la somme de 80 livres soit prise

comme dessus pour servir à l'achapt d'un drap des morts, pour la confrairie de la Charité de ladite eglise Saint Jean, dont le fonds sera de velours noir et la croisée d'une toile d'argent, sans autre ornement que les images des quatre patrons de ladite eglise qui seront mises aux quatre coins dudit drap...

« Que pour l'entretien de la fondation qu'il a faite en ladite eglise à l'honneur du T. S. cœur de la Saincte Vierge, soit payé chaque année par ses heritiers la somme de 40 livres, parce que le thresor de lad. eglise sera obligé de payer par chacun an 6 livres à Messieurs les six prestres habituez pour leur assistance...

« Que les 10 livres de rente qu'il a sur Louis Bitot, de Sainct Didier, soient perceues à perpetuité par le thresor dudit lieu, parce que ledit thresor fera celebrer chaque année quatre messes basses de *Requiem* les quatre mercredis de Quatre temps... avec *Libera, De profundis* et oraison sur le tombeau de Pierre Bourdon, son frère, inhumé dans ladite eglise...

« Que la somme de 1.000 livres soit payée à sa petite-fille Marie Flavigny lors de son mariage, ... laquelle somme sera deposée entre les mains de Me Jacques Pollet, lieutenant, son oncle...

« Que le differend d'entre luy et Marguerite Bigot... soit reglé le plus tôt possible, par Messieurs le curé de Craville, de Sainct Ouen, Pollet, lieutenant, Le Sueur et Bigot.

« Declare ledit sieur Bourdon constituer Monsr le curé de Craville, son frère, et Mr le lieutenant, son beau-frère, ses executeurs testamentaires... et ne faire aucun exploict à ses fermiers.

« Declare en outre ledit sieur Bourdon que si ses heritiers veulent laisser honnestement à Madame la procureure, son espouse, les pièces de toile qui sont dans son coffre, ils luy feront un singulier plaisir... »

Témoins : « Me Jacques Bourdon, curé de Craville ; MMes Nicolas Duchesne et Jacques Deshayes, prestre curé et vicaire de ladite paroisse Sainct Jean ».

Le testateur, avocat au Parlement et procureur fiscal du duché, âgé de 65 ans, mourut quelques jours après et fut inhumé dans l'église Saint-Jean, le 4 octobre.

Par acte du 15, conservé chez Me Fessard, notaire, « Charles Corneille, escuyer, demeurant à Rouen », prêta neuf mille livres à Michel de Beaumer, aussi écuyer, demeurant à Rouen. Cette somme fut employée à payer une partie de la charge de conseiller du roi en la cour des Aides que le sieur de Beaumer avait acquise de Le Tellier, sieur de la Vaquerie.

Le 22 du même mois, Jean Davoult, maître drapier, promit montrer son métier, pendant trois ans, à René Jouye, de Beaumont-le-Roger, moyennant 450 livres.

Le même jour, Pierre Pollet, curé de Caudebec ; Nicolas Pollet, curé d'Ectomare, Jean Pollet, la veuve de Laurent Pollet, chirurgien ; Jacques, Louis, Charles et Thomas Pollet leurs frères, fondèrent quatre livres de rente en faveur du trésor de Caudebec, à condition de quatre messes basses annuelles pour le repos de l'âme de leur père, frères et amis.

Le 3 novembre, Jean Duchesne, écuyer, sieur des Chastelliers, prêta serment et fut reçu verdier des Eaux et forêts du duché d'Elbeuf. Il avait été pourvu de cet office le 26 novembre de l'année précédente, pour succéder à François Duchesne, sieur des Monts, son frère, bailli du duché, qui en était titulaire.

L'acte suivant, daté du 4 novembre, prouve que les biens appartenant à l'Eglise réformée d'Elbeuf avaient été, au moins en partie, confisqués au profit de l'hôpital, à la suite de la révocation de l'Edit de Nantes.

« Jean Maigret, maître drappier en la Manufacture Royale de ce bourg, quitte et cède à Thomas Cousturier, aussy maître drappier, demeurant à Caudebec, un jardin de telle contenance et ainsy clos par les deux costés et un bout de mur de mouellon et l'autre bout de haye, sis en la paroisse de Sainct Estienne, triège du Mont Rosty, ledit jardin ci devant servant de cemitière aux gents de la Religion pretendüe Reformée, lequel jardin auroit esté baillé à fieffe audit sieur Maigret par Me Michel de Sainct Ouen, prebtre oeconome de l'hôpital de ce bourg, comme appartenant aux pauvres, par acte exercé au bailliage de ce lieu le 17 de septembre 1686..., moyennant sept livres de rente envers ledit hospital... »

Il résulte du contrat que c'était Maigret qui avait fait construire les murs de ce jardin, pour lesquels Cousturier lui paya 140 livres.

Le 5 du même mois, « Jean de la Rue l'aisné, receveur general du duché d'Elbeuf, suivant le bail qui luy en avait esté faict par très hault, très puissant et très illustre prince Monseigneur Henry de Lorraine, duc d'Elbeuf, et Thoussaint-François Chastelain, conseiller du Roy, au nom et comme tuteur honoraire de très hault, très puissant et très illustre prince Monseigneur Emanuel-Maurice de Lorraine, abbé de Lorraine..., passé devant les notaires de Paris le 15e mars 1694, lequel a recognu avoir baillé à ferme pour huit ans, à Gaston Chauvin, de Baumont le Roger, c'est à sçavoir le revenu total de la baronnye de Grosley et seigneurie de la Huanière... » Suivent les conditions, consistant notamment dans le payement de 2.000 livres par an.

Le 17, « Jean-Baptiste Conard, escuyer, sieur de la Pastrière, seigneur de Sainct Martin de la Corneille, demeurant en son manoir assis à la Saussaye, vendit une rente à damoiselle Marguerite du Perey, veuve de Jacques Bigot, en son vivant avocat à la Cour, demeurante en la paroisse de Sainct Jean d'Elbeuf, François Bigot, escuyer, l'un des cent antiens gardes du corps de Son Altesse Royalle Monsieur frère unique du Roy, et damoiselle Marguerite Bigot, veuve de Me Laurent Pollet... »

François Duchesne, sieur des Monts, avocat au Parlement et bailli d'Elbeuf, âgé de 62 ans, mourut le mercredi 21 décembre, un peu avant midi, dans sa maison de la place du Coq, et fut inhumé dans l'église Saint-Jean. Immédiatement Pierre Capplet, notaire, fut requis par Jean Davoult, tuteur consulaire de l'enfant mineur de feu Charles Duchesne, écuyer, sieur des Chastelliers, son gendre, à l'adjonction de Jean Bourdon, procureur fiscal du duché, pour procéder à l'inventaire des meubles et papiers du décédé.

Le mobilier est important. Il n'est pas mentionné de bibliothèque, mais « deux grandes cartes geograficques », diverses tentures en tapisserie, « un autre tenture de tapysserie en verdure de tonture de draps», quatre tableaux, neuf autres petits tableaux d'albâtre dorée, etc.— Cet inventaire demanda cinq vacations, pour chacune desquelles Mᵉ Capplet reçut 6 livres. L'inventaire des papiers dura dix-huit heures, payées à raison de 30 sols l'une. Enfin, le total des frais s'éleva à 73 livres 7 sols.

Jacques Bourdon succéda dans l'office de bailli d'Elbeuf à François Duchesne.

Les archives de l'Eure possèdent une acceptation, en 1695, par les trésoriers de la fabrique de Surville, d'un legs de 600 livres, en faveur de l'église de cette paroisse, fait par Louis Châtelain, ancien curé de Surville, suivant son testament du 7 juillet 1694, et convention passée pour l'exécution des charges avec Châtelain, «intendant de S. A. Mgr le duc d'Elbeuf», cousin du testateur.

La justice d'Elbeuf avait eu cette année-là beaucoup d'occupations par une série de crimes commis dans notre bourg ou aux environs. Nous ne mentionnerons que les principaux :

Le mardi avant le 27 mai, Françoise Salbry, veuve de Mᵉ François Quesné, d'Elbeuf, avait été tuée à coups de hagues de cotret, par la femme Michel Lesage, de Grostheil.

Le 15 juin, le bailli reçut une plainte contre les frères de charité de Montfort-sur-Risle, qui, après une procession du Saint-Sacrement, avaient bu, blasphémé le nom de Dieu et frappé un homme de plusieurs coups de couteau. « Mᵉ Flavigny, chirurgien juré royal sindic », avait constaté les blessures de la victime.

En août, pendant une lutte à main armée, dans une rue d'Elbeuf, la mère de Mᵉ Fauchereau, prêtre, avait été blessée à la tête d'un coup d'épée et était morte de ses blessures.

Charles Capplet, à la fois fabricant de draps et contrôleur des actes des notaires, avait été victime d'un vol important pendant la nuit du 2 au 3 décembre. On lui avait enlevé deux pièces de drap de son magasin et soustrait son registre de contrôle des actes notariés. Le voleur s'était retiré par une porte de derrière donnant « dans le Glayeul », où l'on retrouva une échelle qui lui avait servi pour s'introduire chez Capplet. — C'est dans les pièces de cette procédure que nous trouvons « le Glayeul » mentionné pour la première fois.

Le 20 du même mois, la justice d'Elbeuf se transporta à Caudebec, hameau de la rue de Bas — maintenant compris dans la commune de Saint-Pierre-lès-Elbeuf — pour informer sur l'assassinat d'un pauvre aveugle joueur de vielle, originaire de Saint-Meslain du Bosc, nommé Nicolas Poullain, tué par des miliciens. L'aveugle avait refusé de jouer de son instrument devant ces soldats ; ceux-ci, pour s'en venger, avaient frappé le malheureux de plusieurs coups de sabre, dont l'un dans le ventre l'avait étendu raide mort.

Mais le drame qui occupa le plus l'attention publique fut celui que l'on désigna longtemps par « le crime de la Vallée de l'Epine ».

Le 31 août, Etienne Bonamy, fabricant de draps, s'était dirigé par cette vallée de l'Epine, tendant aux Ecameaux, où il se proposait d'acheter du cidre ; il était porteur d'une certaine somme d'argent.

Deux individus, les nommés Réné Leport et François Duthuit, tous deux gardes des chasses du duc d'Elbeuf, ayant connu le projet de Bonamy, allèrent l'attendre sur le chemin des Ecameaux, le tuèrent à coups de fusil et lui enlevèrent son argent.

Ce crime accompli, les assassins prirent la fuite ou plutôt se cachèrent aux environs d'Elbeuf, où ils attendirent les événements. La justice du duché informa et les deux misérables furent condamnés, par défaut, en 3.000 livres de dommages-intérêts envers les trois enfants de Bonamy, et à fournir une somme suffisante pour la fondation d'une messe journalière et perpétuelle pour le repos de l'âme de leur victime.

Mais le procureur du roi, ayant trouvé cette condamnation trop douce, saisit le Parlement de l'affaire, lequel, par son arrêt, annula le jugement d'Elbeuf, et ordonna que Leport et Duthuit « seroient rompus vifs sur un gril dressé à Rouen, et ensuite exposés sur une roue pour y expirer en la place publique, et après leurs corps portés au lieu patibulaire et leurs biens confisqués ». L'arrêt portait en outre qu'en attendant l'arrestation des assassins, ils seraient exécutés en effigie à Rouen et à Elbeuf ; que sur leurs biens seraient prélevées une somme de 2.000 livres pour être versée aux enfants de Bonamy, à titre de dommages-intérêts, et une autre somme de 250 livres au profit de l'église où il avait été inhumé, pour la fondation d'une messe par semaine.

Cependant, les deux assassins étaient protégés par un personnage puissant, le duc d'Elbeuf probablement, qui avait déjà pesé sur les juges de notre bourg en faveur d'eux. Quel qu'ait été ce protecteur, après l'arrêt du

Parlement, Leport et Duthuit se constituèrent prisonniers, sans doute sous la promesse qu'ils ne seraient pas exécutés.

En effet, le Chapitre de la cathédrale de Rouen, en vertu du pouvoir que lui conférait le privilège de saint Romain, choisit, à la fête de l'Ascension suivante, Leport et Duthuit pour lever la Fierte. En conséquence, les assassins eurent la vie sauve et furent remis en liberté.

Pour couvrir sa faiblesse envers le duc d'Elbeuf, le chapitre métropolitain dénatura les faits et donna les premiers torts au malheureux Bonamy. Voici, suivant M. Floquet, qui a écrit l'*Histoire du privilège de saint Romain*, dans quels termes les chanoines de Rouen voulurent apprécier le crime de Leport et Duthuit :

« Au mois d'août 1695, le soir, faisant leur ronde dans les bois du prince d'Elbeuf, ils trouvèrent Etienne Bonami, tisserand, qui braconnait. Ce dernier, aussitôt qu'il les aperçut, les menaça de son pistolet, en disant : « Je tue le premier qui avance ». Duthuit lui tira un coup de fusil et le tua. Ceci se passa dans le triège du « Désert à Paris ».

Nous retrouvons Réné Leport quelque temps après à Elbeuf, où il avait repris ses fonctions de garde, plaignant dans une affaire où « son honneur avoit été attaqué ». — Leport, âgé de 45 ans en 1695, habita toujours la paroisse Saint-Jean, dans laquelle il mourut le 24 janvier 1735, à l'âge de 84 ans. Quant à Duthuit, il était âgé de 30 ans à l'époque où il leva la Fierte, et habitait la paroisse Saint-Etienne.

LA PROCESSION DE LA FIERTE DE SAINT ROMAIN
Aux siècles derniers

CHAPITRE V

(1696-1698)

Henri de Lorraine (suite). — La corporation des maréchaux-ferrants. — La confrérie de N.-D. de Liesse a Saint-Jean. — Emprisonnement d'ouvriers tondeurs. — Echec a la vanité du duc d'Elbeuf. — Tentative des anciens fabricants contre les nouveaux. — Modification des statuts de la confrérie de Saint-Jacques. — Construction du chateau ducal d'Elbeuf.

Jean Delarue, bourgeois d'Elbeuf, receveur général du duché, rebailla à ferme pour huit années, le 3 janvier 1696, à Adrien Savary, précédent fermier, la sergenterie royale de notre bourg, moyennant 500 livres par an.

Par devant Mauduit et Borel, notaires à Rouen, Jean Maille vendit le 13 du même mois, à Charles Pollet, conseiller du roi et lieutenant en la table de marbre, à Rouen, « un tiers du passage de Saint-Aubin à Elbeuf », pour le prix de 800 livres, — A cette époque, Jacques Lemenu était docteur en médecine dans notre bourg ; il avait épousé la veuve de Louis Poulain, apothicaire.

Une visite de l'inspecteur Chrestien, faite le 23 février, accusa 210 métiers. Il ordonna, sous peine de 100 livres d'amende, à ceux des maîtres possédant des métiers en campagne de les faire rentrer chez eux, « afin que les visites fussent rendues plus faciles, pour remédier aux abus qui se commettoient, signalés par Monseigneur de Pontchartrain, intendant de la généralité ».

Les maîtres présents dirent qu'il ne fallait pas que la loi fut faite contre eux seulement et, en conséquence, ils demandèrent que les fabricants de Rouen et de Darnétal, qui avaient des métiers à Elbeuf et aux environs, fussent contraints également à les faire rentrer.

Jacques Pollet, lieutenant général au bailliage d'Elbeuf, qui présidait la séance, ordonna que Chrestien demanderait avis à M. de Pontchartrain des intentions qu'il avait, avant d'obliger les manufacturiers d'Elbeuf à retirer leurs métiers des mains des ouvriers de la campagne.

L'intendant n'ayant point accueilli favorablement les prétentions de l'inspecteur Chrestien, celui-ci se fit dès lors un plaisir de soulever des incidents désagréables ou préjudiciables au Bureau de la manufacture et aux fabricants.

Le 15 mars, il se présenta à la Chambre de la communauté à 11 heures du matin; il la trouva fermée. Il se rendit alors chez Jean Lamy « soi-disant un des gardes en charge », pour lui en demander l'ouverture. Laurent Flavigny, l'autre garde en charge, survint. Chrestien leur demanda de présenter leurs actes de réception comme gardes et la preuve qu'ils avaient prêté serment. Les gardes répondirent qu'ils avaient rempli cette formalité devant le bailli d'Elbeuf, en la Chambre de la manufacture.

Chrestien objecta que ce serment n'avait aucune valeur, parce qu'il n'avait pas été fait au prétoire la haute justice du lieu, dont le président était cependant le même, François Duchesne. Une discussion violente survint entre Chrestien, le lieutenant Pollet et les gardes en charge. Elle se termina par un ordre de l'inspecteur donné aux deux gardes de montrer, le mardi suivant, leur acte de réception, sous peine de nullité, et de donner leur serment au prétoire, sous peine de 50 livres d'amende pour chacun. Ce fut le début d'une série de tracasseries qui dura longtemps.

Jean Charles, receveur de la seigneurie de Bosgouet, ayant épousé Françoise Cabut, fille de feu Gaspard Cabut, receveur de Bourgachard, avait fait entrer Marie Cabut, sa belle-sœur, au couvent des Ursulines d'Elbeuf, il y avait deux ans déjà. Le 19 juillet 1696, Charles « ayant connoissance que led. couvent n'estoit suffizamment doté ny basty pour l'entretien ordinaire des religieuses, et desirant participer aux prières qui se font aud. couvent », donna au monastère 2.500 livres pour la dot de Marie, qui venait de terminer son noviciat.

Jean Letellier, nommé médecin royal à Pont-de-l'Arche et à Elbeuf, prêta serment et fut reçu, par le bailli de notre bourg, le 28 du même mois.

Au 15 août, la confrérie de Saint-Roch, établie en l'église Saint-Jean, avait pour « Roy » Jacques Delaruelle, et comme principaux membres, chargés des intérêts de l'association, Daniel Campion, Pierre Guéroult, Jean et Mathieu Rouvin, Jean Delachair, Nicolas Bunel et Nicolas Fortin.

Louis Delarue, receveur du duché d'Elbeuf, bailla à loyer à Charles Picard, de Louviers, la recette de la baronnie de Quatremares, moyennant 2.700 livres par an, plus diverses conditions figurant au contrat, passé à Elbeuf le 18 octobre.

La confrérie des Dames de la Miséricorde, établie en l'église Saint-Etienne, avait pour procureur Jean Ledoulx, curé de la paroisse, qui, en cette qualité, passa un acte le 3 novembre, dans lequel est mentionné Jacques Cavé, curé de Saint-Ouen de La Londe, originaire de notre bourg.

A cette date, la confrérie de Notre-Dame de Liesse, de la même paroisse, avait donné ses pouvoirs à Pierre Lamy, prêtre, et à Jacques Bourdon, bailli du duché. — Adrien Roussel, mentionné comme diacre à Saint-Etienne en 1696, est cité comme prêtre l'année suivante.

Le 8, Jean Delarue bailla à ferme les coutumes d'Elbeuf, à Germain Tellée, Michel Dupont et Georges Fumières, moyennant 1.900 livres par an.

Pierre Capplet, notaire à Elbeuf, se transporta, le 28 décembre à Thuit-Anger, où était décédé Jacob Pradon, prêtre et écuyer, autrefois curé de Vallelot en Caux, pour faire l'inventaire de son mobilier, qui ne se composait que de quelques vieux vêtements presque sans valeur.

En cette année, avait eu lieu le mariage de Charles Maille, avocat, fils de Pierre, avec Marie Le Roy, fille de Louis. Au nombre des témoins s'étaient trouvés : François Maille, religieux augustin ; Valentin Maille, curé de

N.-D. du Val de Conches ; Jean Hamon, prêtre ; Jacques Pollet, lieutenant général du duché d'Elbeuf ; Nicolas Pollet, premier huissier de la Cour des aides ; Jean Gemblet, avocat au Parlement, lieutenant en l'élection de Pont-de-l'Arche et procureur fiscal d'Elbeuf, et autres Elbeuviens.

Pierre Sentier fut reçu jaugeur public à Elbeuf, le 7 janvier 1697, et Antoine Dudouit, en qualité de chirurgien, le 29 du même mois.

A la fête de l'Ascension de 1697, la fierte de saint Romain fut levée par Guillaume Ansoult, âgé de 30 ans, né à Angoville, près Bourgtheroulde, tabellion et laboureur à Angoville, et par Guillaume Foulon, âgé de 35 ans, compagnon drapier de la manufacture d'Elbeuf, né et demeurant aussi à Angoville, fermier du seigneur de ce lieu. Voici comment les faits dont s'étaient rendus coupables Ansoult et Foulon sont rapportés par M. Floquet :

« Entre Angoville et Marcouville, ils furent insultés par Boismare, maréchal-ferrant, qui reprocha à Ansoult, collecteur de la taille, de l'avoir traité injustement. La dispute s'échauffant, Boismare donna un coup de marteau à Ansoult, qui, se sentant blessé, lui donna des coups de bâton, et le tua ».

Adrien Savary, sergent royal des haute et basse sergenterie du duché, remontra au bailli que l'étendue de ces justices était grande, qu'il éprouvait beaucoup de peine dans l'exercice de ses fonctions et demanda qu'on lui adjoignît Richard Audouaire, son clerc, pour exercer dans la basse sergenterie, lequel fut reçu le 21 mai.

Nous avons déjà rapporté plusieurs inondations de la Seine ; la plupart étaient survenues pendant la mauvaise saison. Au mois de juillet 1697, à la suite de pluies torrentielles tombées en Bourgogne et en Champagne, le fleuve déborda et enleva des quantités considérables de foin dans les prairies ; plusieurs personnes perdirent même la vie aux environs de Rouen.

Jean Mallet et Jacques Dévé, maîtres et gardes en charge de la corporation des « maréchaux blanchœuvre » du bourg d'Elbeuf, en conséquence de la sentence rendue par le bailli du duché le 13 juin précédent, au profit de Louis Deshors, de Saint-Pierre-des-Cercueils, aspirant à la maîtrise du métier de maréchal, avaient admis celui-ci, « à faire chef d'œuvre » chez Jean Mallet. Le 10 juillet, Deshors fut reçu maître en notre bourg, et prêta serment au greffe du duché. Mais le nouveau maître s'engagea par acte authentique « à ne pas tenir bouticque à forge dans ledit bourg, ny attacher aucuns chevaux à ferrer devant icelle, parce que il sera permis neantmoingts audit Deshors de vendre toutte et telle marchandise concernant ledit mestier de mareschal et non de blanchœuvre, mesme luy sera permis de ferrer les chevaux des bourgeois quand il en sera requis, en leur maison, à peine d'encourir les rigueurs de justice ». — Suivent les trois signatures, plus celles de Nicolas Langlois et de Louis Grimouin, aussi maréchaux et taillandiers à Elbeuf.

Louis XIV et Guillaume III cherchaient alors à conclure la paix. Or, il y avait, par un hasard assez étrange des princes lorrains dans les deux armées opposées.

Auprès du roi Guillaume et dans sa plus grande intimité, vivait le prince de Vaudémont, dont la femme était sœur du duc d'Elbeuf, qui était lui-même l'un des lieutenants du maréchal de Boufflers, commandant de l'armée française.

Quoique suivant des fortunes diverses, dit M. d'Haussonville, les deux beaux-frères, également désireux de voir la Lorraine rendue au chef de leur maison, vivaient en de bons termes, et communiquaient parfois ensemble avec l'agrément de leurs supérieurs. Le sieur de Gaugy, écuyer du duc d'Elbeuf, chargé par lui d'aller complimenter la princesse de Vaudémont, et, par la même occasion, d'acheter quelques chevaux en Belgique, fut l'agent choisi par lord Portland pour porter, à son retour, les premières paroles et demander un rendez-vous au maréchal de Boufflers. Leur rencontre eut lieu à Halle, petite ville située à quatre lieues de Bruxelles, dans les premiers jours de juillet, et un premier traité de paix fut signé le 2 août suivant.

A titre d'exemple des persécutions auxquelles les protestants étaient encore exposés, nous reproduisons le texte d'une lettre de cachet, conservée aux Archives de la Seine-Inférieure, déjà publiée par M. F. Waddington :

« Yves-Marie de la Bourdonnaye, chevalier, seigneur de..., conseiller du roi en ses conseils, maître ordinaire des requêtes ordinaires de son hôtel, commissaire départi par Sa Majesté pour l'exécution de ses ordres en la généralité de Rouen ;

« Nous enjoignons aux nommés Jean Leroy et François Brémontier, garde-bois de M. le duc d'Elbeuf, de porter à l'église et faire baptiser, si besoin est, l'enfant du nommé Lebas, de la paroisse de Saint-Nicolas de la Taille, et de se faire payer six livres pour leur exécution, comme aussi d'arrêter et mettre en prisons voisines le nommé Boivin, qui a tenu chez lui des assemblées de nouveaux convertis ; enjoignons à toutes personnes de leur prêter main forte.

« Fait à Rouen, ce 10 août 1697 ».

Le 17 du même mois, le bailli d'Elbeuf défendit que les hasples fussent au-dessous de cinq quarts « afin d'eviter un abus considerable qui se produirait au detriment des maistres qui resteraient dans l'esprit des statuts».

Le 25, Jean Couturier fut élu garde, pour succéder à Laurent Flavigny, garde sortant.

Le lendemain, sur la demande des anciens gardes, le bailli ordonna que les réceptions de maîtres et d'apprentis n'auraient lieu qu'en présence de quatre anciens gardes de la Manufacture.

Un titre de cette époque fait mention d'une maison en ruines, près la Croix-Féret, bornée d'un côté et d'un bout par « la rue Meleuze et la rue tendante à la vallée des Trois Chesnes ».

Les confréries religieuses avaient une telle importance à Elbeuf, au XVIIe siècle, qu'à chaque instant on rencontre dans les anciens manuscrits concernant notre localité des pièces qui s'y rattachent.

Le besoin de se réunir et de s'associer dans une œuvre commune est un instinct humain ; il s'est manifesté en tous temps et en tous pays ; mais nous ne croyons pas qu'il ait jamais eu ailleurs plus d'intensité qu'à Elbeuf. De nos jours encore, notre ville est une de celles qui comptent proportionnellement le plus d'associations.

Année 1697

Le nouvel acte que nous allons enregistrer est daté du 11 novembre 1697 :

« Jean Flavigny fils Jacques, un des fondateurs de la confrérie establie en l'honneur de Dieu et sous la protection de Nostre Dame de Liesse en l'eglize parroissialle de Saint Jean d'Elbeuf, lequel, tant pour luy que pour les frères et sœurs desnommées au contract de la fondation par eux faitte, le 20 septembre 1692, et d'abondant pour les autres frères et sœurs, depuis ledict contract receus ou à recevoir en icelle confrairie, sçavoir... »

Suivent de nombreux noms d'hommes et de femmes, parmi lesquels ceux de « Anne Michel, femme de Me Pierre Chrestien, inspecteur ; Anne de Riberpré, veuve de Me Jean Gemblet, advocat, etc. »

« Ledit Flavigny es dits noms a donné au tresor et fabrique de Saint Jean, stipulé par Nicolas Tallon, tresorier comptable, Capplet, notaire, Marin Maille et Mathieu Poullain, aussy thresoriers, en presence de Me Nicolas Duchesne, curé, la somme de 104 livres tournois... pour faire celebrer un service des Morts... le lendemain de la Presentation de la Ste Vierge, à perpetuité... »

Louis Lesueur, bourgeois d'Elbeuf, constitua le 30 du même mois, une pension de 1.200 livres à sa fille Marie, pour son entretien et sa nourriture au monastère de Sainte-Ursule.

Jean Delarue, devenu receveur du duché, n'avait pas pour cela quitté la fabrication des draps, car nous le voyons prendre un apprenti en la personne d'Etienne Dubois, fils de Pierre Dubois, avocat au bailliage de Rouen, auquel il demanda 300 livres pour le rémunérer de ses soins et de son enseignement.

Les habitants de Saint-Etienne avaient de leur propre autorité compris les Ursulines dans le rôle des contribuables à la levée de la charge de capitaine et lieutenant-major de cette paroisse, et comme les religieuses s'étaient refusées à payer la somme de 30 livres, montant de leur taxe, ils avaient fait saisir cette somme sur les fermiers du monastère.

Me Pierre Maille, procureur du couvent, remontra à l'intendant de la généralité que l'intention du roi n'était pas que les communautés religieuses entrassent dans cette imposition. Le 15 décembre, elles en furent déchargées par ordre du sieur de la Bourdonnaie, intendant de la généralité de Rouen.

Vers le commencement de 1698, sur la requête de Chrestien, inspecteur, Jacques Bourdon, bailli du duché, ordonna que les maîtres drapiers qui ne se présenteraient pas aux assemblées générales seraient condamnés à six livres d'amende.

Thomas Cousturier, drapier à Caudebec et entrepreneur de transports par eau, vendit, le 27 mars, à Adam Lemarinier, « marchand voicturier par la rivière de Seinne et maistre mesureur de charbon de terre de la ville et bonne lieue *(sic)* de Rouen, un grand basteau de cent pieds ou viron de long et dix sept pieds viron de large, avec ses flette et bargnettes, un vindas, mas et filloir, quatre planches pour faire des bordingues et deux autres planches pour entrer aud. basteau, quatre avirons, une ancre et un ancreau de fer..., etc., lequel basteau, ses barguettes et flette sont flottantes sur ladite eau et rivière de Senne... » Cette vente fut consentie moyennant 1.900 livres, plus deux demi-muids de vin de Fallainville.

Jean Mallet fut admis, le 8 avril, à exercer les fonctions de garde-marteau dans les forêts du duché, conjointement avec Pierre Mallet, son père, celui-ci fils de feu Pierre, qui lui-même avait rempli cette charge pendant un assez grand nombre d'années.

A une réunion générale tenue le 12 du même mois, « en la Chambre de la Manufacture Royalle et Drapperie du bourg d'Elbeuf », il fut décidé « qu'aucun ouvrier ne pourrait quitter son maistre qu'il ne l'ait averty auparavant de commencer la dernière chaîne ». Cette mesure fut prise contre certains maîtres « qui, avides de faire travailler plus qu'à l'ordinaire, prenoient et alienoient des ouvriers pour venir travailler à leurs boutiques, en leur donnant un prix plus considérable que celuy qu'on a coutume de donner, ce qui cause un abus et trouble dans laditte Manufacture ». Il fut entendu qu'on ne recevrait aucun cardeur, tisserand, laineur ou tondeur, sans qu'il fût porteur d'un billet de congé de son ancien maître, chacun des manufacturiers s'engageant à payer 20 livres d'amende en cas de contravention à cette entente.

C'est dans un acte daté du 17 de ce même mois que nous trouvons mention, pour la première fois, d'un marchand de laine à Elbeuf. Il se nommait Louis de Flavigny et habitait la paroisse Saint-Jean.

Au mois de mai, Léopold, duc de Lorraine, fut salué par le duc d'Elbeuf et les princes Camille de Lorraine et de Mouy, partis en toute hâte de Paris afin de complimenter le chef de la branche aînée de leur maison, qui allait rentrer en Lorraine, et se trouvait alors à Strasbourg.

Pierre Chrestien, avocat au Parlement, conseiller à la table de marbre du Palais, décédé à l'âge de 71 ans, fut inhumé dans la chapelle de la Vierge en l'église Saint-Jean.

Le 4 juin, Jean Bénard de Granville, bourgeois de Paris, « propriétaire par la declaration du roy de l'année 1689, des biens du sieur Nicolas Le Monnier, son cousin germain, absent du royaume, lequel sieur de Granville reconnut avoir ce jourd'hui fait bail d'une maison sise parroisse Saint Etienne, vulgairement appelée le Vieu Rouez, à Jean-Baptiste Le Sueur, marchand drappier, bourgeois de Paris, ayant la manufacture de draps en ce bourg d'Elbeuf, par brevet du Roy, du du 28e decembre 1686, pour neuf années, à partir du 1er janvier 1687... » Ce bail fut consenti moyennant 300 livres par an, plus 200 livres pour le vin du marché.

Le 11, on inhuma dans l'église Saint-Etienne le corps de Claude Lesueur, commis au grenier à sel de Pont-de-l'Arche, ancien bourgeois d'Elbeuf, « trouvé au bord de la rivière submergé par les eaux de janvier dernier ».

A titre de spécimen, nous allons reproduire le procès-verbal de la séance dans laquelle fut élu le nouveau garde, en cette année 1698; tous les autres sont en quelque sorte calqués sur celui-ci :

« Du lundy 25e d'aoust 1698, en la Chambre de la Manufacture Royalle de Drapperye, devant nous Jacques Bourdon, advocat à la Cour, bailly du duché dudit Elbeuf, juge de poilice, en la presence du sieur Chrestien, inspecteur, et des gardes et maistres assem-

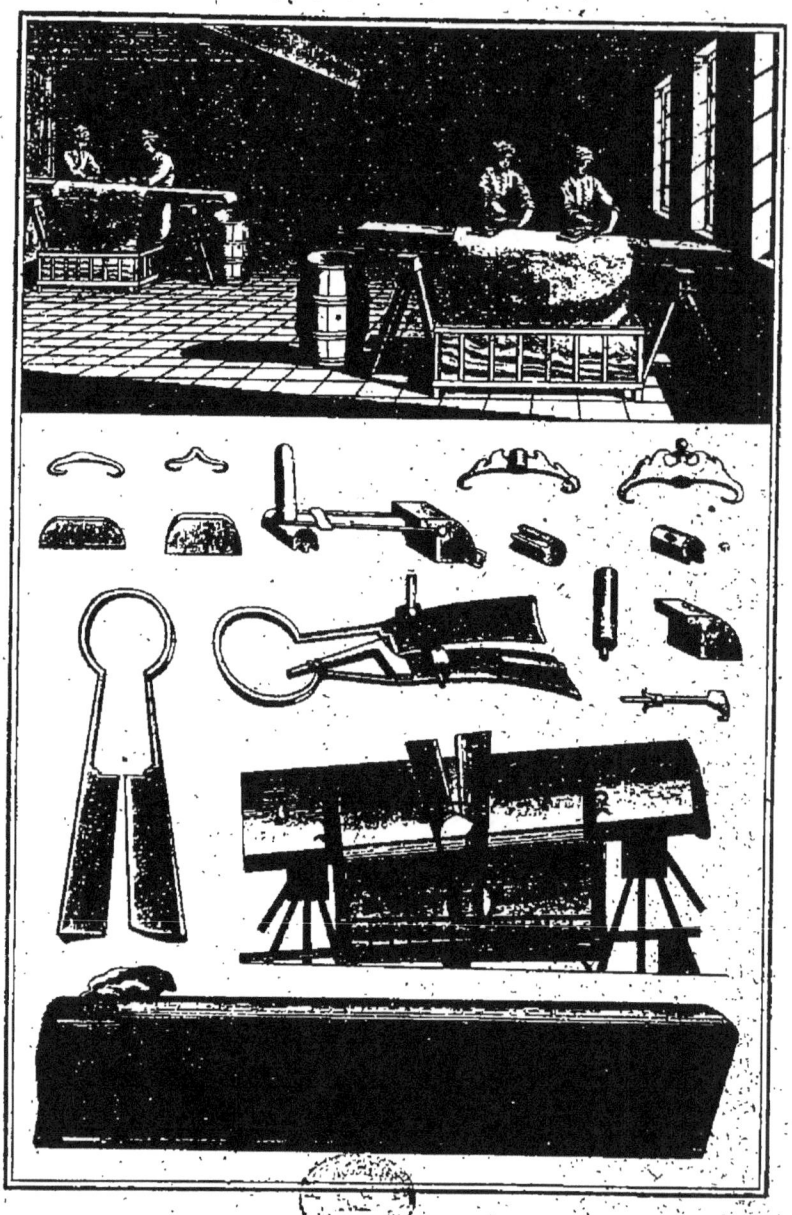

ATELIERS ET OUTILS DE TONDEURS DE DRAPS
(D'après une gravure du XVIIIᵉ siècle)

blés au retour de la messe solemnelle qui a esté celebrée ce jourd'huy feste de Saint Louis, pour eslire, au desir des statuts et Reglements, un nouveau garde au lieu et place du sieur Louis Flavigny, garde antien sortant, pour faire les fonctions de garde entrant avec le sieur Jean Cousturier, qui demeurera garde en charge au lieu dudit sieur Flavigny, il s'est trouvé, à la pluralité des voix, que le sieur Louis Delarue le jeune a esté eslu et nommé garde entrant ; pour quoy nous avons pris dudit sieur Delarue le serment et reiteré celuy dudit sieur Jean Cousturier de bien et deuement garder et faire observer les statuts et Reglements dudit mestier, ce qu'ils ont promis faire, et renvoyés se faire inscrire au greffe ordinaire du bailliage, et ont ces presentes signé ».

Les maîtres s'assemblèrent encore le 11 septembre, « pour trouver les moyens de remédier aux dessordres causés dans la Manufacture par les ouvriers et notamment par les tondeurs, lesquels, soubz pretexte d'une confrairie qu'ils ont faitte entre eux, ont fait une ligue de ne permettre à aucuns estrangers de travailler à Elbeuf, ny de faire aucuns apprentifs que ceux qu'ils souhaitent ».

Il paraît que les tondeurs obligeaient les apprentis « de payer à leur pretendue communauté des sommes excessives d'argent, qu'ils mettaient dans un coffre à la garde d'un d'eux, pour quand il leur plaisait s'en servir pour substenter ou nourir ceulx de leur corps que, faute de faire leur debvoir, les maistres etoient obligés de mettre dehors et hors de travail, ou nourir ceux qui vouloient augmenter le prix ordinaire. »

Les maîtres drapiers ajoutaient que, « depuis trois mois, les tondeurs avoient fait partir plusieurs estrangers par menaces, maltraitements et par argent, et qu'ils avoient appris que, l'avant-veille, trois d'entre eux etoient allés chez la veuve Feré, hostellière, trouver un tondeur estranger qui etoit arrivé peu de jours auparavant pour, sous pretexte de luy faire caresse et le bien recevoir, l'engagèrent à faire une promenade à Caudebecq lès Elbeuf et l'emmenèrent chez Ricard, cabarretier, où estant deux autres tondeurs d'Elbeuf vindrent les joindre et ensuite quatre autres, et, s'estant mis à l'ecart dans le jardin, ils le sollicitèrent de quitter Elbeuf pour aller travailler ailleurs, et comme ledit estranger soustenoit contre eux de pouvoir travailler à Elbeuf, ils le menacèrent de le maltraiter, et que s'il restoit, il ne trouveroit pas son compte et furent toute l'après dinée en querelle avec luy.

« Ledit estranger fit tous ses efforts pour les quitter, ce qu'il ne put faire parce qu'ils le retindrent toujours. La nuict estant venue, ils le firent entrer dans une chambre en le traitant de bougre et autres injures, se jettèrent sur luy pour le maltraitter, et ensuite poussèrent leur rage si loing que ils luy arrachèrent son juste au corps, le dechirèrent, luy fouillèrent dans ses poches, prirent ce qu'il y avoit, notamment une bague d'or et vouloient le depouiller nud, sans que l'hoste estant outré des violences que lesdits tondeurs fesoient audit estranger, fit violence pour entrer et empescher, ce qu'il ne pust faire, à cause que plusieurs tondeurs s'y opposèrent, ce qui l'obligea à aller chercher main forte ».

Les fabricants autorisèrent les deux gardes en charge « de donner adjonction à la plainte faite par ledit estranger, et de coucher plainte de leur part contre lesdits tondeurs pour violences faittes cy devant contre d'autres tondeurs estrangers, qu'ils ont chassez et empeschez de trouver du travail à Elbeuf, par leurs violences et menaces ».

Les ouvriers tondeurs inculpés se nommaient Robert Lesergent, Noel Buhot, Crespin Langlois dit Daragon, Pierre Juppin, Adrien Mauger et Robert Delacroix, et le plaignant Paul Henry. Les premiers soutinrent que la dispute provenait du refus de celui-ci de payer la part de dépense qu'il avait faite au cabaret et que c'était pour cette raison qu'ils l'avaient obligé à laisser son juste-au-corps à l'aubergiste.

Les inculpés furent arrêtés. Lesergent et Juppin passèrent même tout l'hiver dans la prison d'Elbeuf. Le Parlement ordonna la mise en liberté, sous caution, des deux prisonniers, mais, au mépris de cet arrêt, ils étaient encore détenus au 1ᵉʳ février suivant, car nous trouvons, à cette date, des suppliques, signées de chacun d'eux, tendant à leur élargissement.

Les questions de préséance avaient jeté, cette année-là, le trouble parmi les Lorrains. « La révérence en mante, que les dames de Lorraine vinrent faire au roi sur la mort de la reine-duchesse, mère de M. de Lorraine, fit schisme entre elles. Mᵐᵉ de Lislebonne, par sa bâtardise, cousine germaine du père de M. de Lorraine, prétendit, comme la plus proche, marcher la première, et, par conséquent, Mˡˡᵉ de Lislebonne et Mˡˡᵉ d'Espinoy, ses filles,

IV 9

immédiatement après elle. Mme d'Elbeuf, veuve de l'aîné de la maison de Lorraine en France. s'en moqua et l'emporta, de sorte que Mme de Lislebonne ni ses filles n'y voulurent pas aller ».

Au mois d'octobre, la vanité du duc d'Elbeuf subit un échec. Il avait tenu des propos peu mesurés qui avaient déplu au duc de Lorraine, sur le point de devenir neveu de Louis XIV. Le duc d'Elbeuf essaya de s'en justifier auprès du roi, à qui cela ne faisait pas grand chose, dit Saint-Simon. « Quelque temps après, il voulut retourner en Lorraine pour montrer qu'il étoit bien en ce pays-là, malgré ce qui s'en étoit débité. Il n'osa pourtant s'y hasarder sans en parler au roi, qui ne lui conseilla pas. C'étoit un homme audacieux et qui ne vouloit pas avoir le démenti d'un voyage qu'il avoit annoncé ; mais il l'eut tout du long. M. de Lorraine, qui en fut averti, en fit parler au roi qui, au conseil, fit succéder la défense, et M. d'Elbœuf demeura tout court».

Le duc Henri jugea à propos de se réconcilier avec le duc de Lorraine ; non seulement il y parvint, mais encore il fut chargé de la procuration du duc de Lorraine pour épouser Mademoiselle, nièce du roi. Les fiançailles eurent lieu le 12 octobre. « Mme la grande duchesse porta la queue de Mademoiselle. M. d'Elbœuf, en pourpoint et en manteau, lui donnoit la main, et signa le dernier de tous le contrat de mariage », en présence du roi de France et de la reine d'Angleterre. Mademoiselle passa le reste du jour à pleurer, au grand scandale des Lorrains.

Le lendemain était le jour du mariage. Mademoiselle fut amenée à la chapelle par le duc d'Elbeuf. Elle prit place « sur un fort gros carreau, à la droite duquel il y en avoit un fort petit pour M. d'Elbœuf, représentant M. de Lorraine. Le cardinal de Coislin dit la messe et les maria : aussitôt après on se mit en marche. A la porte de la chapelle, le roi, le roi et la reine d'Angleterre et les princesses du sang embrassèrent Mme de Lorraine et l'y laissèrent. M. d'Elbœuf la ramena chez elle se déshabiller, et tout fut fini en ce moment ».

Cette cérémonie renouvela les disputes de préséance et fit un scandale parmi les Lorraines. « Mme de Lislebonne prétendit les précéder toutes, comme fille du duc Charles IV de Lorraine ; Mme d'Elbœuf, la douairière, et cela soit dit une fois pour toutes, parce que la femme du duc d'Elbœuf ne paroissoit jamais, Mme d'Elbœuf, dis-je, se moqua d'elle ; et comme veuve de l'aîné de la maison de France, et du frère aîné de M. de Lislebonne, se rit de sa belle-sœur, et l'emporta, malgré les pousseries et les colères dont Mme de Lislebonne, quoique fort inutilement, ne se contraignit pas. Le duc d'Elbœuf alla à Nancy quelque temps après que le duc et la duchesse y furent établis ; il sut bien faire sa cour aux nouveaux époux ».

En cette même année encore, Henri de Lorraine se fit l'amoureux de Mlle d'Alègre, qui avait épousé M. de Barbezieux, rien que pour insulter ce dernier. La jeune femme, cédant à de mauvais conseils, rendit son mari jaloux. « Il s'adonna à cette passion : tout lui grossit, il crut voir ce qu'il ne voyoit point, et il lui arriva ce qui n'est jamais arrivé à personne, de se déclarer publiquement trompé ».

Nous revenons dans notre bourg :

Anne Mansel, « revenderesse de fruits », étant à son lit de mort, donna tous ses meubles au trésor de Saint-Jean, moins une nappe de quatre aulnes qu'elle donna à la chapelle de la Vierge». La moitié du produit de la vente devait être employé aux réparations de l'église et l'autre à dire trois messes par semaine jusqu'à épuisement de deniers.

Par une délibération du corps de fabrique, en date du 13 décembre, on arrêta ce qui suit :

« Pour s'occuper des affaires que la Communauté a journellement tant à Paris qu'à Rouen et ailleurs, et pour eviter aux fiequentes assemblées que les fabriquants sont obligez de faire, qui mesme ne se font qu'à grand peine, les uns estant tantôt d'un costé et les autres de l'autre, ou ayant des affaires particulières qui les empeschent de s'y trouver, et estant à propos de nommer quelques-uns d'entre eux pour agir, aller et venir aux differentes affaires du corps tant civiles que criminelles, les maistres ont unanimement nommé les sieurs Thomas Cousturier, Jean Davoult, Jean Delarue l'aisné et Louis Delarue l'aisné, antiens gardes et maistres, et les sieurs Nicolas Lefebvre, Thomas Bourdon et Gilles Melicieux, maistres, pour, avec les sieurs Jean Cousturier et Louis Delarue le jeune, aussy maistres et gardes en charges, deliberer entre eux pour toutes les affaires du corps ce qui sera jugé par eux à propos, y agir et veiller les uns après les autres, faire toutes les avances qui seroient à faire, regler, transiger, faire vider et appeler si besoin est de toutes choses concernant le corps de la Manufacture, tant en demandant qu'en defendant, promettant tous lesdits maistres avoir pour agreable tout ce qui sera faict par lesdits susnommés... etc.

« Et d'autant qu'il y a une affaire du corps de présent pendante au Conseil, où il est grand saison d'agir et qui est d'une très grande consequence à la Communauté, lesdits sieurs Davoult et Jean Delarue sont priés de partir incessamment et d'y apporter tous leurs soins, en faire tous les avances necessaires pour y réussir, demeurants par la presente deliberation authorisés...

« Specialement de faire leurs très humbles remonstrances au Roy et à son Conseil de vouloir bien revoquer le privilège des sieurs Lecler et Lesueur, qui sont venus, depuis dix à douze années, faire manufacture en ce bourg d'Elbeuf, à leur grand prejudice ; si mieux n'aiment iceux Leclerc et Lesueur renoncer à leur qualité de marchands à Paris ; parce que au cas où ils préfèrent de conserver leur qualité de marchands à Paris, ils seront tenus de renoncer à leur fabrique de manufacture, auquel cas la Communauté prendra toutes les mestiers et ustanciles servant à la manufacture desdits Lecler et Lesueur qui se trouveroient dans leurs maisons en ce bourg d'Elbeuf... » — Suivent les signatures.

Nous avons déjà parlé de la confrérie de Saint-Jacques, l'une des plus curieuses de toutes celles autrefois existant dans notre bourg. L'acte suivant, portant la date du 21 décembre 1698, va nous fournir quelques nouveaux détails sur cette association :

« Honnestes hommes Louis Bunel, maistre tapissier, Robert Throsnel, Nicolas André, Michel Dupont, Pierre Dupont, Nicolas Osmont, Jacques Dumont dict Parterre, Michel

Voicturier, François Saint-Amand, Pierre Dumontier, Thomas Masselin, Jean Lefebvre, Noel Buhot, Michel Mesnage, Adrien Potteau, Philippe Valvandrin, Philippe Caben, Denis Vittecoq, Marin Desperrois, Pierre Davoult, François Osmont, Jean Lemenu et Jean Mouchard, tous frères de la confrairie establye par aucuns d'eux et leurs antiens en l'eglize de Saint Jean d'Elbeuf, à la Gloire de Dieu, sous le nom et protexion du glorieux Saint Jacques le Grand, ayant iceux fait le voyage dudit Saint Jacques ;

« Lesquels volontairement, après avoir agréé les statuts et Reglements de lad. confrairie, à l'execution desquels ils se sont soubmis, et pour augmenter le service divin, donner un bon ordre dans leur societté, ont résolu entr' eux qu'il sera continué à estre fait dire et celebré, aux despends de leur societté, une messe basse à l'hostel de Saint Jacques, le troiziesme dimanche de chaque mois de l'année, en l'intention et pour le repos tant de leurs âmes après leur mort et, en attendant ce, pour obtenir les grâces de Dieu necessaires pour parvenir à leur salut, que pour le repos des âmes de leurs frères decedés ; le tout en la manière et ainsy qu'il a esté uzité de tout temps ;

« Pour y subvenir, chacun d'eux dicts confrères payeront par chacun an, après la messe du troiziesme dimanche du mois de juin, vingt sols chacque entre les mains de celuy d'eux qui sera eslu Roy, lors en charge ;

« Laquelle eslection sera aussy faite à la pluralité des voix, ainsy qu'il a esté praticqué par le passé ; lequel Roy, de sa part, payera les messes et prières que l'on faira dire pour lad. confrairie ; parce neantmoins qu'à la fin de son année, il sera tenu rendre compte des deniers qu'il aura touchés auxd. confrères, et vuider ses mains des deniers qui pourront rester de lad. confrairie, entre celles de celuy qui sera eslu après luy, et sera toujours continué en la même manière.

« Quand quelqu'un d'eux sera decedé, leurs femmes ou enfants demeurants sur lad. parroisse de Saint Jean, les autres frères seront tenus d'assister au convoy et inhumation desd. decedés, avec leurs torches et chapperons, à peine de cinq sols d'amende contre chaque defaillant, à moins qu'il n'ait excuze ou congé du Roy en charge, sauf le cas de maladie ou autres raisonnables ; laquelle amende sera payée par lesd. defaillants au premier jour de l'assemblée, qu'ils fairont sans delay es mains dud. Roy en charge.

« Immediatement après le deceds de quelques-uns desd. frères, les autres frères seront tenus et obligez de faire dire et celebrer chacun une messe pour le repos de l'âme dud. decedé, à leurs frais.

« Si il arrive que quelques-uns desd. frères manquent, sans excuze raisonnable, d'assister à la sainte messe du 3e dimanche de chacque mois, les defaillants seront tenus payer, comme dessus, deux sols six deniers.

« Tous lesd. frères seront tenus assister au convoy des pellerins qui dezireront faire le voyage de saint Jacques, jusques au lieu ordinaire, et aller au devant de ceux qui en reviendront, les conduire à l'eglize, comme il a esté et est maintenant praticqué, à peine de pareille amende de deux sols six deniers payable comme dict est... » — Suivent les signatures ou marques des confrères ; neuf d'entre eux ne savaient pas écrire.

Le 28 décembre, Anne Saint-Amand, âgée de 18 ans, abjura le calvinisme en l'église Saint-Etienne, devant Adrien Roussel et Guillaume Dauphin, prêtres de cette paroisse.

Le 30, « honneste homme Antoine Dudouit, chirurgien d'Elbeuf, cy devant eschevin de la noble charité erigée en la paroisse Saint Jean, vendit à honneste homme Guillaume Huet, hostellier, eschevin en charge de lad. charité, 11 livres de rente hypothèque au profit de la confrerie ».

En cette année, le trésor paroissial de Saint-Etienne dépensa 300 livres pour faire paver le chemin qui, de la rue, allait à l'église a travers le cimetière.

En cette année encore, on vola la lampe d'argent qui se trouvait dans l'église Saint-Jean. — L'année suivante, le trésor de cette paroisse paya 174 livres « pour la tapisserie de haute lisse pour tendre la chambre de Son Altesse à la Grande Maison »

Après s'être signalé à Condé, Valenciennes, Cassel, Gand, Saint-Denis, Philisbourg, Fleurus, Mons, Lens, Namur, Steinkerque, Neervinden et Barcelone, le duc Henri de Lorraine vint se fixer à Elbeuf, presqu'aussitôt que fut signé le traité de Risvick.

Il acheta, rue Saint-Etienne, ce qu'on appelait la Grande maison, l'occupa en 1699, et en fit le château actuel. A ce sujet, M. Maille remarque qu'il n'eut pas cette propriété par suite de confiscation, comme l'avait écrit M. Guilmeth ; mais qu'elle lui fut transmise par le sieur de Grandville, qui la tenait des représentants Lemonnier.

« Une fois habitant d'Elbeuf, dit encore M. Maille, Henri mit tous ses soins à parer sa demeure. Non content de bâtir, il désira aussi agrandir ses jardins ; il fit, dans ce but l'acquisition des terrains qui les environnaient jusqu'à la Seine, dont les rivages le charmaient et qu'il voulut pour limites.

« A cet effet, il se fit d'abord céder par un sieur Capplet, fermier du pré Basire ou Bazile, le bail qu'il tenait des chanoines de la Saussaye, à qui ce pré appartenait, pré dont il se rendit dans la suite propriétaire incommutable, moyennant une rente de 40 livres ajoutée à celle que la collégiale possédait déjà sur les moulins.

« C'est au château d'Oissel que le duc Henri conçut les premières idées de ces embellissements, et c'est de là qu'il en fit porter les premières paroles aux intéressés, par le sieur de La Platrière, seigneur de Saint-Martin la Corneille, qui l'accompagnait dans les visites aux châtelains voisins du duché.

« Ces divers agrandissements sont consignés dans un plan qui en est bon témoignage et les retrace exactement, sans toutefois contenir tout ce qui a été ajouté aux dépendances primitives du château.

« Dès qu'il fut maître du sol, Henri fit planter, de la rivière à la grille de son palais, une avenue qui a subsisté jusqu'en 1793, et construire un bassin qui a nommé la rue ainsi appelée.

« Avant l'acquisition et l'embellissement des immeubles qui devinrent le château d'Elbeuf, les ducs n'avaient d'autre manoir que celui du Coq ; aussi quand ils avaient été appelés dans notre contrée, ils avaient résidé au château de la Saussaye, jusqu'au moment de la vente de ce fief ».

Une autre note manuscrite de M. Maille est ainsi conçue : « On a cru, on a même imprimé que le château d'Elbeuf n'était autre que la grande maison d'un fabricant protestant, exilé lors de la révocation de l'Edit de Nantes : c'est une erreur. La grande maison était une fabrique, et Thomas Corneille l'avait précédemment mentionnée dans son *Dictionnaire géographique* ». — Nous publierons des textes.

Le château de la rue Saint-Etienne fut entièrement construit par le duc Henri, en partie sur l'emplacement de la Grande maison, habitée pendant quelque temps seulement par son nouveau propriétaire. C'est, du reste, ce qui résulte d'un autre passage du travail de M. Maille, que voici :

« Lorsque le prince Henri voulut, pour la première fois, occuper l'habitation alors nommée la Grande maison, et depuis remplacée par le château actuel, il se fit donner, pour tendre sa chambre, par la fabrique de Saint-Jean, une tapisserie de haute lisse qui coûta 174 francs. Saint-Etienne contribua pour autant, à n'en pas douter, mais on n'a pas la note de l'objet de son offrande.

« C'est ainsi que les serfs et manants fournissaient l'ameublement du seigneur, et que la chaumière, dans sa nudité, tapissait le château.

« Celui d'Elbeuf fut indubitablement l'œuvre de Henri de Lorraine ; s'il a commencé par habiter la Grande maison, il lui a assurément substitué le château actuel ; tout le prouve ».

M. Guilmeth avait écrit que le château

d'Elbeuf était l'œuvre d'un fabricant protestant, et qu'il se nommait « la Grande-Maison ».
A cela M. Maille répondit, avec vérité et bon sens :

« Si l'on a voulu dire que le fabricant et le protestant avaient bâti « la Grande Maison », on a eu raison ; mais si l'on a voulu dire que la Grande Maison était le château actuel et qu'ils l'avaient édifié, on s'est trompé.

« Quel fabricant, quelque fortune qu'on lui suppose, aurait, à l'époque 1673, pour se loger, fait une dépense bien au-dessus de sa condition et construit une habitation princière, si différente des modestes demeures de ses confrères ?

« Quel protestant, au moment où les protestants étaient suspects, épiés, tourmentés, persécutés de mille manières ; quel protestant aurait osé élever un palais, y trôner, s'y pavaner, s'y rengorger, quand son maître et seigneur Charles III, duc d'Elbeuf, plein de vanité, jaloux de son rang, idolâtre de sa grandeur, habitait une chaudière comparativement ?

« Ainsi le prince, effacé, éclipsé par un vassal qui l'aurait bravé, aurait une cabane, quand le serf, le manant, le vilain, aurait pris ses ébats dans un château... N'est-ce pas impossible ?

« Les immenses dépenses du duc Henri, toujours affamé et altéré d'argent, prouveraient seules qu'il l'a bâti.

« Ce n'est point parce qu'elle était le château actuel que s'appelait « grande » la maison qu'il a remplacée ; d'autres maisons, sans être châteaux, avaient aussi leur qualification : « la belle maison » de M. Boissel, « la grande maison de l'abbé Poulain, la maison blanche à M. Pollet, etc. »

Mais ce qui tranche la question, c'est que, dans son *Dictionnaire géographique*, Thomas Corneille, qui avait vu « la Grande Maison », fait positivement entendre que c'était des ateliers de fabrique. Voici ce qu'il dit :

« Elbeuf...; ce bourg qu'on trouve au pied d'une montagne, couverte de bois, est riche, très peuplé et fort renommé pour les étoffes de draperie qu'on y fabrique. On y voit une grande et belle maison pour la manufacture des draps dits d'Elbeuf... On y fait aussi des tapisseries de manière de point de Hongrie... etc. »

On verra bientôt, du reste, qu'il ne peut exister de doute sur l'origine du château d'Elbeuf.

CHAPITRE VI
(1699-1700)

Henri de Lorraine *(suite)*. — Les teinturiers d'Elbeuf sont érigés en maitrise. — Le vicaire de Mandeville. — Le Bureau de la manufacture. — Le duc et les chanoines de la Saussaye. — Portrait de Henri de Lorraine, par ses contemporains. — Encore la « Grande-Maison ». — Deux défenses du duc d'Elbeuf. — Le fils du seigneur de Freneuse et la garenne de Cléon. — L'administration communale d'Elbeuf.

Le 6 janvier 1699, Jean Delarue, receveur du duché, bailla à loyer, pour six ans, à Jacques Divory et Germain Tellée, « la ferme du poids du bourg d'Elbeuf, que tenait cy devant Jean Mallet et au précédent Jean Potteau l'aisné... à charge par le preneur de fournir brancard, balances et poids, de bien et deuement servir le public avec assiduité et fidellité, en percevant les esmolluments ordinaires... » Ce bail fut consenti moyennant un loyer annuel de 90 livres.

Les actes de cette époque mentionnent un assez grand nombre de compagnons tapissiers et drapiers habitant Caudebec-lès-Elbeuf, paroisse qui, on le sait, s'étendait sur la plus grande partie de la commune actuelle de Saint-Pierre-lès-Elbeuf.

La fabrique paroissiale de Saint-Jean entra en possession, le 29 du même mois, d'une somme de 300 livres, que Jean Dugard lui avait léguée par testament, à charge d'une haute et de douze messes basses par an.

Peu après, le trésor de la même paroisse reçut 28 livres 10 sols de rente, de Geneviève Bérenger, veuve de Jacques Bourdon, pour la fondation de vingt-trois messes chaque année « et pour ce aussy que le banc de la dame fondatrice, où il est de presente place dans lad. eglize, luy demeurera et à sa famille à perpetuité, pour y estre inhumés avec leurs ancestres ».

La fabrique paroissiale de Saint-Jean reçut encore, par testament de Catherine Hesbert, 12 livres de rente pour la célébration de douze messes basses annuelles.

Un acte de cette année mentionne une hôtellerie d'Elbeuf « où pendoit pour enseigne *le Louvre* ». — Une autre pièce d'écriture concerne Jacques Anfré, brodeur, demeurant en la paroisse Saint-Jean.

Presque tous les corps de métiers étaient alors constitués en maîtrises ; les professions dont les maîtres ne chiffraient que par quelques unités en étaient seules et forcément exemptées. Les teinturiers, au nombre de trois seulement, furent cependant astreints à la maîtrise, sur une demande du procureur fiscal adressée au bailli, le 9 mars, et ainsi conçue :

« Monsieur le bailly d'Elbeuf,

« Remontre le procureur fiscal que quelque

soin que l'on ait pris jusques icy pour donner à la Manufacture de draperie et à celle de tapisserie, establies en ce bourg, la perfection où il semble qu'elle soit aujourd'huy parvenue, les marchands de Paris, Lion et autres villes de ce Roïaume ne laissent pas de se plaindre de tems en tems du teint d'aucunes des marchandises qu'ils prennent en cedit bourg, ce qui ne peut que provenir que de ce que les teinturiers establis en ce bourg pour la teinture des laines, qui entrent dans la composition desdites marchandises, ne sont point assujettis à une maistrise reglée et aux visites des gardes de leur mestier, ce qui leur donne la liberté d'employer des matières dans leur teinture deffendues par les statuts generaux et par les règlements de Sa Majesté.

« Ce consideré, mondit sieur, et que le nombre de trois teinturiers qui sont establis en ce lieu est suffisant pour la teinture des marchandises qui s'y fabriquent, requiert qu'à l'avenir, il soit deffendu à toutes personnes, conformement auxdits statuts generaux, d'exercer ledit mestier de teinturier qu'après avoir fait son apprentissage et esté aggregé au corps de teinturiers dans les formes ordinaires, et qu'à l'esgard de ceux qui en font actuellement l'exercice, ils soient tenus d'elire des gardes de leur mestier, à la visite desquels les autres soient contraints de soumettre leurs ouvrages et leurs ingrediens, pour par lesdits gardes dresser leurs procès verbaux, et faire leur rapport des contraventions qu'ils trouveront dans le cours de leurs visites avoir esté pratiquées par aucuns desdits teinturiers, aux fins d'y estre par vous pourveu, sur les conclusions dudit procureur fiscal ; le tout aux reserves portées en l'article 33 des statuts generaux pour lesdites teintures, du mois de decembre 1669, qui permet aux drapiers drappants de teindre pour eux, en leurs maisons, les couleurs noir musc, gris de souris et tristamie (triste-amie) ; et que pour l'execution de ce que dessus il soit ordonné qu'à la diligence du procureur fiscal lesdits maistres teinturiers soient fait venir pour le voir ainsi ordonner comme fait de police.

« Ce 9° mars 1699. — Bourdon » (procureur fiscal).

Au bas de cette requête, conservée aux Archives du département, on lit « Soit fait ainsy qu'il est requis. — Ce 9° mars 1699. — Bourdon » (bailli).

On sait que la paroisse de Mandeville faisait partie du duché d'Elbeuf ; c'est à ce titre MM^{es} Capplet et Fournel, notaires en notre bourg, se rendirent le 15 mars à Mandeville pour rédiger le curieux acte qui suit :

« Furent presents les habitants en general de ladite parroisse de Mandeville, assemblés en estat de commun au son de la cloche, issue de la grande messe de paroisse, en la presence de M° François Le Bert (?), prieur de Saint Germain le Gaillard et curé dudit Mandeville pour deliberer des affaires de la paroisse et nottamment aux fins de veoir si le sieur Berthelin, faisant les fonctions de vicaire en ladite parroisse, sera continué dans icelles ou s'il sera congedié ;

« Lesquels ont desliberé, resolu et arresté de s'en tenir à l'exploict de Caresme en date du 4° de febvrier dernier, par lequel lesd. habitants, conjoinctement avec led. sieur curé, ont donné congé audit sieur Berthelin, attendu qu'il ne s'est poinct acquitté des obligations et des charges de vicaire depuis qu'il est venu à Mandeville en cette qualité, comme de tenir escolle pour l'instruction des enfants, faire le catechisme et resider en laditte parroisse pour dire les messes et faire autres fonctions de son ministère, ayant esté presque toujours absent ;

« En consequence dud. exploict, est intervenu sentence de M^r le lieutenant general du Pont de l'Arche, en datte du 9 de ce mois, de laquelle lesd. sieur curé et habitants declarent, par le present, qu'il est du bien et de l'utilité de la parroisse de se porter pour appelants, ainsy qu'ils ont fait, des sentences de M^r l'official d'Evreux, données au sujet dudit sieur Berthelin...

« Les dicts habitants donnent pouvoir aud. sieur curé de fonder procureur, faire plaider advocats, proceder devant tous juges jusques à arrest deffinitif..., promettant lesdicts habitants d'avoir pour agreable ce qui sera fait par led. sieur curé... »

Jean Bourdon, conseiller du roi, lieutenant en l'élection de Pont-de l'Arche et procureur fiscal d'Elbeuf, était présent à la rédaction de cette procuration, qui fut contrôlée à Elbeuf, le 24 du même mois.

En mars également, commença un procès, devant le bailli de notre bourg, entre Nicolas Delamare, vicaire de Caudebec depuis quelques jours et ancien vicaire de Grostheil, d'une part, contre Bonaventure Leboucher, curé de Grostheil, et le neveu de celui-ci, d'autre part.

Au cours de la visite d'adieu faite par le vicaire à son ancien curé, une dispute très violente s'était élevée entre eux, des injures avaient été échangées et des voies de fait avaient suivi. Le juge eut beaucoup de peine à tirer cette affaire au clair, et il est probable que les parties furent renvoyées dos à dos.

Par contrat passé devant Pierre Capplet et Michel Fournel, notaires à Elbeuf, le 30 avril, Geneviève Bérenger, veuve de Jacques Bourdon, constitua 28 liv. 10 s. de rente au profit du trésor de Saint-Jean. Parmi les charges imposées à la fabrique par cette donation, nous trouvons que le banc occupé à l'église par la fondatrice lui demeurerait et à sa famille à perpétuité.

Cette condition fut plus tard l'objet d'un procès entre le sieur de Boucout, représentant la dame Bérenger, et les trésoriers, qui le gagnèrent devant le bailliage de Pont-de-l'Arche. En 1782, le sieur de Poutrincourt, ayant épousé Adélaïde-Emilie Lucas de Boucout, reconnut cette rente.

Les registres paroissiaux de Saint-Jean portent que « le 29e de may fut benite la moyenne cloche, par noble homme Nicolas du Chesne, curé dudit lieu, et nommée Marthe-Gabrielle par Gabriel de Gaugy, escuyer, chevalier de Saint Lazare, et damoiselle Marthe de la Rue, femme de Me Jacques Bourdon, bailly dudit lieu, sous Me Pierre Capplet, greffier en chef et thresorier comptable, Nicolas Talon, Marin Maille et Mathieu Poulain, thrésoriers ».

On se souvient du condamné à mort René Leport, grâcié par le privilège de saint Romein : nous le retrouvons à la date du 13 juin 1699. Il était alors archer du vice-bailli de Rouen et, en cette qualité, avait amené à la prison d'Elbeuf un individu accusé de vol. Le geôlier Jean Plantrou fit placer ce prisonnier dans « la chambre du ciel »; mais, pendant la nuit du 14 au 15, il s'évada par un large trou qu'il avait pratiqué entre deux solives. Leport eut quelques ennuis à cause de cette évasion, parce qu'il n'aurait dû laisser le prisonnier qu'une seule nuit à Elbeuf et le reconduire à Rouen dès le 14 au matin. Plus tard, Leport rentra au service du duc d'Elbeuf, en qualité de garde à cheval de ses bois.

L'intéressante pièce suivante est conservée aux archives de notre ancien tabellionage :

« Du jeudy 25ᵉ jour de juin 1699, à Elbeuf, en la Chambre de la Manufacture de la Drapperie dud. lieu, devant les notaire et adjoint dud. Elbeuf soubzsignés exprès mandéz en lad. Chambre.

« Furent presents les Gardes en charge et Maistres en general de ladite Manufacture Royalle de drapperie d'Elbeuf, y demeurant, assemblés pour deliberer des moyens d'avoir un Bureau pour y marquer les draps qui se fabricquent par eux et y faire les assemblées ordonnées par Sa Majesté dans les Statuts qu'elle a eub la bonté de leur envoyer, ayant esté jusques à present en emprunt de maisons, ce qui a causé l'egarement et perte des originaires de l'etablissement de leur Manufacture et de plusieurs autres actes et reglements ;

« De rembourser l'argent qu'ils ont emprunté pour payer les taxes auxquelles ils ont esté impozés, et aussy pour fournir aux frais des procés faicts contre les ouvriers qui ont voulu secoüer le joug des Statuts et des Maistres ; mesme contre des particuliers qui pretendent travailler sans quallité et au prejudice des Reglements de Sa Majesté, lesquels proceds sont demeurés indecis faute de fonds, et qu'il seroit necessaire de finir lesd. proceds pour servir de règle et eviter à la perte de lad. Manufacture.

« Pour quoy evitter, les Maistres de lad. Manufacture soubzignés, tant pour eux que pour les autres absents, ont reconnu qu'ils avoient cy devant donné pouvoir aux gardes en charge de prendre de l'argent en interest, ce que lesd. gardes n'avoient peu faire ne pouvant trouver personne qui veulle donner de l'argent au nom de leur communauté.

« Pour en quelque façon remedier, subvenir et aider aux despenses que leur communauté est à present et sera obligée de faire à l'advenir, lesd. Maistres sont demeurez d'accord et ont volontairement consenty, sans deroger aux actes precedents qui portent pouvoir de prendre de l'argent en interest, chacun en droict chez soy, que celuy des Maistres qui faira doresnavant des apprentifs dud. mestier de drappier sera tenu faire don au Bureau d'une partye de ce que l'aprenty a coustume de donner au Maistre pour luy apprendre, et pour oster toute difficulté et afin que led. don ne soit augmenté ny diminué par quelques abus, a esté pour eux tous resolu que ledit don sera de la somme de cinq cents livres, laquelle somme sera payée au garde en charge, sçavoir : trois cents livres lors de l'apprentissage et les autres deux cents livres lors de la maistrise dud. apprenty, et ce pour chacun de ceux qui seront cy après faits et agregés aud. corps ; parce que les gardes seront obligés de tenir compte et se charger de ladite somme en leurs comptes qu'ils rendront à la à la communauté, pour lesdits deniers estre employez comme dict est, par l'advis desd. Maistres et Gardes antiens au desir desd. Statuts..., sans que le present acte puisse prejudicier aux enfants des maistres, qui seront receus doresnavant suivant l'uzage et la manière qu'ils l'ont esté ».

Suivent les signatures de trente fabricants de draps : Jean Couturier, Thomas Cousturier, Louis Delarue, Nicolas Dupont, Jean Delarue, Nicolas Flavigny, Louis Flavigny, Louis Delarue l'aîné, Lamy, J. Henry, Bourdon, Martin, Mathieu Poullain, Louis Lesueur, Pierre Delarue, Nicolas Lefebvre, Jean-Baptiste Biset, P. Delacroix, Grandin, J. Yvelin, Jean Viel, L. Flavigny, Jean Delarue (*autre*), Thomas Couturier le jeune, J. Davout, Daniel Roblot, Louis Longer, Le Clerc, Richard Lefebvre, G. Delabarette.

Dans la seule journée du 25 juin, avant que la décision ci-dessus, déjà connue, ait été appliquée, nous trouvons trois contrats.

Guillaume Martin, maître drapier, promit montrer son métier à Claude Routier, fils de feu Claude Routier, conseiller du roi et receveur des tailles en l'élection de Pont-de-l'Arche, moyennant 450 livres. Jean Maigret, drapier, signa un traité semblable avec François, son frère, moyennant 300 livres. Le troisième traité concerne Gilles Mélicieux, maître drapier, et Gabriel Beaumont, qui paya 300 livres également pour prix de son apprentissage.

Le 19 juillet, on inhuma, en l'église Saint-Etienne, « damoiselle Marguerite de la Rue, épouse de noble homme Gabriel de Gaugy, écuyer de Son Altesse Monseigneur le duc d'Elbeuf », décédée la veille à l'âge de 28 ans.

.Le couvent des Ursulines était alors en pleine prospérité et augmentait chaque année par le nombre de ses religieuses et les donations qu'il recevait. Le 11 août, il fut payé au monastère, pour Marie-Angélique Aubert, fille de feu Clément Aubert, président en l'élection de Pont-de-l'Arche, religieuse, la somme de 1.100 livres ; en outre, la mère de la jeune Marie-Angélique constitua une rente de 125 livres en faveur du couvent.

Quelque temps après, les Ursulines reçurent pour la dot de la jeune Clotilde Broussaud, sœur de Louis-François Broussaud, vicaire de Saint-Nicaise de Rouen, une somme de 2.500 livres. La supérieure du couvent était alors Anne Malapert dite de Sainte-Agathe, et les principales religieuses Elisabeth Duchesne, Catherine Le Féron, Charlotte Le Féron, Marie-Catherine de Vincy, Catherine Lefebvre et Marie Daubichon.

Les notaires Capplet et Fournel se rendirent de nouveau, le mardi 25, jour de Saint-Louis, en la Chambre de la Manufacture royale d'Elbeuf, pour rédiger le contrat de fieffe, consenti par Thomas Cousturier, maître drapier à Caudebec, mais faisant partie de la Communauté des fabricants d'Elbeuf, au profit de la corporation des maîtres drapiers de notre bourg, représentés par les gardes Jean Cousturier et Louis Delarue, d'une propriété comprenant une cave, une cuisine, plusieurs chambres et un grenier au-dessus, et une petite cour, « scis aud. lieu d'Elbeuf, parroisse de Saint Estienne, au dessus de la Religion, vers le moulin, qui se borne d'un costé la petite ruelle qui sépare lad. maison d'avec celle de Michel Lecerf, d'autre costé et d'un bout le sieur Lecointe et d'autre bout la grande rüe et pavé de S. A. Monseigr le duc d'Elbeuf... pour y establir leur Bureau et en uzer comme il sera jugé bon par lad. Communauté ».

Le prix de la fieffe fut fixé à 80 livres tournois de rente, remboursable par 1.600 livres de principal, plus les droits seigneuriaux. Ce fut dans cette maison que se tinrent, jusqu'à la Révolution, toutes les séances du corps de la Manufacture et que se firent la visite des pièces.

Jean Couturier, garde de la draperie sortant, fut remplacé par Nicolas Lefebvre.

Quelques jours après, des poursuites furent exercées contre des marchands de Rouen qui faisaient fabriquer des draps à Elbeuf, par des ouvriers de notre Manufacture.

En cette année, les gardes en charge empruntèrent 1.000 livres pour les besoins de la communauté des fabricants.

Marie Dugard, fille d'André et d'Anne Centsols, âgée de 20 ans, abjura le calvinisme le 17 septembre, en l'église Saint-Etienne.

Par acte passé devant Me Pierre Capplet, notaire d'Elbeuf, le 29 octobre, Guillaume, Claude-Robert et Richard-Laurent de Sainte Marie-Eglise, écuyers, tous fils de feu Robert de Sainte-Marie-Eglise, ce dernier sieur du Manoir, vendirent à Jean Sement, prêtre de Boscroger, la terre du Buhot et ses dépendances, sise à Bosrobert et Calleville.

M. Parfait Maille a écrit longuement sur Henri de Lorraine, duc d'Elbeuf ; nous avons déjà cité plusieurs extraits de son intéressante étude et nous continuerons à lui faire des emprunts :

« Bien que ce prince, dit-il, pour satisfaire

ses vœux dans l'extension de ses jardins d'Elbeuf, ait eu besoin de la complaisance des chanoines de la Saussaye, propriétaires du pré Basile, et qu'ils eussent répondu à ses ouvertures, il ne les ménagea point.

« Il les fit assigner à Paris, pour se voir condamner à réparer leur église et les maisons canoniales, les obligea à une indemnité à son profit, pour avoir chargé le procureur fiscal d'Elbeuf des soins de leurs affaires litigieuses, et pris fait et cause pour eux dans un procès contre les sieurs de Saint-Ouen.

« S'il n'arrêtait pas leurs revenus, il les menaçait de lettres de cachet.

« Il exigea que leurs bois fussent réglés en coupe de dix ans, comme tous biens ecclésiastique et de main-morte.

« S'il leur causa des tribulations, il leur fit aussi quelques douceurs.

« Il leur donna quelques ornements d'église, mit à leur disposition les fonds nécessaires à l'érection d'une chapelle, prit un aumônier dans leur compagnie, les chargea de dire la messe du château, les fit exempter de l'impôt sur les fourrages, leur accorda répit et délai pour se libérer envers lui, leur permit, par faveur, de prendre dans ses forêts les baliveaux dont ils avaient besoin.

« Toutefois on le craignait, lui et ses prédécesseurs, au point que les receveurs de la collégiale refusaient de recouvrer les deniers dont ils étaient redevables et en laissaient le soin aux chanoines ».

Nous emprunterons aux *Souvenirs* de Mme de Caylus un passage relatif au duc et à la duchesse d'Elbeuf :

L'aînée des filles du maréchal de Vivonne

« épousa le prince d'Elbœuf, par les soins et les représentations continuelles de Madame de Maintenon, à qui elle fit pitié, car je ne sais par quelle fatalité sa tante — Madame de Montespan — eut tant de peine à l'établir. Rien cependant ne lui manquoit, beauté, esprit, agrémens ; et Madame de Montespan, quoiqu'elle ne l'aimât pas, ne l'a jamais blâmée que sur ce qu'elle n'avoit pas, disait-elle, l'air assez noble.

« Quant au duc d'Elbœuf, on sait l'usage qu'il a fait de sa grande naissance, d'un courage qui en étoit digne, d'une figure aimable, et d'un esprit auquel il ne manquoit que de savoir mieux profiter de ces grands et rares avantages de la nature. Il a passé sa jeunesse à être le fléau de toutes les familles par ses mauvais procédés avec les femmes, et par se vanter souvent de faveurs qu'il n'avoit pas reçues. Comme il n'y avoit pas moyen de mettre dans son catalogue celles de madame sa femme, il semble qu'il ait voulu s'en dédommager par les discours qu'il a tenus, et par une conduite fort injuste à son égard.

« Madame de Maintenon conserva avec le duc d'Elbœuf une liberté qu'elle avait prise dans la maison de madame de Montespan, où on ne l'appeloit en badinant que *le goujat*, pour marquer la vie qu'il menoit et la compagnie qu'il voyoit ; et elle lui a fait souvent des réprimandes aussi inutiles que bien reçues.

« Le roi avoit du faible pour ce prince ; il lui parloit avec bonté, lui pardonnoit ses fautes, et ne lui a presque jamais rien refusé de ce qu'il lui demandoit ; mais enfin madame sa femme n'a pas été heureuse, et madame de

Montespan ne l'a pas assez soutenue dans ses peines domestiques ».

Les *Mémoires* du duc de Saint-Simon nous fournissent de nombreuses notes sur nos ducs. Nous y trouvons, à la date de 1700, que « M. d'Elbœuf attrapa assez adroitement quatre-vingt mille livres du roi ; il lui proposa de séparer l'Artois de son gouvernement de Picardie, et de lui permettre de le vendre, et qu'il en trouvoit cent mille écus. Le roi, qui ne voulut ni de cette nouveauté ni du premier venu pour gouverneur d'Artois, qui ne pouvoit être autre puisqu'il en vouloit bien donner cent mille écus, mais qui toute sa vie avoit eu du faible pour M. d'Elbœuf, crut y gagner que de lui donner cette gratification en le refusant de la vente, et sûrement M. d'Elbœuf n'y perdit pas ».

Une délibération du 7 janvier 1700 nous apprend que les membres de la corporation des fabricants assistaient chaque année à une messe solennelle le lendemain du jour des Rois, et qu'ils se réunissaient ensuite au Bureau de la manufacture pour causer des affaires de la Communauté. Les absents étaient condamnés à chacun 30 sols d'amende.

Nous avons déjà parlé plusieurs fois de la « Grande Maison » que les protestants Lemonnier avaient fait bâtir et qu'après leur fuite de France le roi avait donnée à Henri Le Clerc. Celui ci étant mort, il fut procédé, le 10 février, à « l'inventaire et description des biens meubles, ustanciles d'hostel, marchandises et mestiers servantz à la manufacture dont faizoit commerce ledit deffunct en la maison nommée la Belle Maison ». De l'acte qui fut dressé, en quarante-deux pages d'écriture, nous relèverons les articles suivants :

« Une table couverte d'un tapis de point à la Turc ; une tenture de tapisserie de Bergame, de vingt aulnes, estimée à 30 livres.

« Dans la chambre verte : une tenture de tapisserie peinte à personnages, de cinquante aulnes, 100 livres ; quatre fauteuils et six chaises de tapisserie, 18 livres... ; dans la chambre jaulne : une tenture de tapisserie peinte en verdure, de quarante aulnes, 60 livres ; dans la fabrique : sept perches à espincher avec leurs faudets ; huit cents vieilles bobines, trente et un mestiers à drap ; neuf tables à espincher avec leurs accessoires ; neuf rames garnys de leurs templets ; dix lanneurs fournis de leurs cabanes garnies de 914 douzaines de croisées de chardons ; trois chevalets de bois pour egouter les draps ; neuf tables de tondeurs garnies de leurs équipages ; trente deux paires de forces, valant 640 livres ; seize autres paires de forces ne servant plus ; cent livres de vieux plomb servant aux tondeurs ; sept cents livres de poids de fers rompus servant auxdits tondeurs ; deux brosses ; deux thuilles à tuiller draps ; deux frisoirs ; quatre estuves ; trois fleaux avec leurs poids ; deux grandes presses à presser, 350 livres ; quantité de cartes et cartons de presse ; quatre claies à battre laine ; trois balles de chardons ; trois ourdisseurs ; sept rouets avec leurs tournettes ; deux bacquets à enseimer ; etc.

« Dans la teinture : une cuve en chesne ; une chaudière de cuivre, une cuve à dégraisser.

« Dans le magasin : 1.463 pièces de drap ; 232 livres de lizières. Estant à entendre que du nombre des pièces de draps cy dessus qui sont celles qui estoient fabricquées au temps du deceds dudit sieur Le Clerc, et qui ont esté depuis aussy fabricquées pour achever d'ouvrager les laines, et que mesme il a fallu acheter des laines à Rouen pour la consommation des restes ; il ne s'est trouvé en essence à la Maison dud. sieur Le Clerc que 400 pièces de drap, les autres ayant esté vendues... »

Le Clerc résidant habituellement à Paris, on ne trouva à Elbeuf d'autre registre que celui des numéros de ses draps. Depuis le commencement de sa fabrication dans notre bourg, il en avait produit 3.327 pièces.

Le 21, on baptisa, à Saint-Jean, trois jumeaux : Jean, Robert et Jean-Baptiste Lebret, nés de Christophe et de Marie Mallet ; ces enfants ne vécurent que deux jours.

Nicolas et Louis Lancelevée père et fils, mouliniers à Romilly-sur-Andelle, donnèrent à loyer, le 29 mai, à Jean Delarue le jeune, fabricant à Elbeuf, « un moulin tournant propre à fouler draps, avec ses pilles, pillons et autres ustencilles... », sis à Romilly, moyennant 190 livres tournois par an,

Le 7 août, vingt-cinq des principaux habitants de Caudebec se présentèrent devant le notaire d'Elbeuf pour lui faire dresser l'acte constitutif d'une confrérie dite du Saint-Sacrement de l'autel. Les statuts de cette association religieuse sont conservés en l'étude de Me Fessard, actuellement notaire dans notre ville.

Le prince Henri, étant à Elbeuf, le 11 du même mois, rédigea deux défenses. La première est ainsi conçue :

« Henry de Lorraine, duc d'Elbeuf, pair de

France..., etc. Nous defendons à tous meuniers des seigneuries voizines de venir prendre le bled de nos vassaux pour le moudre à leur moulin, ni de chasser la pouche sur nos terres sans exception, sous peine d'amende, confiscation des bestes et du bled ; defendons aux meuniers des moulins que nos predecesseurs et nous avons fieffés et qui sont actuellement relevant de nous de venir chasser dans l'estendue de la banalité de nos moulins, sous pareille peine, et faisons aussy defense à nos vassaux de faciliter auxdits meuniers l'enlevement desdites pouches en les assemblant chez eux ou en les faisant porter à leurs moulins, à peine de 20 livres d'amende.

« Enjoignons à nos officiers de tenir la main à la presente, et commandons à nos gardes, sergents et messiers d'arrester lesdites bestes et pouches... à peine d'interdiction ; et sera la presente leue et publiée et même affichée où besoing sera.

« En foy de quoy avons signé ces presentes, fait contresigner par le secrettaire de nos commandemens et scellées du cachet de nos armes, à Elbeuf, ce onziesme aoust 1700. — Le duc d'Elbeuf ».

Au-dessous est écrit : « Par S. A. Monseigneur, Chastellain », et à côté se trouve le cachet, en cire rouge, des armes du duc.

La seconde défense visait la chasse et la pêche, pour toutes personnes, dans l'étendue du duché. Toutes deux furent lues et affichées à Elbeuf et dans les villages voisins quelques jours après.

L'acte de soumission suivant est extrait des liasses de l'ancien tabellionage d'Elbeuf :

« Du mardy 17e aoust 1700...

« Fut present François Filleul, escuyer, seigneur de Freneuze, lequel, sur l'advis à luy donné que, pendant qu'il estoit à Roüen, il a appris que Anthoine Filleul son fils, aagé de quinze [ans], accompagné de son jardinier et d'un laquais, estoient venus sur les cinq heures chasser avec chacun un fuzil dans la garenne de Cleon, pendant que Son Altesse Monseigneur le duc d'Elbeuf et plusieurs gentils hommes chassaient dans la même garenne.

« Il auroit le lendemain esté à Oissel pour demander pardon pour son fils et ses deux valets, et les luy amener pour en faire ce qu'il luy plaira et suplier Son Altesse de faire mettre en liberté le nommé Simon Gontier, son jardinier, se soumettant, si Son Altesse n'estoit pas contente de sa sumission, de les representer par corps et biens, et à l'advenir de ne chasser ny envoyer dans ladite garenne, à peine de deux cents livres d'amende ; et que attendu l'absence de Son Altesse, pour la presente sumission, il prie Monsieur de Gaugy, escuyer de Son Altesse et capitaine des chasses du duché d'Elbeuf et de lad. garenne, de faire mettre ledict Simon Gontier en liberté.

« Ce que ledit sieur de Gaugy luy a accordé sous le bon plaizir de Son Altesse, aux conditions cy dessus ; dont du tout ce que dessus a esté convenu entre ledit sieur Filleul et led. sieur de Gaugy, qui ont signé... »

Le 20 du même mois, M⁰ Gemblet, avocat à la Cour, âgé de 70 ans, étant à son lit de mort, donna à la fabrique de Saint-Jean 10 liv. 14 s. 3 d. de rente, sur Pierre Bénard. — En 1703, Pierre Bénard, prêtre, clerc de la paroisse, reconnut cette rente. Ses héritiers la reconnurent également en 1743. — Jean

Gemblet mourut huit jours après avoir fait cette donation et fut inhumé dans l'église.

Le nouveau garde de la Manufacture nommé cette année-là fut Marin Maille, qui réunit toutes les voix de ses confrères.

Le 12 septembre, Gabriel de Gaugy, écuyer, chevalier de l'ordre de Saint-Lazare, reconnut quoiqu'il eût accepté une obligation du duc d'Elbeuf de la somme de 10.000 livres, passée à Paris le 22 avril précédent, pour pareille somme que de Gaugy lui avait prêtée, que ce qu'il avait fait était au nom de Jean Delarue, receveur général du duché, qui avait fourni les 10.000 livres.

On consigna sur les registres de l'Archevêché, le 24 du même mois, une déclaration des biens-fonds que possédait la fabrique paroissiale de Saint-Etienne; ils consistaient en:

Une acre de terre à Thuit-Anger, 30 perches en labour à Thuit-Signol, une pièce de terre sise en la même paroisse, une acre au hameau du Buquet, une pièce en labour à Bosnormand, 50 perches à Saint-Martin de la Saussaye et deux petites maisons sises sur la paroisse Saint-Jean.

Le 3 octobre, le notaire d'Elbeuf se rendit à Thuit-Anger pour dresser l'inventaire des meubles et écritures laissés par feu Charles Pollet du Thuit, en son vivant lieutenant particulier à la table de marbre du Palais, à Rouen.

Les habitants des deux paroisses d'Elbeuf s'assemblèrent, le même jour, en état de commun, et rétrocédèrent le bail à eux judiciairement fait le 30 octobre précédent (sic), sous le nom de Michel Dupont, de la ferme de l'impôt sur les boissons, par adjudication devant les officiers de l'élection de Pont-de-l'Arche, au fermier des aides de cette élection, représenté par Julien Lemercier, son directeur, par le même prix de 600 livres chaque année, payable les deux tiers au syndic de la paroisse Saint-Jean, l'autre tiers au syndic de celle de Saint-Étienne, pour ensuite en faire l'application par l'autorité des bailli, lieutenant et procureur fiscal d'Elbeuf, aux dépenses à faire pour la communauté des habitants, dont le syndic de Saint-Jean paierait les deux tiers et celui de Saint-Étienne le reste, le tout suivant les conventions et le bon plaisir du duc.

On sait que cet impôt consistait en 6 deniers par pot de vin, 4 deniers par pot de cidre et 3 deniers par pot de poiré ou de bière, vendus dans Elbeuf.

Le 26, on inhuma, dans la chapelle Saint-Roch de l'église Saint-Étienne, Marie Levavasseur, âgée de 40 ans, femme de Nicolas Pollet, huissier à la Cour des Aides de Normandie. — Quelques jours après, un enfant de Jean Maigret fut également inhumé dans l'église, où, d'ailleurs, on enterrait assez fréquemment.

Jean Delarue, drapier et receveur du duché, et Pierre Chrestien, inspecteur général des manufactures de la généralité de Rouen, tous deux en qualité de parents de feu Pierre-Jacques Michel, écuyer, maréchal des logis de la maison du roi, décédé le 6 août, et de Madeline Roidot, sa veuve, qui avaient donné au trésor de Saint-Jean une somme de 1.200 livres pour un service des Morts par an et deux basses messes par semaine, passèrent un acte, le 2 novembre, pour réduire cette fondation à un service par an et à une messe par semaine, sur la représentation des trésoriers, qui avaient dit ne pouvoir accepter une pareille charge moyennant cette somme de 1.200 livres.

Jean Flavigny fils Jacques, Jean Marette et Jean Bunel fils Louis, de la paroisse Saint-Jean, tant en leur nom qu'en celui des autres frères et sœurs de la confrérie de Notre-Dame de Liesse, fondée le 20 septembre 1692 et augmentée le 11 novembre 1697, et au nom également de tous ceux et celles reçus depuis, ces derniers au nombre de trente-cinq et appartenant tous aux principales familles bourgeoises d'Elbeuf : Flavigny, Lefebvre, Delacroix, Patallier, Bérenger, Lesueur, Hayet, Capplet, Pollet, Lecerf, Bourdon, Dugard, Dupont, etc., se réunirent le 25 et versèrent au trésor de Saint-Jean, représenté par Nicolas Duchesne, curé, Mathieu Poullain, Jacques Pollet, Etienne Roussel et Marin Maille, trésoriers, la somme de 420 livres.

Cette donation avait pour but la fondation de 26 messes basses à dire chaque année, une toutes les quinzaines, le mercredi, à l'autel de la Vierge, en l'église Saint-Jean, par le curé « ou par un prestre qui aura fait le voyage de N.-D de Liesse, dont il y en a maintenant qui y ont esté ». A la suite de chaque messe, le prêtre serait tenu de dire un *Libera* sur la tombe du dernier frère ou de la dernière sœur décédé ou décédée.

Il fut également décidé qu'à l'avenir, on ne recevrait dans cette confrérie aucune personne qu'elle n'ait au préalable payé 30 livres pour son entrée. « Parce touttes fois que les enfants des frères et sœurs presentement receus et qui se fairont recevoir, seront exempts de la contribution desd. 30 livres, et ne paieront seulement lesdits enfants que 10 livres pour leur ditte entrée ».

Le 23 décembre, Lefebvre, garde en charge, présenta Nicolas Lefebvre, son fils, pour être reçu maître drapier. Ils furent agréés par l'assemblée des fabricants, sauf par Louis Flavigny et Jacques Henry, qui s'opposèrent à leur réception, « attendu que Nicolas Lefebvre et son père sont de la Religion prétendue réformée et ne font aucun acte de catholique ».

Lefebvre père répondit que lui et son fils étaient catholiques, lui comme ayant fait abjuration et son fils comme ayant été baptisé. Il demanda l'attestation de Louis Delarue, ancien garde, présent, qui avait tenu Nicolas sur les fonts baptismaux, et nomma également la marraine. Delarue déclara que Lefebvre disait vrai ; plusieurs autres maîtres appuyèrent cette déclaration et le jeune homme fut admis au nombre des maîtres.

Le même jour, Jean Hamon, âgé de 70 ans, prêtre sacristain de Saint-Jean, décédé la veille, fut inhumé dans le cimetière et non dans l'église, contrairement aux usages. Pierre Bénard et Jacques Patallier, prêtres, assistèrent à ses funérailles.

A la suite d'une requête présentée à l'archevêque de Rouen par les Ursulines, ce prélat confirma leur établissement à Elbeuf, le 29 du même mois.

Une note visant des faits de cette époque donna à M. Maille l'occasion de rappeler comment était établie l'administration communale aux XVIIe et XVIIIe siècles :

Chaque paroisse, Saint-Etienne et Saint-Jean, était indépendante et centre particulier d'action communale, fiscale, administrative, confraternelle et religieuse.

Les habitants de chaque paroisse nommaient, tous les ans, dans les assemblées, un trésorier pour régir la fabrique de l'église. Ce trésorier remplissait en même temps les fonctions de syndic de la paroisse. C'était à lui que les ordres du Conseil du roi, de l'Intendance et autres étaient adressés, et il était chargé de la répartition des impôts.

Chaque église était, en quelque sorte, la maison commune à tous les habitants de la paroisse. C'était au prône, ou à l'issue de la grand'messe, que l'on donnait lecture aux paroissiens des actes de l'autorité civile, judiciaire ou religieuse. Autrefois même, et dans de nombreux cas encore au commencement du XVIII° siècle, les paroissiens étaient avertis des actes notariés, des transmissions de propriétés notamment.

Dans les affaires qui intéressaient le bourg entier, les trésoriers-syndics de Saint-Jean et de Saint-Etienne avisaient en commun, et, quand besoin en était, ainsi que nous l'avons vu plusieurs fois, une assemblée générale avait lieu au prétoire de la haute justice, rue Saint-Jean.

Pendant ces assemblées, on tenait ouvertes les portes de la salle, et le peuple, massé dans la rue, était supposé auditeur des discours prononcés à l'intérieur. Cependant, il se tint parfois aussi des assemblées générales du « commun d'Elbeuf » en l'église Saint-Jean et dans des cours de maisons particulières.

Dans tous les cas, ces assemblées étaient

annoncées au prône et par le son de la cloche. Le bailli du duché les présidait, ou, à défaut, son lieutenant.

Les deux syndics exposaient donc la question dont il s'agissait en public, mais eux seuls et les anciens syndics des deux paroisses avaient voix délibérative.

Les syndics changeant chaque année, il arrivait que le corps délibératif, l'assemblée municipale si l'on veut, se trouvait composée au moins d'une cinquantaine de notables.

Leur nombre indique assez qu'ils étaient recrutés dans toutes les corporations, sans aucune distinction : manufacturiers, épiciers, merciers, carreleurs, boulangers, bouchers, serruriers, menuisiers, chandeliers, perruquiers, tailleurs, cultivateurs, etc., y étaient représentés. Cependant, la corporation qui compta toujours le plus de syndics fut celle des fabricants de draps.

Des actes de cette année 1700, conservés à Elbeuf, concernent Jean Bourdon, conseiller du roi, avocat à la Cour, lieutenant en l'élection de Pont-de-l'Arche, procureur fiscal au duché d'Elbeuf, frère et successeur, comme procureur fiscal, de feu Nicolas Bourdon ; Jacques Bourdon, bailli d'Elbeuf ; Charles de Saint-Ouen, Bigot, Lejeune, Delamare et Bosquier, tous chanoines de la Saussaye.

Sur la paroisse Saint-Jean : Denis Vittecoq, laboureur et maître tapissier ; Pierre Bunel, Jacques Divory, Nicolas Maille et Louis Bunel, tous maîtres tapissiers ; Nicolas Drouais, meunier du moulin Saint-Jean ; Jean Lefebvre, boulanger.

Sur la paroisse Saint-Etienne : Pierre Lefebvre, « maistre espincheur » ; Antoine Lefebvre, marchand lamier ; François Leforestier, marchand cardier.

François Bérenger était aubergiste à *la Bergerie* ; Nicolas Lancelevée, foulonnier à Romilly. Claude Ermeroult, d'Elbeuf, « mort civilement », avait épousé Marguerite Chapelle, qui alors était plongée dans une profonde misère avec ses deux enfants.

CHAPITRE VII

(1701)

Henri de Lorraine *(suite)*. — Intolérance religieuse des fabricants. — Les quêtes en l'église Saint-Etienne. — Le chef-d'œuvre des apprentis drapiers. — Tarification des salaires ouvriers. — La confrérie du Saint-Sacrement, a Saint-Jean. — Nouveaux statuts de la charité de cette paroisse.

Le 6 janvier 1701, Jacques Delacroix, chanoine de la Saussaye et curé de Saint-Martin la Corneille, originaire d'Elbeuf, vendit une propriété « sise en la ruelle Beaumont, proche le pré de la foire ».

Le jour de la « messe des Roys », à la réunion des fabricants qui la suivit, Louis Flavigny présenta une déclaration du roi datée du 13 décembre 1698, « touchant l'instruction de ceux qui sont entrés dans le sein de l'Eglise catholique et de leurs enfants », dont il demanda la lecture et l'exécution, notamment de l'article 15e : « Tous les nouveaux convertys ne faisant pas leur devoir de catholique et n'ayant pas mesme ce jourd'huy assisté à la messe, il leur doit estre fait deffenses de continuer leur commerce.

« Et de ce que le sieur Nicolas Lefebvre père, garde en charge, a dit que ce n'estoit pas aujourd'huy un jour de parler de religion, ce qui ne convient pas audit sieur Flavigny et autres maistres, et qu'il s'agit seulement de l'execution des statuts, et veu la consequence de la matière, nous avons les partyes renvoyées à mercredy prochain et par devant Mgr l'intendant pour savoir ses prétentions et de nous y conformer », dit le lieutenant du bailli.

Jacques Bourdon, bailli d'Elbeuf, était également fabricant de draps, ainsi que nous l'apprend ce commencement de procès-verbal : « Le sieur Nicolas Bosquier, l'un des maistres, faisant les affaires de M. le bailly, fait appeler le sieur Louis Longet, aussy maistre, pour avoir fourni du travail à Anthoine Desperrois, cardeur et fileur, ouvrier de Oissel, sans billet de congé... »

Un assez singulier procès était pendant depuis quelque temps au bailliage de Pont-de-l'Arche, au sujet des quêtes dans l'église Saint-Etienne. On résolut d'y mettre fin par un accord. Pour cela, le 2 février, à l'issue de la messe de la Chandeleur, le curé, les syndics et trésoriers, les échevins anciens et en charge se réunirent au son de la cloche, afin d'établir un règlement pour l'avenir et éviter le retour des difficultés du passé.

On s'était préalablement informé du mode de procéder à Saint-Jean, et il fut convenu que la façon de faire les quêtes serait la même à Saint-Étienne : « Sçavoir qu'à touttes les messes de charité et messes de siège, soit aux jours de dimanche, festes solemnelles et autres jours, le sindic, ou autre à son lieu, ceuillera avant l'eschevin et commencera aux premières oraisons de la messe, en sorte que l'eschevin puisse avoir temps de faire la ceüilte immediatement en après, sans prejudicier ceux qui ont droit de cueillir avant la Charité ; et aux messes paroissialles des dimanches et festes, les quatre thresoriers questeront avant ladite Charité, et commenceront lesd. tresoriers à cueillir aussy aux premières oraisons et se suivront en temps reglé, en sorte que l'eschevin puisse partir faire sa queste au *Sanctuo* de la Preface, sans retardement, parce que si la messe s'avançoit trop promptement et que l'eschevin n'eust de temps assez pour faire sa queste, il pourra faire ceuillir avec luy un de ses frères pour lui aider.

« Ce qui sera exactement executé par lesd. tresoriers et eschevins ponctuellement à l'advenir et sans difficulté, et, à ce moyen, le procez pendant aud. siège de Pont de l'Arche demeure terminé sans aucuns despends de part et d'autre... Et pour evitter à la contestation qu'on a faitte lors que l'eschevin a voulu faire sonner la cloche pour assembler les antiens et pour desliberer des affaires de la Charité, il a esté arresté que les eschevins pourront, quand besoing sera, faire sonner la grosse cloche... »

Suivent les signatures de Lesueur, J. Davoult, Pierre Grandin, J. Lamy, François Gaillard, Jacques Dugard, Louis Lamy, Duruflé, Louis Longer, P. Delacroix, Henry, Le Doulx, curé, et Capplet, notaire.

Jacques de Trevet, écuyer, fils et héritier de feus Nicolas de Trevet, écuyer, et d'Anne

Duchesne, étant à Elbeuf, le 10 avril, tint quitte Jean Duchesne, écuyer, sieur de Beauchamp, son oncle, de la somme de 2.188 livres, part revenant à Jacques de Trevet de la succession d'Anne Duchesne, sa mère.

Le 16 juin, des fabricants se liguèrent contre un sieur Raguenet, qui avait fait au Conseil une demande de privilège pour fabriquer à Elbeuf.

Jean-Baptiste Le Sueur qui, de 1688 à 1693, avait été associé avec Le Clerc, mourut le 22 mai. Dans l'inventaire de ses meubles, sont mentionnés, entre autres choses, une assez grosse somme d'argent, un beau mobilier, sept pièces de vin, un baril d'huile à salade, quatre pipes de cidre pur, trois poinçons de poiré, onze fûts d'huile. Le défunt était l'un des plus riches fabricants de cette époque.

Le 21 juillet, Jean Duchesne, écuyer, sieur des Chastelliers, tuteur de l'enfant de feu Charles Duchesne, écuyer, sieur de Beauchamp, son oncle, héritiers de feu Jean Duchesne, en son vivant écuyer, bailli d'Elbeuf et de Brionne, leur aïeul, et de Catherine de Plasnes, leur aïeule, désirant acquitter le passif de la succession du grand'père et de la grand'mère des enfants, s'entendit avec Me Nicolas Duchesne, curé de Saint-Jean, son parent, et vendit à Claude Routier, drapier d'Elbeuf, un tènement de maisons sis rue de la Barrière et donnant « rue de la Bague ». — Cette rue, nous l'avons déjà dit, était précédemment appelée « rue de la Barge ».

On rencontre sur les registres paroissiaux de Saint-Etienne de cette époque encore quelques abjurations. Nous trouvons, à la date du 8 août, celle de Marie Doublet, âgée de 28 ans, et, un peu plus tard, celle de Suzanne Lefebvre, âgée de 20 ans.

Le 18 août, la Communauté des fabricants arrêta les conditions dans lesquelles les apprentis aspirant à la maîtrise devraient faire leur chef-d'œuvre. Voici la copie textuelle de cette curieuse décision :

« 1º Il a esté convenu que l'aprenty du mestier de drappier alors qu'il aura finy son apprentissage, desirant se faire recevoir maistre, se presentera au bureau au jour qui luy sera marqué par les gardes, auquel jour luy sera presenté plusieurs qualités de laisne pour en faire la distinction.

2º Il fera teindre de la laisne pour faire au moins trois aulnes de drap foullé aprochant de la coulleur de l'echantillon qui luy sera donné, et faira apporter la laisne teinte dans une chambre du bureau fermée de deux serrures dont l'aprenty aura une clef et un des gardes l'autre, et il y aura un cheval à carder, un rouet, un mestier, un lanneur et une table à tondre pour faire ledit chef d'œuvre, et en cas que l'aprenty ne soit pas content des outils, il luy sera permis d'en faire apporter d'autres.

« 3º La laisne sèche, l'aprenty mettra ses cardes en estat, presence des gardes et des maistres nommés au chef d'œuvre, pour mesler sa laisne et la carder, et ne poura l'aprenty travailler qu'en la presence des dessus dits, pouront néantmoins les autres maistres y assister s'ils advisent que bien soit, et les séances seront de trois heures par jour, depuis huict heures du matin jusques à onze heures.

« 4º La laisne estant cardée, elle sera donnée à filler, presence des gardes et maistres, qui en retiendront un échantillon.

5º Au retour du fillage, le fil de la chaisne sera bobiné et ourdi par l'aspirant, lequel avec un tisserand la collera, montera et nouera et la chaisne montée, l'aspirant travaillera avec ledit tysseran les trois heures dittes, presence que dessus, et à chacque fin de séance ce qu'il y aura de drap fait sera marqué par une ficelle à laquelle sera noué un morceau de papier cacheté au nœud, sur lequel les gardes et maistres marqueront le jour et signeront leur presence.

6º Le drap tissu, l'on levera les cachets pour envoyer le drap fouller, et au lieu des cachets que le foullon ne pourroit souffrir, de peur que le drap ne soit changé au foullon, il sera mis, à l'absence de l'aprenty, un fil de soye ou de lin avec une esguille dans le litteau ou autre place du drap, par les gardes, qui marqueront dans un billet cacheté qui sera deposé au greffe, la coulleur du fil et l'endroit où il aura esté mis, et l'aprenty marquera de son costé, en escru, son nom au chef de son chef d'œuvre dans ces termes : « Pour chef « d œuvre » et l'année.

« 7º Le drap estant revenu du foullon, le billet cacheté sera ouvert, presence de l'aprenty, et sera fait recherche du fil caché. Ce fait, le drap recacheté pour estre, aux heures dittes, lanné et tondu par l'aspirant jusques à perfection, et les formalités cy dessus gardées, l'aspirant presentera son chef d'œuvre, et s'il est trouvé bien faict, il sera receu et admis, et le chef d'œuvre restera au bureau pour au cas que l'on en dispose en estre le chef gardé ».
— Suivent les signatures des maîtres drapiers.

Le 25, Thomas Bourdon fut nommé garde

de la corporation des fabricants pour succéder à Nicolas Lefebvre.

Le même jour, on inhuma dans l'église Saint-Jean la fille du procureur fiscal d'Elbeuf et le fils du bailli de La Londe ; un autre enfant de ce même bailli fut enterré dans la même église, quelques jours après. — Nous avons remarqué que tous les membres de la famille Flavigny, morts pendant une période de trente années au moins, eurent aussi leur sépulture dans ce temple.

En ce même mois, « Nicolas Bunel, roy de la confrerie de Saint Roch establie en l'église Saint Jean » et autres compagnons drapiers, acceptèrent dans leur association, suivant les statuts du 16 septembre 1685, homologués le 24 août 1686 et agréés par l'évêque d'Évreux le 19 mai 1687, « les personnes de Jean Lefrançois, Pierre Deshayes, Jacques Lejeune, François Périer, François Fauquet, Nicolas Fortin et Louis Thomas, aussy compagnons drapiers », moyennant le payement de 10 livres chacun, sans préjudice des 60 sols que chaque confrère payait le jour de Saint-Roch.

Le Conseil du roi et le contrôleur général envoyèrent à Elbeuf le sieur Boquet, inspecteur des manufactures de Caen, pour conférer avec les fabricants sur les moyens à prendre pour conserver une bonne intelligence entre les maîtres drapiers et leurs ouvriers,

La réunion eut lieu le 14 septembre. Les causes des difficultés que l'on redoutait pouvaient provenir de changements opérés dans les salaires payés aux compagnons.

Les maîtres déclarèrent que « tant pour obeir à la charité que mondit seigneur le controlleur general a pour les ouvriers en leur

ENSIMAGE ET CARDAGE DES LAINES
(D'après une gravure du XVIIIe siècle)

assurant du pain, que pour empescher que quelques maistres ne voullussent profiter sur l'ouvrier, ont jugé à propos d'arrester le prix de chacque ouvrage suivant sa qualité, pour estre lesdits ouvriers payés à l'advenir esgalement en bon et mauvais temps ; et pour faire la montre à mondit seigneur le controlleur general que lesdits maistres ne veullent point profiter sur leurs dits ouvriers en bornant l'etenduc de leur fillage, mais seullement qu'ils cherchent le bon ordre, ils consentent que ceux d'entre eux qui ne paieront pas le prix convenu soient condamnés pour la première foys en 300 livres d'amende, et interdiction de travailler pour six moys en cas de recidive ; et pareille peine en cas qu'ils payent plus pour desbaucher l'ouvrier d'un autre maistre, parce que l'ouvrier ne pourra aussy demander à son maistre plus que le prix convenu, à peine de 50 livres d'amende et interdiction du travail pendant trois mois dans cette manufacture aussy bien que dans les manufactures voisines ; et pour faire voir par lesdits maistres à mondit seigneur le controlleur general qu'ils payent suffisamment leurs dits ouvriers, ils en ont arresté l'estat ainsi qu'il s'ensuit :

« Les cardeurs auront pour la livre d'estain (chaîne) et de trasme blanche. . . . 2 sols ;

« Pour la livre d'estain de coulleurs sans melange. . . . . 2 sols ;

« Pour la livre de trasme de coulleur meslée deux fois. . . . . , 3 sols

« Pour la livre de trasme et estain meslée et cardée trois fois . . . . 4 sols

« Les filleurs auront de la livre d'estain

blanc de quatre perrots à onze sons chacque perrot et soixante tours. . . . . . 7 sols;

« La livre de trasme blanche de quatre perrots à dix sons. . . . . 5 sols;

« La livre d'estain de coulleur de quatre perrots à onze sons à soixante tours, quoyque l'ancien usage soit dans le bon temps de 7 sols, en auront. . . . . 8 sols;

« La livre de trame de coulleur à quatre perrots à dix sons à soixante tours, quoique dans le bon temps 5 sols en auront . 6 sols;

« Les hasples qui sont la mesure du fillage auront cinq quarts de tour.

« Les tysserands auront de la livre de trasme de coulleur à quatre perrots sur une chesne de 2.600 jusqu'à et compris 2.800 . 10 sols;

« De la livre de trasme blanche sur une chesne depuis 2.600 jusqu'à et compris 3.000 fils auront. . . . . 9 sols;

« De la livre de trasme blanche sur une chesne de 3.600 fils pour double broche, auront. . . . . 10 sols;

« Les lanneurs auront du drap de coulleur et blanc de 20 à 22 aulnes à deux eaux travaillés en perfection . . . . 3 liv. 10 sols;

« Et il sera à la liberté des maistres de payer les lanneurs à journées s'ils advisent que bien soit;

« Les tondeurs auront du drap au-dessous de 3.000 fils à quatre coupes. 4 liv. 10 sols;

« Et il sera à la liberté du maistre d'augmenter le travail en payant les lanneurs et tondeurs à proportion.

« Pour les drapperys très finnes :

« Les cardeurs auront par livre le mesme prix que cy dessus;

« Les hasples seront comme cy dessus;

« Les filleurs auront de quatre perrots d'estain blanc à onze sous et soixante dents chaque perrot, pezant les quatre demye livre ou ou demye livre demy quart . . . . 8 sols;

« Des quatre perrots de trasme blanche pezant demye livre ou demye livre demy quart auront . . . . 6 sols

« Des quatre perrots d'estain de coulleur pezant demye livre à demye livre demy quart, auront. . . . . 9 sols;

« Des quatre perrots de la trame de coulleur pezant demye livre ou demye livre demy quart auront. . . . . 7 sols;

« Les tysserands auront des quatre perrots de blanc dans une lame de 3.200 à 3.600 fils . . . . 12 sols;

« Auront des quatre perrots de coulleur dans une lame de 3.200 à 3.600 fils 14 sols;

« Les lanneurs auront par drap de 20 à 22 aulnes fait à trois caux . . . . . 5 livres;

« Et pourront les maistres faire travailler les lanneurs à journée s'ils avisent que bien soit.

« Les tondeurs auront du drap de 20 à 22 aulnes pour six coupes. . . . . . 7 livres;

« Plus ou moins à proportion de la largeur ou augmentation de travail ;

« Et à l'esgard des draps fins seulement, pourront les maistres augmenter le cardage, fillage et titure d'un sol pour livre et non davantage, sous les peines susdittes ».

A cette époque, les gardes en charge firent saisir une assez grande quantité de drap, de droguets et autres tissus de laine, tant sur des fabricants d'Elbœuf que de Rouen et d'ailleurs, pour infractions aux Règlements. Les procès entre patrons et façonniers ou ouvriers furent aussi assez nombreux ; il n'y avait guère de semaine que le bailli d'Elbeuf n'eût quelque cause de ce genre à juger.

Au 22 septembre, Charlotte Le Féron de Sainte-Marie était supérieure des Ursulines ; Elisabeth du Chêne de Saint-François, assistante ; Catherine Le Féron de Jésus, zélatrice ; Anne Malapert de Sainte-Agathe, dépositaire. Nous avons dit que les deux sœurs Le Féron étaient entrées au monastère en 1648.

La confrérie du Saint-Sacrement, à Saint-Jean, était alors composée des plus notables bourgeois de la paroisse ; Jean Dupont fils Pierre, Louis Douinville, Georges Viel, Laurent Flavigny, Jacques Bourdon, bailli du duché ; Louis Flavigny, Nicolas Le Roy, Jacques Béranger, Pierre Patallier, Jacques Lestourmy, Nicolas Maille, Jacques Pollet, Simon Patallier, Mathieu Maille, Louis Dériberprey, Nicolas Vittecoq, Jean Bucquet, Mathieu Poullain, Simon Hamon, Etienne Roussel, Jean Bourdon, conseiller du roi, lieutenant à Pont-de-l'Arche et procureur fiscal du duché d'Elbeuf ; Nicolas Gemblet, Robert Bourdon, licencié, fils feu Robert, en son vivant avocat à la Cour et notaire d'Elbeuf, Charles Gemblet fils feu Jean, en son vivant aussi avocat au Parlement.

Tous s'assemblèrent le 3 novembre, et, par augmentation à leurs statuts du 14 avril 1650 et du 2 février 1651, approuvés par l'évêque d'Evreux, rédigèrent plusieurs articles supplémentaires :

« Lorsqu'on portera le T. S. Sacrement à quelques uns d'entre eux ou leurs femmes, le Roy alors en charge faira faire la semonce à l'ordinaire... aux fins que tous les autres frères assistent au convoy ; et au retour sera celebré une basse messe par le sieur prestre que ledit Roy trouvera, si faire se peut… à l'intention du malade, pour acquerir la grace de Dieu et par ce moyen faire une bonne fin, à laquelle tous lesdits frères assisteront avec devotion, à peine de deux sols six deniers d'amende. Et s'il arrive que le S. Sacrement soit porté après midy ou la minuit, la messe sera differée pour tout delay au lendemain…; laquelle messe sera payée par ledit sieur roy aux despens de la confrairie à raison de 15 sols…

« Après le deceds de chaque frère ou femme, tous les autres frères s'obligent, chacun en droit soy, faire dire incessamment et le plus tost que faire pourront, une basse messe à l'intention et pour le repos de l'âme du decedé ou decedée, à leurs cousts et depends… à peine de 15 sols d'amende qui seront appliqués pour faire dire une messe… ».

Les statuts primitifs portaient bien une amende de deux sous et demi pour les défaillants aux convois, mais on avait toujours négligé de la faire payer par les absents. Des mesures rigoureuses furent prises pour mettre un terme à cette infraction aux règlemens de la confrérie.

Le dimanche 6 novembre, les habitants de la paroisse Saint-Jean se réunirent au son de la cloche, en présence du curé qui venait de célébrer la grand'messe paroissiale, pour délibérer sur des significations faites aux syndics de la paroisse et aux collecteurs des deniers de la taille pour l'année suivante, par Nicolas Dupont et, depuis son décès, par sa veuve, Nicolas Vallet et Etienne Roussel, le premier maître drapier, le deuxième boulanger et le troisième échoppier, pour les retirer du rôle de la taille, parce qu'ils avaient été pourvus d'une charge au grenier à sel de Pont-de l'Arche.

Les paroissiens repoussèrent à l'envi la prétention des trois réclamants, attendu qu'ils continuaient à résider à Elbeuf et à y exercer leur métier respectif. Les habitants profitèrent même de l'occasion pour faire inscrire au rôle de la taille Nicolas Dupont fils Nicolas qui y avait été omis.

Et, sans désemparer, l'assemblée nomma Jacques Pollet et Mathieu Maille, deux des syndics, et François Flavigny, comme procureurs de la communauté des habitants, afin de procéder au besoin contre la veuve Dupont, son fils, Vallet et Roussel, et les faire comparaître devant tous juges compétents.

Henry de Lorraine, étant à Elbeuf le 15 novembre, passa un marché avec Jean-Baptiste Osmont, arpenteur pour le roi, demeurant à Louviers. Celui-ci s'engagea à faire l'arpentage du dîmage de Mandeville, paroisse faisant partie du duché et dont Henry était patron honoraire, et à en livrer le plan à Jean Bourdon, procureur fiscal, avant le 2 février suivant. Ce travail fut consenti moyennant 150 livres, plus 20 livres pour le vin du marché.
— Témoins : Toussaint-François Chastellain, conseiller du roi, contrôleur des guerres, intendant du duc d'Elbeuf, et Jean Delarue, receveur général du duché.

Un acte de ce même temps mentionne l'auberge du *Bras d'Or*, tenue par Huet.

Jean Bourdon, lieutenant en l'élection de Pont-de-l'Arche et procureur fiscal du duché d'Elbeuf, céda à la confrérie de charité de Crasville une pièce de terre sise à Surville.

Charles Le Cointe, fils de feu Jean Le Cointe, protestant, autrefois drapier à Elbeuf, exposa, en 1701, à l'intendant de la généralité de Rouen, qu'à la faveur de la déclaration du roi de l'année 1698, il était rentré en France, d'où il avait été enlevé à l'âge de six ou sept ans, avait fait son abjuration, avait obtenu main-levée des biens de ses père et mère, jadis saisis à la requête du préposé à la régie des biens des religionnaires fugitifs, et qu'il lui avait encore été adjugé un cinquième sur la succession de Thomas Le Cointe, son oncle et tuteur.

Mais comme il était revenu à Elbeuf pour y continuer la fabrication de la draperie, que son père y avait exercée avec tant de succès, il demandait « par grâce » la jouissance d'une maison appartenant à son père, que la régie avait louée à Maigret et Delacroix, et alors à usage de teinturerie. Charles Le Cointe rentra en possession de cette maison, sous certaines conditions, l'année suivante.

Le 11 décembre, on établit un nouveau règlement pour la confrérie de Charité de Saint-Jean, par suite de désordres survenus à la nomination des échevins. En voici le texte, suivant une copie conservée aux archives municipales :

« *In Nomine Domini*

« Nouveau Reglement pour la Charité érigée en la paroisse de St Jean d'Elbeuf, en réformant quelques uns de ses anciens statuts et usages pour la plus grande gloire de Dieu et édification du public, sous l'autorité et le bon plaisir de Monseigneur l'illustrissime et reverendissime évêque d'Evreux ou de Messieurs ses grands vicaires :

« Pour l'élection de l'échevin :

« L'experience ayant fait connoître que le pouvoir d'élire un échevin acordé aux frères servants la Charité, est la cause de plusieurs désordres parmi eux par des cabales qui s'y forment oposées à l'esprit de charité, et scandaleuses au public, il est necessaire de remedier à cet abus en la manière qui suit :

« La nomination de l'échevin se fera à l'avenir chaque année par l'échevin en charge, le prevost et les anciens échevins, qui s'assembleront la veille de St Jean Baptiste après vespres, dans la chambre du chapitre de la Charité, où ils éliront à la pluralité des voix, en la présence du sieur curé ou de son vicaire, la personne d'entre les frères servants qu'ils jugeront la plus capable de l'échevinat, et en cas que les voix fussent égalles, le party de l'échevin en charge l'emportera sur l'autre, chacun gardera l'acte de la nomination et demeurera garand de celuy qu'il aura élu.

« Si quelqu'un d'entre les frères servants ou entrans veulent faire quelque don pour être échevin, celuy qui fera la condition la meilleure de la Charité sera élu échevin et le frère servant sera preferé, le jour suivant l'agrément des anciens.

« Les frères servans, après deux ans de service, ne disposeront point de leur chaperon en faveur d'un autre pour remplir leur place; cela apartiendra aux anciens échevins, qui s'assembleront avec l'échevin en charge et le prevost au chapitre de la Charité, le premier dimanche après Pasques issuë des vespres, pour nommer, en la presence du sieur curé ou de son vicaire, des personnes de la paroisse irreprochables en leurs mœurs, en la place de ceux qui doivent sortir du service de la Charité le jour de St Jean en suivant, et l'échevin en charge accompagné du sieur chapelain en donnera avis dans la huitaine aux personnes nommées, afin qu'ils ayent le tems de prendre leur résolution et de se fournir des choses necessaires pour servir la Charité.

« Ceux qui auront été élus pour frères de Charité se presenteront au chapitre le six^e de may, fête de St Jean porte latine, après la grande messe, pour accepter leur nomination et convenir avec l'échevin des places qu'ils occuperont dans le banc de l'église, lesquelles pour eviter tout sujet de division et de jalousie entr'eux, seront mises à l'enchère dans le chapitre, et les premières places seront accordées consentivement au plus offrant au profit de la Charité; les offices d'ycelle Charité seront aussy criées et mises à l'enchère, suivant la manière ordinaire, les dimanches d'après les festes de St Jean Baptiste et de St Jean l'Evangeliste.

« Pour les fonctions des frères de Charité :

« Le service de la Charité étant devenu fort à charge à tous ceux qui la servent par l'obligation d'aller enterrer les corps dans les paroisses hors le bourg, les personnes de travail s'en trouvent incommodés dans leurs affaires par la quantité de temps qu'ils employent à ces sortes de fonctions et par la despense qu'ils sont obligées de faire pour s'en acquiter; les échevins se consument en frais pour cueillir les deniers dus à la Charité par les particuliers de ces paroisses, qui excèdent bien souvent les quêtes qu'ils y font, et ceux qui n'ont point encore servi la Charité sont dégoûtés de cet employ et refusent de s'y engager ; ces raisons bien examinées ne sont que trop suffisantes pour decharger la paroisse d'une charge si onereuse à un chacun.

« C'est pourquoy les frères servant la Charité ne sortiront plus à l'avenir les paroisses de St Jean et de St Etienne d'Elbeuf, pour aller enterrer des corps dans les autres paroisses hors le bourg, pour quelques considerations que ce puissse être, si ce n'est point pour aller enterrer les personnes de present affranchies à lad. Charité. Si quelqu'un d'une des deux paroisses a requis avant sa mort d'être enterré à une paroisse hors le bourg ou si quelqu'un de dehors a choisi le lieu de sa sépulture à St Jean ou à St Etienne, la Charité ne sortira point les limites des deux paroisses en ces enterremens, s'il s'y trouve quelqu'autre Charité pour faire la fonction hors le bourg.

« L'échevin demeurera dechargé de ce que doivent à la Charité ceux des paroisses de la campagne qui y sont presentement associés, sans qu'il soit obligé de faire aucune diligence pour en être payé, et aussy de ce que devront ceux qui sortiront à l'avenir les paroisses du bourg et de Caudebec, s'il n'a pu en être payé avant leur départ par les soins qu'il en aura pris dont il sera cru à son serment, mais il se fera payer de tous les associés à la Charité, qui demeurent dans le bourg et Caudebec, deux sols six deniers par tête par chacun an, suivant l'usage ordinaire, moitié à la St Jean et l'autre moitié à Noel, sans affranchir aucune personne qu'en payant soixante sols.

« Il sera payé au profit de la Charité pour

l'enterrement de ceux qui mourront au dessous de cinq ans sans être associés à lad. Charité, la somme de quinze sols, et depuis cinq ans jusqu'à dix, vingt sols, et au dessus de dix ans trente sols, pour l'assistance de la Charité à leur enterrement, à l'exception de ceux qui se declareront pauvres à l'échevin, même sera fourny le linceul en cas de besoin.

« S'il meurt quelqu'un de ceux qui sont en menue ligne sur le registre de la Charité, l'échevin se fera payer de ce qui sera dû pour la part de la personne deffuncte, sans attendre que tous ceux qui sont en menue ligne soient décédés.

« Si quelqu'un veut franchir quelque partie de rente due à la Charité, l'échevin n'en recevra point le principal, mais en donnera avis aux anciens, qui s'assembleront au chapitre pour deliberer du remplacement qu'on en doit faire et par qui l'argent sera receu et gardé jusqu'à ce que le remplacement s'en fasse de leur consentement.

« Vu la negligence de plusieurs échevins de rendre leur compte après le temps de l'échevinat, l'échevin presentera son compte à l'avenir dans la quinzaine suivante le jour de St Jean qu'il sortira de charge, et le mettra entre les mains de l'échevin entrant pour être communiqué aux anciens et pour être examiné et rendu le dimanche en suivant, faute de quoy sera tenu à l'interêt dud. jour et à payer au profit de la Charité 20 livres.

« Pour eviter les contestations qui arrivent ordinairement entre les frères de plusieurs Charités qui se trouvent en un enterrement, aucune autre Charité que celle de St Etienne ne sera admise pour assister aux enterremens et cueillir des deniers dans la paroisse de St Jean.

« L'échevin, prevost, et frères servants auront tous des habits noirs uniformes, suivant les modèles qui en seront donnés, qui ne seront employés à d'autres usages qu'au service de la Charité et qui resteront dans la Chambre du chapitre, si on ne trouve plus à propos de les emporter chès soy, et au lieu de tocques porteront des bonnets quarrés.

« L'échevin, prevost et frères servants ne mettront point à l'avenir leur chaperon sur leur tête, qu'ils apelent mettre en bablou, aux inhumations des anciens échevins et des frères morts en charge, parce que cette figure est indecente dans l'église et paroît ridicule aux etrangers. Mais pour mettre quelque distinction entre ces enterremens là et les autres, si c'est l'enterrement d'un ancien échevin, on mettra un chaperon sur le corps du deffunt par dessus le drap mortuaire, et quatre torches ardentes seront tenuës par quatre pauvres aux côtés du corps pendant l'enterrement à qui on donnera chacun deux sols d'aumône aux dépens de la Charité ; si c'est un frère mort en service de Charité, il y aura aussy un chaperon sur le corps et seulement deux torches ardentes tenuës par deux pauvres à qui on donnera pareille aumône.

« L'échevin et le prevost ou ceux qui tiendront leur place seront seuls d'entre les frères qui jetteront de l'eau benite sur le corps du deffunt avant de le lever de la maison où il est exposé ; les autres frères feront seulement leur prière à l'ordinaire avec ceux qui auront donné de l'eau benite. L'échevin et le prevost seront aussy ceux des frères qui iron à l'offrande dans la grande messe d'un enterrement, parce que cette ceremonie retarde l'office et ennuye les assistans ; mais si c'est l'enterrement d'un ancien échevin ou d'un frère mort en service de Charité, ils jetteront tous de l'eau benite et iront à l'offrande. Pour seconde marque de distinction, le bedeau s'abstiendra aussy de recommander aux prières des assistans l'âme de celuy dont on va lever le corps de la maison, comme il a coutume de faire, cette recommandation étant inutile dans ce moment là.

« L'échevin, prevost et frères servants ayant une obligation particulière de donner un bon exemple au public dans un employ où doit regner un esprit de piété et de modestie, ils ne boiront ne mangeront ensemble la veille de St Jean, à cause du jeûne qu'ils doivent garder, et ne marcheront publiquement en aucun tems dans les ruës portant des bouteilles en leurs mains ou les faisant porter par d'autres avec des violons ou autres instrumens de cette sorte, sur peine d'une amende reglée à deux torches entre chacun des contrevenants.

« Les frères qui manqueront d'assister à quelque office divin auxquels ils sont obligés et aux enterremens des enfants non adultes, payeront pour chaque fois deux sols six deniers d'amende, et pour leur absence aux enterremens des personnes adultes, ils payeront cinq sols d'amende dont l'échevin ne poura les dispenser que pour cause de maladie ou pour avoir mis une personne à leur place. Les fautes qu'ils commettront dans l'exercice de leur charge seront examinées au chapitre et punies à la pluralité des voix d'une amende proportionnée à la griéveté de la faute.

« En considération des avantages que l'echevin, prevost et frères servants retirent de la reduction des fonctions de la Charité aux trois seules paroisses du bourg et de Caudebec, ils ne prendront aucune part aux retributions qu'on leur donne pour leur assistances aux processions, services, obits, inhumations, ny amendes de leurs confrères, ny l'échevin pour les courses et façon du registre, remettans tout et tel profit qu'ils peuvent esperer de leurs fonctions au benefice de la Charité, pour la dedommager de la diminution de son revenu et luy aider à acquiter ses charges.

« L'échevin, prevost et frères servants prendront chacun leur semaine pour quêter tous les jours tour à tour à la messe de charité qui sera dite le matin, ou auront soin de faire quêter en leur place pendant leur semaine par un frère servant ou ancien portant habit et chaperon de Charité, et les deniers de la quête seront mis le dimanche en suivant chaque semaine entre les mains de l'échevin dont il fera memoire, le tout sous peine d'amende.

« Pour l'office divin non fondé qu'on doit dire tous les ans, aux depends de la Charité :

« Il sera dit tous les jours une basse messe pour tous les associés à la Charité vivans et trespassés, à quatre heures du matin pendant les mois de may, juin, juillet et aoust, à cinq heures pendant les mois de mars, avril, septembre et octobre, et à six heures pendant les mois de novembre, decembre, janvier, fevrier; on ne la changera point d'heure qu'aux dimanches qu'elle sera chantée, ny on ne la retardera ny avancera d'un jour à autre pour quelque cause que ce puisse être, afin qu'il y ait tous les jours une messe dite à une heure certaine pour la commodité du public; et arivant la mort d'un pauvre, la messe du matin sera retardée pour son inhumation, si mieux n'aime la Charité faire dire une autre messe aux depends de la Charité.

« Aux jours d'enterrement, la messe de Charité sera dite à l'heure marquée cy dessus pour le deffunt qu'on enterrera ce jour là ; s'il est dimanche ou s'il y a plusieurs enterrements au mesme jour, la messe sera dite pour chaque deffunt les premiers jours non empeschés selon l'ordre de tems de la mort d'un chacun, et le prêtre qui la dira fera avertir par le bedeau, le soir precedent, quelque proche parent du deffunt pour y assister et recommandera aux prières des assistans dans le tems de l'oblation de la messe l'âme de celuy pour qui il dit la messe, en marquant son nom, le jour de son deceds et la paroisse de sa sepulture.

« Tous les dimanches de l'année, la messe sera chantée en l'honneur de ses patrons à sept heures, depuis Pâques jusqu'à St Michel, et à huit heures depuis la St Michel jusqu'à Pasques, à la reserve des premiers dimanches des mois que la messe de Charité sera dite basse à l'heure des autres jours, et les frères assisteront et officiront à la haute messe du St Rosaire qui se dit ce jour là aux depends de la fabrique.

« On ne dira point de haute messe pour la Charité en aucune feste de l'année si elle n'arrive au dimanche, mais les frères assisteront sans officier aux grandes messes paroissialles les jours des festes solemnelles, des festes des patrons de la Charité et de celles qui arriveront au mardy, suivant l'usage ordinaire; aux jours des principales festes de St Jean Baptiste et de St Jean l'Evangeliste, ils assisteront à tout l'office, aux matines, grandes messes, premières et secondes vespres et sont exhortés de communier tous ensemble, ces deux jours là à la postcommunion de la grande messe, et iront seulement à l'offerte et decendront au tresor de la Charité qu'après la postcommunion.

« On chantera pour la Charité les matines aux festes de la decolation de St Jean Baptiste, de St Jean porte Latine, de St Nicolas et de Ste Catherine, et une haute messe le jour de la translation de St Nicolas, le neuvième de may, qui sera dite par le sieur curé et à laquelle les frères assisteront ; on chantera aussy la messe de Charité la veille de St Jean Baptiste à quatre heures, où lesdits frères de Charité assisteront et y feront leur office.

« Les premiers dimanches des mois ou les dimanches ensuivant, si les premiers sont empèchés par une fète, le lendemain on chantera un nocturne des morts après vespres avec un *Libera* à la fin, et le lendemain à l'heure ordinaire de messe de Charité ladite messe sera chantée de *Requiem* avec procession auparavant et un *Libera* à la fin, par deux prêtres à la fois et le celebrant avec l'assistance des frères suivant l'ordinaire et au nocturne du jour precedent.

« On n'allumera que deux cierges de la Charité pendant l'office divin qui sera dit aux festes de ses patrons ; aux enterremens où il n'y aura point de luminaire, on allumera seulement deux cierges de la Charité à l'autel ; s'il y office chanté au chœur et deux autres aux costés du corps ; s'il y a un luminaire, aucun cierge de la Charité ne sera allumé que quand ils seront entre les mains des frères pour faire leur office.

« Si quelqu'un des prêtres qui prennent part aux gages de la Charité pour chanter les offices marqués cy dessus n'y assiste, l'echevin retiendra sa retribution au profit de la Charité, à raison de deux sols chaque matine, un sol six deniers pour chaque grande messe et six deniers pour chaque nocturne, et si les gages sont augmentés comme il sera dit cy après, la diminution sera retenuë à proportion s'il n'est occupé à l'administration des sacremens ou à quelque employ qui regarde la Charité ou detenu de maladie.

« Si le prêtre qui dira la messe tous les jours pour la Charité tombe malade, il donnera avis aussitost de sa maladie à l'échevin en charge, afin qu'il se pourvoye d'un autre prêtre pour dire la messe de Charité jusqu'à sa guérison, à qui il donnera la retribution qu'il reçoit pour chaque messe sans l'augmenter, si ce n'est aux depends de la Charité ; mais en cas que cette messe soit obmise par la negligence du prêtre qui la doit dire, l'échevin retiendra de ses gages autant de fois cinq sols, outre la retribution, qu'elle sera obmise de fois.

« Retribution pour Messieurs les prêtres :
« Au sieur curé huit livres ;
« Au clerc cent sols ;
« Aux six prêtres habitués vingt quatre livres.
« Toutes lesquelles gages augmenteront d'un tiers quand la Charité, ayant payé ses charges, aura assés de restant pour y satisfaire, et ce sera alors quatre sols pour matine, deux sols pour messe et un sol pour nocturne.

« Aux chapelains qui diront les messes tous les jours, deux cents dix huit livres, à raison de douze sols pour chaque messe, le vendredy et samedy saints non compris.

« Au bedeau pour sonner tous les jours la messe à une des grosses cloches, assister le prêtre qui la dira, pour avertir les frères de Charité et sonner les apels toutes les fois qu'ils doivent s'assembler, les accompagner et les servir dans leurs fonctions, faire l'office de tintenellier et autres offices ordinaire, la somme de trente livres.

« Pour faciliter le payement de la somme promise pour la messe de tous les jours, il en sera payé par la fabrique de la dite paroisse, du consentement du sieur curé et des tresoriers, pour la retribution de trente six basses messes fondées en ladite fabrique, qui seront dites par lesdits sieurs chapelains de la Charité aux heures du matin, les jours que seront dits les services dont elles font parties, la somme de dix huit livres desquelles, avec quatre autres comprises dans les services fondés à la Charité, sera donné un memoire pour les acquiter auxdits jours des services ou autres jours non empeschés, jusqu'à ce qu'il paroisse par les comptes que rendront les échevins que la Charité poura faire dire la messe tous les jours à ses depends.

« L'échevin payera aux chapelains qui diront les messes leur retribution de trois mois en trois mois egallement, et les autres gages moitié à Noel et l'autre moitié à la St Jean

« Tous les dimanches que la messe de Charité sera chantée, la messe apelée de paroisse fondée à la fabrique de l'église sera dite le matin aux heures de messe de Charité, du consentement des sieurs curé et tresoriers, et sera payé au prêtre qui la dira, outre les dix sols de retribution ordinaire, deux sols pour chaque messe aux depends de la fabrique ».

Les statuts sont suivis de cette délibération :

« Le dimanche onzième decembre mil sept cens un, à l'issuë des vespres, se sont assemblés au son de la cloche, après un avertissement fait au prône de la grande messe paroissialle, Messieurs le bailly, lieutenant, procureur fiscal et autres officiers dudit lieu, tresoriers anciens et en charge, anciens échevins et échevins en charge et frères servants de la Charité erigée en lad. paroisse et autres habitans, lesquels en la presence de noble homme M° Nicolas Duchesne, prêtre curé, et autres prêtres de lad. paroisse, ont examiné le present reglement divisé en plusieurs articles, qui ont été lus les uns après les autres à haute voix et entendus d'un chacun et, après un exact examen d'article en articles, ils ont declaré unanimement que rien ne peut contribuer davantage à un bon ordre et à l'édification du public dans la Charité que l'execution de ce nouveau reglement. C'est pourquoy ils souhaitent qu'il soit executé selon toute sa forme et teneur au tems à venir, sous l'autorité et le bon plaisir de Monseigneur l'illustrissime et reverendissime l'évesque d'Evreux qui sera très humblement suplié d'y donner son aprobation episcopalle, et sous l'autorité de tous les juges à qui il apartient d'en connoître ; les anciens statuts et usages de la Charité, auxquels on deroge par le present reglement, demeurant nuls et sans aucun effet pour l'avenir, ce qu'ils ont signé le jour et an que dessous

« Signé : Bourdon, bailly d'Elbeuf ; Pollet, lieutenant d'Elbeuf ; Bourdon, procureur fiscal ; Pollet, ancien échevin et sindic en charge ; M. Maille, antien frère servant et tresorier en charge ; Maille, Le Sage, trésorier en charge ; Doinville, ancien trésorier et échevin ; Le Clerc, antien trésorier ; J.-B. Berenger, ancien tresorier ; Marin Maille, ancien tresorier ; J.-B. Maille, ancien tresorier, N. Le Roy, ancien tresorier ; G. Viel, ancien échevin ; M. Poullain, ancien tresorier ; Louis de Riberpré, ancien échevin ; Louis Doinville, en charge ; Louis de Flavigny, ancien tresorier ; C. Caplet, ancien échevin ; L. Le Roy, ancien tresorier ; Pierre Gansel, frère servant ; Deshayes, vicaire ; Adrien Frerot ; Duchesne, curé de St Jean d'Elbeuf ».

Le 26 décembre, Jacques-Louis Pollet, fils de feu Charles Pollet, en son vivant lieutenant à la table du Palais, à Rouen, y demeurant, donna à loyer pour neuf ans, à Martin Lamotte, de Saint-Aubin, le tiers du droit de passage du port d'Elbeuf au port Saint-Gilles, à condition de s'entendre avec les propriétaires des autres tiers et moyennent 50 livres tournois par an, plus les payements des droits dus aux chanoines de la Saussaye et au Domaine.

CHAPITRE VIII
(1702-1704)

Henri de Lorraine (*suite*). — Payement des ouvriers au moyen de coupons de drap. — La charge de syndic. — Deux œuvres d'art. — Assurance contre le service militaire. — Nouvelle émeute des ouvriers drapiers ; scènes sanglantes. — Intrigues de la duchesse d'Elbeuf ; curieux détails. — Les fabricants elbeuviens contre ceux d'Orival.

Alexandre Martorey, maître teinturier, paroisse Saint-Etienne, faisait aussi le commerce des bois de construction. Le 4 février 1702, il en acheta 600 marques, qui se trouvaient « sur le quay de la Brigaudière », moyennant 25 sols la marque.

Le 10 du même mois, François Patallier, prêtre, directeur des Ursulines, et Nicolas-François Le Cerf, vicaire de Saint-Aubin, furent témoins du testament de Mᵉ Pierre Maille fils Charles, de Saint-Aubin.

Le trésor de Saint-Jean, représenté par Jacques Pollet, Etienne Roussel, Mathieu Maille et Pierre Lesage, accepta une fondation de douze messes basses, faite par Marie Lequesne, veuve Drouais, moyennant 11 livres 2 sols 2 deniers.

Louis de Lanquetot, bourgeois de Rouen, frère de Julie de Lanquetot, dont nous parlerons plus tard, plaidait alors devant la justice d'Elbeuf, contre Louis Delarue, qui avait épousé Julie, héritière en partie de Michel de Lanquetot, conseiller en l'élection de Bayeux, ainsi que Louis de Lanquetot, prêtre, et Marguerite de Lanquetot, autres co-héritiers. Un arrangement mit fin au procès le 5 avril.

Le 8, un moulin à foulon sis au Valtier, paroisse de Hondouville, propriété de feu Henri Le Cler, bourgeois de Paris et fabricant à Elbeuf, fut affermé à Georges Lefortier, moulinier à Hondouville, moyennant 120 livres par an. — Sur l'emplacement de cet ancien foulon se trouve aujourd'hui une usine pour la construction des voitures automobiles.

Par acte passé à la grille du monastère de Sainte-Ursule, à Elbeuf, le 10 mai, Jean Duchesne, écuyer, sieur des Chastelliers, demeurant à Rouen, rue de la Chaîne, fils et non héritier de feu François Duchesne, écuyer, sieur des Monts, ancien bailli d'Elbeuf et petit-fils de Catherine de Plasnes, vendit au couvent une prairie sise au triège de l'Epinette, bornée d'un côté le canal de Seine, d'autre côté la grande rue de l'Epinette, d'un bout les sieurs de Saint-Ouen et d'autre bout la rue du Port. Ce pré avait été acheté par le vendeur de Nicolas Duchesne, curé de Saint-Jean, son oncle, lequel le tenait de Marguerite de Plasnes, sa mère. Les Ursulines étaient représentées dans cet achat par Charlotte Le Féron de Sainte-Marie, supérieure, Elisabeth Duchesne de Saint-François, Catherine Le Féron de

Jésus, Catherine de Vincy de Sainte-Cécile, Anne Malapert de Sainte-Agathe, Madeleine Lemoine de Sainte-Claire, et Anne Sency de Sainte-Madeleine.

A cette époque, certains patrons d'Elbeuf payaient leurs ouvriers en marchandises fabriquées ; mais les autres s'en émurent et, sur leur demande, les gardes convoquèrent tous les manufacturiers à une réunion qui eut lieu le 20 juillet.

Il fut remontré que ces agissements faisaient un tort considérable à la fabrique, parce que les ouvriers revendaient ce drap à 3 ou 4 livres de perte par aune « lesquels ouvriers, pour supporter la perte, tirent les morceaux de drap qu'on leur donne d'une grande force, ce qui perd la réputation de la fabrique et fait un tort très considérable auxdits ouvriers et empêche, par la quantité qui s'en distribue, les marchands destaillants de pouvoir achepter, mesme les marchands en gros de s'en fournir ; ce qui fait aussy que les maistres qui ne donnent pas de drap en payement à leurs dits ouvriers se trouvent surchargés de marchandises et ont esté obligés de quitter leur commerce ».

Le bailli d'Elbeuf, qui présidait l'assemblée, fit défense aux fabricants « de donner aucuns morceaux de draps en payement du salaire ouvrier, sous peine de la confiscation de ce drap et de 50 livres d'amende pour chaque contravention et pour la première fois ». La récidive entraînerait une amende de 100 livres; enfin si quelque maître était pris une troisième fois, son établissement serait fermé.

Le bailli enjoignit aux merciers et revendeurs établis à Elbeuf d'apporter au Bureau les coupons de drap qu'ils avaient chez eux « pour y être marqués seulement des fleurs de lys du Bureau », sous trois jours de la publication de cette sentence. « A faute de quoy et ledit temps passé, il sera permis aux gardes d'aller dans les endroits où ils sçauront qu'il y en aura pour en faire la saisye aux fins de la confiscation ; et sera la présente lue, publiée et affichée partout où besoin sera ».

Le nouveau garde élu cette année-là fut Louis Lamy ; il succédait à Marin Maille.

Un manuscrit non signé, mais que nous croyons être de François Dupont, qui vivait à la fin du xviiie siècle porte que :

« Suivant les registres du trésor de la paroisse St Jean, il paroit qu'avant 1702, toutes les délibérations des deux paroisses, c'est-à-dire celles qui regardoient toute la communauté, n'étoient inscrites que sur papier volant, et étoient mises aux mains du sindic de la paroisse St Jean, qui les passoit à son successeur. Il n'y avoit point de lieu particulier pour en faire le dépost ; il n'est donc point surprenant que nous ne trouvions jusqu'à cette époque de 1702, que très peu de renseignemens sur toutes les délibérations générales de la ville et sur sa forme d'administration ; elle étoit comme celle de toutes les campagnes..

« En 1702, Sa Majesté le roy Louis quatorze érigea en offices les titres de sindic, moyennant finance, et les sieurs Routier, de la paroisse St Jean, et Louis Lami, de la paroisse St Estienne en furent les acquéreurs. Ces offices ont été supprimés quatre ou cinq ans après leur création. De ce moment 1702, il paroit que toutes les délibérations de la ville, qui se faisoient au prétoire, furent inscrites sur le registre des délibérations de la paroisse St Jean, ce que l'on a continué à faire jusqu'à l'année 174... Après l'extinction des syndics perpétuels, les trésoriers principaux des deux paroisses redevinrent sindics nés de la Communauté ».

Le 16 novembre, Robert Blondel, vicaire de de Caudebec, porteur des pouvoirs de M° Le Gallois, curé de cette paroisse, d'une part, et Jacques Pollet, lieutenant du duché, tant pour lui que pour Nicolas Pollet, son frère, créanciers de feu Pierre Pollet, ancien curé de Caudebec, et Jean Lefebvre, boulanger à Elbeuf, également créancier du curé Pollet, lesquels, ayant fait arrêt sur les fermiers des dîmes de Caudebec pour cause de réparations à faire au presbytère, passèrent un accord en présence de Me Robert Levavasseur, curé de Damneville et doyen de Louviers, au moyen du payement de 500 livres tournois.

A cette époque, Jean et Jacques Pollet frères, compagnons drapiers d'Orival, étaient soldats dans le « Régiment Roussignol étranger, compagnie de Monseigneur le prince d'Elbeuf ». — Jean Gosset est mentionné, en cette même année, comme prêtre à Saint-Etienne.

Le 28 décembre, devant Bourdon, bailli du duché, les fabricants délibérèrent « sur la taxe qu'il a pleu au Roy demander sur les communautés et corps de mestiers, à laquelle le corps des drappiers d'Elbeuf a esté fixé au rôle arresté au Conseil à la somme de 1.008 livres avec les deux sols pour livre ; laquelle taxe est excessive, veu le déplorable estat où est réduite cette manufacture qui est preste à périr par la cessation du commerce, ayant plus de 250 mestiers de bas, et n'y en estant pas un quart du nombre de ceux qui marchoient lors de la première taxe, ce qui est cause qu'ils ne peuvent pas payer à moins de leur faire une grande modération ».

Il fut décidé que les gardes en charge iraient trouver l'intendant, afin d'obtenir une réduction sur la taxe imposée.

Des titres de cette année mentionnent Jean Bourdon, avocat à la Cour, conseiller du roi, lieutenant en l'élection de Pont-de-l'Arche et procureur fiscal du duché d'Elbeuf, de la paroisse Saint-Jean, et son frère feu Nicolas Bourdon, en son vivant également avocat au Parlement et procureur fiscal d'Elbeuf, lequel avait pour fils Nicolas Bourdon.

Un autre concerne Suzanne Lemire, femme de Robert Hubert « absents du royaume pour le fait de la R. P. R., anciennement demeurante paroisse Saint Etienne ».

Le 2 janvier 1703, la voiture d'eau qui faisait le transport des grains d'Andely à Rouen fit naufrage devant Martot. Dix jours après, des marchands de blé et des boulangers de Rouen s'engagèrent, par acte passé à Elbeuf, à entrer dans la perte subie par les bateliers Anez père et fils, afin de leur aider à reprendre le service.

Au 7 du même mois, le conseil de fabrique de la paroisse Saint-Jean était composé de Nicolas Duchesne, curé ; Etienne Roussel, grénetier du grenier à sel de Pont-de-l'Arche, syndic ; Jacques Pollet, Mathieu Maille et Pierre Lesage, trésoriers en charge ; Nicolas et Louis Leroy, Louis Doinville, Louis et Laurent Flavigny, Nicolas et Marin Maille, Mathieu Poullain, trésoriers anciens.

Ce jour-là, Nicolas Bourdon prit à fieffe, du trésor de Saint-Jean, deux pièces de terre, l'une sise à Caudebec, l'autre à Thuit-Anger.

A la réunion qui suivit la « messe des Roys » de cette année 1703, Marin Maille, précédent garde en charge, annonça à ses confrères qu'il était assigné de la part « du sieur Germaine, peintre, pour le payer du tableau d'un crucifix qu'il avait fait pour le Bureau de la manufacture ».

L'assemblée arrêta que Maille payerait à l'artiste la somme de 70 livres qu'il réclamait comme prix de ce tableau, « de laquelle somme il se fera rembourser par le sieur Routtier, au retour du sieur Chrestien, inspecteur, qui a promis, pour le sieur Routtier, luy faire payer ledit tableau, suivant sa promesse lorsqu'il fut receu maistre ».

Une autre note nous apprend que cette peinture était de même grandeur que le tableau représentant le roi.— Il serait intéressant de savoir ce que sont devenus ces deux tableaux. Nous croyons avoir entendu dire à M. Mathieu Bourdon, vers 1857, qu'ils ne furent pas détruits pendant la Révolution.

La situation de l'industrie elbeuvienne ne s'améliorant pas, beaucoup de maîtres drapiers, malgré l'ordre du bailli, continuaient à payer leurs ouvriers en nature. Le 30 janvier, le juge de la manufacture, en présence de Chrestien, inspecteur, renouvela sa défense aux fabricants de donner, aux ouvriers de recevoir, et aux merciers, tailleurs et fripiers d'acheter aucun coupon de drap sous peine de confiscation et d'amende.

Dès le mois suivant, des saisies furent faites

sur des contrevenants, et en outre le bailli les condamna à 50 livres d'amende.

Cette année, Charles Capplet fut nommé garde en remplacement de Thomas Bourdon. Du compte des dépenses présenté par Louis Lamy, garde en charge de la Manufacture en l'année 1703, nous noterons les articles suivants :

A M. le bailly.	100 livres
A M. Chrestien, inspecteur.	400 —
A M. le greffier.	50 —
Visites faites chez les maîtres.	30 —
Cinq voyages à Rouen contre les ouvriers.	15 —
Pour pavage devant le bureau.	41 —
Pour avoir allongé la marque, mis 4.	3 —

Le total s'élevait à la somme de 770 livres 17 sols. Pour couvrir cette dépense, on établit quatre classes de fabricants, dont la première paya, par chaque membre, 28 livres ; la deuxième, 22 livres ; la troisième, 17 livres et la quatrième 11 livres 10 sols.

Jacques Dévé, blanchœuvre, de la paroisse Saint-Jean, prit un apprenti, le 26 février. Les conditions principales étaient : pour le jeune homme trois ans et demi de travail et paiement de 50 livres ; pour le maître « soigner, nourir et medicamenter en cas de maladie ».

Le 22 mai, le duc Henri accorda à Pierre Périer le titre d'avocat fiscal ancien. Périer était avocat fiscal au duché d'Elbeuf et à la baronnie de Quatremares, depuis le 20 novembre 1679. Il se démit de cette charge, exercée avant lui par Jean-Baptiste Périer, son père. Le duc l'autorisa à se dire toujours

« avocat fiscal au duché d'Elbeuf, à y prendre rang et séance, et aussy jouyr des honneurs y attribués, à condition néantmoins qu'il ne pourra faire aucune fonction d'advocat fiscal ».

Henri de Lorraine se rendit, le 28 juillet, chez Jean Delarue, receveur du duché, qui habitait une maison de la paroisse Saint-Etienne, où il rencontra Michel de Nozereau, ancien directeur des fermes unies de Normandie, lequel lui vendit, moyennant 10.000 livres, une habitation avec cour et jardin enclos, sis à Oissel.

Anne Boisselier, femme de Me Pierre Harenc, notaire à Amfreville, mais dont elle était séparée, habitait Elbeuf, où elle jouissait des biens de Richard Boisselier, son frère, fugitif du royaume, pour cause de profession de la religion réformée.

Un troisième enfant de Marin Bénard, bailli de la Londe, avait été inhumé en l'église Saint-Jean, laquelle reçut également, le 25 de ce mois d'août, le corps du bailli Bénard.

Henri de Lorraine résida une partie de l'année dans son hôtel de la rue Vaugirard, à Paris, où il était encore au 6 décembre.

Le 22, treize jeunes gens d'Orival se rendirent devant le notaire d'Elbeuf qui dressa la convention suivante :

« Les soussignés, tous garçons de la paroisse d'Orival, estants sur la liste des garçons qui doivent tirer au sort pour la milice de leur dite paroisse, ont convenu que si le jour de demain, lors qu'ils tireront au sort avec les autres garçons de leur dite paroisse, il eschet le sort sur un d'eux pour aller à la milice avec celuy qu'ils ont engagé pour toutte leur paroisse, ils travailleront unanimement ensemble avec tout le soin possible, à trouver un homme au lieu de celuy qui aura le sort.

« Pour quoy se transporteront ou quelqu'un d'eux qu'ils députeront à cette fin partout où besoing sera, et l'argent qu'il conviendra pour l'engagement dudit soldat et frais à faire pour le trouver et faire agréer ; en plus outre, l'argent estant au commun desdits garçons sera par lesdits comparants fourny egallement teste par teste à l'instant de l'engagement dudict soldat et les deniers déposés ès mains du sieur Godet, maistre drapier audit Orival, pour les payer audit soldat dans le temps qui sera convenu avec luy.

« Et à faute par l'un d'eux de payer sa cotte part, qui sera réglée par eux après l'engagement, le défaillant sera sujet et obligé d'aller servir au lieu dudit soldat et de celuy qui aura le sort, sans esperance de pourvoi et comme si le sort luy etoit escheu, en luy donnant par les autres leur contribution au prorata de l'engagement dudit soldat... ».

Le 30 du même mois, également, devant le notaire d'Elbeuf, on procéda à l'adjudication à loyer des biens de l'église de Saint-Didier. Le procès-verbal, comportant une douzaine de pages d'écriture, est conservé aux Archives de notre ancien tabellionage.

En 1703, l'église Saint-Jean reçut un lutrin; il coûta 110 livres.

En cette année également, le duc de Vendôme obtint du roi le régiment du sieur d'Espinchal, qui venait d'être tué, pour le prince d'Elbeuf, neveu de sa femme.

Le 3 janvier 1704, Laurent Bachelet, de Saint-Aubin, vendit à Etienne Bachelet, son cousin, moyennant 80 livres, « un grand basteau nommé la *Mal-menée*, flottant sur l'eau et rivière de Seine, de la longueur de viron 35 pieds et viron 8 pieds de largeur, avec ses cordages, chableau et avirons ». Ce bateau servait au transport des tuiles, poteries et autres marchandises embarquées au quai de Martot à destination de Rouen ; il prenait également les marchandises de la rive droite de la Seine, mais il était interdit à son propriétaire d'en embarquer à Caudebec, Elbeuf et Orival.

Le 31 du même mois, fut signé le contrat du mariage entre Thomas Lemonnier, verdier du duché, fils de feu Laurent et de Marthe Delarue, laquelle avait épousé en secondes noces Jacques Bourdon, bailli d'Elbeuf, d'une part, et Françoise Martorey, fille de François, bourgeois de Paris, d'autre part. Le futur était neveu de Jean Delarue, receveur du duché, et de Louis Delarue, conseiller du roi, contrôleur au grenier à sel de Pont-de-l'Arche. La jeune fille avait une dot de 15.000 livres en argent et 2.000 livres de bagues et joyaux.

Le 26 février, Valentin Maille, curé de Notre-Dame du Val de Conches ; Marin Maille, drapier d'Elbeuf, et Charles Maille, avocat au Parlement et bailli de la Londe, tous trois fils de feu Me Pierre Maille, baillèrent à ferme, pour huit ans, à Vincent Artus, de Saint-Aubin, un tiers du droit de passage d'Elbeuf au port Saint-Gilles, dont les deux autres tiers appartenaient aux sieurs Pollet du Thuit et Boissel frères ; ce tiers moyennant 60 livres de loyer par an.

Le 16 mars, par contrat passé devant Michel Fournel, tabellion à Elbeuf, Me Jean Dupont, prêtre habitué à Saint-Jean, donna au trésor de cette paroisse une acre de terre sise à la Bergerie, paroisse de la Londe. Cette terre lui venait de Mathieu Dupont, son père, trisaïeul de François Dupont, historien d'Elbeuf, lequel rédigea la note suivante :

« Vers 1752 à 1753, un nouveau chemin ayant été tracé et fait depuis la sortie du bois jusqu'à l'église de la Londe, il a passé par dessus ladite pièce » et la coupa en deux. En 1754, J.-B. Dupont, trésorier en charge, frère de François, échangea une des deux parcelles avec un voisin.

Un mouvement populaire, dont nous ne connaissons pas le motif, mit toute la ville en émoi, le 29 mars. Nous trouverons des détails sur cet événement dans le procès-verbal suivant :

« Du samedy 29e mars 1704, nous Clément Auber, conseiller du Roy, président en l'eslection de Pont-de l'Arche, Nous nous serions transportés en la paroisse de Saint Jean d'Elbeuf, de la réquisition que Nous en auroit faite le fermier des aydes, stipulé par le sieur de St Estienne, son directeur, et en la présence et assisté de Me Henry Martin, notre greffier ordinaire, tant pour recevoir la plainte du nommé Colin Vernelle, un de ses commis aux aydes, gissant au lict malade, que pour informer des blessures, meurtrissures et contusions à luy commises par plusieurs particuliers des environs dudit Elbeuf — de Saint Aubin jouxte Boulleng, — en faisant ses fonctions ordinaires.

« Et Nous étant approché dudit Elbeuf à une distance d'une portée de mousquet, aurions trouvé dans les prairies une assemblée de peuple au nombre de plus de cinq à six cents hommes, du nombre desquels il y en avoit entr'autres dix à douze qui faisoient les chefs et disoient aux autres que les premiers bougres d'entr'eux qui travailleroient chez les maistres drapiers sans leurs participations et qui ne se trouveroient doresnavant au lieu destiné pour continuer leur dite assemblée, qu'ils les tueroient et bruleroient chez eux.

« Et Nous étant arrivés dans ledit Elbeuf, aurions appris que généralement toutes les boutiques de manufacturiers estoient entièrement abandonnées par lesdits ouvriers, les uns estant de complot avec lesdits cabalistes et les autres s'estant cachés par la crainte des menaces que leur auroient fait lesdits mutins; à quoy tous les maistres drapiers voulant remédier auroient convoqué dans leur Bureau une assemblée générale et délibérer d'en informer Monsieur l'Intendant de Rouen, et ce pendant auroient obtenu une sentence du sieur bailly de ce lieu, par laquelle on enjoignoit à tous lesdits ouvriers de retourner incessamment dans leur boutique pour y achever leurs ouvrages encommencéz, à peine d'encourir les amendes portés en leurs statuts, avec deffense de s'attrouper ainsi qu'ils avoient fait et faisoient actuellement, sous peine d'estre déclaréz cabalistes et séditieux et d'estre punis selon les loix.

« Laquelle sentence ayant esté leue et publiée à son de tambour, présence de tous lesdits ouvriers, Nous dit Auber, sortant de la jurisdiction d'où Nous venions de faire la susdite information, aurions entendu dire hautement, entr'autres à trois ou quatre des plus mutins arméz de bâtons, ainsy que de la pluspart de tous les autres du nombre des

cinq à six cents qui crioient : « Nous nous
« foutons bien de cette ordonnance ; nous en
« fairons à notre mode ! »

« Et estant iceux allés chez le sergent dudit
Elbeuf, nommé Bunel, je ne sais par quel
dessein, Nous dit Auber dismes à plusieurs
bourgeois que cette assemblée et émotion populaire estoit plus dangereuse que l'on ne croyoit et qu'il étoit nécessaire d'en arrester le cours. A quoy lesdits bourgeois nous firent réponse que l'on fairoit bien d'en arrester plusieurs prisonniers, ce qui nous obligea de requérir ledit sergent et ses records d'arrester deux desdits mutins, qui estoient pour lors chez luy, et de les conduire en prison pour leur faire faire leur procœds, comme séditieux et dangereux à l'Estat, à quoy ledit sergent ne voulut obéir.

« Et Nous, tenant lesdits deux séditieux et demandant main forte pour les faire conduire prisonniers, Nous nous trouvasmes saisis et entouréz d'un si grand nombre de cesdits cabalistes et séditieux qui crioient après Nous : « Il faut tuer ce bougre-là ! » que Nous nous trouvasmes hors d'estat de pouvoir les faire conduire prisonniers ; et en même temps lesdits mutins nous auroient chargé à coups de bâtons et de poingt, et nous tenoient à la gorge, Nous voulant estrangler en nous serrant la cravate, que nous aurions esté obligé de couper de Notre couteau, et estant en risques de notre vie sans le secours de Notre greffier, dudit sieur de St Estienne, de ses commis et de plusieurs autres bourgeois qui nous accompagnoient.

« Pourquoy nous aurions dressé le présent procœds verbal, après leur avoir déclaré que

Nous en porterions notre plainte à la Cour, et iceluy cependant délivré à M. Jean Bourdon, procureur fiscal dudit duché d'Elbeuf, pour luy valoir de dénonciation et de plainte, aux fins par luy de faire informer du contenu, et iceluy d'avoir connaissance des noms et surnoms desdits mutins cabalistes, pour leur proceds estre fait et parfait, suivant les loix et ordonnances. — Auber ; Martin ».

Ce récit du magistrat Auber était incomplet et d'une grande partialité. Il ne disait pas qu'il avait lâchement frappé de son couteau, par derrière, un ouvrier qui écoutait paisiblement la lecture de l'ordonnance du bailli, et que l'on avait dû reporter chez lui gravement blessé.

Ce ne fut que dix jours après l'événement que Louis Thomas, âgé de 34 ans, compagnon drapier, de la paroisse Saint-Jean, put porter plainte contre Auber, que sa qualité de président en l'élection de Pont-de-l'Arche protégeait contre la vindicte publique. Dans sa plainte, Thomas dit avoir reçu un coup de couteau à la fesse, et que s'il n'avait pas été frappé d'un second, c'était parce que ceux qui étaient voisins de lui l'avaient protégé en se jetant sur le meurtrier, « qui juroit et blasphemoit le saint nom de Dieu et traitoit Thomas de bougre, de chien, et lui disoit : « Il « faut que je te poignarde aujourd'hui ! »

La justice d'Elbeuf ne se pressa pas d'instruire cette affaire, car nous trouvons, à la date du 1er juillet suivant, une lettre de Thomas adressée au bailli, par laquelle il le priait de faire comparaître les témoins.

Dans une autre lettre, celle-ci d'Auber, il est dit que Thomas avait voulu l'étrangler, ce qui nous paraît faux, puisque nous ne voyons aucune suite donnée à cet acte de sauvagerie. Il est évident que si Thomas eût eu quelques torts, il aurait été condamné ; mais que l'on n'osa pas s'attaquer à Auber.

Les juges d'Elbeuf, pendant cette même année, eurent à s'occuper d'autres scènes sanglantes, notamment du meurtre du sieur de Saint-Ouen, lieutenant d'une compagnie de grenadiers, tué par un nommé Pierre Leblond, de Thuit-Signol.

Le 1er avril, Jean Delarue, fondé de pouvoirs du procureur du duc d'Elbeuf, donna à bail, pour neuf années, à Laurent Jourdain, de la paroisse Saint-Etienne, le revenu total de la baronnie et haute justice de Routot, moyennant diverses charges et le payement annuel de 3.450 livres. Etait présent au contrat « Laufran Vallée, sieur de Prémare, garde de feu Monsieur le duc d'Orléans, demeurant à Routot », qui se rendit plège et caution de Jourdain.

Le 25, les « grands gardes des drappiers de Paris » adressèrent une lettre à Louis Lamy, garde en charge de la manufacture d'Elbeuf. En voici les passages principaux :

« Ayant appris que M. d'Herbigny, intendant de Normandie, avoit ordre de s'informer dans Elbeuf, s'il etoit nécessaire d'avoir des commissionnaires en tiltres d'office, ou bien laisser ceux qui y sont comme ils estoient auparavant, nous sommes bien aises de vous faire sçavoir nos intentions et la bonne volonté que nous avons pour toutes les manufactures des provinces, et vous assurer que nous avons faict nos submissions à S. M. pour les charges de commissionnaires de la somme de 400.000 livres. Ainsy nous esperons prendre les charges et laisser les choses comme elles estoient auparavant, c'est-à-dire de laisser aux marchands-fabricants la liberté de choisir des commissionnaires, avec lesquels ils s'accommoderont, sans estre obligés de payer un droit de deux pour cent s'il y avoit des commissionnaires en tiltres d'office, ce qui ruineroit entierement le commerce... »

Nous trouvons copie d'une autre lettre, datée du 28 avril, adressée également aux gardes en charge de la manufacture d'Elbeuf, « par Messieurs Guilliers » :

« Pour satisfaire à la parole que j'ai eu l'honneur de vous donner estant à Elbeuf, je me suis informé de nos messieurs de toutes les plaintes que vous m'avez faites. Ils m'ont temoigné estre fort surpris et n'avoir jamais eu connaissance de tous les abus dont vous vous plaignez au sujet des commissionnaires...

« Ils ont resolu, si vous n'êtes pas content de ceux qui sont en place, de les destituer et d'en prendre de votre choix, auxquels ils ordonneront qu'à l'advenir tous les comptes soient faicts dans la huitaine de la vente ; de plus, ils seront garants des ventes qu'ils auront faites à gens inconnus et non solvables et contre vos ordres...

« Et notre intention est que, sur la moindre plainte que vous fairez au bureau de leur conduite, on vous rendra bonne et brievve justice, pour nous donner lieu de vous procurer l'abondance à Paris et de rendre vos affaires plus nettes que par le passé.

« Au surplus, ces messieurs m'ont assuré qu'on vous avoit accusé faux quand on vous a inspiré qu'ils vous fairoient contribuer pour payer la somme de 400.000 livres à S. M., pour extinction des charges portées par l'édit de mars dernier pour la halle aux draps de Paris. Ils sont bien eloignez de ces sentiments puisque leur intention est de vous exempter du droit des deux pour cent portés par ledit édit, pour commission.

« Enfin, leurs vues sont de rendre le commerce libre et de le soustraire de la tyrannie des traitants, dont vous devez connoistre les mauvaises suites... Le bon party est de vivre avec les bons marchands, comme vous avez faict jusqu'à present... »

Par une délibération du 3 mai, les fabricants d'Elbeuf se rendirent à ces raisons, mais en stipulant formellement qu'ils ne paieraient plus les deux pour cent de commission ; que les commissionnaires de Paris se contenteraient de 15 sols par pièce, pour droit d'aunage ; que les commissionnaires anciens ne prendraient, pour leur office, que 45 sols ; que les commissionnaires seraient garants des ventes ; qu'ils recevraient leurs comptes dans la huitaine et, en cas de billets, ils ne seraient que de six mois de cours ; que les marchandises non acceptées seraient renvoyées dans la huitaine, etc.

Les registres de la manufacture d'Elbeuf portent également la copie de plusieurs lettres adressées aux fabricants de Louviers sur le même sujet.

Les registres du tabellionage d'Elbeuf qui furent alors présentés aux assises mercuriales de Pont-de-l'Arche sont signés de Pierre Le Pesant, chevalier, seigneur de Boisguilbert, président et lieutenant général au bailliage de Rouen, et de Flavigny. — D'autres sont signés de Nicolas Langlois, seigneur patron de Criquebeuf-la-Campagne, lieutenant général civil et criminel à Pont-de-l'Arche.

Un acte du 3 mai fut dressé, à Elbeuf, à la requête de « Jean-Baptiste Conard, escuyer, sieur de la Pastrière, seigneur de la Saulsaye et de Saint Martin de la Corneille ». Conard était propriétaire d'immeubles à la Trinité-de-Thouberville.

Henri de Lorraine assista au siège de Verceil, ouvert par le duc de Vendôme le 16 juin. La place capitula le 19 juillet, et ce fut le duc d'Elbeuf qui en porta la nouvelle à Louis XIV.

Marie Saint-Amand, fille de Thomas et de Marie Paris, âgée de 16 ans, abjura la Réforme, le 5 août, en l'église Saint-Etienne.

Le 30, pour remédier aux contestations qui s'élevaient journellement entre les fabricants d'Elbeuf et les voituriers qui transportaient les draps à Paris, on fit un accord. Les sieurs Ricard, voituriers, s'engagèrent à transporter tous les draps qu'on leur remettrait, et à partir d'Elbeuf tous les mercredis, depuis Pâques jusqu'à la Saint-Michel, et tous les dix jours de la Saint-Michel à Pâques. A cette condition, les fabricants renoncèrent à employer d'autres messagers.

Sous les auspices de Mme de Navailles, la duchesse d'Elbeuf, sa fille, était entrée à la cour. « Avec un air brusque et de peu d'esprit et de reflexion, elle se trouva très propre au mariage et à l'intrigue, dit Saint-Simon, dans ses *Mémoires*.

« Elle trouva moyen de faire que Mme de Maintenon se piquât d'honneur et de souvenir de Mme de Neuillant, et le roi de consideration pour feu M. et Mme de Navailles. La princesse d'Harcourt rompit les glaces auprès de Mme de Maintenon ; M. le Grand s'intéressa auprès du roi ; Mlle de Lislebonne et Mme d'Espinoy l'appuyèrent partout (car rien n'est pareil au soutien que toute cette maison [de Lorraine] se prête).

« Mme d'Elbœuf joua, fut à Marly, à Meudon, s'ancra, vit Mme de Maintenon quelquefois en privance, mena sa fille, belle et bien faite, à la cour. Elle y entra si avant et tellement encore dans le gros jeu, où elle avoit embarqué Mme la duchesse de Bourgogne avec elle en beaucoup de dettes que, soit ordre, comme on le crut, soit sagesse de la mère, elle étoit dans ses terres de Saintonge depuis plus de huit mois, et n'en revinrent que pour trouver M. de Mantoue à Paris. C'étoit Mlle d'Elbœuf que M. de Vaudémont vouloit lui donner, et dont il lui avoit parlé dès l'Italie, et pour elle que toute la maison de Lorraine faisoit les derniers efforts ».

Mais le duc de Mantoue avait jeté les yeux sur la veuve du duc de Lesdiguières. En vain lui fit on voir Mlle d'Elbœuf, comme par hasard, dans les églises et les promenades : « sa beauté, qui en auroit touché beaucoup d'autres, ne lui fit aucune impression ». Quant à la duchesse de Lesdiguières, « elle témoigna sa répugnance à s'adonner aux caprices et à la jalousie d'un vieil Italien, débauché, l'horreur qu'elle concevoit de se trouver seule entre ses mains en Italie, et la crainte raisonnable de sa santé avec un homme très-convaincu de ne l'avoir pas bonne ».

Cependant, les princes et les seigneurs de la cour s'employèrent à ce mariage ; ils désiraient avoir « le plaisir d'ôter ce parti à Mlle d'Elbœuf ». Mais les Lorrains veillaient, et malgré l'intervention de Louis XIV en personne, qui fit dire à Mme d'Elbeuf que ses entreprises sur le duc de Mantoue lui déplaisaient, elle n'en persista pas moins à vouloir y marier sa fille, qui, elle non plus, ne voulait point épouser le vieux libertin.

Saint-Simon dit que « toute la maison de Lorraine se mit après Mlle d'Elbœuf, Mlle de Lislebonne surtout et Mme d'Espinoy, qui vainquit enfin sa résistance ». On convint que le mariage se ferait à Mantoue, où partit le duc. Mme et Mlle d'Elbeuf, avec Mme de Pompadour, sœur de la duchesse d'Elbeuf, passèrent à Fontainebleau, « suivant leur proie jusqu'où leur chemin fourchoit, pour aller lui par terre, elles par mer, de peur que le marieur ne changeât d'avis et leur fît un affront : c'étoit pour des personnes de ce rang un étrange personnage que suivre elles-mêmes leur homme de si près. En chemin la frayeur leur redoubla. Arrivées à Nevers, dans une hôtellerie, elles jugèrent qu'il ne falloit pas se commettre plus avant, sans de plus efficaces sûretés. Elles y séjournèrent un jour ; ce même jour, elles y reçurent la visite de M. de Mantoue.

« Mme de Pompadour qui, tant qu'elle avoit pu, avec son art et ses minauderies, s'étoit insinuée auprès de lui dans le dessein d'en tirer tout ce qu'elle pourroit, lui proposa de ne différer pas à se rendre heureux par la célébration de son mariage ; il s'en défendit tant qu'il put. Pendant cette indécente dispute, elles envoyèrent demander permission à l'évêque. Il se mouroit ; le grand vicaire, à qui on s'adressa, la refusa. Il dit qu'il n'étoit pas informé de la volonté du roi ; qu'un mariage ainsi célébré ne le seroit pas avec la dignité requise entre telles personnes ; que, de plus, il se trouveroit dépouillé de formalités indispensablement nécessaires pour le mettre à couvert de toute contestation d'invalidité.

« Une si judicieuse réponse fâcha fort les dames, sans leur faire changer de dessein. Elles pressèrent M. de Mantoue, lui représentèrent que ce mariage n'étoit pas de ceux où il y avoit des oppositions à craindre, le rassurèrent sur ce que, se faisant ainsi dans l'hôtellerie d'une ville de province, le respect au roi se trouvoit suffisamment gardé, le piquèrent sur son état de souverain qui l'affranchissoit des lois et des règles ordinaires, enfin le poussèrent tant qu'à force de l'importuner elles l'y firent consentir...

« Aussitôt le consentement arraché, elles firent monter l'aumônier de son équipage, qui les maria dans le moment. Dès que cela fut fait, tout ce qui étoit dans la chambre sortit pour laisser les mariés en liberté... quoi que put dire et faire M. de Mantoue pour les retenir, lequel vouloit absolument éviter ce tête-à-tête. Mme de Pompadour se tint dehors, sur le degré, à écouter près de la porte. Elle n'entendit qu'une conversation fort modeste... Elle demeura quelque temps de la sorte... ; enfin elle céda aux cris que de temps en temps le duc de Mantoue faisoit pour rappeler la compagnie... Mme de Pompadour appela sa sœur. Elles rentrèrent ; aussitôt le duc prit congé d'elles, et, quoiqu'il ne fut pas de bonne heure, monta à cheval et ne les revit qu'en Italie, encore qu'ils fissent même route jusqu'à Lyon. La nouvelle de cette étrange célébration de mariage ne tarda guère à se répandre avec tout le ridicule dont elle étoit issue.

« Le roi trouva très mauvais qu'on eût osé dépasser ses défenses. Les Lorrains, accoutumés de tout oser, puis de tout plâtrer, et à n'en être pas plus mal avec le roi, eurent la même issue de cette entreprise ; ils s'excusèrent sur la crainte d'un affront, et il pouvoit être que M. le duc de Mantoue, amené à leur point à force de ruses, d'artifices, de circonventions, n'eût pas mieux aimé que de gagner l'Italie, puis se moquer d'eux. Ils aimèrent donc mieux encourir la honte qu'ils essuyèrent en courant et forçant M. de Mantoue, que celle de son dédit, accoutumés comme ils sont à tant d'étranges façons de faire des mariages. De Lyon, Mme de Pompadour revint pleine d'espérance de l'ordre pour son mari à la recommandation du duc de Mantoue, qui n'eut aucun succès.

« Mme d'Elbœuf et sa fille allèrent s'embarquer à Toulon, sur deux galères du roi, par une mescolance (combinaison) rare d'avoir défendu à Mme d'Elbœuf de penser à ce mariage, ou l'équivalent de cela, de n'avoir voulu dans la suite, ni le permettre, ni le défendre, ni s'en mêler, d'avoir défendu après qu'il se fit en France, et de prêter après deux de ses galères pour l'aller faire ou achever. Ces galères eurent rudement la chasse par des corsaires d'Afrique. Ce fut grand dommage qu'elles ne fussent prises pour achever le roman.

« Débarquées enfin à Sauveté, M. de Vaudémont les joignit. Il persuada à M. de Mantoue de réhabiliter son mariage par une célébration nouvelle qui rétablit tout le défectueux de celle de Nevers. Ce prince l'avoit lui-même trouvée si contraire aux défenses précises que le roi leur avoit faites de se marier en France, qu'il l'avoit fait assurer par son envoyé qu'il n'en étoit rien, et que ce n'étoient que des bruits faux que ceux qui couroient de son mariage fait à Nevers ; cette raison le détermina donc à suivre le conseil de Vaudémont. L'évêque de Tortone les maria dans Tortone publiquement, en présence de la duchesse d'Elbœuf, du prince et de la princesse de Vaudémont.

« Ce beau mariage, tant poursuivi par les Lorrains, tant fui par M. de Mantoue, fait avec tant d'indécence, et refait après pour la sûreté de Mlle d'Elbœuf, n'eut pas de suites heureuses. Soit dépit de s'être laissé acculer à épouser malgré lui, soit caprice ou jalousie, il renferma tout aussitôt sa femme avec tant de sévérité qu'elle n'eut permission de voir qui que ce fût, excepté sa mère, encore pas plus d'une heure par jour, et jamais seule, pendant les quatre ou cinq mois qu'elle demeurera avec eux. Ses femmes n'entroient chez elle que pour l'habiller et la déshabiller précisément. Il fit murer ses fenêtres fort haut et la fit garder à vue par de vieilles Italiennes. Ce fut donc une cruelle prison... »

Saint-Simon raconte ainsi la fin de cette invraisemblable histoire :

« Six mois après, Mme d'Elbœuf, outrée de dépit, mais trop glorieuse pour le montrer, revint, remplie, à ce qu'elle affectoit, des grandeurs de son gendre et de sa fille, ravie pourtant au fond d'être défaite d'une charge devenue si pesante. Elle déguisa les malheurs de sa fille jusqu'à s'offenser qu'on dît et qu'on crût ce qui en étoit, et ce qui en revenoit par toutes les lettres de nos armées. Mais à la fin, Lorraine d'alliance non de naissance, le temps et la force les lui fit avouer ».

Nous revenons à Elbeuf :

Robert Mansel, Jean Dupont père, la veuve de Jacques Dupont, Martin Pigerre, Pierre Osmont, Louis Dupont, Jacques Mansel, François Duval, Jacques Guenet et Michel Dupont, tous bouchers à Elbeuf, entreprirent un procès contre Jean et Jean et Jacques Dupont, tous trois également bouchers dans notre bourg, qui avaient pris à forfait les droits d'inspection des boucheries créés à Elbeuf, d'Alexandre Haulebrègue, adjudicataire de ces droits. Les premiers réclamaient aux seconds d'être associés au bail fait avec Haulebrègue le 11 septembre. Un accord fut signé le 7 octobre.

A la foire de Saint-Denis, près Paris, des manufacturiers d'Elbeuf et plusieurs gardes en charge ou anciens avaient trouvé des fabricants d'Orival vendant des draps de leur fabrication, sur lesquels étaient brodés en tête le mot *Orival* « en petit volume » et suivi de ceux-ci *lez Elbeuf* en grandes lettres.

Considérant qu'il y avait là une contravention à l'arrêt du Conseil du 7 avril 1693, qu'elle était de nature à nuire à la réputation de la manufacture d'Elbeuf et que cette manœuvre avait pour but de tromper les acheteurs, une plainte fut déposée.

Le 29 novembre suivant, à la réunion générale des membres de la corporation, ceux-ci donnèrent leur adjonction aux plaignants, en faisant remarquer qu'Orival dépendait du marquisat de La Londe, et que si on tolérait un pareil abus, des individus des communes voisines de notre bourg, dépendant comme lui du duché, se trouveraient indirectement autorisés à se servir également de ce nom d'Elbeuf. Les fabricants elbeuviens versèrent chacun 20 livres entre les mains de Thomas Bourdon, ancien garde, pour être employées en poursuites contre ceux d'Orival, jusqu'à ce qu'arrêt intervînt.

Le 22, on inhuma, dans l'église Saint-Jean, Madeleine Duval, âgée de 31 ans, femme de Thomas Pelfrenne, organiste de la paroisse. — Pelfrenne se remaria à Marguerite Godard, qui mourut en 1714, à l'âge de 32 ans, et fut également enterrée dans l'église, où avaient aussi été inhumés plusieurs de ses enfants.

Le 14 décembre, Nicolas Lecointe, prêtre, demanda au trésor de Saint-Jean « une habitude » qui lui avait été promise le 20 avril 1702. Cette demande était motivée par le décès de Louis Patallier, prêtre habitué, décédé le 9, à l'âge de 74 ans, et qui avait été inhumé le surlendemain dans la chapelle située derrière le cimetière entourant l'église Saint-Jean.

Jean-Baptiste Flavigny fils Jean fit son testament le 29 du même mois et nomma Jacques Déhayes, vicaire de Saint-Jean, son exécuteur testamentaire. Il donna 200 livres à la confrérie de N.-D. de Liesse, pour la fondation d'une messe à dire le premier mercredi de chaque mois.

CHAPITRE IX
(1705-1708)

Henri de Lorraine (*suite*). — Son fils est tué devant Chivas. — Encore les drapiers d'Orival. — Le duc veut payer ses dettes. — Les marchands de laine de Rouen. — Le frère du duc Henri est pendu en effigie. — Sortilèges et crimes. — Le duc s'empare de l'octroi. — Etablissement de nouveaux droits. — Travaux a l'église Saint-Etienne.

Le 9 janvier 1705, Jean Delarue, drapier, fondé des pouvoirs du procureur du duc Henri, bailla à loyer pour neuf ans, par contrat passé à Elbeuf, les revenus de la baronnie de Grosley, à diverses conditions, notamment celles de payer les gages aux officiers de cette seigneurie et un loyer annuel de 2.200 livres.

Charles Bosquier, docteur, et Nicolas Pollet, prêtre et chanoine de la Saussaye, donnèrent à bail au nom du chapitre à Jacques Guilbert, également chanoine de Saint-Louis, les dîmes de Boscroger, par contrat passé à Elbeuf, le 28 avril. Le preneur s'engagea à fournir d'huile les lampes de l'église de Boscroger, de fournir aussi le vin pour les Pâques, de faire venir à ses frais un prédicateur pour la fête Saint-Pierre et de donner à dîner et à souper aux chanoines, chapelains et enfants de chœur qui se rendraient à cette fête, de payer diverses rentes assises sur ces dîmes, d'entretenir le chancel de l'église, etc., plus de payer chaque année au chapitre 1.000 livres de ferme, et pour le vin du marché la somme de 300 livres.

Jean Delarue, receveur du duché, fit marché le 10 mai, pour la construction d'un mur en bauge autour de sa garenne du Mont-Duve.

Après la mort de Jean-Baptiste Conard de la Pâtrière, écuyer, seigneur de Saint-Martin de la Saussaye, Pierre Capplet, notaire royal à Elbeuf, se transporta à son domicile, le 18 mai, et dressa l'inventaire de ce qu'il laissait, en présence de Thomas-David-Alexis de Hesbert, doyen de l'église collégiale de Saint-Louis, de Michel de Beaumer, écuyer, sieur de Chantelou, conseiller du roi en la cour des Aides de Rouen, et de Nicolas Pollet, curé d'Hectomare. L'inventaire avait lieu à la requête d'Anne Conard, veuve de François de Berbizy, chevalier, seigneur d'Hérouville, sœur et seule héritière du défunt.

Parmi les objets inventoriés, nous citerons: deux tableaux représentant, l'un « le chef de N.-S. couronné d'espines, l'autre l'incendie de la ville de Troye ». Un troisième était le portrait du décédé, deux autres ceux du sieur de Bergeron et du sieur de Rouville. — Dans l'étable, se trouvaient douze vaches et dans la bergerie 176 moutons.

Par acte passé à Elbeuf, le 10 juin, Pierre de Bordeaux, écuyer, sieur de Montigny, procureur de Jules de Clerambaut, abbé commendataire de Saint-Taurin d'Evreux, bailla à loyer pour six ans, à Christophe Le Gallois, bachelier de Sorbonne, curé de Caudebec, les grosses dîmes de cette paroisse et de Saint-Jean d'Elbeuf, avec la dîme des closages et verdages de Saint-Jean, à diverses conditions et moyennant 1.150 livres par an.—Témoins : Robert Blondel, vicaire de Caudebec, et plusieurs autres.

Thomas Saint-Amand, âgé de 52 ans, dont les filles avaient abjuré le calvinisme, afin de pouvoir se marier, renonça lui-même au protestantisme, le 6 juillet, en l'église Saint-Etienne, devant Charles Lamy, Jean Gosset, Guillaume Dauphin et Adrien Roussel, prêtres de cette paroisse.

Pierre Mauger, bourrelier-bâtier, de la paroisse Saint-Jean, par contrat du 7, s'engagea à montrer son métier à un jeune homme « mesme à passer cuir de cheval, vache et autres peaux non tannées servantes aud. metier », pendant deux ans, moyennant 75 livres. Le maître promit aussi de nourrir et coucher son apprenti.

A cette même époque, on payait 150 livres pour apprendre le métier de cardier ; l'apprentissage durait trois ans ; le maître nourrissait et logeait son apprenti et faisait blanchir son linge à ses propres frais.

Le 31 août, Jacques Pollet, lieutenant du duché, et Louis Dugard, tisserand, constituèrent une rente de 150 livres en faveur de Louis Dugard fils, pour lui faciliter les moyens d'arriver à la prêtrise.

Quelques semaines après, Jacques Hamon, acolyte du diocèse d'Evreux, demeurant paroisse Saint-Jean, constitua sur ses biens un titre sacerdotal de 150 livres de rente, en attendant d'être parvenu à la prêtrise, et suivant l'usage établi dans ce diocèse.

Le duc de Saint-Simon rapporte que « les ducs d'Elbœuf, père et fils, gouverneurs de Picardie, avoient une dispute avec le maréchal et les ducs d'Aumont, gouverneur de Boulogne et du Boulonois, qui étoit devenue fort aigre, et qui avoit été plus d'une fois sur le point de leur faire mettre l'épée à la main l'un contre l'autre. M. d'Elbœuf disoit que Boulogne et le Boulonois étoient du gouvernement de Picardie, et le prouvoit, parce qu'il étoit en usage de présenter au roi les clefs de Boulogne quand il y étoit venu, et d'y donner l'ordre, M. d'Aumont présent ; mais il pretendoit de là mettre son attache aux provisions de gouverneur de Boulogne et du Boulonois, et c'est ce que MM. d'Aumont lui contestoient. Le roi enfin jugea cette affaire en ce temps-ci, et M. d'Aumont la gagna de toutes les voix du conseil des dépêches ».

Le duc de Vendôme avait assiégé Chivas. Le 25 juin, le prince d'Elbeuf, âgé de moins de vingt ans, fils unique du duc Henri de Lorraine, qui servait dans l'armée française, avait été posté avec cinq cent cavaliers, près d'un pont, derrière un « naviglio », c'est-à-dire un petit bâtiment, avec défense de passer le Pô ; il ne put résister à l'envie de combattre trois escadrons ennemis qu'il avait aperçus sur l'autre rive ; mais il n'avait pas tout vu, car il se trouvait là quinze cents chevaux, et lorsqu'il se fut rendu compte de la force ennemie, il voulut revenir sur ses pas, mais n'en eût pas le temps.

Sa troupe fut chargée brusquement ; le jeune homme soutint vaillamment le choc ;

quelques instants après, il tombait mortellement frappé d'un coup de pistolet. Saint-Simon dit que ce fut un grand dommage, par toute l'espérance qu'il donnait à son âge. Il n'était point marié et avait le grade de brigadier.

Quand la mort du jeune prince parvint en Normandie, un service funèbre fut célébré dans toutes les paroisses relevant du duché d'Elbeuf.

Le Bureau de la manufacture d'Elbeuf arrêta, le 10 septembre, que tous les draps fins seraient, à l'avenir, composés de 3.300 fils, avec faculté d'en mettre un plus grand nombre en chaîne, mais pas moins, et que « les laizes auroient deux aunes un quart un seze moins ».

Des actes de ce même temps mentionnent Pierre Lesage, serrurier ; Mathieu Rouvin, greffier de la verderie d'Elbeuf et de la baronnie de Quatremares ; Mathieu Maille et Jean Bunel, tapissiers, tous de la paroisse Saint-Jean, et François Leveau, garde-marteau des forêts du duc d'Elbeuf, qui habitait la paroisse Saint-Etienne.

En cette année, il y eut une mission, commune aux deux paroisses, qui fit beaucoup parler d'elle. Elle avait à sa tête M⁰ Aprix de Bonnières, chanoine de la cathédrale d'Evreux, et M⁰ Papillot, grand pénitencier de l'église cathédrale de Rouen, secondés par plusieurs autres prêtres séculiers.

Les bourgeois d'Elbeuf empruntèrent cette année-là, au trésor de l'église Saint-Jean, une somme de 1.500 livres, que quarante d'entre eux cautionnèrent, moyennant une rente de 85 livres, à prendre sur les deniers communs, c'est-à-dire sur l'octroi. Cette somme de 1.500

livres fut versée par les bourgeois au prince Henri, qui avait souvent des besoins d'argent.

Tous les fabricants de notre bourg se réunirent le 21 janvier 1706, pour s'opposer aux prétentions de Jean Delarue, receveur général, qui réclamait de chacun d'eux 9 sols pour les poids et mesures et 2 deniers par pièce de drap.

Louis Buquet, prêtre, âgé de 80 ans, mourut le 4 février et fut inhumé dans l'église Saint-Jean.

Le 13, Nicolas Duchesne, curé de Saint-Jean, étant en son lit, malade, fit une vente de divers objets à « noble et discrette personne Me Henri Odouard du Hazé, prêtre, demeurant au Hazé proche Gaillon », lequel postulait au bénéfice-cure de Saint-Jean et qui l'obtint en effet plus tard.

Au nombre des choses vendues se trouvaient un jardin clos de murs en bauge, planté d'arbres en palissade et autres, situé paroisse Saint-Jean, triège du Clos-Mauduit et borné par la ruelle allant à la Saussaye, plus un calice de vermeil, un plat et deux chopinettes également en vermeil. — Le curé Duchesne mourut le 22 du même mois.

Le 25 février, Pierre Delacroix fut nommé garde juré, en remplacement du sieur Ivelin, décédé pendant son année d'exercice.

Une note manuscrite nous apprend que le bailli d'Elbeuf, à cette époque, demeurait au « clos Notre-Dame », qui était sa propriété.

Le procès contre les drapiers d'Orival n'était pas encore terminé. En février 1706, ceux-ci, au nombre de sept, firent intervenir M. d'Aguesseau, qu'ils prièrent d'offrir de leur part, aux manufacturiers d'Elbeuf, une somme de

2.000 livres pour entrer dans leur Communauté. Cette proposition parut raisonnable au Conseil supérieur du commerce, lequel invita le bailli d'Elbeuf à faire délibérer sur ce sujet le corps de notre manufacture.

Le 6 mars, les fabricants elbeuviens décidèrent de députer deux d'entre eux pour aller à Paris trouver le duc d'Elbeuf et M. d'Aguesseau. Le 27 du même mois, l'intendant de la généralité écrivit à Chrestien, inspecteur des manufactures, « d'advertir la Communauté des drappiers d'Elbeuf et celle des drappiers d'Orival » de se rendre le lundi suivant devant lui. Les fabricants d'Elbeuf déléguèrent Thomas Bourdon, Louis Lamy et Louis Delarue jeune, pour, conjointement avec les gardes, se rendre chez l'intendant.

Il paraît que l'accord ne se fit pas, car le 9 avril les drapiers d'Elbeuf délibérèrent à nouveau sur la question. A l'unanimité, ils refusèrent d'accepter les offres de leurs confrères d'Orival, et dirent vouloir rester dans leurs statuts et les faire respecter par leurs voisins.

Le 8 avril, Pierre Capplet, notaire et garde-notes du roi héréditaire au bourg d'Elbeuf, qui avait été pourvu de cet office par la démission à lui faite de la veuve de Robert Bourdon, le 9 septembre 1693, déclara qu'il quittait entre les mains de Robert Bourdon, avocat à la cour, fils de son prédécesseur, la charge de notaire garde-notes à Elbeuf.

Néanmoins, nous retrouvons, le 12 mai, Pierre Capplet, qui, en qualité de notaire à Elbeuf, se transporta au cloître de la Saussaye, pour dresser l'inventaire du mobilier et des titres laissés par feu Louis Bigot, chanoine. Cette opération fut faite à la requête de François Bigot, conseiller du roi, ancien élu en l'élection de Pont-de-l'Arche, en qualité de tuteur de son fils, héritier du chanoine, grand oncle du mineur. — Cet inventaire ne présente aucune particularité, sinon qu'il n'y est fait mention d'aucun livre.

Étant à Elbeuf, le 1er juillet, Henri de Lorraine nomma pour son procureur général Michel de Baumer, écuyer, seigneur de Chantelou, conseiller du roi en la Cour des comptes de Normandie, et lui donna pouvoir, dans le but « de payer tous ses créanciers et faire cesser la direction établie sur les revenus du duché d'Elbeuf, de trouver des fonds jusques à concurrence de 100.000 livres, pour le payement desdits créanciers, soit par aliénation ou constitution de rente... ; à ce moyen, authorize mondit sieur Michel de Baumer de vendre les fonds dépendant dudit duché lesquels ne seront honorifiques, convenir avec les débiteurs des rentes seigneurialles audit duché pour le rachat et amortissement d'icelles, tant dans le bourg d'Elbeuf que dans les baronies de Routot, Grosley, la Haye du Theil et Quatremares et autres paroisses en dépendant, vendre terres labourables et d'autre nature ; parce que les acquéreurs d'icelles payeront les deniers de leur acquisition, en diminution desd. 100.000 livres, entre les mains des directeurs des créanciers... » Suit la signature : « HENRY DE LORRAINE, *duc d'Elbeuf* ».

Le 13 du même mois, Joseph Duval, prêtre habitué à Saint-Jean, procureur de Louis Bénard, avocat à la Cour, ancien procureur fiscal du duché d'Elbeuf, conseiller du roi, grénetier au grenier à sel de Pont-de-l'Arche, demeurant à Elbeuf, vendit à Jean Delarue aîné, drapier, de la paroisse Saint-Etienne « l'etat et office de conseiller du Roy, grenetier garde du scel des sentences, jugements et autres actes de la jurisdiction du grenier à sel dudit Pont de l'Arche... moyennant le prix et somme de 600 livres... »

Au 30 juillet, Jean Delarue n'était plus receveur du duché, mais il avait la procuration de Charles Desjardins, alors receveur général de cette même seigneurie, et continuait à donner à ferme les propriétés du duc d'Elbeuf.

A cette même date, la compagnie du chevalier des Ifs, régiment d'Harcourt, était à Elbeuf ; Jean Dumouchel en était le maréchal-des-logis. — Le trésorier de la paroisse Saint-Etienne était alors « Jean Viard, échoppier ».

Le 8 août, Marguerite Hamon donna sept pièces de terre au trésor de Saint-Jean.

L'un des registres de l'Archevêché servant aux insinuations ecclésiastiques porte, à la date du 19 août, la nomination de Jean Le Sueur, docteur de Sorbonne, curé de Chaumont, à la cure de Saint-Jean d'Elbeuf, en remplacement de Nicolas Duchesne, décédé.

En octobre, nombre de fabricants d'Elbeuf reçurent assignation, à la requête des marchands de laine de Rouen, pour les assujettir à faire leurs payements en argent et non en billets sur Paris ou en « billets de monnoye ». Les marchands de laine avaient même déjà obtenu une sentence « aux Conseils » contre plusieurs drapiers d'Elbeuf et fait saisir leurs biens.

Le 24 du même mois, à une réunion générale des manufacturiers, il fut décidé qu'on présenterait une requête à M. de Chamillard, ministre, pour lui remontrer l'impossibilité de se soumettre aux exigences des marchands de laine « vu la rareté de l'argent et attendu que leurs marchandises leur étoient paiées à la plus part sur Paris », et qu'il était nécessaire d'empêcher ces poursuites et de soulager la manufacture d'Elbeuf. Pierre Lesueur et Thomas Bourdon furent députés à Paris et l'on pria l'inspecteur Chrestien de se joindre à eux. Ces délégués furent même autorisés à donner un « pot de vin » au ministre pour obtenir ce qu'ils désiraient. Nous citons textuellement, d'après l'un des registres de la manufacture : « Et si les députés trouvent à propos de faire libéralité, ils le pourront, pour parvenir à ce que dessus, jusques à la somme de cinq cents livres ; laquelle somme de cinq cent livres ne sera payée par les députés qu'en cas de réussite ».

Saint-Simon rapporte que le prince Emmanuel, frère du duc d'Elbeuf, « après avoir fait bien des personnages honteux, et tiré souvent du roi de l'argent et de la protection, étoit allé à Milan trouver sa sœur et Vaudémont, son beau-frère. Il fit là son marché et passa à l'armée de l'empereur, où il eut un régiment. Le roi, qui en fut piqué, lui fit faire son procès comme on l'avoit fait au prince d'Auvergne, et comme lui, par arrêt du Parlement, il fut pendu à la Grève en effigie ».

Par acte daté du 20 février 1707, M⁰ Capplet, curé d'Orival, donna au trésor de l'église Saint-Jean d'Elbeuf, pour la fondation des « quarante heures », 26 livres de rente, assises sur une maison de la rue Saint-Jean. — Les héritiers de l'acheteur de cet immeuble furent condamnés, le 13 février 1781, à continuer la rente.

Année 1707

Vers le commencement de l'année, la justice d'Elbeuf avait fait arrêter deux bergers, accusés de sortilèges et d'avoir par ce moyen fait périr des animaux domestiques.

Le 31 mars, Lamoignon de Courson, alors intendant de Rouen, écrivit au bailli de notre bourg :

« J'ai esté informé, Monsieur, qu'il y a dans vos prisons deux hommes accusés de sortilèges à qui vous faites le procès. Je croi qu'il vaut mieux les donner à un officier que de leur faire faire leur procès, parce que par ce moïen vous éviterez des frais et vous procurerez des hommes au Roy. Je ne doute point que ce ne soit là votre sentiment ; ainsy vous n'aurez qu'à les donner à M. le chevalier de la Londe, ou à celuy qui ira les chercher par son ordre... »

La justice d'Elbeuf avait toujours à s'occuper de meurtres et d'assassinats. Cette année-là, elle condamna à être pendus les nommés Robert Mansel fils Denis et Robert Mansel dit Réveille-Hoste, qui, le 7 janvier, rue du Moulin-Saint-Jean, avaient tué un nommé Jean Dugard.

L'année 1707 fut d'ailleurs fertile en attentats contre les personnes. Un de ceux qui occupèrent le plus l'attention publique fut dénoncé à la justice d'Elbeuf le 27 avril.

Le dénonciateur était Nicolas de Guérin, écuyer, sieur de Berville, demeurant alors à Brionne. Il accusait sa femme, Marie-Claude Durand de Valence ou Vallense, qui avait mis un enfant au monde, chez le sieur de Guérin, son oncle, demeurant à Marcouville, d'avoir coupé cet enfant en dix morceaux, dont elle avait fait ensuite cinq paquets.

La justice d'Elbeuf procéda à une enquête et reconnut que les faits dénoncés étaient vrais. L'indigne mère fut arrêtée et incarcérée dans la prison de notre bourg et son procès fut fait. Mais sans doute que des influences intervinrent, car il ne nous paraît pas qu'un jugement ait été prononcé. En tout cas, une lettre de cachet fut décernée contre Marie-Claude de Valence, et on l'enferma, le 10 juin suivant, dans le prieuré de Saint-Hilaire, près Rouen. — Elle était fille de Jacques Durand, sieur de Valence, maître de forges.

A la même époque, le fils d'un des principaux bourgeois d'Elbeuf était poursuivi sous l'inculpation de rapt et d'abandon de sa victime après l'avoir rendue mère.

D'autres procès, pour violences et blessures graves, furent aussi plaidés au bailliage d'Elbeuf, notamment un qui avait eu pour origine une partie de « petit palet », jeu très en vogue alors dans notre bourg et qui s'est perpétué jusqu'à nous.

Enfin, il y avait également procès entre Catherine-Thérèse de Cuverville, femme de Nicolas de Franqueville, sieur de la Galitrelle, et le curé de Saint-Martin la Corneille.

Nous avons rapporté l'origine de l'octroi, qui remontait à l'année 1639, et dont jouissaient paisiblement les habitants.

En 1707, les gens d'affaires du duc Henri lui persuadèrent d'unir cet octroi à ses domaines, et il le réunit en effet, sans que les Elbeuviens élevassent de protestations bien vives, se contentant de faire chaque année de timides réclamations, et ce ne fut qu'en 1775 qu'ils rentrèrent dans leurs droits.

Un état général des feux existant dans

chaque paroisse fut dressé en 1707. Elbeuf y figure avec le nombre de 366.

Une fondation de messes, faite par Jean Delarue jeune fils Jacques, drapier, en la paroisse Saint-Etienne, porte la date du 10 juin.

Le prix d'apprentissage pour le métier de barbier-perruquier était alors de 60 livres, et l'apprenti devait rester chez son maître pendant trois années.

Le 28 juillet, Guillaume Sénécal, barbier-perruquier, de la paroisse Saint-Etienne, céda à René Lizé dit Deschamps, garçon perruquier, originaire de Saint-Aubin, village de Guerrande, diocèse de Nantes en Bretagne, la boutique où le vendeur exerçait son industrie, avec la clientèle y attachée, à condition que Sénécal aurait la moitié du casuel à venir. Le vendeur s'engageait à rester à la boutique de Lizé tous les samedis et les dimanches jusqu'à midi, en fournissant la moitié du linge à barbe et du savon. Lizé était tenu de fournir la totalité de la poudre et de l'essence, et d'engager à ses frais un garçon. Sénécal se réservait en entier le bénéfice des perruques ; mais le bénéfice sur les cheveux achetés à la maison ou aux foires serait partagé par moitié. Ce marché fut passé moyennant la somme de 300 livres payée comptant ; on stipula en outre un dédit de 500 livres. — René Lizé fut l'auteur d'une famille elbeuvienne dont nous aurons l'occasion de parler.

Un acte du 21 septembre est signé de : Charlotte Le Féron de Sainte-Marie, supérieure des Ursulines d'Elbeuf ; Suzanne de Poterat de Saint-Michel, zélatrice ; Catherine de Vincy de Sainte-Cécile, Anne Malapert de Sainte-Agathe, dépositaire ; Marguerite Lemoine de Sainte-Claire, Marie-Madeleine Daubichon de Sainte-Ursule, toutes religieuses au couvent.

Le 23, Marie Bourdon, veuve de Robert Bourdon, avocat à la cour et notaire à Elbeuf; Robert Bourdon, aussi avocat et notaire au même lieu ; Jacques et Pierre Bourdon, drapiers, tous frères et sœur, constituèrent en faveur de leur autre frère Joseph Bourdon, novice au couvent des Grands Augustins de de Rouen, une rente annuelle de 30 livres, aux fins de subvenir à ses besoins.

Le même jour, Jacques Bourdon, avocat à la cour et bailli d'Elbeuf, et Thomas Bourdon, fabricant de draps, frères, constituèrent également en faveur du même Joseph Bourdon, novice aux Grands Augustins, leur neveu, une rente annuelle de 40 livres.

Le couvent des Grands Augustins de Rouen avait alors pour prieur le R. P. Augustin Maille, prêtre, originaire de notre localité ou de Saint-Aubin.

Nicolas Bourdon, conseiller du roi, élu et contrôleur en l'élection de Pont-de-l'Arche, demeurant à Elbeuf, faisait également partie de la famille du bailli.

Il n'y a guère qu'un demi-siècle encore, le premier objet qu'achetait un Elbeuvien quand il s'établissait fabricant de draps, était une grande table en pierre qu'il faisait monter au milieu de sa cour. Cette table était destinée à recevoir les draps à fouler et ceux revenant du foulon, et elle servait en quelque sorte d'enseigne pour les acheteurs étrangers. C'est dans un acte du 7 octobre 1707 que nous trouvons, pour la première fois, mention d'une de ces tables en pierre, dont l'utilité ne fut jamais bien démontrée et desquelles il ne reste probablement plus d'exemplaire de nos jours.

Les syndics des paroisses d'Elbeuf furent créés en 1707, par édit du roi. A Saint-Etienne, le premier qui en remplit les fonctions fut Jean Lamy, il recevait 63 livres de gages, et avait pour greffier Pierre Delacroix, aux appointements annuels de 87 livres 3 deniers.

Claude Routier réunit les fonctions de syndic et de greffier, pour la paroisse Saint-Jean; ses gages furent fixés à 211 livres 14 sols 6 deniers par an.

Le 6 décembre, Thomas Saint-Ouen, chirurgien, décédé à l'âge de 60 ans, fut inhumé dans l'église Saint-Jean. — Adrien Lesieur exerçait alors cette même profession de chirurgien en notre bourg.

Au 30 décembre, Georges Fumière, meunier aux moulins d'Elbeuf, était en prison pour dettes envers Jean Delarue aîné, ancien receveur du duché, et Charles Desjardins, le receveur d'alors. Pour recouvrer sa liberté, Fumière abandonna les revenus d'une ferme qu'il possédait à Saint-Didier.

Une fondation de messe à Saint Jean, faite par Jeanne Gourdel, femme de Robert Morice, porte la date du 11 janvier 1708.

Le 2 février, les sous-fermiers des droits d'inspection des boucheries rétrocédèrent ces droits à Martin Pigerre et Jacques Guenet, bouchers de la paroisse Saint-Jean, porteurs de la procuration de tous les autres bouchers d'Elbeuf, moyennant la somme de 1.200 livres par an. Le corps des bouchers se composait alors : de Jean Dupont fils Jean aîné, Robert Mansel, Martin Pigerre, Louis Dupont, Nicolas Dupont, Pierre Osmont, Jacques Dupont aîné, Jean-Baptiste Pigerre, Jacques Guenet, François Duval, Jacques Dupont jeune et Jacques Mansel.

Un acte du 16 mars mentionne « Messire de Villeneuve, doyen de la Saussaye; de Saint-Ouen, chantre ; Jacques Guilbert, Duparc et Pollet, chanoines », ce dernier secrétaire du chapitre.

Houard, dans son ouvrage sur le *Droit normand*, rapporte ce qui suit :

« Au mois de mars 1708, une fille fut condamnée à se charger de son enfant, quoiqu'il fut prouvé que celui qu'elle en disoit le père avoit couché dans sa chambre ; mais elle étoit fille d'un aubergiste d'Elbeuf, et tous les jeunes gens du lieu venoient habituellement, après souper, se divertir dans cette auberge ».

Louis Bénard, écuyer, gendarme de la garde du roi, fils de feu Marin Bénard, avocat au Parlement et bailli de la Londe, fieffa, le 7 avril, à Antoine Dudouit, chirurgien, de la paroisse Saint-Jean, un tènement de maisons, cour et jardin, « scis sous la Rigolle ».

Charles Maille, avocat au Parlement et bailli de la Londe, acquit l'office de conseiller du roi et de grénetier au grenier à sel de Pont-de-l'Arche, le 28 juin, à la suite de la remise faite en sa faveur par Barbe Gemblet, veuve d'Etienne Roussel, demeurant également à Elbeuf.

Nous emprunterons encore à Saint-Simon un passage de ses *Mémoires* : « Dangeau maria son fils unique à la fille unique de Pompapour qui avoit treize ans, d'une taille et d'une beauté charmantes... Les Pompadour étoient sans crédit et dans l'obscurité et n'avoient rien à donner à leur fille qu'ils vendirent. La duchesse douairière d'Elbœuf, qui les aimoit par les respects infinis qu'ils lui rendoient, vivoit beaucoup avec Mme Dangeau à la Cour, et lui faisoit la sienne par rapport à Mme de Maintenon.

« Mme de Maintenon aimoit extrêmement Mme Dangeau... Elle n'osoit oublier d'avoir été accueillie par la mère de Mme de Navailles, et chez elle longtemps en arrivant d'Amérique, et elle se piquoit d'amitié pour Mme d'Elbœuf. Par la même raison, elle ne pouvoit pas favoriser Mme de Pompadour sa sœur ». Dangeau céda sa place de menin à Pompadour, et son gouvernement de Touraine à son fils, et Mme Dangeau sa place de dame du palais à sa belle-fille ».

Le duc de Mantoue, époux de Mlle d'Elbeuf, mourut à Padoue, le 5 juillet, presque subitement. Il laissa beaucoup d'argent comptant, de vaisselle, de pierreries, de meubles magnifiques et de beaux tableaux, mais pas un pouce de terre, depuis que l'empereur s'était emparé de ses Etats. En lui finit la branche souveraine des ducs de Mantoue.

Par acte du 5 juillet, Jean Delarue, receveur du duché, donna à bail pour neuf années, à Henri Mollet, armurier, de la paroisse Saint-Jean, « la ferme du jeauge du duché d'Elbœuf, à ce compris les grands et petits vaisseaux et les boissons vendues en ce bourg, comme aussy la ferme des charettes dud. bourg d'Elbeuf », ainsi qu'en avait précédemment joui Pierre Sentier, dernier fermier; « et, en outre, la ferme du jeauge royal etably aud. bourg d'Elbeuf par les edits et declarations du Roy, compris la paroisse de Caudebec », moyennant 250 livres de loyer par an.

Voici un intéressant extrait des registres du Conseil d'Etat, concernant l'établissement de nouveaux droits d'octroi :

« Vu par le Roi, en son Conseil, la requête présentée par les habitants du bourg d'Elbeuf, élection du Pont de l'Arche, généralité de Rouen, contenant que rien n'étant plus utile, pour le bien de l'Etat, que les manufactures, les Rois ont toujours donné une protection singulière aux lieux où il y en a d'établies ;

« Que le bourg d'Elbeuf, qui est en grande réputation pour les draperies et tapisseries, en a plus besoin qu'aucun autre, par le dérangement que les impositions y ont causé depuis quelques années, les manufacturiers s'abstenant de faire un commerce aussi considérable qu'ils le pourraient par la crainte d'être surchargés de taille, et les ouvriers s'en retirant pour s'établir dans les lieux circonvoisins pour s'en délivrer ; en sorte qu'il serait à craindre que si ce mal continuait, cette manufacture ne cessât absolument ;

« Que ces considérations ont porté les habitants dudit bourg d'Elbeuf d'arrêter, par leur délibération du 21 mars dernier, de supplier très humblement Sa Majesté de leur faire la grâce de leur permettre de lever, aux entrées, par forme d'impôt, à compter du premier jour d'octobre de la présente année, les droits portés par ce projet de tarif sur les marchandises et denrées y énoncées, qui entreront, se consommeront, seront vendues ou fabriquées dans ledit bourg d'Elbeuf et lieux en dépendant ; lesdits droits payables par tous les habitants indistinctement dudit bourg et lieux en dépendant, exempts et non exempts, privilégiés et non privilégiés, ecclésiastiques, nobles et autres, de quelque qualité et condition qu'ils soient ;

« Et le produit desd. droits employé, sans aucun divertissement, au payement de la somme à laquelle il plaisait à Sa Majesté fixer l'abonnement de la taille dudit bourg, qui est pour la présente année 1708, de la somme de 17.419 livres, même de leur permettre pendant la guerre, et autant de temps qu'ils seront obligés payer l'ustensile, de lever le quart en sus dudit tarif, par augmentation, pour le payement de l'ustensile.

« Vu la délibération des habitants et communauté du bourg d'Elbeuf du 21 mars dernier, par laquelle les ecclésiastiques, nobles et autres privilégiés, en considération des avantages qui résulteront du tarif, ont consenti et se sont soumis d'en payer les droits, et l'avis du sieur Lamoignon de Courson, conseiller du roi en ses conseils, maître des requêtes ordinaires de son hôtel, commissaire départi pour l'exécution des ordres de Sa Majesté en ladite généralité de Rouen, portant que le bourg d'Elbeuf est celui de toute la généralité où il se fabrique et se fait un plus grand commerce de draperies et tapisseries, et qu'il est très important pour le bien de la province de le maintenir, puisqu'il fait subsister une grande quantité d'ouvriers qui, par ce moyen, se trouvent en état de payer les charges publiques.

« Ouï, etc... Le roi permet auxdits habitants d'Elbeuf et lieux en dépendant... de lever, par forme d'impôt, pendant vingt années, à commencer du 1er octobre prochain, sur les bestiaux, denrées et marchandises qui entreront et se consommeront, seront vendus ou fabriqués dans ledit bourg d'Elbeuf et lieux en dépendant, même sur les bestiaux, denrées et marchandises qui s'y trouveront audit jour... etc.

« Même le quart en sus desdits droits pendant la guerre, etc... ; lesquels droits seront par celui qui sera pour ce proposé par lesdits habitants... ; lequel receveur sera tenu de payer au receveur des tailles du Pont de l'Arche la somme pour laquelle ledit bourg d'Elbeuf et lieux en dépendant seront compris annuellement pour leur part de la taille ; comme aussi la somme à laquelle ledit bourg sera taxé chaque année pour l'ustensile...

« Et en cas qu'il se trouvât de l'excédent après la taille et l'ustensile acquittés, le surplus serait employé aux plus urgentes nécessités dudit bourg... Et au cas où le produit dudit tarif ne se trouverait pas suffisant pour acquitter la taille et l'ustensile, veut Sa Majesté que ce qui s'en manquera soit imposé par capitation sur tous les habitants généralement quelconques dudit bourg et lieux en dépendant... ; et quand ledit bourg et lieux en dépendant cesseront d'être taxés pour l'ustensile, le quart en sus desdits droits cessera d'être perçu.

« Le tout à condition que si les habitants dudit Elbeuf font valoir de leur propres, ou prennent à ferme aucuns biens et héritages, tant dans ladite élection du Pont de l'Arche que hors d'icelle, ils seront et demeureront taillables dans les paroisses où lesdits biens et héritages seront situés... ; qu'aucuns négociants, fabricants ni autres d'Elbeuf ne pourront faire d'entrepôt, ni magasin de denrées sujettes aux droits hors dudit bourg, à peine de 500 livres d'amende et de confiscation...

« Fait au Conseil du Roi à Fontainebleau le 14 juillet 1708 ».

Suit le tarif des droits, qui portait sur les boissons, viandes de boucherie, bois, foins, chandelles et suifs, poissons, chanvre et lin, laines, huiles, matières tinctoriales, poils, plâtre, chaux, pavés et ciments, draps et autres étoffes en pièces, cuirs, fil de fer pour cardes, charbons, verres à vitres, etc.

En 1708, le roi accorda des « lettres patentes de don de lots et vente de la terre du Catelier, au sieur de Gauchy (Gaugy), écuyer de M. le duc d'Elbeuf ». Elles furent enregistrées sur les mémoriaux de la Chambre des comptes.

Un service avec messe solennelle, et trois messes basses furent fondés à Saint-Etienne, le 4 août, par Robert Doinville, compagnon drapier, et Catherine Crosnier, sa femme, moyennant 10 livres de rente. — Jean Grandin était alors échevin à la charité de Sainte-Croix.

Par acte passé à Elbeuf, le 28 du même mois, François Le Cordier de Bigars, chevalier, marquis de la Londe et de la Heuze, conseiller au Parlement, représenté par François Dulondel, son receveur, bailla à ferme le moulin de la Londe, sis à Louviers, moyennant 350 livres par an, plus diverses autres conditions.

Le 8 septembre, Charles Maille, avocat au Parlement, bailli de la Londe et trésorier en charge de Saint-Jean, donna à loyer une maison appartenant au trésor, à Thomas Pelfresne, organiste de cette paroisse.

L'auberge du *Dauphin*, sise paroisse Saint-

Jean, était alors tenue par Nicolas Delacroix; elle fut achetée par Mathieu Poulain, drapier.

Le 3 novembre, Jacques Bourdon, bailli, Nicolas Flavigny, Louis Flavigny, Thomas Bourdon, Thomas Lemonnier, Guillaume Boissel, Jacques Bourdon jeune et Michel Le Cerf, drapiers, prirent conjointement « la teinture fieffée par l'enfant majeur de defunt Jacques Boisguillaume à Clement Girault, scize en la paroisse Saint-Etienne proche le moulin du lieu, licitée ce jourd'huy en la juridiction d'Elbeuf..., et en demeureront tous co-propriétaires... » — Les associés augmentèrent le nombre des chaudières de l'ancienne teinture de Girault, décédé au mois d'avril précédent. Elle devint, par la suite, la plus importante du bourg.

En cette même année, un autre Jacques Bourdon, âgé de 63 ans, fils de feu Gillot Bourdon, fut inhumé dans l'église Saint-Etienne ; c'était un ancien trésorier de la paroisse.

Louise Patallier, veuve de Jean Osmont, fonda treize messes basses en l'église Saint-Jean, le 28 novembre. Dans l'acte, la fabrique paroissiale fut représentée par Jacques Deshayes, vicaire ; Louis Flavigny ; Charles Maille, avocat, Thomas Bourdon et François Flavigny, tous trésoriers.

Le 7 décembre, à Elbeuf, Gabriel de Gaugy, écuyer, chevalier de l'ordre de Saint-Lazare, seigneur du Catelier, bailla à loyer pour huit années, « les terres dependant de la chanoinie de M° Anthoine de Gaugy, son fils, chanoine en l'eglize collegiale de la Saussaye, scizes au Thuissignol... »

Le 12, Robert Bourdon, notaire, sur la réquisition de « noble et discrette personne Henry Odouard, sieur du Hazé, prêtre curé de la paroisse Saint-Jean, et en vertu de la sentence rendue par M. l'avocat du Roy du Pont de l'Arche », se transporta au manoir presbytéral de Saint Jean, afin de procéder à l'inventaire des lettres et écritures qui devaient se trouver dans un cabinet, sur la porte duquel les scellés avaient été apposés par Vincent Bunel, sergent d'Elbeuf, le jour du décès de « noble et discrette personne Me Nicolas du Chesne, vivant prêtre curé de lad. paroisse, le 22 fevrier 1706 ».

Là, en présence du curé Odoard et de Jean Pollet, lieutenant du duché, celui-ci représentant François Le Boucher, sieur de Bourges, procureur au présidial d'Evreux ; en présence également de Pierre Bénard et de Jacques Patallier, prêtres habitués à Saint-Jean, Bunel reconnut les scellés sains et entiers.

Ouverture faite du cabinet, on n'y trouva aucunes écritures, mais seulement les livres du défunt, qui furent réclamés par le curé Odoard, comme lui appartenant par la vente que lui en avait faite son prédécesseur.

On trouve cette note sur les registres paroissiaux de Saint-Etienne :

« En 1708, MM rs Juvel, Louis Lesueur, Louis Dugard et Michel Lesueur étant trésoriers, l'on fit la sous aile du costé de l'autel de la Ste Vierge, qui commence à la porte et qui contient trois piliers. Tout se fit par les soins dudit sieur Juhel ; le tout coûta 3.300 livres, suivant son compte.

« Me Jean Ledoulx, curé de la paroisse, donna 100 livres ; M. Jacques Bourdon, bailly du duché d'Elbeuf, 100 ; M. Charles Lamy, vicaire, 20 ; M. Jean de la Rüe, receveur du duché ; 100 ; Juvel, trésorier, 100 ; Lesueur, trésorier, 50 ; Dugard, trésorier, 40 ; Michel Lesueur, trésorier, 50 ; Pierre Grandin, 100 ; Jean Davoult, 100 ; Jean Lamy, 100 ; Delacroix, 100 ; Jean de la Rüe le jeune, 76 ; Grandin frères, 50 ; Jean Grandin, 20 ; Thomas Lemonnier, 50 ; Louis de la Rüe, 52 ; Manoury, 10 ; Capplet, 7 ; Le Roy, 7 ; Thomas Berenger, 10 ; Louis Lamy, 50 ; Jacques Henry, 50 ; Mesdames la veuve Pierre de la Rüe, 20 ; veuve Jean Grandin, 26 ; veuve Richard Lamy, 3 ; veuve Montouchet, 3.

« Le surplus a esté pris des questes de l'église et de la vente du plomb de la chapelle de la Ste Vierge qui fut vendu 900 livres, dont il y en eut 500 pour cet ouvrage. Ce fut les sieurs Malets frères, demeurant à Rouen, protestants de Religion, maçons architectes, qui l'ont faite ».

En cette année 1708, le protestant Abraham Frontin, bourgeois d'Elbeuf, fut mis en prison « pour avoir mal parlé du Saint Sacrement dans le basteau ». Abraham Frontin fut considéré comme « criminel de lèze majesté divine », mais une contestation de compétence surgit entre la haute justice d'Elbeuf et celle de la Vicomté de l'Eau de Rouen, qui paraissent avoir instruit simultanément le procès.

CHAPITRE X
(1709-1710)

Henri de Lorraine *(suite)*. — Mlle d'Elbeuf, duchesse de Mantoue, veut jouer a la souveraine ; ses déboires et ceux de sa mère. — Crimes aux environs d'Elbeuf. — — Nouvelle disette ; accaparement des grains ; tentative de révolte. — Rachat de la capitation d'Elbeuf et de celle de Louviers. — Encore la « Grande Maison » et le chateau ducal.

Nous trouvons dans les *Mémoires* de Saint-Simon de nouveaux détails sur l'orgueil et l'ambition de Mlle d'Elbeuf et de sa mère :

« Après la mort du duc de Mantoue, sa veuve, Mlle d'Elbœuf, s'étoit retirée dans un couvent de Pont-à-Mousson, qu'elle quitta bientôt pour faire quelques tours à Lunéville, sous la tutelle de sa sœur de Vaudemont. Elle pensa qu'il étoit temps d'aller jouer à la souveraine, à la cour, dont elle tiroit de fortes pensions. Son orgueilleuse mère ne le désirait pas moins ; elle comptait d'ailleurs sur son crédit auprès de Mme de Maintenon, sur l'amitié de la Maintenon pour Mme de Dangeau, dont le fils avoit épousé la fille unique de Mme de Pompadour, sa sœur. Elle comptoit aussi de M. de Vaudemont. Le retour à Paris fut donc résolu.

« Sous prétexte de prendre de l'air et du lait, Mme d'Elbœuf obtint que sa fille s'établît à Vincennes, et qu'on y meublât pour elle l'appartement qu'y occupait autrefois Monsieur, quand la cour y étoit, et des chambres pour le domestique dont ce château, depuis tant d'années entièrement vide, ne manquoit pas. Ce début d'un si grand air nourrit leurs espérances.

« Mme de Mantoue arriva à Vincennes avec le dessein de se former un rang pareil à celui des petites-filles de France, c'est-à-dire de ne donner la main ni de fauteuil à qui que ce fût, ni aucun pas de conduite. La maréchale de Bellefonds, depuis de longues années retirée dans ce château, dont son mari et ses enfants avoient été et étoient encore gouverneurs et capitaines, et qui vivoit dans une grande piété et une grande séparation du monde, y fut attrapée. Elle alla voir la duchesse de Mantoue, et fut si étourdie de se voir présenter un ployant, qu'elle se mit dessus ; mais, quelques moments après, revenue à soi, elle s'en alla et n'y remit pas le pied davantage. Mme de Pompadour n'osa s'adresser à des femmes titrées, mais y en mena autant qu'elle put, dont le concours pourtant s'arrêta brusquement, et laissa Mme de Mantoue livrée à son domestique, nombreux d'abord, mais qui se raccourcit bientôt faute de vivres.

« Pendant tout cela, Mme d'Elbœuf négocioit le traitement de sa fille, et ne réussit à rien. Mme de Maintenon avoit des fantaisies et des hauts et bas pour ses mieux aimées. Mme d'Elbœuf ne se rencontra pas alors dans la bonne veine, et, par une merveille, le roi, pour cette fois, ne se rendit pas facile aux prétentions. M. de Mantoue étoit mort, et n'avoit point de successeur. Ses Etats étoient et demeurèrent occupés par l'empereur. Le souvenir du mariage fait malgré ses défenses étoit encore présent, et celui de toutes les tentatives et de tous les artificieux manèges de M. de Vaudemont pour les siennes. Il ne voulut donner aucun pied à Mme de Mantoue à la cour, pour éviter l'importunité de ses prétentions, et il régla qu'elle viendroit vêtue comme pour Marly le voir chez Mme de Maintenon, où se trouveroit aussi Mme la duchesse de Bourgogne, et, la visite faite, s'en retourneroit tout court à Vincennes.

« Cela se passa de la sorte. Elle arriva à heure précise avec Mme d'Elbœuf à Versailles, entrèrent chez Mme de Maintenon, le roi y étant déjà ; n'y demeura que tort peu de moments, le roi debout, et qui ne la baisa point, ce qui parut extraordinaire, se retira par le grand cabinet à la suite de Mme la duchesse de Bourgogne qui l'y embrassa, et où Mgr le duc de Bourgogne et M. le duc de Berry se trouvèrent. On ne s'assit point ; et en moins d'un quart d'heure fut congédiée et s'en alla tout de suite avec sa mère à Vincennes, sans avoir pu voir Mme de Maintenon en particulier.

« Quelques jours après, elles allèrent voir Monseigneur à Meudon, et arrivèrent comme il sortoit de dîner. Mgrs ses fils et Mme la duchesse de Bourgogne étoient dans la petite galerie du château neuf avec lui. Il les y reçut sans les faire asseoir, sans leur rien proposer à manger ni à boire, ni aucun jeu, ni promenade ; une demi-heure au plus termina une visite si sèche, et la mère et la fille, qui ne revit Meudon de sa vie, s'en retournèrent à Vincennes, fort déconcertées de ces deux réceptions.

« La princesse de Montauban, qui s'étoit fort mise sous la protection de Mme d'Elbœuf, se laissa persuader ensuite d'aller à Vincennes. Ce fut la seule femme titrée qui y alla, apparemment pour en exciter d'autres, et pour faciliter à Mme de Mantoue de baisser équivoquement d'un cran, elle prit, comme par hasard, un ployant qui se trouva derrière elle, sans affecter de place, et en donna un à Mme de Montauban, mais cette gentillesse ne tenta personne.

« Mme d'Elbœuf, difficile à rebuter, tenta après le siège à dos pour sa fille chez Mme la duchesse de Bourgogne. Les femmes et les veuves de vrais souverains réels et existants dont les ministres sont reconnus et reçus dans les cours et les assemblées de l'Europe pour les négociations et les traités, ont eu constamment un siège à dos, une seule fois, au cercle de la reine, après quoi jamais qu'un tabouret, et parmi tous les autres sans distinction et sans différences de duchesses... Mme de Mantoue n'y put atteindre et Mme d'Elbœuf en fut refusée jusqu'à quatre différentes fois.

« Elle et sa fille, outrées de se voir si loin de leurs projets, crurent pourtant qu'il ne falloit pas bouder, pour ne se fermer pas la porte à des retours favorables. La mère négocia pour sa fille une seconde visite chez Mme de Maintenon, le roi l'accorda. Elle l'y trouvèrent comme la première fois, et Mme la duchesse de Bourgogne. Le singulier fut que le roi et elle s'assirent et laissèrent la mère et la fille debout, sans qu'on leur donnât de ployants, sans que le roi leur proposât de s'asseoir en aucune façon ; il lui dit quelques mots à diverses reprises et puis la congédia.

« Elle passa dans le grand cabinet, où Mme la duchesse de Bourgogne la fut trouver aussitôt, et, un moment après, l'y laissa et rentra dans la chambre. Mme de Mantoue trouva dans ce cabinet les dames du palais et quelques autres de celles qui avoient la liberté d'y entrer. Elle essaya de se les concilier par les politesses et les amitiés les plus excessives, et repartit de là pour Vincennes.

« Ces dégoûts étoient grands pour des projets si hauts. Mme d'Elbœuf avoit eu la folie de parler de M. le duc de Berry comme d'un parti sortable à peine pour sa fille, et je pense que cela eut quelque part au refus du siège à dos.

« Econduite à la cour, où Mme de Mantoue ne remit plus le pied de sa vie, elle voulut du moins dominer dans Paris, et s'y former un rang à son gré. Elle parut d'abord aux spectacles avec sa mère, toutes deux réduites à s'y faire suivre par Mme de Pompadour, qui que ce soit n'ayant voulu tâter de leur compagnie, où elles firent vider une loge à de petites bourgeoises, dont le petit état couvrit l'affront et empêcha le monde de crier.

« La première aventure qui lui arriva, outre celle des fiacres, fut à la seconde porte du Palais-Royal, avec M. et Mme de Montbazon, qui étoient seuls ensemble dans leur carrosse à deux chevaux, que celui de Mme de Mantoue voulut faire reculer avec hauteur. Sur la résistance, Mme d'Elbœuf qui étoit [avec] sa fille, envoya un gentilhomme dire à M. de Montbazon que c'étoit Mme de Mantoue qui le prioit de reculer. M. de Montbazon répondit que, s'il étoit seul, il le feroit avec grand plaisir, mais qu'il étoit avec Mme de Montbazon, et qu'il ne savoit pas que Mme de Mantoue eût aucun droit sur elle. Un moment après, le même gentilhomme revint lui dire que Mme de Mantoue ne cédoit qu'à l'électeur de Bavière qui étoit lors à Paris, et qu'il vît donc ce qu'il vouloit faire. M. de Montbazon répondit sagement que c'étoit à sa maîtresse à voir si elle vouloit livrer combat, parce qu'il n'étoit pas résolu à reculer, qu'il avoit beaucoup de respect pour Mmes d'Elbœuf et de Mantoue, mais nulle disposition à leur céder aucun rang. Là-dessus, chamaillis entre les cochers et quelques injures ; Mme d'Elbœuf, la tête à la portière, criant qu'on fit reculer, et M. de Montbazon qui alloit mettre pied à terre et donner cent coups à quiconque oserait approcher. Enfin, à la faveur de la largeur de la route, et aux dépens des petites boutiques le long des murs, les deux carrosses passèrent en se frôlant, et finirent la ridicule aventure...

« Tout Versailles et tout Paris se leva contre Mme de Mantoue et Mme d'Elbœuf, qui avoit fort crié qu'elle demanderoit justice au roi. Comme on étoit dans l'attente de ce qui arriveroit, Mme de Mantoue entra chez Mme de Lislebonne comme Mme la grande-duchesse en alloit sortir. Les gens de Mme de Mantoue voulurent faire ranger ceux de Mme la grande duchesse, et, parmi ce débat, Mme de Mantoue descendit de carrosse trouva, vis-à vis d'elle Mme la grande-duchesse prête à monter dans le sien qui se retiroit de la bagarre, et à qui Mme de Mantoue essaya de gagner le dessus. Cette insolence étoit complète. Jamais duc de Mantoue n'avoit rien disputé au grand-duc, et d'une petite-fille à Mme de Mantoue la distance étoit encore tout autre ; aussi fut-elle bien relevée et contribua-t elle fort à la réduction de tant de folies à raison. Mme de Mantoue ne fit pas la moindre civilité à Mme la grande-duchesse sur ce qu'il se passoit, mais vingt-quatre heures après, elle eut ordre d'aller demander pardon à Mme la grande-duchesse, qui, amie de Mme de Lislebonne, passa la chose doucement.

« Mme d'Elbœuf fit écrire sa fille sur l'aventure de M. de Montbazon à Torcy, comme ministre des affaires étrangères. Elle n'eut point de réponse. Elle écrivit une seconde fois, longuement et fort hautement. Torcy eut ordre de lui conseiller d'abandonner cette affaire, dont elle ne tireroit aucune raison, et de ne se pas commettre à s'en faire de nouvelles. La mortification fut si publique et si sensible qu'elle corrigea enfin Mme de Mantoue de tout hasarder, et la persuada enfin d'abandonner ses projets pour éviter de nouveaux dégoûts. Elle comprit qu'ils ne se pouvoient soutenir, destitués des protections dont elle s'étoit flattée, et qu'elle et sa mère étoient trop faibles pour en faire réussir aucun.

« Elle se résolut donc à renoncer à la cour, où on ne vouloit point d'elle, et à des prétentions qui la renfermoient chez elle dans la solitude et l'ennui. Elle prit maison à Paris, envoya complimenter toutes les dames un peu considérables, dans l'espérance de les engager à la première visite. Voyant que la tentative ne réussissoit pas, elle fit répandre tant qu'elle put qu'elle ne savoit sur quoi fonder qu'on lui croyoit des prétentions chimériques, qu'elle désiroit qu'on fût persuadé qu'elle ne vouloit pas vivre autrement que si elle étoit encore fille, qu'elle étoit offensée qu'on s'imaginât autre chose, qu'elle comptoit être si attentive à toutes sortes de devoirs et de politesse qu'on ne pourroit s'empêcher de l'aimer et de vouloir vivre avec elle. Telle fut son amende honorable au public, après tant de tentatives inutiles de force ou d'adresse.

« Les choses ainsi préparées, elle la fit en personne : elle se mit à faire des visites sans plus en attendre de premières, et dans un seul carosse à deux chevaux, comme tout le monde. Elle accabla de civilités et de caresses les dames qu'elle trouva, et redoubla même une seconde visite à quelques-unes avant d'en avoir reçu d'elles. La duchesse de Lauzun fut de ce dernier nombre, qui, bien sûre de son fait, la fut voir ensuite. Elle fut reçue avec des remercîments infinis, eut un fauteuil, la main sans équivoque, et en sortant fut conduite par Mme de Mantoue à travers trois pièces entières, sans qu'il fut possible de l'en empêcher, et au degré par sa sœur bâtarde qui lui servoit de dame d'honneur, et quelques demoiselles. Elle en usa ainsi avec toutes les femmes titrées ; et pour les autres, elle les reçut sans affectation sur rien, avec une grande politesse, leur laissant les fauteuils à l'abandon, et les conduisant honnêtement.

« Une conduite si différente de ses premiers essais lui réconcilia bientôt le monde. Elle acheva de se l'attirer par un grand jeu de lansquenet fort à la mode alors, qu'elle tint avec beaucoup d'égards, et assez de dignité pour qu'il ne s'y passât rien de mal à propos. Ainsi fondit tout à coup en un brelan public ce grand rang de souveraine, dont le modèle le plus juste en avoit été choisi sur celui des petites-filles de France, et sans prétendre leur céder, comme on l'a vu, à l'égard de Mme la grande-duchesse; et à tous les projets de figurer grandement à la cour, succédèrent les soins de se faire une bonne maison dans Paris. La chute fut grande et amère, et de plus, souvent accompagnée d'embarras de subsistances dans un temps où celles des armées absorboient tout, et Desmarets ne se mettant pas fort en peine de ses besoins depuis qu'elle lui eut dit, un peu imprudemment, qu'il pouvoit juger qu'ils étoient grands, puisqu'elle venoit elle-même les lui demander ».

Pour en finir avec Mme de Mantoue, nous dirons tout de suite qu'elle mourut à Paris, le 16 décembre de l'année 1710. « Sa maladie fut longue, dont elle sut heureusement profiter. Depuis son bizarre mariage, sa vie avait été fort triste... Elle n'avoit point d'enfants et n'eut rien de son mari. Il avoit l'honneur d'appartenir au roi, qui prit le deuil en noir pour cinq ou six jours ».

En cette année, le chevalier d'Elbeuf, dit le Trembleur, fils aîné de feu Charles III de Lorraine, duc d'Elbeuf, et de sa première femme, mourut au Mans, à l'âge de 59 ans, regretté de tous ceux qui l'avaient connu. Nous avons dit à quelle circonstance il devait ce sobriquet de Trembleur et comment il avait été dépouillé de ses droits au profit d'Henri de Lorraine.

Jacques Pollet, lieutenant général du duché d'Elbeuf, conseiller du roi, référendaire en la chancellerie de Rouen, mourut le 10 janvier 1709, à l'âge de 66 ans, et fut inhumé dans l'église Saint-Jean.

A cette époque, les crimes étaient assez fréquents aux environs d'Elbeuf.

L'année précédente, grâce au marquis de La Londe, conseiller au Parlement de Rouen, deux individus, nés à Elbeuf, condamnés à mort, avaient eu la vie sauve pour avoir porté la Fierte de Saint-Romain, à Rouen.

L'un était Louis Le Cerf, âgé de 25 ans, soldat dans la compagnie colonelle du régiment de La Londe; l'autre Richard Dugard, âgé de 39 ans, employé dans les fermes de tabac.

S'étant rendus ensemble de Boscroger à Elbeuf, ils avaient bu du vin à l'hôtellerie de *la Bergerie*, sise entre la côte Saint-Auct et La Londe, puis s'étaient remis en route.

Une poule-dinde, que Dugard portait dans un panier s'étant échappée, un nommé Levacher, homme de journée, les railla. Il en résulta une dispute, puis une lutte qui se termina par la mort de Levacher, à qui Le Cerf avait donné un coup d'épée.

En 1709, la Fierte de Saint-Romain fut levée à la recommandation du maréchal d'Harcourt, par un nommé Etienne Aumont, âgé de 45 ans, né à Tourville-la-Campagne, soldat de la garnison du Vieux-Palais à Rouen, condamné à mort pour avoir tué d'un coup de fusil Charles Clauset, d'Ecquetot.

Une des causes célèbres de cette époque fut l'affaire du seigneur de Saint-Cyr-la-Campagne, bien connu à Elbeuf, et à Caudebec surtout où il possédait des propriétés. Voici un extrait des registres du greffe du bailliage d'Evreux qui fera connaître le crime reproché à ce seigneur :

« Condamnation de Claude-François Le Diacre, seigneur de Saint Cyr la Campagne, né à Evreux, paroisse de Saint Pierre, accusé d'avoir, nuitamment et par effraction, entré dans l'abbaye royale de Saint Sauveur d'Evreux, au moyen d'une échelle trouvée dressée contre la muraille de la chambre de la dame Geneviève Ferard de Montreuil, prieure religieuse de ladite abbaye, et de l'avoir poignardée et tuée dans son lit, la nuit du 4 au 5 février 1709, à coups de dague à trois carres, et de l'avoir volée d'une somme considérable, de complicité présumée avec : 1º Louis et Simon Chéron père et fils, maîtres maçons ; 2º dame Magdelaine Nollent de Limbeuf, religieuse ; Marie et Marguerite Chéron, filles dudit Louis ; 4º Françoise Conchot et Marie Liénard, femmes desdits Chéron, 5º sœur Suzanne Noel, religieuse converse, tante de l'assassin ; 6º Marguerite Noël, veuve de Jacques Lefrançois, sa mère, et 7º Guillaume Lefrançois, son frère... »

La dame de Limbeuf et la sœur Suzanne Noël furent déchargées de l'accusation.

Trois ans après, le privilège de Saint Romain sauva la vie à un autre condamné à mort, Jean Périer, âgé de 54 ans, maréchal, demeurant à Tourville-la-Rivière, qui s'était trouvé dans le cas de légitime défense.

Passant un soir par la forêt des Essarts, Périer s'assit dans le bois et s'y endormit. Bientôt il se réveilla et s'aperçut qu'un homme le fouillait ; c'était Jacques Stère, journalier à Oissel. Périer lui résista ; mais Stère le saisit à la gorge, cherchant à l'étrangler ; heureusement il voulut ôter son habit pour tuer Périer plus à son aise. Celui-ci se leva aussitôt et chercha à s'enfuir. Stère le poursuivit, en disant : « Il faut que tu périsses aujourd'hui, que je t'enterre dans le bois et qu'on n'entende plus parler de toi ». Alors Périer tira son couteau ou « jambette » qu'il avait dans sa poche, et en donna plusieurs coups à Stère qui mourut sur place.

L'hiver de 1708 à 1709 avait été terrible. La gelée avait duré près deux mois, et, dès les premiers jours, les fleuves et les bords de la mer avaient été couverts de glace solide sur laquelle les voitures chargées purent circuler. Un faux dégel fondit les neiges, puis le froid reprit pendant trois semaines encore. Les arbres des jardins et des champs périrent, le blé en terre fut totalement perdu ; il s'en suivit une disette affreuse, malgré l'abondance des récoltes précédentes : c'est que le roi, d'accord avec quelques agioteurs, avait accaparé les réserves, suffisantes cependant pour nourrir le peuple pendant deux années.

Il va sans dire que les délations étaient sévèrement punies. Saint-Simon cite un pauvre homme qui, s'étant avisé de parler, en fut rudement châtié comme diffamateur. Le Parlement fut aussi invité à se taire, d'un ton qui n'admettait pas de réplique.

La population elbeuvienne dont l'industrie dominante était semblable à celles de Darnétal et de Rouen, ne cessait d'entretenir des rapports avec les ouvriers de ces deux villes. La disette avait donné lieu à des mouvements populaires en beaucoup d'endroits. L'intendant Courson, déjà odieux au peuple par sa brutalité et par les concussions dont il était accusé, fut soupçonné de trafiquer sur les grains. La population de Rouen alla l'assaillir, et il eût été mis en pièces sans le président du Parlement.

A Elbeuf, le peuple, malheureux aussi, se préparait à entrer dans la révolte : « Il fallut le concours énergique du Parlement et de l'Hôtel-de Ville de Rouen, dit M. Floquet, pour arrêter cette violente sédition, à laquelle on sut que les ouvriers de Darnétal et d'Elbeuf voulaient venir prendre part. Mais, par l'ordre du Parlement, veillaient des forces imposantes ; des lumières, placées à toutes les fenêtres, éclairaient la ville, et ne permettaient point de surprise. Tous les bourgeois étaient sous les armes ; aux carrefours, aux portes de Rouen, avaient été établis de redoutables corps de garde ». L'arrivée du duc du Luxembourg mit fin à la sédition, avant que les ouvriers elbeuviens y pussent prendre part.

Claude-Marie d'Aubigné, archevêque de Rouen, sur la requête de Jean Ledoulx, curé de Saint-Etienne, sur le consentement de Juvel, J. Henry, G. Manoury, Louis Dugard, J. Davoult, Pierre Grandin, Louis Delarue aîné, Lesueur, Delacroix et autres habitants de la paroisse, par délibération du 3 janvier précédent ; sur le consentement aussi de Jules de Clérambault, abbé commendataire de Saint-Taurin d'Evreux et, en cette qualité, patron présentateur à la cure de Saint-Etienne, autorisa par mandement en date du 26 mars, l'aliénation d'un jardin faisant partie du bénéfice-cure de Saint-Etienne, au profit de Pierre et Robert Grandin frères.

Le 13 avril, le Parlement de Rouen avait rendu un arrêt, qui fut lu et affiché aux marchés et places publiques de notre bourg, par les soins de Jean Delarue, receveur du duché d'Elbeuf.

Cet arrêt faisait défense à Gaspard Delahaye, meunier du moulin Saint-Jean, « de percevoir pour droit de moute plus que la zeiziesme partie des grains portés à son moullin, et de se servir de mesures non jaugées ny étalonnées ».

Il lui faisait également défense « de rien prendre ny recevoir outre son droit de moute, sous quelque pretexte que ce soit, encore qu'il lui fut volontairement offert, sur les peines au cas appartenant; luy a enjoint de se fournir dans ledit moullin d'un boisseau, d'un demy boisseau, d'une quarte et d'une demy quarte le tout à la mesure raze de la halle d'Elbeuf, pour mesurer à mesure raze les grains qui seront apportés affin d'y estre moullus, ensemble de se fournir de saiziesmes de cuivre d'icelles mesures pour y percevoir dans lesdits saiziesmes le droit de moute à mesure raze et non autrement, le tout bien et duement jaugé, à laquelle fin lesdites mesures et saiziesmes d'icelles seront bien et duement jaugées par le jaugeur du lieu et marquées de la marque ordinaire... »

En exécution de cet arrêt, Jacques Bourdon, bailli, et le procureur fiscal se rendirent dans les deux moulins, où, en leur présence, le jaugeur public procéda à la modification des mesures qui s'y trouvaient, travail qui demanda trois heures. Ensuite de quoi, les mesures furent « estempées d'une fleur de lis, une croix de Lorraine et un poignard aux costés et par le fond, avec la lettre A aux costés et trois poignards autour des bords d'en haut, lesdites marques faites à chaud ; et lesdits saiziesme, demy saiziesme, quart et demy quart de saiziesme de cuivre, par une etampe au bord du haut et par dessous d'une fleur de lis et d'une croix de Lorraine... »

Les délimitations de juridictions furent souvent l'objet de procès qui venaient se souder à un premier litige. En 1709, on poursuivit le décret de plusieurs héritages, dont partie était dépendante de la haute justice d'Elbeuf et partie d'une autre justice, toutes deux dans la vicomté de Pont-de-l'Arche. Le vicomte prétendit en connaître en vertu de lettres de mixtion, et il l'obtint par arrêt du Parlement le 9 juillet, contradictoirement avec le procureur fiscal d'Elbeuf, qui réclamait le décret comme ayant le plus grand nombre d'héritages sous sa haute justice.

Dans le fait, il n'y avait pas la moindre pièce de terre qui dépendît de la juridiction du vicomte ; mais on trouva qu'il suffisait que la totalité des héritages fût dans l'étendue de sa vicomté, pour que ni l'un ni l'autre des hauts justiciers n'en put connaître, vu la concurrence.

Louis XIV étant à Versailles, le 12 juillet, donna des lettres patentes, « en conséquence d'arrest portant rachapt de la capitation de la ville de Louviers et du bourg d'Elbeuf », dont l'original est conservé dans le fonds de l'Archevêché aux Archives départementales :

« Louis par la grâce de Dieu Roy de France & de Navarre, à tous ceux qui ces présentes verront Salut ; ayant accepté par arrest de notre conseil d'Etat, du vingt neuf janvier de la présente année mil sept cents neuf, les offres qui nous ont esté faits par Noel Behotte, bourgeois d'Elbeuf, de nous payer entre les mains des receveurs généraux des finances de Rouen, dans le courant de la présente année 1709, la somme de trante mil trois cent soixante livres, en cinq payements égaux, le premier comptant & les autres de trois mois en trois mois, le quart en billets de monnoye, & les trois autres quarts en espèces, à laquelle somme montent six années de la capitation de la ville de Louviers et du bourg d'Elbeuf, y compris les deux sols pour livre, sur le pied de celle de l'année mil sept cent huit, à condition que sur les quittances qui luy en seront fournies du garde de notre Tresor royal, à fur & à mesure de ses payemens, il luy sera expédié, par les prevost des marchands & eschevins de la ville de Paris, un ou plusieurs contracts de constitutions de rente au denier vingt, sur les aydes et gabelles, sinon une ou plusieurs quittances de finances dudit garde de notre Trésor royal, & qu'il jouira en outre pendant six années consécutives du produit de la capitation de la ville de Louviers & du bourg d'Elbeuf, laquelle continuera d'estre imposée en la manière ordinaire par le sieur Commissaire départy en la généralité, à l'effect de quoy les collecteurs seront tenus de remettre les deniers de leur recouvrement entre les mains dudit Behotte, ses procureurs ou commis, sur ses simples quittances, jusques à concurence de la somme de cinq mil soixante livres par an, pendant lesd. six années qu'à ce faire ils seront contrains, comme pour nos propres deniers & affaires ; quoy faisant ils en demeureront bien & valablement quittes & déchargez ; & où ladite somme de cinq mil soixante livres ne seroit point receue dans aucunes desd. six années, à cause des modérations des charges ou non valeurs des cottes des particuliers, taxations des collecteurs ou autrement, que ce qui s'en manquera sera réparty conjointement dans l'année suivante. Et en cas que la capitation cesse avant lesd. six années de jouissance expirées, ce qui restera deu aud. Behotte de son remboursement luy sera payé, sur le produit des droits du tarif desd. ville & bourg, par les adjudicataires ou receveurs de quartier en quartier, sur ses simples quittances.

« A l'effet de quoy la levée desd. droits sera augmentée à proportion de ce qu'il conviendra pour achever ledit remboursement d'année en année, par égalle portion, en vertu de notre dit arrest du vingt neufe janvier, sans qu'il en soit besoin d'autre, & que led. Behotte ne sera tenu de compter de sa recette en notre conseil, à la chambre des comptes ny ailleurs, mais seulement par devant le sr commissaire départy en lad. généralité de Rouen, par ce que néantmoins il seroit permis aux habitants de la ville de Louviers & bourg d'Elbeuf, pendant trois mois seulement, à compter du jour dudit arrest, de s'affranchir de leur capitation en payant audit Behotte six fois le montant de leur taxe de l'année 1708 & les deux sols pour livre, au moyen de quoy led. Behotte sera tenu de faire expédier à leur proffit, un mois après, des contrats de constitution ou de simples quittances du garde de notre tresor royal, en vertu desquels chacun d'eux jouira d'une rente au denier vingt de sa finance, & sera en outre affranchy de sa capitation sa vie durant, conformément à l'édit du mois de septembre dernier ; laquelle rente sera déduite sur celle qui devra estre constituée au proffit dudit Behotte, mesme la capitation de ladite ville & bourg, autant diminuée des cottes desd. particuliers affranchis.

« A l'effet de quoy vous avons ordonné que touttes lettres patentes à ce nécessaires seroient expédiées, scellées et enregistrées sans frais, partout où il appartiendra, le tout ainsy qu'il est porté & ordonné par notre dit arrest du conseil, qui enjoint en outre au sieur de Courson, commissaire départy en lad. généralité de Rouen, de tenir la main à l'exécution d'iceluy.

« A ces causes, de l'avis de notre Conseil qui a veu notre dit arrest dudit jour vingt neuf janvier dernier, cy attaché sous le contre scel de notre chancellerie, & lequel nous voulons estre exécuté selon la forme & teneur ; Nous ordonnons conformément à iceluy, par ces présentes signées de notre main, que ledit Behotte payera entre les mains des receveurs généraux de nos finances de Rouen, dans le courant de la présente année 1709, la dite somme de trante mil trois cent soixante livres, en cinq payements égaux, le premier comptant & les autres de trois mois en trois mois, le quart en billets de monnoye, & les trois autres quarts en espèces, pour le montant des six années de la capitation des ville de Louviers & bourg d'Elbeuf, y compris les deux sols pour livre, sur le pied de l'imposition de l'année 1708 ; que sur les quittances qui lui en seront fournies du garde de notre Trésor royal, à fur & à mesure de ses payemens, il luy en sera expédié, par les sieurs prevost des marchands & eschevins de la ville de Paris, un ou plusieurs contracts de constitutions de rentes au denier vingt, sur les aydes & gabelle, sinon une ou plusieurs quittances de finances, & qu'il jouira en outre, pendant six années consécutives, du produit de la capitation de la ville de Louviers & du bourg d'Elbeuf, laquelle continuera d'estre imposée en la manière ordinaire par le sieur commissaire départy en la dite généralité, à l'effet de quoy les collecteurs seront tenus de remettre les deniers de leur recouvrement entre les mains dudit Behotte, ses procureurs ou commis, sur ses simples quittances, jusques à la concurrence de la somme de cinq mil soixante livres par an, pendant lesd. six années, qu'à ce faire ils seront contraints, comme pour nos propres deniers & affaires ; quoy faisant ils en demeureront bien & valablement quittes & déchargéz. Et où lad. somme cinq mil soixante livres ne seroit point receue dans aucune desd. six années, à cause des modérations des charges ou non valeurs des cottes des particuliers, taxations des collecteurs ou autrement, que ce qui s'en manquera sera reparty conjointement dans l'année suivante ; & en cas que la capitation cesse avant lesdites six années de jouissance expirées, ce qui restera deub aud. Behotte de son remboursement luy sera payé sur le produit des droits du tarif desd. ville & bourg par les adjudicataires ou receveurs, de quartier en quartier, sur ses simples quittances, à l'effect de quoy la levée desd. droits sera augmentée à proportion de ce qu'il conviendra pour achever lesd. remboursements, d'année en année par egalle portion, en vertu des présentes, & que led. Behotte ne sera point tenu de compter de sa recette au conseil, en la Chambre des comptes ny ailleurs, mais seulement devant le sieur commissaire départy en lad. généralité de Rouen.

« Et où aucuns des habitans desd. villes de Louviers & bourg d'Elbeuf auroient, dans le temps porté par led. arrest de notre conseil, affranchy leur capitation & payé aud. Behotte six fois le montant de leur taxe de l'année 1708 & les deux sols pour livre, led. Behotte sera tenu de faire expédier à leur proffit, dans ledit temps porté par ledit arrest, des contrats de constitution ou des simples quittances du garde de notre Trésor royal, en vertu desquels chacun d'eux jouira d'une rente ou denier vingt de sa finance, & sera en outre affranchy de sa capitation sa vie durant, conformément à l'Edit du mois de septembre dernier, laquelle rente sera déduite sur celle qui devra estre constituée au proffit dud. Behotte, mesme la capitation de ladite ville & bourg, d'autant diminuée des cottes desd. particuliers affranchis. Sy donnons en mandement à nos amez & féaux conseillers les gens de nos comptes, aydes et finances de Rouen, & autres nos officiers qu'il appartiendra, de faire lire, publier & enregistrer ces précentes pour estre exécutées selon leur forme & teneur, & sans aucun empeschement, car tel est notre plaisir. En témoin de quoy nous avons fait mettre notre scel à ces d. présentes. Donné à Versailles, le xiie jour de juillet, l'an de grâce mil sept cents neuf, & de notre règne le soixante sept^e.

« Signé : Louis. Par le roy, Phelipeaux », avec paraphe.

Nous avons déjà dit que des auteurs ont discuté sur la « Grande maison » d'Elbeuf, que M. Guilmeth prétendait être le château actuel, lequel aurait été construit par les Lemonnier, fabricants protestants. La pièce qui suit empêchera toute discussion future sur ce sujet :

« Du 7e d'octobre 1709, devant les notaires et adjoint soussignez, fut présent Jean Bénard de Grandville, demeurant ordinairement à Rouen..., lequel a par ces présentes vendu... à très-illustre prince Monseigneur Henry de Lorraine, duc d'Elbeuf, pair de France, lieutenant général des armées du Roy, gouverneur pour Sa Majesté des provinces de Picardie, Artois, Boulonnois, pays conquis et reconquis, et gouverneur particulier des ville et citadelle de Montreuil sur mer, demeurant à Paris en son hostel rue de Vaugirard, parroisse de Saint Sulpice, étant de présent en son bourg d'Elbeuf.

« C'est asçavoir une grande maison scize au bourg d'Elbeuf, paroisse de Saint Estienne, appelée vulgairement la Grande Maison, bornée d'un costé par le prebitaire et le cemitière de Saint Estienne et encore par les représentans Lefebvre, de l'autre costé par le jardin des sieurs Lecouturier, d'un bout par les representans dudit Lefebvre et d'autre bout par la grande rue, consistante en un grand corps de logis avec deux ailes à costé, grande cour et jardins derrière, ensemble une basse cour avec un puids et bastiment y étant... et tout et autant qu'il en appartient aud. sieur de Granville au nom et comme proche héritier des sieurs Lemonnier, sortis du Royaume pour fait de religion, et encore comme donataire du Roy par brevet du 14e d'avril 1688,

« De laquelle mondit seigneur le duc d'Elbeuf, acquéreur, commencera à entrer en jouissance au jour de Pâques prochain de l'année 1710, et laissera jouir de ladite maison le sieur Bourdon, bailly d'Elbeuf, qui en est locataire jusques au jour de Pâques prochain, et, pour le restant de son bail, le dédommagera ainsy qu'il le jugera à propos, en sorte que led. sieur de Granville, vendeur, n'en soit inquiétté ny recherché. Et d'autant que led. sieur Bourdon a fait dans lad. maison plusieurs lambris et cloisons attachés à fer et à cloud ou plastre, qu'il doit enlever à la fin de son bail, il a été arresté qu'il les enlèvera en quittant la jouissance de lad. maison.

« Cette vente ainsy faite moyennant le prix et somme de 9.000 livres de principal et 300 livres de pot de vin payées comptant. Et pour payement et solution de lad. somme de 9.000 livres, mondit seigneur acquéreur s'oblige de mettre es mains du sieur vendeur un contrat de constitution de pareille somme de 9.000 livres sur l'Hostel de Ville de Paris au profit dudit sieur vendeur...

« Le sieur vendeur a promis garantir de tous troubles généralement quelconques et a mis es mains de mondit seigneur, acquereur, copie du don du Roy, déclarant n'avoir aucuns titres de propriété de lad. maison. Et comme il pourroit arriver dans la suitte que lesd. sieurs Lemonnier, cohéritiers avec le sieur vendeur du sieur Jean Lemonnier, leur oncle commun, sortis du Royaume, y pourroient revenir, il a été convenu entre les partyes pour sûreté de la présente acquisition, que ledit sieur de Grandville ne poura disposer, vendre ny aliéner ledit contrat de constitution de 9.000 livres sur la ville de Paris...;

comme aussy a été convenu que si ledit sieur de Grandville se trouvoit inquietté à cause de la présente vente, par le retour des sieurs Lemonnier, ses cohéritiers, mondit seigneur prendra son fait et cause et luy portera toute garantye du jour du présent contrat...

« Et attendu qu'il y a des réédifications considérables à faire dans lad. maison, dont il sera dressé procès verbal en la présence dud. sieur vendeur, et plusieurs accomodements convenables et nécessaires, il a été accordé que mondit seigneur acquéreur poura y employer jusques à la somme de 4.000 livres, de laquelle somme, en cas de clameur ou d'autre cas, il sera remboursé sur ses mémoires, marchés et quittances...

« Dont du tout, etc...; présence de M. Michel de Baumer, écuyer, seigneur de Chantelou, conseiller du Roy en la Cour des comptes, aides et finances de Normandie, demeurant à Rouen, de Mᵉ Louis Philbert de Marpon, avocat au Parlement de Paris, de présent en ce bourg d'Elbeuf... » Suivent les signatures de Bénard, du duc d'Elbeuf et des deux témoins.

Ce contrat fut reconnu, le 19 avril de l'année suivante, par le vendeur et l'acquéreur, en présence de Louis-Emery de Rocquigny, chevalier, demeurant à Saint-Aubin-jouxte-Boulleng, et de Jacques Bourdon, avocat au Parlement, bailli du duché d'Elbeuf.

Le dimanche 27 de ce même mois d'avril, devant les paroissiens de Saint-Etienne, assemblés dans le cimetière à l'issue de la messe paroissiale, Mᵉ Robert Bourdon, notaire d'Elbeuf, lut ce contrat de vente, après quoi il rédigea un procès verbal de cette lecture, que signèrent Pierre Grandin père et fils, drapiers, Thomas Béranger, Robert Boisselier et plusieurs autres.

Enfin, le 3 juillet suivant, Bénard de Granville reconnut, devant le duc d'Elbeuf, qui se trouvait encore dans notre bourg, avoir reçu la constitution de rente sur la ville de Paris, mentionnée à l'acte de vente.

Le 14 novembre, Charles Maille, avocat au Parlement et bailli du marquisat de La Londe, fut parrain à Saint-Etienne, de Jean-Charles Maille. Quelques jours après, Marie Le Roy, femme de Charles Maille, présenta un enfant au baptême, en la même église, avec Thomas Le Monnier, inspecteur des fermes générales. Un peu plus tard encore, Françoise Martorey, femme de ce dernier, fut également marraine à Saint-Etienne.—Jean Bizet était alors prêtre à Saint-Etienne, et Jean-Michel de Baupte, sous-diacre ; il devint diacre, puis prêtre en cette même paroisse, où il mourut étant jeune encore.

Mᵉ Robert Bourdon, notaire, se rendit à Caudebec le 19, pour procéder à l'inventaire des meubles et papiers laissés par Mᵉ Hierosme Boivin, curé de cette paroisse, décédé la veille.

La misère générale atteignit le plus haut degré pendant l'hiver de 1709-1710. Les registres du tabellionage contiennent quantité de suppliques adressées à Mᵉ Bourdon, bailli du duché, à l'effet d'obtenir, pour leurs auteurs, la permission de vendre tout ou partie de leur patrimoine, afin de se procurer les moyens de subvenir à leurs besoins. Ces pétitions, souvent apostillées du curé de la paroisse, étaient transmises par le bailli à Mᵉ

Delarue de Freneuse, procureur fiscal, pour enquête, puis retournaient au bailli qui prononçait. Les causes de la misère indiquées sur ces suppliques sont la cherté du blé et la cessation des travaux de la fabrique.

En effet, le prix du pain fut ainsi taxé le 15 février, par le bailli d'Elbeuf : pain blanc 4 sols la livre de 16 onces, pain mollet 4 sols 3 deniers, pain bis 2 sols 6 deniers la livre. Quant à la fabrique, elle avait réduit son travail au point que plus de la moitié des ouvriers chômaient, et ceux qui travaillaient ne gagnaient guère que 5 ou 6 sols par jour.

Farin, dans son *Histoire de Rouen*, éditée en 1710, dit que les marchands de grains de cette ville, au nombre de cent, « sont nommez et pourvûs par la municipalité, à la charge de tenir la Halle fournie de bled : à cette fin ils sont obligez d'aller toutes les semaines aux quatre marchez d'Andely, de Caudebec, de Duclerc et d'Ellebeuf, ordonnez pour la fourniture de Roüen, sans qu'il soit permis d'y acheter des grains pour les transporter ailleurs. Il y a pour ce sujet des voitures établies par l'autorité du Roi ».

Le 6 mars, Louis Delarue, conseiller du roi et son procureur au grenier à sel de Pont-de-l'Arche, étant à son lit de mort, désira faire prier Dieu pour lui, et aussi pour Julie de Lanquetot, sa femme, et pour son fils Louis Delarue, avocat à la Cour, procureur fiscal du duché d'Elbeuf. A cet effet, il donna à la fabrique de Saint-Etienne, représentée par le curé Jean Ledoux et les trésoriers Louis Lesueur, Louis Dugard, Michel Lesueur et Jacques Dupont, trois parties de rente montant à 120 livres. Au moyen de cette donation, le trésor paroissial s'engagea à faire célébrer, chaque année, deux messes solennelles, et en plus deux messes basses chaque semaine.

Jean Pollet, avocat à la Cour, qui avait succédé à Jacques Pollet, son père, décédé l'année précédente, dans la charge de lieutenant du duché d'Elbeuf, mourut lui-même, à l'âge de 35 ans, le lendemain 7, et fut inhumé dans l'église Saint-Jean.

Le 18 du même mois, on procéda à l'inhumation, dans la chapelle du couvent des Ursulines, de François Patallier, prêtre, directeur des religieuses de ce monastère. Il était décédé à Rouen, la veille, en la paroisse Saint-Herbland, chez le sieur Adrien Roussel, son neveu, vicaire de cette dernière paroisse, lequel assista à son inhumation, avec Charles Lamy, vicaire de Saint-Etienne, et autres prêtres d'Elbeuf.

Le 7 avril, Pierre Capplet, greffier du bailliage d'Elbeuf, vendit à Pierre Labiffe, sergent à garde en la forêt de Bord, demeurant à Criquebeuf, « la moitié d'une motelle et atterissement plantée d'osiers, nommée La Nouvelle France, sise en lad. paroisse de Criquebeuf sur Sainne, bornée d'un costé le chemin de la marchandise des batteaux vers Criquebeuf, relevante de la recette de Son Altesse d'Elbeuf en la dite rivière... »

Le 12, Guillaume Marsollet, avocat au Parlement, fut reçu en la même qualité au bailliage d'Elbeuf.

Louis de la Rue, conseiller du roi et son procureur au grenier à sel de Pont-de-l'Arche, décédé à l'âge de 57 ans, fut inhumé dans l'église Saint-Etienne, le 15 du même mois.— Quelque temps après, Jacques Hayet, maître tapissier, décédé à l'âge de 60 ans, fut enterré en la même église, par Guillaume Dauphin, vicaire.

Nicolas Talon, bourgeois d'Elbeuf, conseiller au grenier à sel de Pont-de-l'Arche, décédé à l'âge de 70 ans, eut sa sépulture dans l'église Saint-Jean, le 10 mai.

Le 27 juillet, le notaire d'Elbeuf se rendit à Thuit-Anger, où il rédigea le procès-verbal de la baillée et adjudication par enchères, des biens appartenant au trésor de cette paroisse.

Dans le bail qui fut fait, le 7 août, de la ferme des coutumes et poids public, il fut stipulé par Jean Delarue aîné, receveur du duché, que le preneur devrait contribuer pour un tiers dans les réparations à faire aux halles du bourg. Le prix à payer en argent fut fixé à 1.800 livres par an.

Le 21 septembre, le doyen de la Saussaye exposa au chapitre que le duc l'avait fait demander, et qu'il était allé à son château d'Elbeuf, en compagnie de Pollet, chanoine, où le duc leur avait dit « qu'il avoit besoin du pré Basire appartenant au chapitre et qu'il donneroit au chapitre du bien de pareille valeur, soit en bois ou terre, ou qu'il feroit la rente dont est chargé le sieur Cappellet, et que S. A. devoit venir visitter MM. du chapitre pour leur dire ses intentions ».

A cette époque donc, les dépendances du château actuel d'Elbeuf, alors en projet, ne s'étendaient pas encore jusqu'à la Seine.

Dans un devis de réparations à faire à la « conciergerie d'Elbeuf », daté du 1er octobre, nous trouvons mentionnés « la chambre du chartrier, située au premier etage ; la juridiction, la prison, la noë au-dessus du cachot, le grand escalier à côté de la galerie qui va au cachot, la grande chambre de la conciergerie ». — Les travaux consistaient principalement en charpentage et couverture ; le devis s'éleva à 1.000 livres.

La malpropreté de notre bourg finit par soulever un dégoût général, et la population bourgeoise remontra au bailli, le 19 du même mois, que « par l'esgout des eaux qui viennent des campagnes voisines par les trois marchés qui se tiennent chaque semaine et par les ordures qui sortent des maisons, il seroit nécessaire de crier les boues au rabais pour estre emportées chaque jour, parce que les habitants s'obligent de balayer devant leurs maisons chaque jour, consentant qu'il se fasse pour les frais de l'emport desdites boues une repartition à proportion du merite des maisons ».

Parmi les signataires de cette pétition, nous trouvons : « Routier, Th. Bourdon, Doinville, Flavigny, N. Flavigny, Jean de Flavigny, J. Pollet, A. Bérenger, M. Poullain, Lesage, Davoult, Delacroix, Louis Delarue, Pierre Delarue, Boissel, Maille, Grandin frères, Patallier, Louis Le Roy, Henry, Lemonnier, Juvel, Etienne Guilbert et autres.

Leur proposition fut favorablement accueillie, et, le surlendemain 21, après proclamation à son de tambour, il fut procédé à l'adjudication de l'enlèvement des boues.

Le cahier de charges portait l'obligation pour l'adjudicataire de se fournir à ses frais de banneau et de chevaux, « lequel banneau marchera le matin, trois jours par semaine, depuis la porte de Rouen jusqu'à celle de Paris, et depuis la porte de la Croix Féret jusques à la rivière de Seine ; sera aussi ledit banneau tenu de marcher une fois toutes les sepmaines dans les rues de la Justice, des Archers, des Bucs, Grandin et de la Rigolle, jusques à la grande rue de Saint Jean et rue à l'Organiste... » — Ce service fut adjugé à un nommé Lereau, pour trois années, moyennant 200 livres par an.

A cette époque, nul ne pouvait faire de commerce sans y avoir été autorisé par le bailli. — A la date du 20 octobre, Nicolas Lemaistre eut la permission d'ouvrir une boutique de chapelier ; il y avait d'autres artisans à Elbeuf exerçant cette profession, mais ils n'étaient pas érigés en maîtrise.— Dans ce même temps, Pierre Do fut autorisé à ouvrir une boutique de pâtissier.

Avec la nouvelle récolte, une grande amélioration se produisit dans la situation des ouvriers d'Elbeuf ; le 18 de ce mois, par suite de la diminution du prix du blé, le pain bis fut taxé à 1 sol la livre, le pain biset à 18 deniers, le pain blanc et le mollet à 1 sol 9 deniers.

Hélie Fauchereau, prêtre, décédé à l'âge de 40 ans, fut inhumé dans le chœur de l'église Saint-Jean, le 4 novembre.

Le prince Henri poursuivait l'agrandissement des dépendances de son château d'Elbeuf. Le 6 de ce même mois, étant dans notre bourg, il abandonna des terres, sises à Quatremares, à Louis Leroy, drapier, lequel lui céda en échange :

« Une masure plantée contenant une acre et demie sise paroisse Saint-Etienne, bornée d'un costé le talus du vivier, d'autre costé une ruelle et Me Jacques Bourdon, d'un bout la rue, et d'autre bout une ruelle allant au vivier. Item, un autre heritage adjacent nommé le Jardin carré, sis en la paroisse Saint Jean, plantée de saules et arbres fruitiers, contenant une vergée, borné d'un costé par Germain Tellée, d'autre costé une allée, d'un bout la rue et d'autre bout le courant d'eau du vivier de mondit seigneur..., lesdits heritages destinés pour servir à former la cour et avenue que mondit seigneur se dispose faire du chasteau à la rivière de Saine... » — Il est donc probable que l'avenue de ce château fut plantée d'arbres pendant l'hiver de 1710 à 1711.

Le 22 novembre, à la requête du procureur fiscal, le bailli ordonna la suppression des deux fours à plâtre, appartenant l'un à Buquet, l'autre à Patallier, « lesquels fourneaux, situés dans le gros de la ville » étaient une menace continuelle d'incendie. Leurs propriétaires eurent la faculté de les faire rebâtir dans des lieux écartés. — Le four de Patallier était dans une cour contiguë à l'église Saint-Jean, qui porta longtemps après et même jusqu'à sa disparition, le nom de cour de la Plâtrerie.

Le 26 du même mois, Me Ledoulx, curé de Saint-Etienne, donna le baptême à Henry-Louis Lefebvre, fils de Nicolas et de Gabrielle Martin, né le 23. Le parrain fut Henri de Lorraine, duc d'Elbeuf, et la marraine Louise-Angélique Louvel d'Epineville, femme de Louis Louvel, chevalier, seigneur d'Epineville.

Anne Conard de la Pâtrière, veuve de François de Barbizy, seigneur d'Hérouville, mourut au manoir seigneurial de la Saussaye, le 1er décembre. Dans l'inventaire de son mobilier que dressa, quelques jours après, le notaire d'Elbeuf, figurent des livres d'histoire ancienne et contemporaine, de voyages, de philosophie, et autres.

Cette année-là, Alexandre Martorey fut nommé verdier des eaux et forêts d'Elbeuf, par le duc Henri, en remplacement de Thomas Lemonnier, destitué de cette charge.

Le nom de « M⁰ Jean de Gletain (ou Grestain), prestre, prieur de Saint Sauveur, aumosnier de la gendarmerie » se trouve sur quelques pièces d'écriture locales des années précédentes. Ce personnage mourut le 13 décembre, à l'âge de 43 ans, et fut inhumé « dans le chœur de l'église Saint Etienne proche la porte de la chapelle de la Sainte Vierge ». — Quelques jours après Pierre Renault, ancien trésorier, décédé à l'âge de 60 ans, fut inhumé dans la chapelle Saint-Roch de la même église.

En ce même mois, les Ursulines achetèrent une rente. Le monastère fut représenté, dans l'acte, par Anne Malapert de Sainte-Agathe, supérieure ; Madeleine Daubichon de Sainte-Ursule ; Suzanne de Poterat de Saint-Michel, zélatrice ; Charlotte Le Féron de Sainte-Marie; Catherine Lefebvre de Saint-Augustin ; Anne Le Vayer de Sainte-Thérèse ; Elisabeth Chapelle de la Conception.

Le dernier jour de l'année 1710, François Flavigny, médecin, trésorier en charge de Saint-Jean, reconnut le contrat passé au profit de la confrérie du Rosaire, par feu François Flavigny, son père, le 21 janvier 1670. Cette confrérie était alors représentée par « noble personne messire Henri Odouard, curé de la paroisse, Jean Viel, Pierre Lesueur et Nicolas Le Roy, trésoriers d'icelle ».

IV. 18

CHAPITRE XI
(1711-1713)

Henri de Lorraine *(suite)*. — Les voleurs de laine. — La viande de Carême. — Nouvelles mesures d'hygiène. — Don gratuit au roi, pour la suppression de certaines taxes. — Les bouchers d'Orival. — Le mouillage et le ramage des draps. — Foulage a la façon de Hollande ; le foulonnier Lancelevée. — La Cerisaie. — Statuts, de 1459, des bouchers d'Elbeuf. — Aveu des Ursulines.

Le 3 janvier 1711, Henri de Lorraine, étant en son bourg d'Elbeuf, vendit à Jacques Paulmier, fermier du tabellionage de Quatremares, fils d'André Paulmier, notaire royal, demeurant au manoir seigneurial du même lieu, « la charge de tabellion de la haute justice de Quatremares, dont le district s'étend aux cinq paroisses de lad. baronye de Quatremares, à charge de comparoître aux assises mercuriales devant les juges de lad. haute justice... et moyennant le prix de 400 livres payé comptant ».

Il faut croire que les billets de la fameuse banque Law n'avaient pas encore le crédit qu'ils devaient acquérir quelques mois plus tard, car le preneur stipula qu'au cas de dépossession du tabellionage, pour une cause quelconque, il serait remboursé de ses 400 livres en « espèces sonnantes et non en billets de monnoye ».

Le 22 du même mois, on procéda, au bailliage, à la réception de Charles Capplet, marchand, propriétaire du greffe de la haute justice par la remise que feu son frère Pierre Capplet lui en avait faite quelques jours avant sa mort.

La justice d'Elbeuf se montrait d'une extrême sévérité envers les voleurs de laine et les recéleurs. En janvier, les fils de Jacques Pluard et ses deux filles aînées furent condamnés au fouet pour des faits de cette nature.
— L'année suivante, les juges de notre bourg condamnèrent Jean Lesciot à être pendu ; son crime était d'avoir dérobé de la laine au préjudice de plusieurs fabricants.

Le sieur Lamy, économe de l'hôpital, adressa une remontrance au bailli, dans laquelle nous lisons que « les bouchers de ce lieu étant obligez par ci-devant de payer chaque année la somme de six livres audit Hostel Dieu pour avoir la permission de vendre de la chair pendant le caresme aux personnes infirmes ou malades qui en ont besoin, ils ont esté refusants depuis quelques années d'y satisfaire et ne veulent plus payer que la moitié de ladite somme, encor avec bien de la peine. Pourquoy demande ledit économe qu'à l'avenir ladite permission soit criée en justice à l'audience de ce siège..., pour estre adjugée au plus offrant et dernier enchérisseur, le mardi de la Quinquagésime ou le précédent ».

Cette demande fut agréée et l'on rédigea les charges et conditions de l'adjudication : « L'adjudicataire ne pourra estaler aucune viande pendant ledit temps de caresme publiquement, parce qu'aussy aucun autre boucher ne pourra vendre aucune viande au préjudice de l'adjudicataire, à peine de confiscation et amende... »

Louis Dupont fut déclaré adjudicataire de la viande de carême le 10 février, moyennant 6 livres, mais il stipula que ce n'était que pour une année seulement.

Par une ordonnance du bailli, en date du jeudi 9 avril, il fut enjoint aux habitants d'Elbeuf d'enlever les boues et graviers des rues, apportés par les ravines. Ceux qui n'avaient point d'attelage paieraient 3 sols par bannelée à Lereau, adjudicataire, qui les transporterait « dans l'advenue de S. A. Monsgr le duc, suivant son ordre du 5 courant ».

On fit également défense « de faire aucunnes immondices dans les rues et dans l'advenue de Son Altesse, à peine de 10 livres d'amende; feront les particuliers faire des cloaques en leurs maisons pendant la quinzaine ; enjoinct à eux jusqu'à ce d'aller dans les champs et hors des rues et grands chemins faire leurs immondices. Faute de faire lesdits cloaques dans la quinzaine, permis au procureur fiscal de les faire faire à leurs frais ; et à l'égard des rues de derrière, qui sont fermées par un bout, où les particuliers vont faire une quantité d'immondices, ce qui causeroit infailliblement la contagion, avons ordonné que lesdites rues seraient fermées par l'autre bout d'une barrière... Enjoinct à Bunel, sergent, de tenir la main à l'exécution de la présente ».

— Mais une grande quantité d'habitants ne tinrent point compte de cette ordonnance; par suite, de très nombreuses condamnations furent prononcées contre les délinquants par le bailli.

En ce même mois, M⁰ Charles Bosquier, dont la famille habitait Elbeuf, prêtre, chanoine de la Saussaye, « docteur aux droits », bénéficier en l'église cathédrale de Rouen et official de Saint-Gervais, présenta au chapitre de la collégiale de Saint-Louis « un livre en vélin relié de peau de truie, garny de crochets et dix rosettes de cuivre doré », qu'il avait fait écrire par M⁰ Jacques Rabeaux, maître des enfants de chœur de la Saussaye, dans lequel était contenu « tout le devoir et office desdits enfans, que ledit Bosquier prie le chapitre d'agréer, ce que le chapitre a fait avec remerciment ».

Etant à son lit de mort, le 9 mai, Nicolas Tallon, conseiller du roi, contrôleur au grenier à sel de Pont-de-l'Arche, époux de Jeanne Bourdon, d'Elbeuf, donna 100 livres tournois au trésor de Saint-Jean, pour fondation de prières.

Le 17 mai, Florence de Béthencourt, veuve de Jean Landasse, écuyer, sieur de Francamp, chevau-léger du roi, pensionnaire des Ursulines, fit remise de l'usufruit de son douaire et du surplus de sa dot à ses enfants, dont l'un était curé de Sainte-Colombe, à condition qu'ils paieraient sa pension chez les religieuses d'Elbeuf jusqu'à son décès.

Le 30 juin, Marin Duruflé, maître tapissier, prit comme apprenti Jean Patallier fils Etienne, moyennant trois années de son temps, 50 livres en argent et une pipe de cidre.

Le 2 septembre, Jacques Henri, garde en charge de la manufacture d'Elbeuf, déposa une plainte en justice, au nom du Corps de la draperie, contre un nommé Delafosse, fileur et cardeur à Oissel, auquel il avait fait des remontrances relativement à l'emploi d'un hasple trop petit, donnant des échées d'une aune trois laizes de longueur au lieu de cinq quarts et demi. A ces observations, Delafosse avait menacé de casser la tête au garde de la communauté des fabricants d'Elbeuf.

Le 10, Charles Lamy, vicaire de Saint-Etienne, du consentement de Jean Le Doux, curé de cette paroisse, de Henri Odouard du Hazé, curé de Saint-Jean, de Jacques Bourdon, bailli du duché, de Louis Delarue de Freneuse, procureur fiscal, de Claude Routier et de Louis Lamy, syndics des paroisses de Saint-Jean et de Saint-Etienne, fieffa au nom des habitants d'Elbeuf, en sa qualité d'économe et d'administrateur de l'hôtel-Dieu de ce bourg, à Mathieu Poullain, maître drapier, une pièce de terre sise au Vallot et appartenant à l'hôpital.

Le 13 du même mois, Marie et Magdeleine Luce, sœurs, donnèrent par testament tous leurs meubles ou effets au trésor de Saint-Jean, moyennant un service annuel à leur intention.

Cette année-là, le sieur d'Antin éleva des prétentions à la dignité de duc et pair d'Epernon. Le duc d'Uzès, son beau-frère, « l'assura qu'il se tairoit dans l'enquête, sous prétexte d'ignorance, mais que, s'il s'avisoit de le faire assigner, il feroit une déclaration contre lui. M. d'Elbeuf, dit le duc de Saint-Simon, au-dessus ou au-dessous de tous procédés, en avoit eu un fort inégal dans l'affaire de M. de Luxembourg, et fort différent de celui de son père, qui s'étoit porté vivement toujours dans les pareilles qui s'étoient offertes de son temps, et qui n'intéressoient pas les prétentions de sa naissance. M. d'Elbeuf, seul de tous les pairs de sa maison, ne s'étoit point fait recevoir au Parlement, et il n'eut point honte de chercher bassement à faire sa cour en se déclarant verbalement pour d'Antin ».

La Dauphine mourut le 12 février 1712. Son inhumation donna lieu à un cérémonial qui rouvrit des questions de préséance parmi les dames gardes du corps. Le roi nomma lui-même les deux titrées de la première garde. « Il s'étoit fait un point de politique d'entretenir les disputes entre les ducs et les princes étrangers, c'est-à-dire lorrains ; car, encore qu'il ait donné le même rang à MM. de Bouillon et de Rohan, il n'a jamais souffert que ceux-là soient entrés en aucune compétence avec les ducs, ni avec la maison de Lorraine. Il crut donc faire merveille de prendre les deux plus anciennes duchesses qui se trouvassent à la cour, et, sous ce prétexte, la duchesse d'Elbœuf, veuve du second duc et pair et de l'aîné de la maison de Lorraine en France, et la duchesse de Sully, et de tenir ainsi sa balance égale, donnant aux ducs Mme d'Elbœuf pour duchesse, et si bien pour telle qu'il la doubloit d'une autre duchesse ; aux Lorrains, que l'aînée de leur maison avoit gardé la première, en conséquence ».

Le 3 mars, Jacques Henry et Louis Doinville, gardes en charge, se plaignirent à la justice d'Elbeuf de ce que des fabricants payaient encore leurs ouvriers au moyen de coupons de draps ; en outre, des fabricants, parmi lesquels figuraient quelques-uns des premiers, achetaient à Rouen des draps et y faisaient apposer leur marque. — Le bailli ordonna d'informer.

Le mardi 15 du même mois, devant Jacques Pollet, avocat à la Cour, lieutenant-général du duché d'Elbeuf, tenant le siège par absence du bailli du duché, vint la cause d'entre Jacques Henry et Louis Doinville, gardes en charge de la manufacture royale de draperie d'Elbeuf, demandeurs, assistés de Me Robert Bourdon, leur avocat, d'une part, et Mathieu Frontin, tant pour lui que pour ses frères, défendeur, représenté par Me Charles Maille, son avocat. Il s'agissait de dégradations au bâtiment servant de Bureau à la communauté des fabricants, que Frontin fut condamné à réparer.

Le 5 mai, le duc Henri de Lorraine fut parrain, à Saint-Etienne, de Henriette de la Rue, fille de Louis de la Rue, sieur de Freneuse et procureur fiscal du duché d'Elbeuf. L'enfant eut pour marraine Marie-Jeanne-Baptiste Durand, femme du sieur de Beaumer, écuyer, conseiller à la Cour des comptes.

Le surlendemain, Jacques Partie, maître en charge de la confrérie de Saint-Nicolas, établie à Saint-Aubin, passa un acte à Elbeuf, au nom de cette association.

Le 14 juin, Thomas Bourdon, écuyer, conseiller du roi, trésorier de France en la généralité de Rouen, vendit au duc Henri « une masure et jardin clos de murs, planté d'arbres fruitiers, sis en la paroisse Saint Estienne, borné d'un côté la ruelle du moulin à tan et ledit moulin, ...d'un bout la rue allant à la Brigaudière et d'autre bout le duit ou noë dudit moulin... » — Le vendeur était frère de Jacques Bourdon, bailli du duché.

Le même jour, Jean Bénard de Granville vendit également au duc un enclos, dans lequel se trouvaient plusieurs bâtiments ayant appartenu à Nicolas Lemonnier, « sorti du royaume pour fait de religion ». Cette vente fut consentie moyennant 8.000 livres, qui furent payées par la cession en faveur du vendeur d'un titre de 400 livres de rente sur la gabelle.

En cette même année, le duc d'Elbeuf fit acquisition de plusieurs autres immeubles dans le quartier du moulin à tan et de la ruelle aux Archers, toujours dans le but d'agrandir les dépendances de son château.

On sait que les enfants des protestants ne pouvaient entrer dans la religion de leurs parents et étaient faits catholiques, malgré les droits paternels. C'est ainsi que, le 21 juin, on baptisa, à Saint-Etienne, Pierre Frontin, né de Pierre et de Marie Rachel, appartenant tous deux au culte de la Réforme.

Le 30, il fut procédé, en présence de Jacques Pollet, lieutenant du bailli d'Elbeuf, et du procureur fiscal du duché, à la visite du moulin de Boscroger « nouvellement faict faire par Robert Lemonnier, en la place du moullin qui avoit cy devant esté incendié ».

Voici un extrait des registres du Conseil d'Etat, concernant le remplacement de certains droits d'octroi par le payement d'une somme déterminée et une fois pour toutes :

« Sur la requeste présentée au Roy par les députez de la communauté du bourg d'Elbeuf, contenant que, par arrest du 28 juin de la présente année 1712, Sa Majesté a confirmé et approuvé l'adjudication faite le 7 dudit mois de juin, par le sieur de Richebourg, maistre des requestes et pour lors commissaire départi dans la généralité de Rouen, au profit de Michel-Germain Tellée et Alexandre Martorey, de la jouissance pendant neuf années consécutives à compter du premier jour du mois de may précédent, des droits cy après, sçavoir :

« Dans la ville de Pont-de-l'Arche, 10 sols sur chaque bœuf, vache ou génisse, de 2 sols sur chaque veau, mouton et brebis, et de 3 sols sur chaque porc ;

« Et dans le bourg d'Elbeuf, de 4 sols sur chaque cent de cotterets et bourées, de pareils 4 sols sur chaque corde de bûches ou gros bois, de 2 sols sur chaque quart de foin, de 10 sols sur chaque balle de laine d'Espagne et de 20 sols sur chaque cent de laine de païs, soyelle et poil de vache ;

« A la charge par lesdits Tellée et Martorey de payer solidairement la somme de 17.200 livres, prix de l'adjudication, pour le don gratuit desdites ville et bourg de Pont de l'Arche et d'Elbeuf... ;

« Mais que l'établissement desdits nouveaux droits étant très onéreux au commerce et à la consommation des marchandises, il seroit beaucoup plus avantageux aux habitans desd. ville et bourg qu'il plût à Sa Majesté de les éteindre et supprimer ; en conséquence, recevoir les offres faites par les députés de ladite communauté du bourg d'Elbeuf de lui payer et avancer la somme de 17.200 livres pour don gratuit desd. ville et bourg, à condition que, pour le remboursement de ladite avance, il sera fait une imposition de quatre années par portions égales sur tous les habitans... privilégiez et non privilégiez des sommes cy aprez, sçavoir : De celle de 14.200 livres sur lesd. habitans du bourg d'Elbeuf, et de celle de 3.000 livres sur ceux du Pont-de-l'Arche...

« Le Roy en son conseil, ayant égard à lad. requeste, a révoqué et révoque ledit arrest de son conseil du 28 juin de la présente année 1712... », etc.

« Fait au Conseil d'Etat du Roy, tenu à Fontainebleau le 6e jour de septembre 1712 ».

Le 6 octobre, Nicolas Adam, Jean Duruflé et Jacques Le Fouard, bouchers à Orival, adressèrent au bailli d'Elbeuf une supplique tendant à obtenir l'autorisation de venir vendre de la viande dans notre bourg, ce que, disaient-ils dans leur lettre, « ils croyent au soulagement du public, puisque l'abondance des derrées empêche qu'elles ne deviennent d'une cherté excessive..., parce qu'ils seront dispensés de s'établir sous la halle servant actuellement audit lieu, pour éviter les effets de la haine que pourroient avoir les autres bouchers établis en ce lieu, lesquels, sans avoir de statuts omologués au Conseil, prétendent exclure les autres de venir vendre de la viande en ce lieu, à la charge seulement de souffrir la visite de leur viande, de garder et observer les statuts généraux dudit métier et de payer les droits de tarif et autres ». Le bailli agréa la demande des bouchers d'Orival, sous condition qu'ils n'étaleraient pas à la halle à la boucherie.

Il va sans dire que leurs confrères d'Elbeuf s'émurent de cette autorisation, et ce fut probablement la concurrence des nouveaux venus qui les engagea à rechercher leurs anciens règlements, remontant au règne de Charles VII et dont nous donnerons bientôt le texte.

Les registres de la Manufacture, muets pendant quelques années, se rouvrent par une question importante.

Le 27 du même mois, devant Jacques Bourdon, avocat à la cour, bailli d'Elbeuf, juge de police et de la manufacture de ce lieu, en présence des gardes anciens et en charge, se réunirent les fabricants de notre bourg.

Il fut exposé que plusieurs draps avaient été mouillés et réaunés à Rouen « pour connoistre à combien ils avoient été tirés au rame, en conséquence duquel approchement et procès-verbal d'aulnage et réaunage, il y auroit eu sentence en l'Hôtel-de-Ville de Rouen, qui auroit condamné les fabriquants à l'amende et confiscation, encore qu'il y auroit eu plusieurs de ces draps qui n'auroient diminué que d'une aune et moins, sur vingt à vingt deux aunes. Lequel jugement, s'il subsistoit, seroit préjudiciable à toute la Manufacture, d'autant que, pour écarrir les draps au désir même de l'article 31 du Réglement de 1669, ils ne peuvent être tirez moins d'une aulne sur vingt à vingt deux aulnes.

« Pour quoy ont tous les maistres trouvé à propos de se pourvoir contre ladite sentence et de demander à Sa Majesté et à son Conseil un Règlement sur ce sujet, afin de faire juger que les drappiers, en les écarrissant, qu'ils ne les diminueront que de la quantité qu'il plaira à S. M. ordonner, ne pourront être saisis ny réputés être en contravention ». Deux procureurs furent nommés à cet effet.

Quelque temps après, les gardes en charge des marchands drapiers de Paris firent « morceller » plusieurs draps d'Elbeuf, comme ayant été trop tirés aux rames.

Cette année-là, on bâtit la chapelle de la Vierge à l'église Saint-Etienne, qui était alors desservie par six prêtres, le curé, un vicaire, un sacristain et trois habitués. On y en compta huit peu après.

Marie-Françoise Bonamy fit une donation de 13 liv. 13 s. 4 d. de rente au trésor de Saint-Etienne, par acte du 27 octobre, à charge de messes et de prières.

Jean-Pierre Blanchard, bourgeois de Paris, était alors receveur général du duché d'Elbeuf, par bail qui lui en avait été fait par le duc, du consentement des créanciers et directeur des biens du duché, le 22 août précédent. Le 12 novembre, Blanchard vint dans notre bourg, où il constitua pour son procureur général le sieur Alexandre Martorey, verdier d'Elbeuf, avec pouvoirs de faire tous baux qu'il conviendrait des différentes recettes du duché et des biens en dépendant.

Le 27, mourut Jean Dupont, prêtre à Saint-Jean, à l'âge de 78 ans ; on l'inhuma dans l'église, le surlendemain.

En 1712 et 1713, dit François Dupont, la contretable de l'église Saint-Jean fut blanchie et dorée. « On mit une rose en verre peint au haut d'icelle et on fit un second faux-jour, n'y ayant avant que le faux-jour où sont les images de Notre Seigneur et de Saint Jean-Baptiste.

« Le vuide de ce faux-jour étoit fermé par un grand cadre qui renfermoit un tableau ; c'est du moins ce que l'on entrevoit par les délibérations du 22 novembre 1712 et 22 octobre 1713. — En 1719, on démolit les quatre tourelles qui décoroient extérieurement le chœur ».

Des actes de cette époque mentionnent l'auberge de *la Rose*, sise près la ruelle de la Prison, et celle de *la Place royale*, cette dernière tenue par Nicolas Dupont fils Jean. Toutes deux étaient sur la paroisse Saint-Jean.

On parlait beaucoup alors des procédés d'apprêts employés par les Hollandais pour leurs draperies, lesquelles jouissaient d'une grande réputation.

Louis Lancelevée et ses frères, maîtres foulonniers en la vallée d'Andelle, travaillant à façon pour la fabrique d'Elbeuf, s'occupaient, depuis dix-huit mois, de monter un nouveau système de machine pour fouler les draps « à la façon de Hollande », et ils y avaient déjà dépensé 12.000 livres. Mais comme cette affaire intéressait toute la fabrique française, Lancelevée demanda au Conseil du commerce un secours de 6.000 livres pour achever l'entreprise. Le Conseil renvoya la requête à l'intendant de Rouen pour informer, et celui-ci s'adressa aux manufacturiers de notre bourg.

Lancelevée fut mandé en la Chambre de la Manufacture le 29 janvier 1713, et voici ce qu'il répondit aux diverses questions qui lui furent posées par les gardes et maîtres présents :

« Mon dessein est de perfectionner les draperies en les foulant par la façon d'Hollande. Les draps seront plus clos, plus serrés, plus doux à la main, d'une corde mieux rangée et plus propres à recevoir les apprêts. Les couleurs seront fortifiées et se conserveront mieux. Les draps seront plus soyeux et imiteront l'étoffe de soye dans sa vivacité. »

Il lui fut demandé si les 6.000 livres qu'il sollicitait du roi étaient pour acheter « les cages et les mouvements au dedans du moulin ; car il ne suffiroit pas de faire cette dépense, il faut encore des bâtiments assez solides pour résister au torrent de l'eau qui passe par la rivière d'Andelle, pour retirer les marchandises et les mettre hors d'état d'estre tarrées, tachées ou gastées, comme il arrive ordinairement ».

Lancelevée répondit que les 6.000 livres seraient consacrées à achever le moulin, le fournir des agrès nécessaires, comme chaudières, fourneaux, etc., faire une tranchée d'environ 50 perches et faire « un canal de commodité pour faciliter l'arrivée du bateau qui aportera et reportera les draps » ; que rien ne serait plus utile que de construire un bâtiment solide pour abriter les draps, mais qu'il remettait à plus tard cette dépense.

Il lui fut encore demandé si, avec son nouveau système, il continuerait à ne prendre que de 55 à 60 sols par pièce :

Réponse : « Je demanderai 3 livres par pièce, et comme les savons qu'on me fournit ne sont pas toujours de bonne qualité, je m'oblige à le fournir moyennant 3 autres livres, au lieu de 6 livres qu'il en coûte maintenant aux fabricants pour chaque pièce. Et comme je serai obligé de faire des dépenses extraordinaires, tant pour le service du moulin, pour l'établissement des voitures (bateaux), que pour connaître assez de gens pour veiller à ce qu'il n'arrive aucun malheur aux marchandises, je demande, en outre, à chaque manufacturier, pour récompense de mes soins, trois autres livres par pièce, ce qui loin d'être une charge serait un bien, puisque j'éviterai beaucoup de tares, taches et autres malheurs qui arrivent aux draps.

« — Prétendez-vous garantir les draps de taches, tares, effondrures, gaines, qui sont les défauts arrivant le plus ordinairement aux draps, par la négligence du maître foulon ou de ses valets ?

« — Je me porte garant des gaines et je garantirai les draps des effondrures et tares s'ils sont bien tissés ou jugés tels à la visite, et si leur couleur n'a pas été altérée ou brûlée à la teinture. Mais comme les taches de flammage peuvent arriver chez les manufacturiers, par la faute des tisserands ou des épincheurs qui laissent échauffer leurs draps, il ne serait pas raisonnable que j'en fusse garant, parce qu'ils me sont remis dans un état où l'on ne peut pas juger s'ils ne sont pas déjà flammés.

« — Combien demandez-vous de temps pour rendre les draps ?

« — Je rendrai les draps ébroués dans la huitaine ; si je les garde plus longtemps, je me rends responsable des taches et autres malheurs. Pour le foulage, je demande également huit jours.

« — Ne serait-il pas plus utile, pour le bien de la manufacture d'Elbeuf, de construire autant de moulins qu'il en faudrait pour fouler tous les draps qui s'y fabriquent ?

« — Oui ; mais m'étant épuisé pour mettre mon moulin dans l'état où il est, et même étant dans la nécessité de recourir au roi pour obtenir une somme de 6.000 livres afin de le terminer, je n'ai pas cru devoir proposer une telle entreprise. S'il plaisoit au roi de donner des fonds suffisants pour créer de nouveaux

DÉTAILS D'UNE PILE A FOULER LES DRAPS
(D'après une gravure du XVIIIᵉ siècle)

moulins, je m'offre d'y aider de toutes mes connaissances, dans l'espérance que pour me rembourser de mes soins, on me donneroit et à mes frères la conduite de ces moulins.

« — Quelle garantie pouvez-vous donner de ce que vous avancez ?

« — Ce que j'ai déjà fait à mon moulin, mon savoir-faire et mon expérience ».

Du compte de dépenses que présenta Louis Doinville pour l'année de sa gestion comme garde de la Manufacture, nous citerons quelques articles :

« Payé au trésorier de Saint Estienne pour les messes des Roys et de Saint Louis   12 liv.

« Pour la rente seigneurialle du bureau . . . .   1 — 5 s.

« Pour le bois à brusler . . .   11 — 4 —

« Pour la gravure d'une étampe   10 — —

« A M. Lesage qui a fait lad. étampe . . . .   3 — —

« Dépense faite au Pont-Saint-Pierre, aux deux voyages faits par l'ordre de Mgr l'intendant pour visitter le moulin à Louis Lancelevée, M. Bourdon et moy   5 — 10 s.

« Payé à Louviers quand nous y fusmes M. Henry et moy voir sy Messieurs les fabriquants dudit lieu voulloient se joindre avec nous pour obtenir un arrest pour estre permis d'escarrir nos draps   4 — 1 —

Le total des dépenses était de 1.111 livres 3 sols, et les recettes ne s'étaient élevées qu'à 552 livres 2 sols 4 deniers.

Le 20 janvier 1713, Anne de Riberprey, veuve de Pierre Capplet et en premières noces de Jean Gemblet, avocat, et « Charles Gemblet, licentié es loix, fils dudit Jean », vendirent à Alexandre Martorey, receveur général du duché, demeurant paroisse Saint-Etienne, « un clos ainsy planté qu'il est et avec les hayes vives d'alentour, contenant viron deux acres, nommé le clos de la Cerisaye, sis au triage des Traites », plus cinq vergées en labour attenant au clos, « le tout mouvant et relevant du duc d'Elbeuf en sa franche bourgeoisie de ce lieu et à cause de ce exempt de reliefs et treisièmes ». La vente fut consentie pour le prix de 2.000 livres. Cette somme fut employée à payer partie de la charge de procureur fiscal au duché d'Elbeuf, dont Gemblet était pourvu en suite de la démission faite en sa faveur par l'acquéreur de la Cerisaie. Ce triège s'étendait jusqu'à la rue du Port.

Quatre jours après, Charles Gemblet et sa mère vendirent deux pièces de terre situées à la Brigaudière, bornées par la Seine et le chemin de Rouen. L'acquéreur fut Guillaume de Soligny, avocat à la cour, bailli de La Londe, demeurant à Orival.

Le 23 février, « Mathieu Dupont, gendarme de la reine, demeurant en la paroisse Saint Estienne », vendit à Nicolas Flavigny, petit-fils de Nicolas, drapier, de la paroisse Saint-Jean, trois acres et demie de terre sises à Boscroger, moyennant 1.100 livres et 24 livres pour le vin du marché.

Le 6 mars, « Louis de la Rue, sieur de Freneuse, verdier de Son Altesse monseigneur le duc d'Elbeuf, demeurant en la paroisse Saint Estienne », vendit au même Nicolas Flavigny une pièce de terre en labour, « sise au triège du Vallot, bornée d'un costé la sente de la Fosse Lénard, d. c. la terre de l'hospital, d'un bout le chemin de la Justice et d. b. la sente du Vallot ».

Le 19 du même mois, les paroissiens de Saint-Etienne, réunis en assemblée générale, autorisèrent le trésor paroissial, représenté par Louis Delarue, sieur de Freneuse, verdier du duché, Pierre Delarue et Michel Le Cerf, trésoriers, à fieffer à Nicolas Fosse, rouettier et tourneur, de la même paroisse, l'immeuble donné au trésor par Robert Boisselier.

Le 4 avril, Michel Boisguillaume, prêtre à Saint-Jean, décédé à l'âge de 78 ans, fut inhumé dans l'église.

En donnant (tome II, page 137), pour l'année 1511, le nom des vingt-et-un bouchers d'Elbeuf, nous avons dit que nous ne possédions pas les statuts de leur corporation. Mais à la suite du transfert, aux Archives départementales, des innombrables registres et liasses de papiers provenant du Parlement de Normandie et des anciennes hautes justices, qui étaient entassés dans les combles du Palais, nous avons trouvé une copie, datée du 12 avril 1713, des statuts originaux de la corporation des bouchers, la plus importante de notre localité au XVe siècle.

Nous reproduirons cette pièce avec d'autant plus de plaisir qu'elle s'applique à une époque où les documents sur Elbeuf sont très rares. Ces statuts, qui furent donnés aux bouchers elbeuviens en 1459, sont précédés de ce qui va suivre :

« A tous ceux qui ces lettres verront ou orront, Martin Le Bouvier, lieutenant de noble Jean Garin, escuyer, seigneur de Moulineaux et du Lendin, bailly d'Elbeuf, pour très haut et très puissant prince le Roy de Sicile, duc de Lorraine et de Bar, conte de Vaudemont, d'Aumalle et Guise, seigneur d'Elbeuf, de Quatremares, de Routot, salut.

« Sçavoir faisons que ce jour d'huy nous avons veu, tenu et lû, mot après autre, une lettre en parchemin faisant les ordonnances divers faites et establies audit lieu d'Elbeuf, pour le fait du mestier et marchandise de boucherie en iceluy lieu d'Elbeuf, scellées en cire verde, saines et entières en scel, seings et escritures, desquelles la teneur ensuit : »

Ici commencent les lettres et statuts :

« A tous ceux qui ces presentes lettres verront, Guillaume Le Roux, viconte d'Elbeuf, salut,

« Comme plusieurs des maistres et ouvriers de l'estat et mestier et marchandise de boucherie en lad. ville fussent naguères venus devers Nous en Nous exposant que pour eviter aux fraudes, mauvaistiez et deceptions qui pourroient estre commises de jour en jour aud. estat de boucherie, tant en exposant en vendue chairs et autres derrées dud. mestier indignes et non suffisantes à substantation de corps humain qu'autrement, contre et au prejudice du bien public et en grande vitupère et deshonneur dicelle ville et dud. mestier et marchandise, et aussy de bonnement et loyallement ouvrer et marchander diceluy, qui honorablement et sainement se doit maintenir et exercer de chairs convenables, pour les infections et autres inconvenients non reparables qui s'en pouroient ensuivir, et en outre reffraindre et ramener les mauvaistiez, fraudes et deceptions predites, tellement que pour le temps à venir lad. ville, qui est ville de loy, en soit louée et mieux honorée et renommée, et les maistres et ouvriers demeurants en icelle ville honorés et recommandés, il leur estoit très convenable, profitable et necessaire chose d'avoir sur ledit mestier et marchandise manière de gouvernement, et sur ce faire et renouveler instructions et ordonnances ainsy que le temps passé ils avoient eu, afin de les emouvoir et contraindre à loyallement et honnestement ouvrer diceluy au bien public et commun de lad. ville et païs d'environ à substantation de corps humain ; et à icelle fin nous eussent montré, aporté et baillé certains articles et memoires touchant led. mestier et marchandise, dont ils disoient avoir usé le temps passé, representants que sur iceux Nous voulussions faire et construire certaines ordonnances par lesquelles ils se pouroient pour l'avenir regler et gouverner.

« Sur laquelle requeste et mesme sur lesd. articles nous eussions eu avis aux conseils de Mr le viconte, et pour sur icelles plus loyallement pourvoir, eussions obtenu et recouvré le double des ordonnances sur led. mestier faites et observées en plusieurs villes notables, et pour consideration de leur contenu fait certaines autres articles et ordonnances par l'avis desdits exposants et de plusieurs gros notables de lad. ville, lesquelles articles nous eussions fait bailler aux maistres et ouvriers dudit mestier, à fin de les voir et visiter, et sur iceux avoir avis et deliberation ensemble, ainsy qu'ils verroient bon estre pour l'honneur d'entreux et profit du bien public, en leur signifiant qu'à certain jour et autres ensuivants ils rapportassent devers Nous iceux articles et memoires, tous pourveus et avisés de sur ce conclure ainsy qu'il appartiendra.

« Sçavoir faisons que au jour dhuy, en la cohue dud. lieu, par devant Nous viconte dessus nommé furent presents Laurens Le Sueur dit Marchandise, Thomas Coullombe, Baudet Bourdon, Jean Hautelet, Thomas Pique, Robert Bacheler, Jean Gripoix, Robin Roussel, Perrin Bucquet, Collin Bacheler, Girot Carré et Guillaume Eustace, tous maistres et ouvriers dud. mestier et demeurants en lad. ville, lesquels, tant pour eux que pour les autres maistres et ouvriers diceluy mestier, et eux faisant fort pour eux et leurs successeurs, après ce qu'ils eurent raporté lesd. articles, dit et declaré avoir icelles veues et visitées ensemble et sur leur contenu et avis à grande et meure deliberation, et qu'en leur presence et d'autres gens notables et que, par le conseil des assistans, Nous y eusmes fait mettre, au bien de la chose publique, aucunes augmentations et corrections, Nous dirent, raportèrent et affirmèrent par leurs serments, tous d'un commun accord et assentement, que, à leurs avis et consciences, c'etoit le grand profit et utilité dud. mestier et marchandise et le bien commun en general de lad. ville et païs denviron de faire composer et confermir lesd. ordonnances selon la forme et teneur de ses articles, requerants très instamment que ainsy le voulussions faire.

« Par la consideration de laquelle requeste et des choses cy dessus declarées, voullants en ce et autres choses garder et observer l'utilité de la chose publique et substantation du corps humain, et les fautes, offences et mepremptures qui s'y faisoient et pouvoient faire de jour en jour au grand vitupère, oprobre et deshonneur dud. mestier et des loyaux ouvriers diceluy n'avoir lieu, mais icelles estre arrière mises doresnavant, ramenées et corrigées, et les delinquants punis ainsy qu'il appartiendra, et sur ce par l'avis et meure deliberation auxd. gens notables, avons sur led. mestier et marchandise renouvellé et confirmé, et, sy mestier est, tout de nouvel fait, construit, ordonné et composé, et, par la teneur de ces presentes, faisons, ordonnons et confirmons instructions et ordonnances sur la forme et teneur desd. articles en la manière cy après declarée.

« *Premierement* est ordonné que nul maistre dud. mestier ne poura avoir qu'un vallet aprenty, qui sera tenu servir sous maistre trois ans, payera sa bien venue à la fabrique de leglise ou parroisse en laquelle il sera demeurant, cinq sols tournois, ou aux maistres dud. mestier ; faire serment à son entrée de garder les ordonnances dud. mestier et bailler caution devant justice de loyallement faire et parfaire sondit service ; et s'il advenoit qu'il le delaissast, en son default il perdroit le temps qu'il auroit servy, sy c'estoit le plaisir de son dit maistre.

« Item que nul vallet ne puisse lever sondit mestier en lad. ville, s'il ny a servy maistre, ou en ville de loy, par ledit temps de trois ans et qu'il en fasse aparoir par lettres ou autrement deuement, et qu'en la halle il ait ouvré diceluy et fait un chef d'œuvre en la presence des jurés, gardes et autres maistres diceluy mestier, par lesquels il soit tenu, dit et declaré ouvrier suffisant pour iceluy deuement exercer.

« Item et quand led. vallet sera ainsy trouvé et declaré suffisant, il sera tenu payer soixante sols un denier tournois s'il n'est fils de maistre dicelle ville, ou que s'il l'est il ny sera tenu payer que trente sols, à apliquer le tiers à l'œuvre de lad. eglise et les deux [autres] parts aux maistres dud. mestier, pour en faire à leur plaisir et volonté.

« Item et avant la reception qui sera faite desd. maistres ou vallets de leur dit mestier et iceluy exercer en cette dite ville, ils seront tenus jurer aux saints Evangiles de Dieu par devant justice, en la presence desd. jurés, de duement et loyaument exercer et ouvrer diceluy mestier et de bien faire entretenir et garder lesd. ordonnances.

« Item nul dud. mestier ne poura estre patissier, rotissier ou cuisinier ensemble, qu'il ne forface l'un mestier ou l'autre pour les mauvaistiez et suspections qui y pouroient estre, et outre ne pourront eux associer ny accoeillir à personniers aucun desd. mestiers de patissier, rotissier ne cuisinier.

« Item nul ne poura livrer ne faire tuer nulles bestes, fors cochons de lait, pour ce qu'ils ne sont pas connoissants des maladies qu'ils trouveroient et pouroient estre es dites bestes, mais seront tenus achepter la chair qui leur conviendra pour leur dit mestier en la boucherie dicelle ville, afin qu'ils ny puissent commettre aucune fraude ou mauvaistié, ou préjudicier au bien public.

« Item nul rotissier, patissier, cuisinier ne tavernier ne poura achepter chair dehors pour revendre en cette ville, sinon de lad. boucherie.

« Item nul boucher ne poura exposer en vente en lad. ville aucunes chairs s'ils ne sont tuées en la halle publiquement, ainsy qu'il a esté accoutumé, et s'il arrivoit que, par congé de justice, il fut permis qu'aucun tuast ailleurs qu'ès dites halles, il seroit tenu aporter en lad. halle toute la beste entière ou par parties, avec les cornillières, poulmon et cuir dicelle beste, afin que plus aisement les maladies puissent estre connues, et lesd. chairs visitées et jugées par lesd. jurés, lesquels seront tenus faire icelle visitation chaque jour, quand mestier sera.

« Item que nul boucher ne autre ne vende en lad. ville chair de porc *temple peu de poisson*, noury en l'hostel d'huiler, de mesel (lépreux), de barbier ne de marechal, sur peine d'amende et forfaicture ».

(Le passage que nous transcrivons en *italique* est inintelligible ; il y a évidemment là une faute de copiste).

« Item nul ne pourra vendre en icelle ville aucunes bestes malades de clavelle, de bouquet ni de ce aparoissant, sur peine d'amende et de forfaicture desd. bestes, qui seront jettées dehors.

« Item nul n'exposera en vente en icelle ville aucunes bestes ayant nouvellement porté jusqu'à ce qu'ils ayent reposé depuis la delivrance de leur porteure quarante jours, sur peine d'amende.

« Item que nul dud. mestier n'exposera en vente aucune chair de veel, s'il n'est agé de plus de quinze jours, sur peine d'amende.

« Item nul diceluy mestier ny autre ne poura vendre en icelle ville aucunes chairs de bouc ne de chèvre sy ce n'est hors de la halle, separement, afin que chacun les puisse connoistre evidemment et que nul ne puisse estre deceu, sur peine d'amende.

« Item nul ne poura exposer en vente en lad. ville porc soursemé à detail, sans mettre du sel dessus evidemment et le mettre hors de la halle, ainsy que lesd. chairs de chèvre, afin que chacun puisse connoistre lad. maladie, sur lad. peine.

« Item lesd. bouchers ne pouront soufler veau ne autres chairs pour les enfler ny engrossir et faire de plus grande montre, sur peine d'amende.

« Item se aucun a achepté porc qu'il fasse soursemé au marchand de qui il acheptera, pour le decevoir, et il soit trouvé sain, il amendera et dedommagera led. marchand.

« Item et se aucuns dud. mestier ou autres s'entremettent de languayer un porc par en prenant sallaire et il temoigne sain à la langue, et depuis il est trouvé le contraire, il sera tenu prendre le porc et dedommager le marchand.

« Item nul ne poura vendre en lad. ville aucunes chairs venantes du dehors excepté lards, qui seront visités par lesd. maistres avant qu'ils soient exposés en vente.

« Item et se aucunes chairs par trop gardées estoient corrompues ou empirées et depuis exposées en vente, quelles qu'elles soient seront forfaites et arses, icelles premierement jugées d'icelles essences par lesd. jurés, et amenderont les vendeurs.

« Item et s'il est trouvé en lad. ville aucunes denrées comme sains, sieu et cayeu où il y ait eu becqueure ou autres liqueurs adjoustées, telles denrées seront forfaites, icelles premierement jugées dicelle essence par lesd. jurés.

« Item nul dud. mestier ne poura tuer en icelle ville aucunes bestes qui soient en chasse, jusqu'à ce qu'ils soient reffroidées de quinze jours, ne aussy bestes qui viennent de plus de sept lieues loing, jusqu'à ce qu'ils soient reposé une nuit, sur lad. peine d'amende.

« Item et outre ne pouront tuer ne exposer en vendüe en icelle ville, depuis la Magdeleine jusqu'à la saint Remy, aucuns taureaux, blins ny brebis, s'ils ne sont saines, sur peine d'amende.

« Item et generalement nul dud. mestier ne poura tuer ou mettre en vendüe en icelle ville aucunes bestes qui soient malades d'aucunes maladies ferues de coup mortel ou qu'ils ayent jambes rompues ou autres quelconques, s'ils ne sont bien vivants et mangeants, garnies de moüelle et gresse suffisant, et premierement monstrées aud. jurés et par eux veües et visitées, trouvées convenables et dignes d'estre exposées en vente pour substantation de corps humain, sur peine de forfaicture et amende selon l'exigence du cas.

« Item pour et afin d'entretenir et garder lesd. ordonnances et icelles deuement et loyallement mettre à execution, est ordonné que chacun an, le prochain dimanche après la Thiphaigne, par lesd. maistres dud. mestier et autres bourgeois de lad. ville, seront ordonnés et esleus deux loyaux hommes d'entr' eux dud. mestier, avec un desd. bourgeois, pour voir et visiter lesd. bestes, chairs et denrées toutes fois que sommés en seront, icelles arrester et juger selon l'exigence des cas et la teneur desd. ordonnances, garder les delinquants, condamner es amende et forfaicture de leurs denrées, sy le cas le requiert, lesquelles amendes et forfaictures avec les hances et vinages qui echerront en l'amende ; leurs exerces seront apostés par declaration en la fin de leur année led. jour, en la presence desd. maistres qui nouvellement seront ordonnés et jurés par devant justice ; et lesd. maistres au jour de leur institution feront serment en tel cas accoutumé de duement et loyallement faire lesd. visitations toutes fois que sommés en seront, et lesd. ordonnances entretenir et garder au bien de la chose publique à l'honneur dud. mestier et marchandise, sans aucune faveur, port d'amitié ou dissimulation quelconques ; lesquelles ordonnances presentées seront chacun an, le jour que lesd. jurés seront institués et commis, leues et publiées notoirement, afin qu'aucun ne puisse faire pretendre juste cause d'ignorance ; et sy aucune faute ou negligence estoit trouvée auxd. jurés de non duement et diligemment faire lesd. visitations, ou que de ce faire ils fussent refusants ou dilayants, ils en seront tenus faire amende.

« Lesquelles ordonnances cy dessus transcretées les dessus nommés, pour eux et es noms que dessus, eurent pour agreables, et icelles promirent, pour eux et leurs successeurs aud. mestier et marchandise en lad. ville, tenir, garder et enteriner de point en point à tousjours, mais sans enfraindre ; et de ce faire firent devant Nous en tel cas accoustumé led. serment, sur et en la peine des amendes et punitions dessus declarées, esquelles dès maintenant comme dès lors Nous, de leur consentement, declarons les transgresseurs desd. ordonnances estre escheus et encourus pour chacune fois qu'ils y seront trouvés.

« Sy donnons en mandement à tous et chacun des maistres et ouvriers dud. mestier et marchandise, qui pour le present sont et pour l'avenir seront en lad. ville, que lesd. ordonnances ils gardent et tiennent, et fassent doresnavant entretenir et garder en la forme et manière cy dessus declarée.

« En tesmoing de ce Nous avons mis à ces presentes le grand scel aux causes de ladite viconté; ce fait le vingtiesme jour de may l'an de grace mil quatre cens cinquante neuf. — Dufay ».

Ainsi se terminait l'original. La copie que nous avons rencontrée porte à la suite :

« En tesmoing desquelles choses Nous Le Bouvier, lieutenant dessus nommé, avons signé ces presentes ou transcrit de nostre seing et scellé de nostre scel. Ce fut fait le vingtiesme jour d'aoust l'an de grace mil cinq cent sept, et plus bas est écrit :

« Collation a esté faite sur l'original, leu en jugement es assizes d'Elbeuf, tenues par Nous Mathieu de Quincarnon, escuyer, licentié es loix, lieutenant general de Monsieur le bailly dud. lieu d'Elbeuf, le mardy neufe de septembre l'an mil cinq cens trente neuf ; signé : Letourmy ; un paraphe.

« Collation faite sur l'original ou copie en parchemin sein et entier, trouvé es mains de Nicolas Renault, boucher de cedit lieu d'Elbeuf ; icelle collation faite requeste de Mongin Cordier, commis par Monsieur, sur le fait de la boucherie de Routot, le vingt et uniesme jour de juillet mil cinq cent quatre vingt sept, lequel a requis la presente pour luy valoir qu'il appartiendra, ledit original ou copie rendue aud. Renault ; signé : Farin et Mancel, avec paraphes.

« Collationné sur la copie collationnée en parchemin cy dessus transcrite par moy sergent royal au duché d'Elbeuf, y demeurant, ce jourd'huy douziesme d'avril mil sept cent treize, pour valoir et servir qu'il appartiendra ; après laquelle collation, lad. copie rendue à Jacques Dupont l'aîné, marchand boucher aud. Elbeuf. — BUNEL ».

Malgré les ordonnances du bailli, les rues d'Elbeuf étaient constamment dans un état de malpropreté. On avait bien fermé, par des barrières, les rues adjacentes aux grandes voies, mais le public ne se rendait guère dans les champs, comme l'avait espéré le bailli, et l'on voyait dans les grandes rues les immondices que précédemment les habitants déposaient dans les impasses et les cours communes.

Le 27 avril, le bailli ordonna à Georges Fumière, meunier de Saint-Etienne, de lâcher l'eau de son bief deux fois par semaine pour nettoyer les rues. Cette opération se fit dès lors le mercredi à 9 heures du matin, le samedi à 7 heures du soir en été et à 4 heures en hiver.

Vers ce même temps, le bailli fit exercer des poursuites et prononça des sentences contre les boulangers qui ne donnaient pas le poids à leurs pains, ou ne les marquaient pas, ou ne les faisaient pas suffisamment cuire, ou les vendaient au-dessus de la taxe.

Jacques Hachard, « directheur du chastellier de Son Altesse Monseigneur le duc d'Elbeuf », remontra, le 4 mai, au bailli, que, pour parvenir à dresser « le pappier terrier du dict duché, suivant la commission de Son Altesse du 27e de décembre 1710 », dont il était porteur, il avait besoin « d'un prevost general pour faire les diligences à ce requises et necessaires », et présenta à cet effet Joseph Lesueur, de Thuit-Anger, lequel fut agréé.

Le 2 juin, Jacques Bourdon, bailli du duché, constitua un titre de rente en faveur de Jean-Baptiste Bérenger, acolyte du diocèse d'Evreux, demeurant paroisse Saint-Etienne, pour lui faciliter les moyens de parvenir à la prêtrise. Témoins : Alexandre Lucas de Boucout, chevalier, seigneur de Martot, président au Bureau des finances de Rouen ; et Thomas Bourdon, conseiller du roi, trésorier de France, demeurant rue de la Pie, à Rouen.

Le 13, il fut fait défense aux « poulailliers, rostisseurs, cabartiers, regrattiers, eschoppiers, fruictiers et generalement à tous revendeurs d'entrer aux marchés avant 9 heures du matin en été et 10 heures en hiver », pour y faire leurs achats. On leur défendit également de se rendre au devant des paysans venant à notre marché et de leur acheter des denrées avant que celles-ci aient été exposées en vente sur la place ou à la halle, afin de faire cesser un abus préjudiciable au public.

Le 15, Nicolas Patallier, tuteur des enfants de feu Louis Flavigny fils Louis, obéit à une assignation à lui donnée par Louis Flavigny fils Jean le jeune, drapier, de la paroisse Saint-Jean, pour retirer de ses mains une maison sise en cette même paroisse, bornée par Louis Flavigny l'aîné, Louis Flavigny fils Jean l'aîné et ledit Louis Flavigny fils Jean le jeune. Cette maison était située dans la cour du *Pot d'Etain*.

Plusieurs actes de cette époque concernent Jean Bourdon, lieutenant pour le roi en l'élection de Pont-de-l'Arche, tuteur de Nicolas Bourdon, conseiller du roi, contrôleur élu en la même élection, et Thomas Bourdon, aussi conseiller du roi, trésorier de France ; ce dernier habitait la paroisse Saint-Jean et était propriétaire dans la ruelle dite Gillot Bourdon.

Marguerite de La Poterie, femme de Nicolas Bourdon, élu à Pont-de-l'Arche, mourut à l'âge de 28 ans, et fut inhumée, le 26 octobre, dans l'église Saint-Jean.

Le 30, le bailli fit défense aux marchands de vendre la chandelle plus de 10 sols 6 deniers la livre. Quelque temps après, le prix du suif ayant diminué, le prix de la chandelle fut abaissé à 9 sols la livre.

Généralement, la valeur de cet article était fixée au commencement de l'hiver, et modifiée dans le courant de cette saison suivant les cours de la matière première. Quand il s'agissait d'augmentation, les chandeliers représentaient au bailli l'élévation du prix du suif; mais c'était le procureur fiscal qui réclamait de ce magistrat les diminutions du prix de la chandelle pour le mettre en concordance avec celui du suif. — Il en était de même du cours du pain par rapport à celui du blé.

L'aveu suivant rendu, en 1713, par les Ursulines d'Elbeuf, va nous faire connaître en quoi consistaient la partie de leurs propriétés relevant du duché d'Elbeuf :

« De très hault et très puissant prince Monseigneur Henry de Lorraine quatrième du nom, pair de France, duc d'Elbeuf, gouverneur pour le Roy des provinces de Picardie, Artois et Boullonnois, pays conquis et reconquis, gouverneur particulier des ville et citadelle de Monterel sur la mer, seigneur suzerain de rives de Seinne depuis le Pont de l'Arche heure de midy jusque au Gravier d'Orival, baron des baronies et haultes justices de Quatremares, Grostheil, Grosley et Routot, conseiller du Roy en tous ses conseils, lieutenant general des camps et armées de Sa Majesté ;

« Nous, les dames et religieuses du couvent de Sainte Ursulle du bourg d'Elbeuf, tenons et advouons à tenir de mondict seigneur et prince les heritages qui ensuivent, assavoir :

« Nostre maison conventuelle, au precedant habitée par les religieuses Benedictines du Val de Grâce du faubourg de Bouvreil de Rouen, bornée d'un costé la grande rue et plusieurs, d'un bout la rue Meleuse et d'autre bout la rue tendante à la Justice... acquise par contrat du 1er avril 1648 ;

« *Item* une ou plusieurs maisons, cour et jardin, rue Meleuse, acquis le 23 décembre 1655 ;

« *Item* un petit jardin, rue Meleuse, acquis le 24 mars 1657 ;

« *Item* un autre petit jardin, rue Meleuse, acquis le 16 février 1666 ;

« *Item* deux petites maisons, rue Meleuse, acquises le 15 mars 1677 ;

« *Item* une petite maison, rue Meleuse, acquise le 13 aoust 1678 ;

« Tous les susdicts heritages sont enfermés dans la closture de nostre dicte maison conventuelle, que bornent en leur totalité la grande rue et la rue de l'Hôpital — rue disparue, qu'il ne faut pas confondre avec la rue actuelle de l'Hospice — d'un bout la rue Meleuse et d'autre bout la sente de l'Eclette dicte des Pendus, et relèvent de mondict seigneur et prince en la franche bourgeoisie dudict Elbeuf, et doivent au terme de Saint Michel 20 sols un denier, et à Noel un chapon de rente seigneuriale par an, exemptes de reliefs et traiziesmes ;

« *Item* une pièce de terre en closage plantée, située paroisse Saint Estienne, triège de la Maladerie, — c'est-à-dire sur le chemin d'Orival près l'ancienne léproserie de Sainte-Marguerite — acquise le 28 aoust 1667 ;

« *Item* un tenement de petites maisons, jardin et grange, paroisse Sainct Jean, borné d'un costé la rue qui tend à la Justice, acquis le 22 fevrier 1681 ;

« *Item* deux pièces de terre en prey... acquises d'Adrien Lefay, escuier, sieur du Bourtheroulde, acquises le 7 aoust 1651 :

« *Item* un clos en prey, paroisse Sainct Jean, triège de l'Epinette, borné d'un costé le canal de Seinne, d'autre costé la grande rue de l'Epinette, d'un bout les sieurs de Sainct Ouen et d'autre bout la rue tendante de Caudebec à la rivière, acquis le 10 mai 1702 ;

« *Item* un clos paroisse Sainct Jean, triège de la Croix de Caudebec — c'est-à-dire la place actuelle du Calvaire — borné des deux costés les chemins, d'un bout plusieurs et d'autre bout, en pointe, la dite croix, acquis le 15 decembre 1679 ».

Suivent vingt cinq autres articles concernant des biens situés à Caudebec, relevant également du duché d'Elbeuf. — Cet aveu est signé de la sœur Le Féron de Sainte-Marie.

Louis-Etienne de Fautereau, seigneur de Mennemare, et Pierre-François de Nollent, seigneur de Limbeuf, donnèrent rendez-vous à Guillaume Lesage, de Thuit-Signol, au bourg d'Elbeuf, le 20 décembre, et lui vendirent la vavassorie noble de la Tomberie, sise à Basville, près Bourgtheroulde, pour le prix de 6.000 livres.

Le 22, devant Jacques Pollet, lieutenant du

Année 1713 307

duché, exerçant par absence du bailli pour cause de parenté, et sur une demande de Jean Delarue, receveur général, tendant à une enquête sur l'état des biens du duché loués à Delarue, sous le nom de Charles Desjardins, le 6 décembre 1703, il fut procédé à plusieurs visites d'immeubles du duché. Voici quelques extraits du procès-verbal, incomplet d'ailleurs, dressé à cette occasion :

« Nous nous sommes transportés sous la grande halle, qui prend à commencer de la petite rue qui tend à la geolle de ce lieu et qui se termine à l'extremité du sieur Louis Flavigny vers la rivière, où estant, presence du procureur fiscal de ce duché, de Mr Pierre Lucas de Fleury, gentilhomme de la grande fauconnerie de France, creancier et directeur des creanciers de Monseigneur le duc d'Elbeuf, du sieur Jean Delarue, receveur general de cedit duché, dont la jouissance doit expirer au dernier jour de ce present mois, en la presence aussy du sieur Allexandre Martorey, receveur entrant au premier jour de janvier prochain, en la presence encor de Michel Lebailly, charpentier et marin, etc.

« ...Laquelle dite halle cy dessus nous a paru estre bien et deubment faite de reparations de couverture...

« Après quoy, nous avons faict la visite du pavage d'entre les deux halles, que nous avons trouvé bien et suffisamment faict...

« Ce faict, nous avons esté sous la halle qui sert de turie ordinairement, laquelle nous avons trouvé n'estre point reparée, que ledit sieur Delarue se submet de reparations locatrices aux termes de son bail...

« Ensuite de quoy, nous nous sommes transportés au moullin de Saint-Jean, où estant nous avons faict faire la visite... ; avons trouvé ledit moullin en bon estat de couverture, de tournant et mouvant, en tant que ce qui peut concerner les reparations auxquelles le fermier est obligé... »

Les recettes de la baronnie de Routot, membre du duché d'Elbeuf, furent affermées, le 28 de ce même mois, moyennant 3.450 livres par an.

Le 30, Pierre Delacroix, marchand drapier, trésorier en charge, acheta une rente au nom de l'église Saint-Jean. — Trois semaines après, Delacroix en acheta une seconde, également pour le compte du trésor.

En 1713, on ferma l'Hôtel-Dieu de Saint-Léonard ; ses revenus furent partagés entre les paroisses de Saint-Etienne et de Saint-Jean, sous la surveillance de trésoriers-économes. Il est probable, dit M. L. Patallier, que cette mesure regrettable fut la conséquence de l'insuffisance des ressources pour subvenir aux besoins de la maison hospitalière : on dut se contenter alors de distribuer des secours à domicile aux indigents malades. Ce nouveau mode d'exercer la charité dut promptement révéler ce qu'il avait d'incomplet, car il fut bientôt abandonné.

Parmi les Elbeuviens de cette époque dont les noms figurent dans divers contrats, nous citerons Thomas Saint-Ouen et Antoine Dudouit, chirurgiens ; Pierre Lenoble, serrurier ; Mathieu Rouvin, greffier de la verderie ; Pierre Delacroix, drapier, trésorier en charge, tous habitant la paroisse Saint-Jean. — Charles Capplet, greffier du bailliage, fils de Jean, ancien greffier ; Pierre Lesueur, conseiller du roi, commissaire enquêteur en l'élection de Pont-de-l'Arche ; Jean Delarue, drapier, receveur du duché, tous paroissiens de Saint-Etienne.

Louis Bénard, écuyer, gendarme de la garde, propriétaire rue de la Rigole ; Henri de Campion, prêtre, seigneur de Saint Pierre-des-Cercueils et y demeurant ; Nicolas-François Le Métayer, écuyer, sieur des Champs, demeurant en la même paroisse ; Bataille, curé de Saint-Martin la Corneille ; Nicolas et Pierre Duclos père et fils, couvreurs en ardoises, habitant également Saint-Pierre-des-Cercueils.

CHAPITRE XII
(1714-1716)

Henri de Lorraine *(suite).*— Les fabricants de draps ; leurs observations ; intéressants détails. — Cruel supplice d'un condamné a mort. — Les foulonniers de la vallée d'Andelle. — Les maitres tapissiers d'Elbeuf et l'apprentissage.—Mort de Louis XIV ; la Régence. — Menus faits.

Le 4 janvier 1714, Henri de Lorraine, étant à Elbeuf, emprunta 14.000 livres à Jean Delarue, receveur général du duché, demeurant en la paroisse Saint-Etienne, pour laquelle somme le duc promit lui servir une rente de 700 livres « à prendre par privilège sur les 300.000 desquelles le Roy a accordé à mondit seigneur le duc d'Elbeuf son brevet de retenue sur ses gouvernements en date du 3 octobre 1705, déposé à Longé, notaire au Châtelet de Paris... Et pour l'execution des presentes, mondit seigneur a élu son domicile en son chasteau à Elbeuf... »

Au 24 de ce mois, les principales religieuses des Ursulines étaient : Charlotte Le Féron de Sainte-Marie, supérieure ; Madeleine Daubichon de Sainte-Ursule, assistante ; Marguerite Lemoine de Sainte-Claire, zélatrice ; Anne Malapert de la Conception, Anne Sency de Sainte-Madeleine, Suzanne de Poterat de Saint-Michel.

Un acte du 31 établit que Mᵉ Delarue de Freneuse, verdier du duché d'Elbeuf, était fils de feu Louis Delarue. A cette époque, le verdier Delarue de Freneuse était trésorier en charge de Saint-Etienne.

Alexandre Martorey, fabricant de draps et porteur de la procuration de Blanchard, receveur du duché, bailla à ferme, le 1ᵉʳ février, les revenus de la Haye-du-Theil, du Grostheil, de Boscroger et de Boissey-le-Châtel, appartenant au duc, moyennant 4.000 livres par an.

Vers ce même temps, Martorey donna à loyer « la ferme de la voiture par eau et bateau des marchands la *Mal-menée* d'Elbeuf, et la ferme de l'isle Comte », moyennant 2.200 livres chaque année. — Les bateaux d'Elbeuf à Rouen partaient de notre bourg les mardi, jeudi et vendredi de chaque semaine. Celui des voyageurs était couvert.

Le 17 mars, Jacques Pollet, lieutenant du duché, fieffa à Simon Osmont, cabaretier, deux tènements de maisons à usage d'auberge, « où pend pour enseigne le *Bras d'Or*, borné d'un costé le quai de Son Altesse..., d'un bout le pont de sa ditte Altesse... » — Jacques Pollet tenait cet immeuble de la succession de son père, en son vivant avocat à la cour et aussi lieutenant général du duché.

En avril, Julie de Lanquetot, veuve de Louis Delarue, procureur au grenier à sel de Pont-de-l'Arche, à cause de l'amitié qu'elle portait à son frère Louis de Lanquetot et « considérant que par le malheur des temps il avoit perdu la meilleure partie de sa fortune et pour ainsi dire tout ce qu'il avoit de bien patrimoine, en sorte qu'il pouvoit bien tomber dans le besoin », constitua à ce frère une pension viagère de 150 livres. Louis Delarue, avocat et verdier du duché d'Elbeuf, héritier présomptif de Julie de Lanquetot, sa mère, confirma l'acte de générosité de celle-ci.

Le 9, à Saint-Etienne, Marguerite-Elisabeth de Gaugy, âgée de 20 ans, fille de Gabriel de Gaugy, sieur du Câtelier, et de Marguerite Delarue, épousa Pierre-François de Baillehache, chevalier, seigneur de Champgoubert. Parmi les témoins se trouvaient Gabriel de Gaugy, frère de la mariée, Pierre-Antoine de Beaurepaire, et autres.

Alexandre Martorey, marchand drapier, de la paroisse Saint-Etienne, et receveur général du duché, acheta, le 5 mai, des terres sises dans les prairies d'Elbeuf.

Quelques jours après, étant à Elbeuf, François-Pierre de Rouen de Bermenville, écuyer, seigneur du Thuit-Anger, y demeurant, vendit une terre à Jacques Le Métayer, également écuyer et habitant la même paroisse. Cette terre était bornée par une autre appartenant à l'église Saint-Etienne, dont Pierre Delarue, drapier, était trésorier.

Vers la fin juillet, Jacques Henry fils Jacques, tous deux drapiers, épousa la nièce de Jean Ledoulx, curé de Saint-Etienne. La dot de la mariée était de 4.000 livres.

Un contrat concernant Me Charles Gemblet, avocat, et le trésor de Saint-Jean, mentionne un ténement de maisons sis dans la « cour des Trois-Rois ».

Pendant l'été, il ne plut pas, de sorte que les eaux de la Seine baissèrent au point que, en plusieurs endroits, on la traversa à pied. Cette sécheresse, en interrompant les transports entre notre localité et Paris, gêna beaucoup le commerce.

Le 18 août, Charles Lamy, vicaire de Saint-Etienne et économe de l'Hôtel-Dieu d'Elbeuf, reçut, au nom de cet établissement, le remboursement d'une rente, des mains de Jacques Hamon, curé de Touville.

Vers ce temps, la communauté des chirurgiens d'Elbeuf représenta à Yves de la Bourdonnaye, intendant de la généralité de Rouen, qu'elle avait été érigée en maîtrise par édit du roi donné en février 1692 et qu'elle avait été obligée de racheter les charges de deux chirurgiens jurés royaux, ce qui leur avait coûté 660 livres, et qu'à ce moyen, ils avaient la faculté de recevoir, à l'exclusion de toute autre communauté, les aspirants en chirurgie à Elbeuf ; néanmoins, ils étaient troublés dans la jouissance de leurs privilèges par les communautés de chirurgiens de Rouen et de Pont-de-l'Arche.

Les membres de la corporation drapière prirent, le 25 du même mois, une décision qui leur fit honneur, en convenant « qu'il seroit à propos de faire subsister ceux des maistres qui se trouvent en decadence et hors d'estat, par le malheur de leurs affaires et par les pertes qu'ils ont souffertes dans leur negoce », et décidèrent qu'il leur serait donné 100 livres par an, payables par moitié de six mois en six mois et par avance, aux frais de la Communauté des fabricants d'Elbeuf.

Il existait alors un projet de créer une manufacture de draps à Pont-de-l'Arche. Les maîtres drapiers d'Elbeuf, craignant qu'elle leur fit concurrence, résolurent de tout faire pour empêcher cet établissement, et comme la caisse de leur Communauté était à peu près vide, ils décidèrent, le 17 novembre, d'emprunter 2.000 livres pour subvenir aux besoins. Thomas Couturier et Guillaume Boissel, garde en charge, furent chargés de contracter cet emprunt au nom de la corporation.

En cette même année 1714, on soumit au Bureau de la fabrique d'Elbeuf un projet de règlement pour toutes les manufactures de France. Ce projet fut annoté par les drapiers elbeuviens ; nous y trouvons d'intéressants renseignements sur la fabrication à cette époque, que nous allons résumer :

Il ne vient point assez de laines d'Espagne en France pour les besoins de ses fabriques. Si l'on confisquait celles de qualité inférieure, cela serait préjudiciable, parce que les laines d'Espagne deviendraient encore plus rares.

Un abus se produit. Certains manufacturiers font faire des draps de 25 à 30 aunes de longueur, pour lesquels ils ne payent pas plus à leurs ouvriers que si les pièces n'avaient que 20 ou 22 aunes, longueur ordinaire. Ces pièces foulent difficilement et ne reçoivent pas convenablement les apprêts.

Les draps d'Elbeuf, forts ou fins, ont présentement cinq quarts de large. Les draps d'une aune, que l'on faisait autrefois, ne sont plus en usage ; le public trouve plus d'avantages aux draps de cinq quarts.

Il se fabriquait dans ce bourg, il y a douze ou quinze ans, des draps d'une aune demi-quart, en 3.600 fils, propres à faire « des manteaux sans chanteaux, des roquelaures et des surtouts. Les 1.000 fils plus que les draps ordinaires et demi quart, foulés sur la largeur, faisoient des draps admirables, à cause de leur beauté, de leur qualité et qui ne perçoient pas aisement à la pluye. La mauvaise humeur de quelques marchands empescha d'en fabriquer, sous pretexte que l'ordonnance n'a point parlé de cette largeur et que l'on pourroit tromper le public en faisant fouler des draps de 2.600 fils à une aulne demy quart. Il seroit aisé d'y remedier en donnant un litteau à ces draps pour les distinguer des draps ordinaires ».

Il y a des draps qui refusent de fouler ; le fabricant ne pouvant empêcher cela, les pièces se trouvent de différentes longueurs.

Les tisserands sont payés à la livre, plus ils font entrer de fils en chaîne, plus on les paye. Les laineurs sont payés à la journée, afin de les engager à donner plus de soins aux draps. Quant aux tondeurs, ils sont payés suivant l'aunage de la pièce.

Les foulonniers reçoivent dans leurs piles aussi bien des draps de billard, ayant vingt-huit aunes de long et une aune trois quarts de large, que des draps ordinaires.

Les rôts des draps forts d'Elbeuf sont composés de 2.600 fils de deux aunes et quart entre les lisières. Les rôts des draps blancs étaient de 2.000 fils ; ils avaient de la peine à venir à leur largeur, ils y venaient mieux avec 1.900 fils seulement et avaient deux aunes de large entre les lisières. Les rôts des draps « doubles broches » avaient 3.600 fils sur deux aunes et quart entre les lisières. Les rôts des draps fins sont réglés à 3.300 fils et ont deux aunes et quart un seizième moins entre les lisières.

Il conviendrait de se servir, pour les draps fins, des mêmes rôts qu'emploie le sieur de Van Robais, qui n'ont que deux aunes entre les lisières, avec 3.200 fils au moins, par la raison qu'il faut, pour que le drap fin soit beau et bien fait, le tisser serré et presque le fouler sur le métier, ce qui ne peut être quand les rôts sont trop larges ; la réputation que le sieur Van Robais s'est attirée en est la preuve. Ces draps doivent être beaucoup foulés, au moulin, sur le long. — Ce Van Robais était un célèbre fabricant d'Abbeville.

La visite des draps, par le Bureau de la chambre, à la sortie du métier serait nécessaire, mais l'exécution en est fort difficile et presque impossible « veu le grand nombre de metiers qu'il y a presentement dans la fabrique d'Elbeuf ». Les fabricants y suppléent en visitant eux-mêmes les pièces quand les tisserands les rapportent ; les draps mal faits sont portés au Bureau, pour faire condamner l'ouvrier à l'amende.

En ce qui concerne la grosseur des fils de la chaîne, que l'on voudrait être proportionnée à la grosseur de la trame, il est impossible que le fabricant en puisse répondre, étant obligé de prendre le fil tel que le fileur le lui rapporte. D'ailleurs, si les fils de chaîne sont plus fins, il entre davantage de trame, et moins il en entre si les fils de chaîne sont plus gros. On ne pourrait obtenir de régularité qu'en accordant à chaque fabricant un canton où il pourrait former ses ouvriers et les commander avec certitude d'être obéi. Il est certain que le cardage et le filage sont la base de la fabrique, et l'on n'y a pas, jusqu'à présent, apporté assez d'attention.

Dans un projet de règlement dressé il y a plusieurs années, par le sieur Chrestien, inspecteur, avec la collaboration du sieur Bourdon, bailli, il fut convenu qu'il ne pourrait entrer dans les draps forts d'Elbeuf que des prime et seconde Ségovie, prime ségovienne et prime Sorie ; mais depuis, le nombre des maîtres et des métiers s'étant augmenté considérablement, surtout dans le bourg d'Elbeuf, ces sortes de laines ne peuvent fournir suffisamment, et si l'on était obligé de n'en point employer d'autres, il faudrait mettre bas la moitié des métiers et les marchands en boutique seraient sans assortiment. Toutes les laines d'Espagne peuvent être employées à Elbeuf, pourvu qu'elles soient fines, notamment les prime Castille, Arbarazins premiers, Andalousie, etc. Pendant la guerre dernière, on achetait peu de laines d'Andalousie, à cause de la longueur du trajet et des risques qu'il y avait ; elles passaient toutes en Angleterre ou en Hollande.

Il serait bien malheureux pour les fabricants, si, comme on le propose, ils voyaient couper leurs draps de quatre en quatre aunes, pour des défauts provenant des cardeurs, fileurs et tisserands, qui n'ont rien à perdre et sur lesquels il n'y aurait aucun recours. Et pour la proposition de marquer ces étoffes avec de l'huile et du noir « ce seroit deshonorer le drap et le mettre en danger d'être taché en plusieurs endroits ».

A la demande que l'on faisait que les draps, après foulage, fussent reportés une seconde fois au Bureau pour être visités et aunés par les gardes en charge, avec inscription de l'aunage sur un registre, les drapiers répondirent que cela était impossible en pratique, attendu la grande quantité de draps qui se fabriquaient à Elbeuf. La moitié des maîtres seraient occupés à faire porter leurs draps au Bureau, et une autre partie, ayant assez d'occupation par jour à auner et visiter les draps de leurs confrères, ne pourraient donner leurs soins à propres boutiques.

Le projet comportait un troisième voyage des pièces au Bureau, après les derniers apprêts donnés, pour être visitées de nouveau. Cette proposition avait pour but d'empêcher des abus du ramage. Les fabricants dirent qu'il serait facile d'y mettre un frein par des visites faites à dates variables, chez les manufacturiers, en aunant tantôt chez l'un, tantôt chez un autre, un drap quelconque et en le faisant mouiller, puis réauner.

Il paraît que les foulonniers n'étaient guère riches, car les fabricants disaient que « c'était la mer à boire » que de les faire payer des dommages-intérêts auxquels le juge les condamnait, de sorte que les sentences devenaient sans effet, à cause de l'indigence des maîtres foulons.

Enfin, le projet portait défenses aux marchands en gros ou en détail d'avoir des rames, ou de se servir des rames des drapiers pour élargir ou allonger les draps. Il paraît que quelques-uns se servaient, au même effet, « de galères, rouleaux et autres instruments ».

Le 31 octobre, le bailli défendit aux regrattiers d'avoir en magasin chacun plus de deux muids d'avoine et plus de seize mines des autres grains. Il leur fit également défense de vendre autrement qu'à la petite mesure, sous peine de 50 livres d'amende, et d'acheter aux halles avant que les bourgeois fussent pourvus.

Le 10 novembre, Jacques Lefebvre fut nommé garde de la boulangerie avec Adrien Potteau.

Le 27 du même mois, on mit en adjudication les boues et graviers des rues, moyennant 80 livres par an. Une des clauses du contrat est assez singulière : L'adjudicataire était chargé « de l'entretien et conduite de l'horloge ». Les boues devaient être enlevées trois fois par semaine.

Le même jour, le bailli fit défense aux facteurs des bois du duché « de livrer des cotrets dans les ventes et de lier dans lesdites ventes » ; il ordonna que le bois serait « apporté au quay pour y être lié et livré au sieur Lemire, pour en estre livré 40.000 à Son Altesse ; ne pourra Lemire exporter le reste que les bourgeois en soient remplis et n'en veulent plus ».

En décembre, le pain blanc ne valait qu'un sol neuf deniers la livre, le bis dix-huit deniers, le biset quinze deniers. — Le prix de la chandelle était de dix sols la livre ; il fut réduit à neuf dans le courant de l'hiver. — Le pain, la chandelle et le bois étaient seuls considérés comme denrées de première nécessité. — Les chandeliers elbeuviens étaient alors Charles Ansoult, Etienne Guilbert, Henri Chrestien, Jacques Saint-Amand et Nicolas Louvet.

Pierre Carré, cardier ; Marin Duruflé, tapissier, et Guillaume Manoury, barbier-perruquier, habitaient la paroisse Saint-Etienne. Jean Lefebvre, boulanger ; Pierre Lesage, serrurier ; Jacques Deshayes, vicaire ; Thomas Pelfrêne, organiste ; Nicolas Patallier, trésorier ; Mathieu et Nicolas Maille, tapissiers, et Jean Leroux, cordonnier, habitaient celle de Saint-Jean.

Sont mentionnés dans d'autres actes : Jean-Baptiste Le Diacre, écuyer, seigneur et patron de Saint-Cyr ; Robert Ricardeau, curé de la même paroisse, et Louis Caumont, curé de Quatremares.

Depuis plus de deux ans déjà, on s'entretenait beaucoup d'un drame qui s'était passé au hameau de la Souche, paroisse Saint-Etienne, dans la nuit du 13 au 14 septembre 1712. Un sieur Claude Patallier avait été tué à coups de barre de fer, et Michel Hamel fut accusé de ce crime.

Après de longues enquêtes et plusieurs ordonnances, un jugement définitif fut rendu le 22 décembre 1714, au siège de la haute justice d'Elbeuf.

Hamel, déclaré coupable, fut condamné « à paroistre nud en chemise, teste et pieds nus, la corde au col, portant en sa main une torche ardante du poids de deux livres, suivy de l'executeur de la haute justice, pour là, à genoux, demander pardon à Dieu, estre ensuitte conduit devant le principal portail de l'église Saint Jean de ce lieu, pour y faire amende, et ensuitte en la place du Coq, pour y avoir bras, jambes, cuisses et reins rompus vifs sur un eschafault, qui pour cet effet sera placé en ladite place du Coq ; son corps ensuite exposé sur une roue, la face vers le ciel, pour y finir ses jours, et après estre porté aux fourches patibulaires de cette haute justice par l'executeur ; tout et un chacun ses biens confisqués, sur lesquels sera pris la somme de 300 livres d'amende en quoy il demeure condamné envers Son Altesse ; ledit Hamel en outre condamné en 2.000 livres d'intherests envers Marguerin et Claude Patallier, enfants dudit Claude.... »

Après la mort du fils unique du prince de Vaudémont, tous les biens de la première femme du duc d'Elbœuf, père de Henri, retournèrent aux enfants du duc de la Rochefoucauld, fils de sa fille du premier lit. Saint-Simon raconte qu'étant allé féliciter M. de la Rochefoucauld, il le trouva jouant gravement une partie d'échecs avec un de ses domestiques.

En cette même année, dit le même auteur, « Mme de Vaudémont mourut d'apoplexie à Commercy ; en entrant le matin dans sa chambre, on la trouva râlant, sans connoissance qui ne revint plus. On a dit ailleurs qui elle étoit, et qu'elle n'avoit plus d'enfants. Ainsi le duc d'Elbœuf hérita de ce qu'elle avoit eu de son père, et M. de la Rochefoucauld du maternel. Le tout alla à peu de chose. C'étoit une devote precieuse, qui ne put s'accoutumer à n'être plus une manière de reine, et qui sécha peu à peu de dépit et de douleur d'avoir vu se dissiper en fumée ses folles pretentions de rang, et ses vastes chimères de faire à la cour et à Paris un grand personnage. L'unisson avec toutes les dames titrées, dont tout l'art, les souplesses et les appuis ne la purent distinguer en rien, et la solitude où son air haut, sec, froid, mécontent, la jetèrent, lui avoient fait prendre promptement le parti de se confiner à Commercy, où l'ennui acheva de la tuer. Mme d'Espinoy y courut chercher et ramener son cher oncle, qui, comme tous les grands princes, arriva consolé ».

A la date du 15 janvier 1715, le roi rendit un arrêt portant règlement pour la fabrication des draps fins à Louviers. Entre autres choses, il y fut stipulé que ces draps auraient à l'avenir au moins 3.300 fils de chaîne, qu'ils seraient fabriqués au moyen de rôts de deux aunes un quart entre les lisières et qu'il ne pourrait entrer dans leur confection que de la laine prime Ségovie, sous peine de 100 livres d'amende et de confiscation des marchandises.

Le bailli rendit deux ordonnances le 9 avril. Par la première, il fixa la vente du poisson à 8 heures du matin en été, et à 9 heures en hiver ; celle des œufs, beurre, volailles, etc.; à 10 heures en été, et à 11 heures en hiver.

La seconde enjoignait aux voituriers par terre faisant le service d'Elbeuf à Paris, de partir de notre bourg chaque mercredi en été, et tous les dix jours en hiver. Les chargements se feraient à trois heures du soir ; le prix du transport fut fixé à « 100 sols le cent pesant ».

Six jours après, le bailli fit défense de traverser les prairies « à cause de la pousse de l'herbe, et notamment le prey Bazile appartenant à Son Altesse et par luy reservé », sous peine de 50 livres d'amende et de prison en cas de récidive.

Une autre ordonnance nous apprend que l'on jetait une telle quantité de matières dans le cours d'eau, que la roue du moulin Saint-Jean ne pouvait plus tourner. Il fut enjoint aux riverains d'opérer le nettoyage de la petite rivière.

A cette époque, comme de nos jours, les octrois avaient pour effet d'augmenter le prix des objets soumis aux droits. Le 11 avril, Pierre Osmont, Nicolas Lefebvre, Pierre Patallier, Jacques Saint-Amand, Chrestien, Nicolas Louvet et Jean Patallier, tous marchands chandeliers, remontrèrent au bailli que la livre de chandelle avait été fixée à 8 sols « sur ce principe qu'en la ville de Rouen elle coûtait 7 sols 6 deniers, parce qu'il faut deux liards davantage par livre en ce bourg à cause du tarif ». Le prix ayant été porté à Rouen à 8 sols 6 deniers, le bailli fixa le prix de la chandelle, à Elbeuf, à 9 sols.

En mai, les fabricants d'Elbeuf durent débourser 1.067 livres pour relever un arrêt rendu par le Conseil en leur faveur, dans les premiers mois de 1715. C'était probablement au sujet de leur différend avec ceux d'Orival.

La fabrique eut encore à payer 238 livres « à prendre sur le premier maistre qui sera reçu », pour les frais de l'arrêt rendu au sujet de la manufacture de Pont-de-l'Arche.

En ce même mois, de nombreux tisserands furent condamnés à l'amende pour avoir étendu des chaînes le dimanche. Des marchands le furent également pour avoir ouvert leurs boutiques ce même jour.

Le 4e jour de juin, René Leport, garde des bois d'Elbeuf depuis 1680, fut nommé, par le duc Henri, en récompense de ses longs services, à l'emploi de garde-marteau des forêts du duché. Avant de le recevoir, le bailli ordonna une enquête ; les personnes appelées déclarèrent que Leport était « homme de bien et d'honneur, faisant profession de la R. C. A. et R., l'ayant veu souvent à la messe ».

Le 8, les foulonniers de la vallée d'Andelle remontrèrent au bailli d'Elbeuf que, depuis plusieurs années, ils avaient considérablement perdu d'argent et qu'ils étaient « hors d'estat de soutenir les frais exorbitants de leur vacation de foulage de draps, notamment à cause des gages et nourriture de leurs domestiques, terres à degresser, loyers de chevaux, ...et tous les inconvenients et accidents qui arrivoient à une marchandise aussy casuelle et de consequence que sont les draps d'Elbeuf, sujets aux influences des temps et aux saisons de l'année ».

Leur supplique se continuait ainsi : « Souventes fois, ces pauvres ouvriers foulons deviennent les victimes non seulement de tous les defauts et tarres de ces marchandises, qui sont maniées et transportées par mille mains, mais aussy qu'on les rend le plus souvent responsables des mauvaises teintures et mauvais menage des manufacturiers, lesquels ne se font aucune peine d'envoyer leurs draps au foullon tout humides et fumants, ce qui cause la plus grande partie des accidents ordinaires que l'on voit auxdits draps, et former des flammes noires ou blanches... »

Ils dirent encore : « Loin d'avoir augmenté la condition des supliants, pour repondre à toutes les charges dont ils sont accablés, aussy bien que pour les longueurs extraordinaires desdits draps, dont il ne leur est tenu aucun compte ; au contraire, on les a même diminués du prix qui leur avoit esté accordé par vous, Monsieur, qui etoit de 3 livres pour chaque pièce de huit marques d'attache... »

Les foulonniers conclurent en demandant 4 livres par pièce, et annoncèrent que, faute de réponse dans la huitaine, ils seraient obligés de remettre, sans les avoir foulés, les draps qui étaient dans leurs mains et qu'ils n'en recevraient pas d'autres.

Le 15 du même mois, les gardes en charge et maîtres de la Manufacture royale des Tapissiers d'Elbeuf s'assemblèrent « pour déliberer sur les moyens d'avoir un Bureau pour y faire les assemblées ordonnées par les Statuts et Reglements qu'il a plu à Sa Majesté leur donner, y tenir et conserver les registres de leur communauté et y faire decider les questions concernantes leur manufacture et fabrique ; comme aussy de trouver des fonds pour subvenir aux depenses communes de leur dite manufacture, même pour y faire ce que la charité ordonne pour aucuns des maistres ou ouvriers de leur manufacture, lesquels après avoir travaillé nombre d'années dans ledit metier, pourroient tomber en pauvreté et être incapables de gagner leur vie, qui seroit de leur fournir des deniers de leur communauté pour leur aider à subsister ;

« Pour ces raisons, lesdits marchands tapissiers, assemblés en etat de commun, sont unanimement demeurés d'accord qu'ils ne peuvent trouver de ressources pour les besoins de leur communauté que dans le profit que les maîtres peuvent faire en prenant des apprentis, tant par le travail qu'ils font chez leurs maîtres d'apprentissage que par le salaire et pension qu'ils en retirent ; et afin qu'on n'exige pas desdits apprentis des sommes plus considerables que celles qu'ils doivent payer à leurs maîtres, il a eté arresté entre lesdits maîtres tapissiers du bourg d'Elbeuf que les maîtres de leur corps qui prendront dorenavant des apprentis seront tenus et obligés de payer au garde en charge de ladite Manufacture la somme de 500 livres, sçavoir : 300 livres lorsque l'apprenti sera receu au Bureau de lad. manfacture comme apprenty et 200 livres lorsqu'il sera receu maître en lad. Manufacture, dont le garde lors en charge sera tenu se charger dans ses comptes, et ce pour chaqu'un de ceux qui seront dorenavant receus apprentis ou maîtres, sans que cela puisse prejudicier aux enfans des maîtres, qui seront receus dorenavant suivant l'usage et manière qu'ils l'ont été... » Suivent les signatures des maîtres tapissiers, Nicolas Maille, M. Maille, Marin Duruflé, Pierre Bunel, C. Lestourmy et Jean-Baptiste Fortin.

Alexandre Martorey, fermier général du duché, remontra au bailli, le 2 juillet, que la grande source fournissant de l'eau au moulin de Saint-Etienne était bouchée et tarie, au point que le moulin ne pouvait plus tourner. Le moulin de Saint-Jean n'était pas non plus en bon état ; on dut « refaire son grand rouet, plus une auge neuve de deux pieds et demi de large, traversant la rue et conduisant l'eau au moulin ». On dépensa également 600 livres pour deux meules neuves.

Abraham Roblot fils Abraham abjura le protestantisme, le 6 du même mois, en l'église Saint-Etienne, en présence de Michel de Baupte, prêtre, Jean-Baptiste Bérenger, diacre, Louis Lamy, syndic, et autres paroissiens.

Un acte de cette année mentionne Jacques Boisselier, prêtre à Saint-Etienne, et Elisabeth du Crocq de Biville, épouse de Nicolas Delarue, bourgeois d'Elbeuf.

Marie Vitecoq, tourière du couvent des Ursulines, qui avait succédé dans cet emploi à feue Madeleine Lhermite, étant tombée paralysée, donna, le 9 juillet, au monastère, tout ce qu'elle possédait, pour y être entretenue pendant le reste de sa vie.

Nicolas Lecomte, prêtre habitué et chapelain de la Charité de Saint-Jean, âgé de 45 ans, mourut le 14; on l'inhuma le lendemain dans le chœur de l'église.

Les habitants de Pont-de-l'Arche n'ayant point payé la portion de 3.000 livres à laquelle ils étaient assujettis par suite du rachat de certains droits d'octroi dont nous avons parlé précédemment, et la communauté des habitants d'Elbeuf ayant dû l'acquitter, les sieurs Delacroix, Boissel, Bourdon, Maille et autres, au nom de leurs concitoyens, firent donner sommation au receveur du don gratuit de Pont-de-l'Arche de leur rembourser cette somme. L'acte fut signifié par le sergent de la sergenterie de Freneuse, le 16 août.

Le receveur de Pont-de-l'Arche ne s'étant pas exécuté, les représentants de la communauté d'Elbeuf firent saisir ses meubles le 12 septembre suivant. Deux ans après, une nouvelle sommation, suivie également de saisie du mobilier appartenant au receveur du don gratuit de Pont-de-l'Arche, fut faite à la requête des habitants d'Elbeuf, pour remboursement d'une somme de 880 livres qui leur restait due.

Louis XIV mourut à Versailles le 1er septembre. Le 7, le bailli d'Elbeuf ordonna au curé de Saint-Jean de célébrer, le lendemain, un service pour le repos de l'âme du roi, et aux habitants de cesser tous travaux pendant l'office religieux et de fermer les boutiques, sous peine de 10 livres d'amende.

Il fut en outre ordonné aux maîtres drapiers de fournir chacun deux de leurs ouvriers pour sonner les cloches alternativement « et sonner tant que besoin sera, suivant le mémoire qu'en fera Mᵉ Pierre Bénard, sacristin de cette paroisse ».

Le service fut célébré, le 8, en présence des avocats en corps et d'une foule considérable.

Le duc d'Orléans, régent, étant à Vincennes, adressa aux centres manufacturiers, le 30 octobre, une lettre par laquelle il disait vouloir accorder une protection entière aux manufactures « pour les perfectionner et les augmenter par la suite ».

A cet effet, les fabricants et les ouvriers furent obligés de faire un double chef d'un quart d'aune de largeur à toutes les espèces d'étoffes qu'ils produisaient, en ayant soin de fabriquer ce chef aussi parfaitement que possible et avec tous les apprêts désirables.

Ce chef devait être marqué, en gros caractères, du nom de l'ouvrier, du lieu de fabrique, du nombre de fils et de la largeur du rôt. Il fallait indiquer si les matières employées étaient du crû du royaume ou d'ailleurs et dire le lieu d'où elles provenaient, la quantité d'étoffes que l'on en faisait, et mentionner les pays de consommation de ces étoffes.

Pendant la régence, « le duc d'Orléans donnoit à toutes mains à qui vouloit avoir. M. le Grand, au père duquel la charge de grand écuyer n'avoit coûté que le vol, fit donner au prince Charles, son fils, qui en avoit la survivance, un million de brevet de retenue dessus ; ce qui etoit la rendre hereditaire, et ils cajolèrent si bien le duc d'Elbœuf, qui n'avoit point d'enfants, que peu après ils obtinrent pour le même prince Charles la survivance du gouvernement de Picardie du duc d'Elbœuf ».

A cette époque, Guillaume Boissel et Charles Ansoult, d'Elbeuf, étaient porteurs de la procuration « d'illustrissime et reverendissime seigneur frère Louis Fedeau de Nangien (?), commandeur de Saint-Etienne de Reneville et grand bailly de la Morée ». En vertu de leurs pouvoirs, ils donnèrent à bail le moulin de Renneville, moyennant 250 livres de ferme par an, payables par avance.

Le pain et la chandelle, pendant l'hiver qui suivit, se vendirent à bas prix : le pain de 9 à 15 deniers la livre, suivant qualité ; la chandelle à 6 sols et un liard la livre.

Le 16 novembre, « Jean Ledoux, curé de Saint Etienne, administrateur des deniers de la société des Dames de la Miséricorde », céda à Pierre Frontin aîné, drapier, une rente créée par Marie Boissel en janvier 1666, moyennant 110 livres tournois. — Témoin : Charles Lamy, vicaire de la paroisse.

Un acte de cette année mentionne la rue de la Bague. D'autres : Henri Mallet, armurier ; Jean Dupont, boucher, et Jacques Pollet, tapissier, tous de la paroisse Saint-Jean. On trouve également que Laurent Petitgrand, cardier ; Isaac Quétel, tourneur, et Alexandre Martorey, receveur général du duché, habitaient celle de Saint-Étienne.

M. Maille cite ce passage d'une pièce datée de 1715, dans lequel figure le château provisoire de la rue Saint-Etienne :

« Maisons, deux occupées par M. le duc d'Elbeuf : une où est situé le château, occupé par M. Bourdon, bailly ; l'autre servant actuellement aux écuries de M. le duc, et une autre sise au Mont-Rôti... (Lemonnier, représenté par le sieur de Granville, que repré sente M. le duc d'Elbeuf).

Parmi les condamnations prononcées au tribunal d'Elbeuf, nous en trouvons une à 6 livres d'amende, datée du 28 janvier 1716, contre un habitant « pour avoir laissé prendre le feu à sa cheminée », Le bailli fit publier que si pareil fait se représentait, il prononcerait une amende de 50 livres. — Un autre habitant fut condamné pour avoir tiré des coups de feu à un baptême.

Le 19 février, Jean Delarue, veuf, âgé de 69 ans, et Madeleine de Postis, fille d'Émery de Postis, écuyer, sieur de la Boissière, âgée de 30 ans, de Saint-Denis de Bosguerard, furent, en l'église Saint-Etienne d'Elbeuf, « mariés et rehabilités dans leur mariage, suivant pouvoir donné par monseigneur l'archevesque de Rouen ».

Le 12 mars, sur la demande des « gardes du mestier de tapissier », dont les produits se vendaient surtout à Paris, et en considération de la baisse générale du prix des subsistances et des fourrages, le bailli ordonna que le prix du transport des marchandises par voiture de terre, d'Elbeuf à la capitale, serait réduit à 3 livres 10 sols les cent livres de poids.

Le même jour, se présentèrent devant le bailli « Jean, Michel et Pierre Lefebvre frères fils Jean lesquels lui representèrent qu'ils auroient esté autorisés par Son Altesse Monseig^r le duc d'Elbeuf de travailler du mestier de tapissier, suivant l'acte du 3 de ce mois ; demandant, en la presence des sieurs Mathieu et Nicolas Maille, gardes dudit mestier, des sieurs Jacques Pollet et Marin Duruflé, de

Pierre Bunel, lequel s'est retiré, de les recevoir et authoriser à faire travailler.

« Par lesdits gardes et maistres a esté dit que lesdits Lefebvre ne sont fils de maistre et n'ont fait aucun apprentissage en conformitté des statuts dudit mestier ; que Son Altesse commandant de les recevoir, ils ne peuvent aller contre et au préjudice de ses intentions, estant trop soumis à ses ordres. Parce que, cependant, cela ne leur pourra préjudicier et tirer à consequence pour l'avenir, et qu'ils ne pourront prendre aucun des ouvriers desdits maistres directement ou indirectement, et qu'ils ne pourront avoir aucune voix deliberative dans les assemblées de leur corps de mestier, attendu qu'ils sont reçus par privilège et contre les statuts dudit mestier ».

Pollet, lieutenant du duché, qui présidait en remplacement du bailli, indisposé, rendit une ordonnance conforme à ces conclusions.

Jean-Michel de Baupte, jeune prêtre-sacristain de Saint-Etienne, fut inhumé dans le chœur de cette église, le 30 avril, en présence de Charles Lamy, vicaire, et Jacques Delarue, prêtre.

Le 15 mai, un habitant fut condamné, par le lieutenant Pollet, à 30 sols de dommages-intérêts pour avoir jeté de l'eau par sa fenêtre, sur un passant, et « sans avoir auparavant, par trois fois, crié : « Garre l'eau ! »

Au 5 juin, Pierre Flambart, carleur, était « roy de la confrerie de saints Crespin et Crespinien, fondée en la paroisse de Saint-Estienne » ; Jacques Viard et Etienne Mallet « étaient gardes en charge dudit mestier de carleur ».

Le 23, François Legendre fut reçu, au bailliage d'Elbeuf, en qualité de tabellion de la baronnie de Quatremares.

Sur les registres paroissiaux de Saint-Etienne, à la date du 7 juillet, se trouve l'acte d'inhumation, dans la chapelle de la Vierge, de Pierre Lesueur, officier en l'élection de Pont-de-l'Arche, et immédiatement après la signature de « Jean Lesueur, curé de Saint Martin de Chaumont, docteur de Sorbonne, nommé à la cure de Saint Jean d'Elbeuf ».

Le 16, Marie-Madeleine Duperré, veuve de Pierre Lesueur, ancien conseiller du roi, enquêteur et examinateur en l'élection de Pont-de-l'Arche, et ses fils : Jean Lesueur, docteur en Sorbonne, curé de Chaumont, Pierre-Louis-François Lesueur, bourgeois d'Elbeuf, et Nicolas-Jacques Lesueur, chanoine de la Saussaye, donnèrent au trésor de Saint-Etienne la somme de 150 livres, pour la fondation d'un service à la mémoire de leur époux et père, plus 6 livres de rente à l'hôpital de notre bourg, conformément aux intentions du décédé.

Le 19, en l'église Saint-Jean, eut lieu le mariage de François Bouic, ancien lieutenant de grenadiers au régiment de Baugy et alors gendarme dans la première brigade des Bourguignons, originaire de Marmande, avec Marie Pirout.

Les « gardes en charge, anciens gardes et maistres du mestier de carleur d'Elbeuf » se réunirent le 30 août devant Pollet, lieutenant, pour élire un d'entre eux, en remplacement de Jacques Acard, afin, conjointement avec Etienne Maille, de remplir les fonctions de garde. Guillaume Auvray fut élu. Etaient présents : Guillaume Auvray, Jacques Viard,

Pierre Flambard, Etienne Louvet, Pierre Bonnet, Nicolas Bonnet, Flambard aîné, Etienne Mallet et Jacques Fosse. Les trois derniers ne savaient pas signer.

Le 2 septembre, on inhuma, dans l'église Saint-Jean, un enfant de Nicolas-Alexandre de Boucout, seigneur de Martot, président au Bureau des finances, et de Geneviève Bourdon. — La moyenne des inhumations dans nos deux églises était alors d'environ dix-huit pour cent.

Vers cette date, « Mathieu Dupont, écuyer, gendarme bourguignon du Roy, en la 1re brigade de M. le marquis de Castelmoron », originaire de notre bourg, vendit une propriété qu'il possédait à Elbeuf. Dans un autre acte, antérieur de quelques mois, par lequel il bailla à loyer une ferme sise à Boscroger, il est qualifié de « garde du corps de Sa Majesté, compagnie de Navailles ».

Par acte du 30 septembre, passé à Elbeuf, quinze habitants de Caudebec fondèrent, dans l'église de cette dernière paroisse, une confrérie de Saint-Michel, établie sur les mêmes principes que celles de la paroisse Saint-Jean.

Les archives de l'ancien tabellionage d'Elbeuf conservent le testament d'Anne Conart de la Patrière, dame de la Saussaye et de Saint-Martin la Corneille, veuve de François de Berbisy, en son vivant chevalier, seigneur d'Hérouville, écrit le 4 novembre, en présence de Jacques-David-Alexis de Hesbert de Villeneuve, doyen des chanoines de la Saussaye, de Nicolas-Jacques Le Sueur et de Guillaume Dauphin, tous deux aussi chanoines de Saint-Louis, et de Thomas Saint-Ouen, chirurgien. — Au nombre des légataires, se trouvent Me

Pollet, chanoine de la Saussaye, et M⁰ Servant, curé de Saint-Nicolas du Bosc-Asselin.

Voici quelques articles extraits d'un compte rendu par Jean Delarue, ancien receveur du duché, au duc d'Elbeuf :

Reçu de la dame Morin de Criquebeuf, pour rente seigneuriale de la rivière. 32 liv. 6 s.

Reçu de Nicolas Leroy, pour le restant des rentes seigneuriales, tant de « sa maison du Louvre », du Maurepas, Fosse Léonard, que pour un acre de l'ainesse Carpentier.......... 32 4

Rentes seigneuriales de Caudebec...................... 792 12

Payé pour réparation du moulin à drap d'Amfreville........ 15 9

Dépense faite avec Messieurs les juges lors de la visite du moulin Saint-Etienne......... 3 18

Nous y trouvons également plusieurs dépenses occasionnées par un procès que le duc avait au bailliage de Pont-de-l'Arche, à cause de sa garenne de Cléon, dont les lapins causaient de graves préjudices aux cultivateurs de cette paroisse et à ceux de Saint-Aubin.

Cette année-là, Jacques Pollet, marchand d'Elbeuf, vendit à Nicolas Pollet, curé d'Hectomare, son frère, dix perches de terre labourable, sises à Iville et au Troncq, pour le prix de 450 livres.

CHAPITRE XIII
(1717-1719)

Henri de Lorraine *(suite)*. — Les avocats d'Elbeuf. — Les bienvenues et les ouvriers laineurs et tondeurs. — Le duc d'Elbeuf et le pays de Lalleu. — La taille pour les industriels. — Toujours le ramage des draps. — La famille « d'Elbeuf » a Sainte-Croix-sur-Aizier. — L'industrie lainière de la région d'Elbeuf. — La Charité de Saint-Roch, a Saint-Etienne. — Le quai et la fontaine du Sud. — Le prince Emmanuel.

Le 11 janvier 1717, Henri Delatour, barbier-perruquier, de la paroisse Saint-Jean, vendit à Nicolas Hermeroult, de la paroisse Saint-Etienne, « une des six places heredilaires de barbier-perruquier baigneur-étuviste de la ville dElbeuf..., avec les privilèges y attachés..., lui ayant à cette fin remis aux mains la lettre de finance dudit office du 8e fevrier 1716, registrée au controlle general des finances à Paris, le 22 février 1716, montants à la somme de 50 livres et la quittance des 2 sols pour livre de ladite somme... » Le prix de vente fut fixé à 60 livres.

Le 27, mourut à l'âge de 23 ans, Charles-François Duchesne, écuyer, sieur des Chastelliers, fils de feu Charles, aussi écuyer et sieur des Chastelliers, et de Catherine Davout. Il fut inhumé à Saint-Etienne.

Le 22 février, « Nicolas Lancelevée fils Nicolas, foulonnier à Romilly près le Pont Saint Pierre », vendit une rente à Pierre Bénard, prêtre sacristain de Saint-Jean d'Elbeuf.

Moins de deux mois après, le 6 avril, Nicolas Lancelevée vendit à Thomas Bourdon, trésorier de France, demeurant à Rouen, à Pierre Bourdon, drapier, de la paroisse Saint-Jean d'Elbeuf et à Louis Flavigny, drapier, de la paroisse Saint-Etienne « c'est à sçavoir : un moulin à fouler draps, façon d'Hollande, à dix pilles, sis en la paroisse de Romilly, avec l'islet du costé de la roue qui est formé par le grand bras de la rivière d'Andelle et la tranchée au noë dudit moulin, et l'autre islet sur lequel est ledit moulin ou portion de prairie appelée le Touret.... » Cette vente fut consentie moyennant 8.000 livres tournois, payées pour moitié par les sieurs Bourdon et pour l'autre moitié par Louis Flavigny.

Claude Hermeroult et Adr. Frérot, barbiers-perruquiers, habitaient : le premier la paroisse Saint-Etienne, le second celle de Saint-Jean.

— Robert Pestel et Alexis Lecarbonnier, « maistres épincheurs », résidaient l'un à Caudebec, l'autre à Saint-Jean. — Nicolas Louvet, « échoppier », était aussi de cette dernière paroisse.

Alexandre Martorey avait été assigné, à la requête de Jacques Bourdon, bailli du duché, devant les juges consuls de Rouen, afin de reconnaître la signature que le premier avait apposée au bas d'une convention avec le second, il y avait environ dix-huit mois, et, en conséquence, faire condamner Martorey à rendre compte de toutes les teintures faites par lui depuis 1792. De son côté, Martorey avait assigné Bourdon devant les mêmes juges, pour le faire condamner au paiement de 29.845 livres 5 sols en paiement de teintures faites pour le compte du bailli. Ce double procès effraya les parties ; aussi, sagement, se décidèrent-elles, le 1er avril, à un arrangement.

Il ressort de cet acte que le bailli Bourdon exerçait le métier de teinturier en association avec Martorey et qu'il était, en outre, un des plus forts manufacturiers d'Elbeuf de l'époque.

Les registres paroissiaux portent plusieurs actes de baptême, aux églises catholiques, d'enfants de protestants ; nous en rencontrons un nouveau à la date du 28 avril.

Le 1er juin, les fabricants, réunis en assemblée générale, s'engagèrent à ne pas prendre, à l'avenir, d'ouvriers à leurs confrères, sous peine de 300 livres d'amende et d'interdiction de travailler ou faire travailler pendant six mois.

Le Bureau de la manufacture était alors épuisé par plusieurs procès qu'il avait dû intenter ou soutenir. Il se trouva même dans l'obligation d'emprunter 1.600 livres, au denier vingt, pour rembourser la dame Frontin de deux années de 80 livres de rente que le Bureau était obligé de lui servir ; elle avait fait saisir une pièce de drap, afin d'avoir paiement de ces deux annuités.

Les procès étaient suivis, beaucoup plus attentivement que de nos jours, par la curiosité publique : les habitants de notre bourg trouvant dans les plaidoiries des avocats une distraction gratuite. Aussi arrivait-il que ceux-ci plaidaient plus souvent pour le plaisir de la galerie que dans l'intérêt de leurs clients et ne ménageaient guère leurs expressions. Nous pourrions citer nombre d'exemples ; nous nous bornerons à un seul :

Dans une affaire Guillot, Me Bourdon, avocat de cette partie, avait dit de son confrère, plaidant contre lui : « Le sieur Assire, affranchi des lois de la raison et du sens commun, aussi bien que de la langue française, qu'il enrichit de mots nouveaux, se livre à une extravagance digne de compassion... », etc.

Me Louis Assire lui répondit : « Je laisserai, sans y faire aucune attention, ni marquer aucun étonnement, couler la nouvelle inondation d'injures, d'impostures, de mensonges et de vilenies qui sort d'un torrent empoisonné de l'impétuosité de la langue de Guillot et du venin de la plume de son avocat, prenant sa source et procédant de la corruption de leurs cœurs, du mouvement de leurs biles et du dérangement de leurs cerveaux... », etc.

On peut juger par ces courts extraits du genre de talent que déployaient les avocats elbeuviens dans leurs plaidoyers, farcis de citations d'auteurs grecs et de textes latins que l'auditoire trouvait merveilleux parce qu'il ne les comprenait pas. Le public appréciait beaucoup aussi l'orateur qui avait parlé le plus fort, le plus longtemps et l'avait fait le plus rire ; ce que les avocats n'ignoraient pas, aussi en usaient et en abusaient-ils, surtout quand leur client les payait grassement.

Nicolas Lancelevée, foulonnier, bailla à

LE LAINAGE OU TIRAGE A POIL DES DRAPS
(D'après une gravure du XVIIIᵉ siècle)

loyer pour neuf années, à dater de la fête de Saint-Jean 1717, à Louis Dumoulin, compagnon drapier d'Elbeuf « un moulin façon d'Hollande, sciz à Romilly, avec l'islot du costé de la roue... et l'autre islot sur lequel est basti ledit moulin... », moyennant 300 livres de ferme par an.

Les deux moulins à blé d'Elbeuf furent encore, au commencement de l'été de cette année, l'objet d'importantes réparations, notamment dans leurs murailles, en partie écroulées.

Les bienvenues que payaient les ouvriers drapiers en entrant dans une nouvelle fabrique engendraient des abus, que les intéressés résolurent de faire cesser. Voici le texte d'une convention qui mit provisoirement fin à cette mauvaise coutume :

« Nous soussignez ouvriers travaillant au metier de laneur de draps de la Manéfacture Royalle D'elbeuf, tant pour nous dits soussignez que pour tous les autres dudit metier, vertu de leur pouvoir verbal et qui n'ont signé au present à cause du trop grand nombre, reconnaissons qu'après nous êtrent bien et duement conferés au sujet de la maxime qui s'est praticquée par nous en general de payer des bien venues touttes les fois que nous changions de bouticque aux autres ouvriers de celle où nous alions, et eux reciproquement vers nous en venant aux nostres, ce qui s'est trouvé très à charge pour nous tous, tant par la depense que par le derangement qui s'en suivoit vers nos maîtres pour le temps perdu dont ils pouvaient avoir besoin ;

« Pour ce à quoy evitter et desirant nous dits ouvriers retrancher de nous ce qui peut être prejudiciable et desagreable à nos maîtres, qui par ces bien venues n'avoient non plus que nous une pleine liberté d'avoir les ouvriers qu'ils auroient souhaitté, ou au moins de payer ou avancer les sommes de ces bienvenues qui formoit toujours de nouvelles difficultés, nous avons unanimement et de bon acord retranché, eteint et aboli cet usage de bienvenue à tous nous dits laneurs, presents et absents, à l'exception seulement des aprentifs et etrangers qui viendront audit metier, pour une fois seulement et jamais ne la payer en recidive ;

« Et sommes convenus qu'au cas que quelques uns de nous ou autres dud. metier en demande on exige à l'avenir auxdits ouvriers laneurs, ils seront contraints et obligez chacun de payer par forme d'amende civile la somme de cent sols, aplicable au profit du tresort et fabricque de la paroisse de St Jean ou St Etienne de cette ville, selon et où il se trouvera être la paroisse du maître chez lequel ladite malversation aura pu se commettre, et ce payable aux mains du tresorier en charge de l'année ;

« Ce que nous avons signé, agreé, ratifié et obligez tenir et entretenir en general et en particulier promis acomplir ; et pour que le present soit plus nottoire, tant de present qu'à la posteritté, nous avons pryé et authorisé le sieur Pelfrenne, organiste de St Jean de cette ville, pour et en nos noms depozer le present au nottariat de ce lieu et en lever la grosse et expeditions necessaires à nos frais...

« Fait audit Elbeuf ce lundy 28e de juin 1717 ».

Suivent de nombreuses signatures personnelles et d'autres de laineurs signant pour leurs camarades d'atelier.

Cette décision des ouvriers laineurs leur avait été inspirée par une semblable, prise onze jours auparavant, par les ouvriers tondeurs de draps d'Elbeuf, dont les noms couvrent trois pages de l'acte de convention, déposé aussi chez le notaire de notre bourg.

Le 12 juillet, par devant M° Robert Bourdon, notaire à Elbeuf, Marguerite Lesueur, veuve de Pierre Hayet, et Pierre Hayet, son fils, donnèrent au trésor de Saint-Jean : une rente de 6 livres sur Mathieu Rouvin, greffier de la verderie d'Elbeuf ; une rente de 6 livres sur Pierre Leblanc, de La Londe ; une rente de 13 livres sur Charles Dulond, de la même paroisse, et une quatrième rente, de 5 livres 11 sols 1 d. sur Thomas Saint-Ouen.

La confrérie de Saint-Crespin et Saint-Crespinien se composait alors de « Nicolas Bouvet, roi, Jacques Viard, Etienne Mallet, Pierre Flambart aîné, Pierre Flambart jeune, Pierre Bouvet et Jean Flambart, tous carleurs, demeurant en la paroisse Saint Estienne ».

Le 5 août, la confrérie donna deux parties de rente au trésor de cette paroisse, à charge de faire célébrer le 25 octobre de chaque année, jour de la fête des saints Crespin et Crespinien, une messe solennelle à diacre et à sous-diacre, avec salut, bénédiction du Saint Sacrement et sonneries de cloches. — Le trésorier de Saint-Etienne était alors Jacques Dugard.

Le bailli défendit, le 2 septembre, aux boulangers forains d'apporter à Elbeuf, même en temps de foire, « aucuns pains bis, blanc, montaronne, ny chemineaux qui se font en caresme », sous peine de confiscation.

Le 7 octobre, Charles Lamy, vicaire de Saint-Etienne, donna à l'église de cette paroisse, dans laquelle il était né, 99 livres 12 sols de rente, à charge de faire chanter le 4 novembre de chaque année l'office de saint Charles Borromée, avec messe précédée d'une procession, et célébrer un salut solennel, avec exposition du Saint Sacrement à la messe et au salut, si les supérieurs le permettaient ; plus cinquante-deux messes basses par an à dire le vendredi ; plus encore une messe basse le jeudi, pendant sept mois de chaque année, le tout à perpétuité.

La duchesse douairière d'Elbeuf mourut en 1717, « d'une longue suite de maux qu'elle avoit gagnés de son mari, mort depuis longtemps ».

Quelque temps après, dit encore Saint-Simon, « il se présenta une affaire au conseil de régence qui me donna lieu à un petit trait... M. d'Elbœuf étoit gouverneur de Picardie et d'Artois, où il ne tenoit pas ses mains dans ses poches, et se moquoit des intendants. M. le duc d'Orléans le considéroit et le ménageoit, et il en abusa au point qu'il le força d'y mettre quelque ordre. Il y a un petit canton riche et abondant, entre l'Artois et la Flandre, qui s'appelle le pays de Lalleu, qui de tout temps étoit du gouvernement de Flandre et des états de Lille. M. d'Elbœuf, qui étoit bien aise d'y allonger ses mains et l'étendue aussi de son gouvernement, demanda que ce pays de Lalleu fut incorporé aux états d'Artois...

« ...La prétention du duc d'Elbœuf étoit un chausse-pied s'il la gagnoit, pour les états d'Artois, de le prétendre après de son gouver-

nement, quoiqu'il ne s'en agit pas encore ».
Au conseil de régence, d'Antin mit les papiers
sur la table et voulut commencer son rapport:
« Un moment, monsieur », lui dis-je. Et me
tournant vers le régent, je lui dis que, s'il
le trouvoit bon, il falloit, avant de commencer
l'affaire, savoir si, au cas où les états d'Artois
la gagnassent, M. d'Elbœuf prétendoit dis-
traire du gouvernement de Flandre le pays de
Lalleu et le joindre à celui d'Artois, parce
que, en ce cas, nous étions plusieurs qui
étions trop proches de M. d'Elbœuf pour être
ses juges, à commencer par M. d'Antin, son
cousin germain, moi, issu de germain, M. le
maréchal d'Estrées et d'autres encore...

« M. le duc d'Orléans dit que j'avois raison,
et tout de suite demanda à M. d'Antin ce qui
en étoit. Il répondit qu'il n'en étoit point
question ; que M. le duc d'Elbœuf ne lui avoit
point parlé de gouvernement, et que sûrement,
il ne demandoit rien là-dessus.

« Je repris la parole, et dis au régent que,
puisque cela étoit, la chose méritoit d'être
constatée à cause de la proche parenté des
juges, et que dès que M. d'Elbœuf ne songeoit
point, quoi qu'il fut jugé, à demander que le
pays de Lalleu fut mis de son gouvernement,
il seroit bon que Son Altesse Royale voulût
bien ordonner à M. d'Antin d'écrire présentement sur son dossier qu'en cas que le pays de
Lalleu fut jugé séparé des états de Lille et
joint à ceux d'Artois, ce jugement n'auroit
aucune influence à l'égard du gouverneur du
pays de Lalleu, qui demeureroit toujours à l'a-
venir du gouvernement de Flandre comme
par le passé.

« Le régent regarda la compagnie, disant

qu'il n'y trouvoit point d'inconvénient. D'Antin dit que l'écrire ou ne l'écrire pas étoit de même, parce que M. d'Elbœuf ne demandoit rien... Un moment après, tandis qu'il écrivoit, je dis au régent qu'il me sembloit à propos aussi, puisque M. d'Antin en mettoit la note sur le dossier du procès, que M. de La Vrillière l'écrivît en même temps sur les registres du conseil, pour que cela fut uniforme. Cela parut si simple que le régent, sans regarder la compagnie comme la première fois : « A la bonne heure, il n'y a qu'à l'écrire ». A l'instant, je regardoi La Vrillière, qui aussitôt prit la plume et l'écrivit sur le registre du conseil... »

Le soir, le duc d'Elbeuf alla chez La Vrillière, « à qui il dit, sans seulement paroître en douter, que puisque le pays de Lalleu étoit adjugé membre des Etats d'Artois, et ne l'être plus de ceux de Lille, il étoit de son gouvernement aussi, et que l'un emportoit l'autre. Sur la mine que fit La Vrillière : « Comment, monsieur, lui dit-il », avec l'air de la plus grande surprise du monde, «est ce que vous en
« pouvez douter ? Eh ! ce pays n'a été du gou-
« vernement de Flandre que comme membre
« des états de Lille, et l'arrêt d'aujourd'hui,
« qui l'en distrait pour le faire membre des
« états d'Artois, décide la question et n'y
« laisse pas l'ombre de difficulté ». La Vrillière lui répondit modestement que le conseil ne l'avoit pas entendu ainsi, et qu'il croyoit qu'il feroit bien de n'y pas songer.

« M. d'Elbœuf lui demanda, avec émotion, où il avoit pris cette intention du conseil... Alors La Vrillière lui montra le registre, et lui dit de lire ce qu'il avoit écrit en plein conseil, par ordre de M. le duc d'Orléans et du conseil. Voilà le duc d'Elbœuf en furie, qui dit qu'il alloit parler à M. le duc d'Orléans, et qu'il feroit bien changer cette belle décision. Il y fut en effet, mais comme il s'agissoit d'effacer ce qui avoit été écrit sur le dossier et sur le registre en plein conseil, et de l'avis de tout le conseil, ou explicite ou tacite, sans opposition d'aucun, et en changer la disposition de noir au blanc, le régent se défendit d'y pouvoir toucher et de pouvoir reporter au conseil une chose qu'il avoit décidée. M. d'Elbœuf tempêta et cria, mais ce fut tout ; l'affaire étoit bridée, et le pays de Lalleu demeura du gouvernement de Flandre...

« Je m'étois bien attendu au but et au vacarme de M. d'Elbœuf contre lequel la faiblesse du régent auroit besoin d'une barrière, et je me sus bon gré de l'avoir adroitement su introduire, et poser si forte, sans que personne se fut aperçu ni douté de mon but, qu'elle ne put après recevoir d'atteinte ».

En 1718, un arrêt du conseil d'Etat ordonna l'établissement d'une taille proportionnelle comme suit :

« Par rapport à l'industrie, profession et qualité des personnes, les professions, arts et métiers seront cotisés en gros, chacun à une somme fixe, dont la répartition sera faite sur les contribuables de chaque profession, art ou métier, soit par rapport à la consommation, débit ou fabrication qu'ils feront, soit selon le nombre des compagnons employés par chaque maître, soit par tarif de qualités et conditions, le tout suivant la nature desdits métiers, arts et professions... :

« Les tondeurs-apprêteurs paieront 10 livres

chacun et 2 livres 10 sols pour chaque compagnon ;

« Les teinturiers 12 livres 10 sols et 2 livres 10 sols pour chaque compagnon ;

« Les machiniers 10 livres par machine ;

« La communauté des tisserands paiera pour sa cote-part 1.000 livres, dont la répartition sera faite entre eux, à proportion des pièces qui seront, par eux, portées à la marque;

« La communauté des foulons paiera 90 livres, en déduction de laquelle somme chaque exploiteur de moulins à foulon paiera 15 livres, et le surplus sera réglé par foules et lanes, de la quantité desquelles les maîtres seront tenus de faire déclaration... »

Vers cette époque, les fabricants d'Elbeuf s'émurent de plusieurs saisies de draps que l'inspecteur des manufactures de laine avait fait pratiquer par la raison que ces draps avaient été « trop tirez à la rame ».

Le Corps des manufacturiers elbeuviens présenta une requête au roi et le supplièrent « de faire un Reglement compatible avec les aprests qu'ils etoient obligez de donner à leurs draps par l'usage des rames ».

Trois mémoires furent dressés sur ce sujet; l'un par la Chambre du commerce de Normandie, le second par les marchands merciers-drapiers de la ville de Rouen et le troisième par Chrestien, inspecteur des manufactures de laine de la généralité de Rouen, auxquels la requête des fabricants d'Elbeuf avait été adressée.

L'avis de la Chambre du commerce était que nos fabricants ne pouvaient se passer de rames pour dresser leurs draps, mais qu'il était de nécessité de borner l'usage qu'ils en faisaient, « sans quoy, disait la Chambre, cet usage deviendrait pernicieux et ne serviroit qu'à tromper le public. Qu'ainsy l'on peut laisser aux fabriquants la liberté de se servir des rames, à condition que leurs draps ne pourront estre tirez plus de trois quarts d'aune sur chaque pièce de vingt-deux à vingt-cinq aunes ».

Le mémoire des drapiers-merciers de Rouen demandait qu'il fut fait défense aux fabricants de draps de se servir des rames, sous quelque prétexte que ce fût.

Enfin, l'inspecteur Chrestien estimait que l'usage des rames ne devait pas être défendu ; mais il proposait un Règlement indiquant les diminutions de longueur et largeur qui pourraient être accordées sur les draps après avoir été mouillés, sans qu'ils soient regardés comme défectueux : « Sçavoir, un seiziesme d'aune sur la largeur d'un drap de cinq quarts, et demi-aune sur vingt aunes et un quart de long ».

Après avoir eu l'avis de Goujon de Basville, maître des requêtes et commissaire départi en la généralité de Rouen, « et Sa Majesté désirant empêcher l'abus des rames, sans neantmoins en deffendre l'usage, le Roy, estant en son Conseil, de l'avis de M. le duc d'Orleans, Regent », ordonna que les pièces de drap, tant de la manufacture d'Elbeuf que des autres qui, après avoir été tirées aux rames, se trouveraient n'avoir augmenté de longueur que d'une demi-aune sur vingt qu'elles avaient en sortant du foulon, et à proportion sur le surplus, ne seraient point regardées comme défectueuses et pourraient être marquées au plomb de la fabrique.

Mais à l'égard des pièces qui auraient été allongées dans des proportions plus grandes, le roi décida que ceux qui les auraient fabriquées seraient condamnés à l'amende de 15 à 40 livres. Si même des draps avaient été allongés au-delà de trois quarts d'aune, ils seraient saisis et confisqués, et leur fabricant condamné à 100 livres d'amende.

Le roi ordonna également que les pièces de cinq quarts de large qui n'auraient gagné après le ramage qu'un seizième de la largeur qu'elles avaient en sortant du foulon, seraient réputées bonnes et susceptibles d'être marquées de plomb. Mais celles qui auraient dépassé ce seizième jusques et y compris un demi-quartier seraient considérées comme défectueuses, et leurs fabricants condamnés à la pareille amende que ci-dessus.

Quant à celles élargies aux rames au-delà d'un demi-quartier, elles seraient confisquées et les producteurs condamnés à 100 livres d'amende.

Cet arrêt fut enregistré au conseil d'Etat le 12 février 1718.

A cette époque, deux sœurs du duc d'Elbeuf étaient religieuses, l'une à Pantemont, l'autre au couvent de Sainte-Marie de la rue Saint-Jacques à Paris. Elles reçurent la visite, dans les premiers jours de mars, de la duchesse de Lorraine.

Le 15 mars, Pierre Roussel, de la paroisse Saint-Etienne, vendit à J.-B. Gabot, « une place et office de barbier-perruquier au bourg d'Elbeuf, des six anciennement etablies audit lieu, ...moyennant le prix et somme de 80 livres, presentement comptée en pièce de cent sols... »

Nicolas Flavigny, l'un des principaux bourgeois d'Elbeuf, décédé à l'âge de 60 ans, fut inhumé le 1er avril, dans l'église Saint-Jean, où reposaient déjà un grand nombre de membres de la famille du même nom.

Le 27 avril, Jean Davoult, drapier, de la paroisse Saint Etienne « mu du pieux desir de faire prier pour luy, pour Catherine Bizet, son épouse, pour feue dame Catherine Davoult, sa fille, veuve de Charles Duchesne, escuyer, sieur des Chastelliers, et pour defunt Charles-François Duchesne, sieur des Chastelliers, son petit-fils, donna à la fabrique de Saint-Etienne, représentée par Jean Ledoux, curé, et Jacques Dugard, tresorier en charge », six parties de rente montant ensemble à 108 livres par an ; au moyen de quoi le trésor s'engagea à faire célébrer deux messes solennelles chaque année, deux messes basses par semaine, à perpétuité, et à donner la sépulture au fondateur et à sa femme dans la chapelle de la Vierge, avec permission de « faire mettre contre le pillier de ladite chapelle, une table de marbre ou de pierre où sera mise une epitaphe ou extrait de la presente donation ».

Le même jour, une haute messe et une basse furent fondées dans la même église, par Robert Le Roy, tisserand drapier, et Madeleine Lemonnier, sa femme.

Une vente, datée du 9 mai, concerne un jardin sis paroisse Saint-Etienne, « borné d'un côté par l'avenue de Son Altesse, d'un bout la fonteine de Son Altesse ».

Quoique le Conseil d'Etat eut rendu un arrêt en leur faveur, les manufacturiers d'Elbeuf durent nommer, le 2 juin, deux députés, Jean Grandin, garde en charge, et J.-B. Martin, maître drapier, pour soutenir les intérêts de la Manufacture contre de nouvelles prétentions soulevées par les fabricants d'Orival, lesquels voulaient continuer à ajouter les mots « lez Elbeuf » à la suite du nom de leur localité.

Le 14 du même mois, Louis Lamy, fabricant à Elbeuf, fit donner assignation, par Jean Bonpain, sergent, à Simon Dumontier, « maistre espincheur », de comparaître au Bureau de la manufacture d'Elbeuf, devant le bailli du duché, à cause de pièces à lui confiées et qu'il avait abandonnées.

Les deux moulins à blé étaient sans cesse l'objet de très coûteuses réparations. Nous trouvons encore une pièce datée du 4 juillet, attestant qu'il venait d'être fait pour 11.702 livres de travaux aux moulins d'Elbeuf, suivant expertise de Jean Gravois, architecte à Rouen, et que ces réparations avaient été autorisées par les créanciers du duc d'Elbeuf, réunis devant un notaire de Paris.

Charles Collé, tondeur drapier, de la paroisse Saint-Jean, croyant tirer sur un chien enragé, sur l'indication d'un tiers, avait tué d'un coup de fusil Laurent Guéroult, de Criquebeuf-sur-Seine, qui était couché dans une pièce de vesce. Collé s'engagea à verser 150 livres aux frères de la victime, par acte du 12 juillet, et obtint des lettres de pardon.

Jean Davout, ancien trésorier de Saint-Etienne, l'un des principaux bourgeois du bourg, mourut le 18, à l'âge de 65 ans.

Le 8 août, Robert Saint-Amand, âgé de 35 ans, se maria, à Saint-Etienne, en deuxièmes noces, avec Marguerite de Postis, fille d'Eméric de Postis, âgée de 25 ans.

Afin d'empêcher le renouvellement d'abus qui se produisaient pendant la foire Saint-Gilles, le bailli rendit cette ordonnance le 20 août :

« Nous avons, du consentement du procureur fiscal, faict deffences à tous marchands qui n'auront pas vendu, de sortir de la foire avant cinq heures du soir, après lequel temps permis à eux de sortir en prenant des mereaux de renvoy, et deffences à tous marchands de vendre aucuns bestiaux hors la foire et sans payer les droits deubs aux fermiers de Son Altesse Monseigneur le duc d'Elbeuf, à peine de saisie et confiscation des bestiaux ; et sera la presente imprimée pour estre luë et affichée à l'entrée de la foire... »

Dans un manuscrit de cette époque, nous trouvons mentionné « M⁰ Guillaume Dauphin, prestre, aumosnier du duc d'Elbeuf et chanoine de la Saussaye »; Dauphin était alors âgé de 56 ans.

Un autre est relatif à un procès que soutenait, à Elbeuf, Henri d'Harcourt, duc et pair de France, généralissime des armées du roi en Allemagne, représenté par Pierre Chrestien, inspecteur des manufactures, contre Nicolas Leroy, hôtelier, paroisse Saint-Jean.

M⁰ Jacques Bourdon, avocat à la cour, bailli d'Elbeuf, demeurant à Rouen, vendit, le 30 août, une maison qu'il possédait à Pont-de-l'Arche, à Henry de La Couture Le Chien, curé de cette dernière ville.

Les biens de feue Marguerite Lamy, fille de feu Jean Lamy, marchand drapier, furent partagés en trois lots dont héritèrent Louis Lamy, marchand drapier, Etienne Lamy et Charles Lamy, frères, tous habitants et le dernier vicaire de la paroisse Saint-Etienne. L'acte est du 11 octobre.— Jean Lamy, maître drapier, mourut l'année suivante.

Les registres de l'ancien tabellionage d'Elbeuf contiennent de nombreux actes d'acquisition ou de ventes de biens faites par le trésor de la paroisse Saint-Jean. En 1719, nous en trouvons aux dates des 20 janvier, 21 février, 11 avril, 14 octobre, etc. Il s'en trouve également plusieurs concernant le trésor de Saint Etienne,

Jean Viard, étant malade, donna 120 livres au trésor de Saint-Etienne, le 27 octobre, pour fonder une haute messe le jour de saint Marc, au retour de la procession.

Une note de François Dupont porte que Jacques Carré, par testament du 10 novembre 1718, donna 20 livres « pour faire construire une croix au bord de la rivière et qui était proche le ruisseau ; elle a été déplacée depuis dix à douze ans — c'est-à-dire vers 1770 — et replacée contre la maison vis-à-vis de son ancienne place ».

Bien qu'étrangère à l'histoire des seigneurs de notre ville, nous croyons utile de dire quelques mots d'une famille noble portant le nom d'Elbeuf, dont les membres possédèrent pendant plusieurs siècles un fief assis en la paroisse Sainte-Croix sur Aizier, dans un ancien essart de la forêt de Brotonne nommé la cour d'Elbeuf, aujourd'hui à l'état de simple ferme.

Les Archives de l'Eure possèdent un mémoire, rédigé en 1718, pour Marie d'Elbeuf, veuve d'Antoine de Fréville, écuyer, en réponse à une prétention élevée par le sieur de la Boucque, écuyer, adjudicataire d'un banc

Année 1718   353

dans l'église de Sainte-Croix, d'en interdire l'entrée à ladite dame :

« Madame d'Elbeuf, y est-il dit, est une des principales paroissiennes de Sainte-Croix et y possède un bien considérable. Tous ses prédécesseurs ont fait des gratifications à l'église, et, de temps immémorial, sa famille a eu son banc et sa séance au lieu dont il est parlé. Feu Monsieur d'Elbeuf, lieutenant en l'amirauté de Quillebeuf, son frère, et dont elle est l'unicque héritière, s'y est placé jusqu'à sa mort, depuis quoy ladite dame s'y est toujours mise...»

Nous croyons avoir dit que M. l'abbé Caresme suppose que ce fief d'Elbeuf fut donné à Landry de notre Elbeuf, serviteur de Robert de Meulan, vers la fin du XII° siècle. Parmi ses successeurs nous citerons les personnages suivants :

Jean d'Elbeuf, lieutenant du vicomte de Pont-Audemer, seigneur du Jarier à Etréville en Roumois et des Portes à Fourmetot, en 1541.

François d'Elbeuf, écuyer, seigneur de Livarot à Sainte-Croix en 1601. — Une demoiselle de Livarot (Livaroult) possédait des propriétés à Elbeuf sur-Seine au XV° siècle.

Adrien d'Elbeuf, écuyer, lieutenant de la maréchaussée de France, fut parrain à Bourneville en 1695 ; il était probablement le frère de la dame Marie d'Elbeuf, mentionnée en 1718.

Piganiol de la Force s'exprime en ces termes sur l'industrie de notre région :

« Les manufactures de draps établies à Rouen et aux environs sont très considérables.

« Il y a cent vingt-cinq métiers de draps,

façon d'Elbeuf, établis à Rouen, trois de draps de sceau, cinq de ratines et cinquante d'espagnolettes.

« Toutes ces manufactures, en temps de paix, occupent plus de 3.500 ouvriers.

« On y voit, outre cela, plus de soixante métiers occupés à la fabrication des bouracans.

« Enfin on fait, à Rouen, de ces petites tapisseries appelées communément tapisseries de la porte de Paris, qui occupent plus de deux cents métiers.

« Il y en a bien soixante autres employés à fabriquer de la bergame; mais elle n'est pas d'aussi bonne qualité que celle qui se fait à Elbeuf.

« La draperie de Darnétal, près Rouen, est de quarante métiers de draps façon d'Elbeuf.

« Dans ce même lieu sont douze autres métiers pour le drap de sceau, et cinquante de droguet qu'on appelle pinchinat.

« Tous ces ouvrages occupent et font vivre plus de 3.000 ouvriers.

« La manufacture d'Elbeuf est la plus considérable de toutes.

« Elle fut établie en 1667 et est présentement, 1718, composée de trois cents métiers, faisant par an, environ neuf ou dix mille pièces de draps de cinq quarts façon de Hollande ou d'Angleterre, qui valent plus de deux millions.

« Cette manufacture occupe et fait subsister plus de 8.000 personnes à Elbeuf et aux environs.

« Il y a encore à Orival, village près d'Elbeuf, huit métiers de draperies, et, à Elbeuf même, soixante-et-dix métiers de bergame et point de Hongrie, qui occupent 4 à 500 personnes toute l'année.

« On trouve de plus, à Louviers, soixante métiers façon d'Elbeuf, qui occupent environ 1.900 ouvriers.

« On compte vingt-trois ou vingt-quatre métiers à la Bouille.

« La manufacture du Pont-de-l'Arche, où il se fabrique des draps très fins, façon d'Angleterre, est très estimée ; mais elle n'est composée que de six ou sept métiers.

« Les filages sont conduits par des fileurs et des fileuses de Hollande ».

Par acte du 7 janvier 1719, Jacques Pollet, maître tapissier, de la paroisse Saint-Jean, donna « à l'hospital des pauvres d'Elbeuf, stipulé par M° Charles Lamy, vicaire de Saint-Estienne, économe dudit hospital », les curés des deux paroisses, le bailli du duché, son lieutenant et Alexandre Flavigny, procureur fiscal, administrateur de l'établissement hospitalier, une rente de 110 livres, sans aucune condition de prières, tout simplement « par mouvement de charité et pour en quelque façon reconnoistre dans les personnes des pauvres les faveurs qu'il a receues de Dieu pour ses biens temporels, et attirer sa misericorde sur luy et sur Louise Divory, son epouze ».

— C'est la première donation de ce genre que nous rencontrons.

Le 6 février, mourut, à l'âge de 73 ans, Jean Delarue, l'un des principaux drapiers de notre bourg et ancien trésorier de Saint-Etienne.

En avril, le sieur Thomas Bourdon, trésorier de France en la généralité de Rouen, fit saisir au Bureau de la manufacture d'Elbeuf des draps appartenant à Henry fils et à Pierre Delacroix, sur lesquels étaient brodés ces mots « Manufacture royale d'Elbeuf ».

Les fabricants s'émurent, naturellement, de cette saisie. Ils s'assemblèrent le 20 du même mois, pour, aux frais de la Manufacture, poursuivre Bourdon et l'obliger de dire à quel titre et pourquoi il avait fait pratiquer cette saisie. Par la même occasion, Henry et Delacroix reçurent mission de poursuivre au Conseil les drapiers d'Orival, à cause de la marque « lez-Elbeuf » brodée sur leurs draps.

Le 6 mai, Catherine Bizet, veuve de Jean Davoult, « en reconnaissance des biens que Dieu lui avoit donnés et pour attirer ses grâces », donna à l'église Saint-Etienne, sa paroisse, stipulée par M⁰ Jean Ledoulx, curé, et Nicolas de la Rue, trésorier, la somme de 3.400 livres, pour la fondation de quatre messes basses chaque semaine, pour le repos de l'âme de son mari, celle de « Catherine Davoult, sa fille, veuve de Charles Duchesne, escuier, sieur des Chastelliers, et celle de François Duchesne, escuier, sieur des Chastelliers, son petit-fils, mort sans enfans... Le prestre celebrant sera tenu de réciter le *Libera* sur la sepulture dudit sieur Davoult, en la chapelle de la Sainte Vierge, à condition encore que si l'un de ses neveux qui serait dans la suite appelé dans l'etat ecclesiastique et attaché au service de ladite eglise, serait preferé pour l'acquit desdites messes... »

Les règlements sur l'observance du dimanche étaient toujours exécutés rigoureusement. Le bailli prononça, en cette année 1619, plusieurs sentences contre des habitants de notre bourg qui les avaient enfreints ; nous en noterons quelques-unes :

Pour avoir vendu de l'eau-de-vie le dimanche des Rameaux, 10 livres d'amende ;

Pour avoir vendu quatre bottes de foin le jour de Pâques, 10 livres d'amende ;

Pour avoir poudré — il s'agit d'un perruquier — un homme le jour de la Pentecôte, 30 sols d'amende ;

Pour avoir étalé des marchandises un dimanche, 30 sols d'amende.

Il semble que le procès contre les fabricants d'Orival était terminé en juin, car, le 22, les membres de la corporation des drapiers se réunirent pour délibérer « au sujet d'un present qu'il convient de faire à Son Altesse Monseigneur le duc, pour les peines qu'il s'est données pour la vuide du procez ». Nous ignorons en quoi consista le cadeau, mais ce fut probablement en 2.000 liv. en espèces, que les manufacturiers décidèrent d'y consacrer.

Les archives de l'ancien notariat d'Elbeuf conservent l'acte suivant :

« Louis Freret, eschevin de la noble Charité de Saint Roc, etablie en l'eglize de Saint Estienne d'Elbeuf ; Jacques Dupont, prevost de ladite Charité ; Claude Chouquet, Nicolas Devé, Henri Debay, Roger Hertout, Nicolas Adam, actuellement frères servants dans ladite Charité ; Michel Dupont, Jean Gaillard, Pierre Harent, Pierre Huet et Jean Duval, tous demeurant en la paroisse Saint Estienne,

« Lesquels, pour empescher que lad. Charité, qui est la plus ancienne de lad. paroisse, ne s'abolisse parce que il ne se presente pas assez de gens pour remplir les places des frères sortant, et qu'il a esté etably par arrest de la Cour que nul n'etoit obligé d'y servir que de son consentement, se sont volontairement obligés d'y servir leur vie durante aux conditions cy après :

« Sçavoir que tous lesdits frères seront tenus et obligés d'assister aux messes du mois, aux messes de siège et aux messes de fondation fondées et qui seront fondées à lad. Charité ; d'assister aux inhumations où ils seront mandés ; de porter les corps quand ils en seront requis, sous peine des amendes portées par les statuts ; que chacun sera eschevin à son rang et degré ; que lesdits frères seront tenus de recevoir, pour servir dans la Charité, les heritiers des dessus nommés après leur decès, et ce, par preference à tous autres ; que lorsqu'il decedera un frère actuellement servant dans lad. Charité, les autres frères luy feront dire à leurs frais une haute messe le lendemain du jour du decès ou le jour même, où ils assisteront tous en office.

« Item, chacun desdits frères fera dire, à chacun des frères qui decederont, une basse messe ; et pour former plus solidement led. engagement, si quelqu'un desdits frères vouloit se retirer de la presente convention, il sera tenu de payer à lad. Charité la somme de 20 livres, à quoy il s'est volontairement soumis et obligé, sans qu'il soit besoin d'autre executoire que le present.

« Seront, au surplus, tous lesdits frères tenue de garder et observer tous les statuts de ladite confrerie, sous la peine portée en iceux... » — Trois seulement des confrères savaient signer.

Le receveur du duché invita le bailli Jacques Bourdon à visiter les quais et la fontaine du Sud, afin de constater leur état. Cette visite eut lieu le 19 août, en présence de Jacques Pollet, lieutenant du duché, et du procureur fiscal.

Année 1719 359

Voici un extrait du procès-verbal qui fut dressé à la suite :

Nous nous sommes transportés au bord de la rivière ; au milieu de la rue se trouve un trou causé par les ravines ; ce trou a sept toises et demie de longueur, trois toises et demie de largeur et est profond de cinq pieds, « lequel trou il conviendra remplir de gravier et masticquer et repaver par dessus ». La dépense fut estimée à 600 livres.

Le procès-verbal constate aussi que « le tallut du quay et l'abordage de la voiture (bateau) sont entierement detruits ; les pierres enlevées et emportées par les grosses eaux ; il faudra des pilotis sur une longueur de soixante pieds ». Les frais à faire sur ce point furent évaluées à 800 livres.

De là, le bailli, son lieutenant et le procureur fiscal se transportèrent au bassin du Sud : « En la fontaine du Sure, il y a plusieurs sources de perdues par un assechis depuis viron vingt ans, de sorte que l'eau est considerablement diminuée au moulin de Saint Estienne... Avons remarqué dans le milieu de laditte fontaine un assechis sur la longueur de trente-huit toises, et sept toises de largeur, sur deux toises de hauteur tant dans l'eau qu'au dessus ; lequel assechis est cause que laditte fontaine est considerablement diminuée et l'eau baissée de plus d'un pied, ce qui fait que le moulin de Saint Estienne a beaucoup de peine à tourner. Par rapport au nombre des sources, qui sont bouchées par l'islot et atterissements en differents endroits, pour les faire revenir, il faut enlever touttes lesdittes terres et les transporter à la rivière de Seine, et faire batards d'eaux ainsy qu'il conviendra... » La dépense, de ce troisième chef, fut estimée à 4.000 livres.

Les visiteurs se rendirent enfin au moulin de Saint-Etienne, où ils constatèrent que le dessus de l'auge (canal traversant la rue Saint-Etienne) était « manqué ; auquel il conviendra remettre une planche de douze pieds de long, quatre poulces d'epaisseur, sur trois pieds de large, en bois de chesne ou orme, et remettre une barre de fer pour supporter laditte planche ». Ce travail devait coûter 38 livres.

A la foire Saint-Gilles, un nommé Jean Arnoult vola une pièce de toile. Arrêté par le fils du volé, il lui donna un coup de couteau, puis, étant dans la prison, il lima les fers qu'il portait aux pieds et descella un barreau pour s'enfuir. Traduit devant la haute justice d'Elbeuf le 21 du même mois, le bailli le condamna à servir à perpétuité comme forçat sur les galères du roi et à voir ses biens confisqués.

Vers ce même temps, Anne Pollet, femme du comte de Pierrecourt, demeurant à Rouen, plaidait à Elbeuf contre Pierre et Simon Patallier.

Etant à Elbeuf, le 25 septembre, le prince Henri, toujours à court d'argent, vendit 80 livres de rente, pour le prix de 2.000 livres, à Nicolas Naudé, son maître d'hôtel, qui habitait notre bourg. Cette somme fut employée au remboursement, envers Louis Delarue de Freneuse, de la charge de verdier du duché, laquelle charge fut particulièrement affectée à la constitution de cette rente, le duc renonçant à l'aliéner sans au préalable avoir remboursé son prêteur. Cette obligation, outre la signature du duc Henri, porte celle d'Emmanuel-Maurice de Lorraine, prince d'Elbeuf.

Une nouvelle fondation de messes fut faite par acte du 14 octobre, par suite d'une donation au trésor de Saint-Jean, représenté par Me Henry Odouard du Hazé, curé, et Nicolas Maille, maître tapissier, trésorier en charge.
— A cette époque, « Mathieu Dupont, gendarme bourguignon du Roy », avait la procuration de « Louis Viel, gendarme de la Reine », en garnison à Arras, pour vendre une maison, sise rue du Moulin, à Elbeuf.

Louis Flavigny, drapier, trésorier de Saint-Etienne, reçut le remboursement du capital d'une rente due par Laurent Petitgrand, marchand cardier, à la fabrique de cette église. L'acte est daté du 24 octobre.

Par transaction passée devant Me Lorimier, notaire à Paris, le 18 octobre 1719, entre Henri de Lorraine, duc d'Elbeuf, comme donataire de Charles de Lorraine, son frère, d'une part, le duc de la Rochefoucault et les sieurs de Liancourt, héritiers de la dame de Launoy, leur aïeule, d'autre part, ces derniers délaissèrent à Henri de Lorraine une somme de 88.272 livres adjugée à la dame de Vaudémont, mère des sieurs de Larochefoucault et de Liancourt, pour sa portion de dot. Cet abandon fut consenti moyennant une somme de 160.000 livres payable après le décès du duc d'Elbeuf.

« M. le duc d'Orléans, dit Saint-Simon, ne fut pas plus sévère pour le prince Emmanuel, frère du duc d'Elbœuf, qu'il l'avoit été pour Bonneval. La maison d'Autriche a toujours eu de grands attraits pour la maison de Lorraine. Sans remonter à la Ligue et aux temps qui en sont voisins, on a vu sous le feu roi la désertion du prince de Commercy et des fils du prince d'Harcourt. Le prince d'Elbœuf, traité par le roi avec toute sorte de bonté, crut faire ailleurs plus de fortune et déserta. Il fut juridiquement pendu en effigie à la Grève, comme on l'a rapporté en son temps.

« C'étoit une manière de brigand, mais à langue dorée, avec beaucoup d'esprit, qui fit tant de frasques qu'il perdit les emplois qu'il avoit obtenus. Il avoit été général de la cavalerie impériale au royaume de Naples, où il avoit épousé, en 1713, Marie-Thérèse, fille unique de Jean-Vincent Stramboni, duc de Salza, avec qui il vécut fort mal et n'en eut point d'enfants. Ne sachant quoi devenir ni de quoi subsister, il obtint des lettres d'abolition et revint.

« Il mena en France sa vie accoutumée, et peu à peu s'introduisit à Lunéville, où il suça le duc de Lorraine tant qu'il put, et il en tira fort gros et même des terres. Le duc d'Elbœuf le méprisoit et le souffroit avec peine, et ceux de sa maison établis ici n'en faisoient pas plus de cas ».

Nous reparlerons du prince Emmanuel, qui devint aussi duc d'Elbeuf.

CHAPITRE XIV
(1720)

Henri de Lorraine *(suite)*. — Les billets de la banque Law ; ruine de nombreux Elbeuviens. — Construction du portail de Saint-Jean ; abandon du projet d'une seconde tour. — Les rapports du duc avec les bourgeois d'Elbeuf. — Affermage des moulins. — Les premiers commis-voyageurs elbeuviens. — La rareté du numéraire. — Règlement royal pour les draps fins.

Le 29 janvier 1720, se maria, en l'église Saint-Jean, Claude Odoard, fils de feu Henri Odoard et de feue Catherine Duchesne, de Sainte-Barbe sur Gaillon, où était situé le fief du Hazey, dont Odoard était le seigneur. La mariée était Anne Duchesne, fille de feu François Duchesne, écuyer, et de Marguerite Vallet, cousine du marié. En raison de cette parenté, il avait fallu obtenir une dispense du pape. Etaient présents à la cérémonie nuptiale : Henri Odoard, curé de Saint-Jean ; Pierre Bénard, prêtre sacristain de cette paroisse ; Nicolas-René Le Faé, sieur de la Mi-Voie ; François Odoard, écuyer ; Jean et Robert Duchesne, écuyers, tous parents des conjoints.

Un autre mariage de notables eut lieu dans la même église le 4 février suivant : celui de Louis Routier-Duparc, veuf, officier de la vénerie du roi, de Surville, avec Marguerite Flavigny, fille de François, chirurgien, et de Marguerite Capplet, également parente du marié au troisième degré. La messe fut dite par Jean-François Flavigny, curé de Surville, et parmi les assistants se trouvaient François-Nicolas Pollet, chanoine de la Saussaye ; Pierre Bénard, prêtre, Charles Capplet, greffier du duché d'Elbeuf ; François Flavigny, drapier à Orival ; Jacques Flavigny fils et Me François, et autres parents des mariés.

En février, la roue du moulin de Saint-Etienne tomba ; il fallut la remplacer par une neuve. — Au mois d'avril suivant, celle du moulin Saint-Jean fut emportée par les grosses eaux ; les travaux de réparation, pour celle-ci seulement, s'élevèrent à 2.260 livres.

Le 7 mars, Henri de Lorraine remboursa 2.000 livres à Michel Gaillard, capitaine de vaisseau, demeurant à Honfleur, héritier de Pierre Duperré, auquel le duc les avait précédemment empruntées.

Etant à Elbeuf le 16 du même mois, le prince Henri emprunta 31.000 livres à Pierre-Auguste de la Faye, écuyer, demeurant aux Damps. Il lui remboursa cette somme en 1727.

La célèbre combinaison financière de l'Ecossais Law était alors dans son déclin. A partir des premiers jours de 1720, les fabricants n'avaient pu « recevoir aucunes espèces sur leurs billets de banque, pour le payement des ouvriers. Ils s'étoient rendus plusieurs fois chez l'intendant pour lui faire leurs remontrances, sans pouvoir obtenir l'ordre de se présenter à la Monnoye ».

La situation s'aggravant de semaine en semaine, ils décidèrent, le 2 mars, d'envoyer vers l'intendant deux d'entre eux, Pierre Hayet ou Nicolas Lefebvre et Jacques Henry père, pour présenter un placet au nom de la Manufacture, dans lequel ils exposaient leurs pressants besoins et demandaient qu'on leur remît des espèces contre des billets de banque.

Dans le public, la plus grande partie des payements et remboursements se fit au moyen de billets de banque, qui avaient cours légal. Chacun profita de leur dépréciation pour rembourser le capital de rentes. Les fabriques paroissiales, notamment, en reçurent pour des sommes énormes, de sorte que, quand les billets eurent perdu toute valeur, un nombre infini d'églises furent privées de leurs ressources.

A Elbeuf, où les billets de banque avaient été accueillis d'abord avec beaucoup de faveur, on s'appliqua à les écouler du mieux qu'on pût lorsque leur crédit commença à baisser. Les actes notariés passés devant M° Bourdon, tabellion, et devant M° Levalleux, qui lui succéda en avril, nous fournissent de nombreux exemples du discrédit dans lequel cette valeur fiduciaire était tombée et de l'empressement que chacun apportait à s'en débarrasser.

Nous voyons, par exemple, Pierre Delacroix, drapier, rembourser par 6.000 livres en papier une rente de 300 livres due au duc d'Elbeuf, et qu'encaissa Alexandre Martorey, receveur général du duché.— Jacques Dupont verse 1.000 livres en billets à Charles Lamy, vicaire de Saint-Etienne, son beau frère. —

Pierre Lesage verse 1.300 livres en papier de banque, à Robert Grandin, drapier. — Louis Flavigny reçoit 5.200 livres, toujours en billets, de Gabriel Guenet, originaire d'Elbeuf, desservant de Petitville, et qui, plus tard, fut curé de Damneville.—Thomas Boisguillaume, diacre, reçoit de Nicolas Barbe, boulanger, 2.000 livres en papier, sur lesquelles il paye lui-même 1.337 livres à Jean Lefebvre. — Jacques Déhais, vicaire de Saint-Jean, reçoit 3.000 livres en billets. — Enfin, les trésors des deux églises d'Elbeuf et les Charités sont remboursées en monnaie fiduciaire de rentes fondées pour des messes perpétuelles.

D'autres actes, concernant des ventes de biens, stipulent formellement que les sommes représentant la valeur de l'acquisition devront être payées en numéraire, et non autrement. Les murmures devinrent tels, partout, qu'après environ six mois de cet affolement général, la circulation des billets de banque fut interdite. Beaucoup d'Elbeuviens étaient alors ruinés.

Les derniers remboursements faits avec les billets de la banque Law portent la date du 5 août. La confrérie de Saint-Roch, représentée par Mathieu Rouvin, greffier de la verderie du duché d'Elbeuf, reçoit 200 livres en papier pour le rachat d'une rente de 100 sols.

Jamais le notaire d'Elbeuf n'avait eu autant de travail qu'à cette époque. En 1720, il eut à rédiger 795 actes dont la majeure partie étaient relatifs à des remboursements de rente, au moyen de billets de banque. Tous les paiements, d'ailleurs, ne se faisaient qu'en papier-monnaie, les espèces ne servant que comme appoint.

Jacques Aillet, de Thuit-Signol, menaça Nicolas Maille, trésorier de la fabrique de Saint-Jean, de rembourser par 300 livres en billets de banque d'une rente de 15 livres qu'il faisait au trésor. La fabrique préféra réduire la rente à 12 livres et n'être pas remboursée en billets.

Parmi les nombreuses notes manuscrites de François Dupont, nous en trouvons une qui a trait aux billets de la banque Law :

« Quoique tous les fondateurs, par leurs contrats avec le trésor de Saint-Jean, ayent stipulé que les biens présents et futurs dudit trésor et fabrique seraient garants des sommes qu'ils donnaient, il n'en faut cependant pas conclure qu'à tort ledit trésor s'est dispensé de faire acquitter ces fondations.

« On convient que si, par la négligence des trésoriers à maintenir et bien placer les fonds qui leur sont aumônés, il était visible que la perte en fut arrivée par leur faute, alors, non seulement le trésor, mais encore le trésorier par qui la perte serait avenue, en seraient garants.

« Mais lorsque cette perte est arrivée par cause majeure que les trésoriers ne pouvaient prévoir ni empêcher, telle que les diminutions arrivées dans les monnaies, les billets de banque et l'insolvabilité des débiteurs donnés au trésor par les fondateurs, il est incontestable que, dans ce cas, le trésor ne peut être rendu garant de tous ces évènements imprévus, et qu'il ne peut être forcé à acquitter ou faire acquitter des fondations dont les fonds ne subsistent plus.

« Or, c'est ce qui est arrivé au trésor et fabrique de cette paroisse dans les dernières années du règne de Louis XIV et dans la régence qui l'a suivi. Les diminutions annoncées dans les monnaies faisaient que tous les débiteurs se hâtaient de s'acquitter, on prévenant le temps fatal, et le trésor en devenait la victime. C'est ce que je vois être arrivé par les comptes rendus dans ce temps là.

« Mais le plus funeste coup est celui qui est arrivé, en 1720, par le décri des billets de banque, qui fit faire une si grande quantité de remboursements, en ce papier, que le trésor y perdit plus de 7.000 livres, et je vois une somme de 10.000 livres perdue par ces billets de banque, diminution de monnaies et insolvabilité des débiteurs...

« Cependant, comme par la liquidation des susdits billets de banque donnés à la fabrique pour remboursements et franchissements de rente, il est revenu une somme de 666 livres 15 sols sur environ 7.800 livres de billets, M. de Rochechouart, évêque d'Evreux, statua que les deux tiers de la rente de 33 livres 6 s. 8 d. seraient employés à faire célébrer six obits chaque année, pour tous les fondateurs dont les fonds ne subsistent plus ». — Cette ordonnance n'eut point d'exécution ; nous en reparlerons quand nous en serons à l'année 1769.

En 1720, dit ailleurs François Dupont, « le trésor de Saint-Jean fut forcé de recevoir grand nombre de remboursements, occasionnés par la chute des billets de banque. Le compte du sieur Nicolas Maille, pour lors trésorier, nous donneroit bien des éclaircissements sur les liquidations qui ont été faites, mais ce compte est perdu ou du moins ne se trouve point au trésor.

« On trouve bien quelques renseignements

PORTAIL DE L'ÉGLISE SAINT-JEAN
(État actuel)

dans le livre des délibérations, dans les comptes postérieurs et dans quelques autres notes; mais la plus part de ces renseignements se contre-disent. Par exemple, dans la délibération du 6 juillet 1721, le sieur Maille dit avoir en ses mains pour 6.660 livres de billets de banque, sans compter ceux qu'il a employés aux fondemens du portail, et sans compter encore autres billets de banque de 2.770 livres qui ont été annoncés au trésor pour l'agrandissement de l'église...

« Il paroit que tous ces billets de banque, tant reçus au remboursement que ceux annoncés, montant à plus de 10.000 livres, n'ont produit en argent que 1.800 livres, dont 1.100 et quelques livres ont été employées aux fondemens du portail et à l'agrandissement de l'église..., ce qui se voit mot pour mot dans un écrit en date du 10 juin 1724, signifié par M⁰ Robert Bourdon, ancien trésorier, et au nom du trésor, aux confrères de Notre-Dame-de-Liesse.

« Lors de tous ces remboursemens, en 1720, on étoit bien loin de croire que la liquidation des billets de banque seroit aussi modique. On crut, au contraire, que l'on pourroit hardiment entreprendre l'agrandissement de l'église, que la grande population de la paroisse rendoit nécessaire. On renonça à l'ancien projet d'édifier une seconde tour, et on préféra le plan présenté par M⁰ Lecerf, bourgeois et fabricant de drap de la paroisse, mort depuis inspecteur de la manufacture des draps de Sedan.

« Ce plan consistoit à masquer la tour par le beau portail que l'on voit aujourd'hui, et à élargir d'environ quatre pieds la collatérale de la Vierge, dont on prévoyait la reconstruction entière, à cause de son grand déversement.

« Ce portail fut commencé dès 1720 et aurait pu être fini en 1721, si les fonds n'eussent pas manqué. On employa tous les moyens possibles pour s'en procurer : questes extraordinaires dans l'église, par les maisons, emprunts et crédit de la part des sieurs Hue et Gallot, entrepreneurs ; tout fut mis en usage et, avec tout cela, il ne put être achevé qu'en 1727, ainsi que le petit pilier, à gauche, sur lequel il est appuyé. On en resta là, faute de fonds ; l'ancien portail subsistant toujours ».

M. Maille nous a laissé quelques renseignements sur les rapports du prince Henri de Lorraine avec les bourgeois de notre ville :

« Les bons bourgeois d'Elbeuf, dit-il, eurent tantôt à se plaindre, tantôt à se louer des procédés de leur duc Henri.

« S'il pressura leur bourse, il eut, en compensation, quelques bontés à leur égard.

« Il prit parmi eux quelques-uns de ses officiers ; il les admettait dans la société et à sa table, les faisait participer à ses fêtes et à ses plaisirs. Certains d'entre eux obtinrent la permission de chasser dans ses forêts, permission surtout attachée à la fonction de garde-marteau dont plusieurs furent revêtus.

« Ces relations entre Henri et ses vassaux donnèrent lieu à quelques anecdotes.

« On raconte, entre autres particularités, que la fureur du jeu ayant envahi ses salons, au point d'y perdre jusqu'à ses immeubles et d'y consommer sa ruine, il fut obligé, de sa pleine puissance, de casser les arrêts du sort et de la fortune, et de renvoyer dos à dos gagnants et perdants, comme ils étaient venus.

« Une action honorable pour lui, action qui fait l'éloge de son cœur et montre son crédit, c'est d'avoir tiré de l'abîme un commerçant d'Elbeuf, menacé d'un désastre par l'entier discrédit des billets de banque, qui n'avaient plus de valeur et étaient tombés à néant.

« Apprenant le malheur et le désespoir de ce commerçant, Henri l'emmène aussitôt à Paris, le présente au régent, seule cause du mal, lui fait un tableau pathétique de sa position déchirante et en obtient l'ordre de remboursement intégral de son papier en numéraire.

« Le service qu'il rendit à M. des Nouettes ne fut pas moins grand.

« Ce dernier, garde général de la forêt, résidence de Boscroger, victime des calomnies et d'un complot formé par les délinquants qui avaient éprouvé sa sévérité, l'accusaient du meurtre d'un berger, leur complice. Des Nouettes allait être condamné à mort, sur une foule de dépositions trompeuses et de faux témoignages, lorsque Henri, en sa qualité de pair, se rendit au Parlement, et fit, dans l'intérêt de la justice, poser des questions qui manifestèrent la vérité, sauvèrent un innocent et confondirent les faux témoins qui se démentirent, se contredirent les uns les autres, et furent rigoureusement punis de leurs impostures.

« Il serait moins louable d'avoir fait chasser à coups de fouet Messieurs des eaux et forêts, entrés sans sa permission dans le pré Basile pour y exercer leurs fonctions, et il fut répréhensible d'avoir fait outrager, par un débardeur du port, les juges au bailliage de Pont-de-l'Arche, ce qui du reste n'est guère probable, puisque c'était une justice royale, qui ne relevait pas de lui, et dont au contraire il dépendait, et que d'ailleurs ces juges n'auraient été injuriés qu'après lui-même, par imitation.

« Il n'est pas plus vraisemblable, malgré son effronterie bien connue, qu'il ait répondu au roi qu'il n'avait seulement pas de pain pour ses chiens ; ce n'était pas le langage de la cour, ni le ton d'un grand seigneur cité pour son esprit et sachant plaire pour obtenir.

« Henri était inexorable sur les exemptions à la milice. Cette rigueur lui venait du souvenir de sa perte douloureuse en Italie, souvenir qui lui faisait croire que, puisque son fils unique, tué pour son pays, en avait couru les chances et les dangers, personne ne devait être dispensé des hasards où il avait succombé ».

M. Parfait Maille, souvent plein d'indulgence pour le prince Henri de Lorraine, est parfois aussi très sévère pour lui :

« Pendant le temps de sa puissance, dit-il, que n'a-t-il pas extorqué ?

« Voisin de l'église Saint-Etienne, voici ce que rapportent de lui des écrits conservés aux archives de cette paroisse :

« Constitution de rente au profit du trésor de Saint-Etienne, à prendre sur les héritages nommés les Arguillères, lesquels font aujourd'hui partie du château du duc d'Elbeuf, qui s'est dispensé d'acquitter la rente et fondation.

« Autre rapine : Donation au trésor de Saint-Etienne, par Jeanne Boissel, veuve de Thomas Verdure, d'un jardin sis à côté du cimetière et presbytère, lequel jardin fieffé à Monseigneur le duc d'Elbeuf, qui s'est toujours dispensé d'acquitter la rente.

« Troisième rapine : Donation de veuve Duquesne, au trésor de Saint-Etienne, d'un jardin sis rue des Archers, passé à Monseigneur, qui n'en paie aucune rente depuis plus de trente ans.

« Quatrième rapine : Monseigneur le duc d'Elbeuf Henri, propriétaire d'une masure depuis trente ans, a toujours empêché de mettre à exécution une sentence qui condamne à payer la rente affectée sur cette masure.

« Henri s'empara encore d'une cinquième rente dont il était redevable à la fabrique de Saint-Etienne.

« Il empiéta même sur le cimetière pour y construire un bâtiment qu'il ne trouvait pas à placer dans l'enceinte de son château ; il n'est toutefois pas certain que ses successeurs ne soient pas responsables de cette dernière usurpation.

« Après toutes ces entreprises, soit remords de conscience, comme compensation et indemnité, soit munificence, Henri donna, en 1721, au trésor de Saint-Etienne, 150 livres de rente perpétuelle, à prendre sur les moulins d'Elbeuf.

« Il n'y a pas à douter que c'est lui qui a fait orner de couronnes ducales les piliers de l'église.

« Il était si rapace qu'il s'appropriait la valeur entière des draps confisqués pour malfaçon, dont il n'avait que le tiers, les deux autres appartenant à l'hospice et aux gardes de la fabrique par moitié.

« Il n'obligeait pas les manufacturiers, ses vassaux, sans leur faire payer ses services. S'il les appuyait dans un procès, il lui fallait de l'argent ; c'est ce qui arriva en 1719, où il reçut 2.000 livres pour ses peines et dont on vit un second exemple cinq ans après ».

Après le décès de Jacques Saillard, docteur de Sorbonne, curé de La Londe et doyen de Bourgtheroulde, un différend avait éclaté entre ses héritiers et les paroissiens de La Londe, qui leur réclamèrent le reliquat des comptes de la confrérie du Rosaire et le produit des quêtes dites du plat de Sainte-Catherine, celui de la location de bancs, etc.

Pour terminer la contestation, il fut décidé que chacune des parties nommerait un arbitre ; celui des habitants fut Jean Maigret, avocat à Elbeuf, et Bourdon, également d'Elbeuf, celui des héritiers du feu curé. Ils firent venir les jeunes filles qui avaient quêté avec le plat de Sainte-Catherine et les interrogèrent, puis les arbitres examinèrent les comptes et rendirent ensuite leur sentence.

Les héritiers Saillard furent condamnés à rapporter 650 livres et aux frais ; mais ils furent autorisés à reprendre un calice, des aubes et plusieurs autres objets d'autel appartenant au feu curé, que les habitants de La Londe avaient fait placer sous scellés.

Au 22 avril, Thomas Bourdon, conseiller du roi et son trésorier en la généralité de Rouen, habitait Andely.

A la suite d'un scandale, le bailli fit défense, le 23 avril, aux sacristains des deux paroisses, « d'abandonner le clocher à aucunes personnes pour s'enfermer dedans » et leur ordonna « d'avoir toujours les clefs par devers eux pour faire ouverture des portes au procureur fiscal toutesfois qu'il se présenterait ».

Le 16 mai, Louis Flavigny, en qualité de trésorier de Saint-Etienne, reçut un nouveau remboursement en billets de banque, que lui firent Julie de Lanquetot, veuve de Louis Delarue, ancien conseiller du roi et contrôleur au grenier à sel de Pont-de-l'Arche, et Louis Delarue, sieur de Freneuse, avocat à la cour, son fils, demeurant à Rouen, rue Malpalu. — — Julie de Lanquetot habitait Elbeuf, ainsi que Jeanne Bourdon, veuve de Nicolas Talon, lequel avait été également contrôleur au grenier à sel de Pont-de-l'Arche. — Catherine du Bosc, veuve d'Ansoult d'Argences, remariée à Jean de Bellemare, écuyer, dont elle était séparée, résidait sur la paroisse Saint-Etienne.

Les manufacturiers de Louviers donnèrent avis, en mai, à ceux d'Elbeuf, qu'ils avaient député deux d'entre eux pour présenter un placet au Conseil du commerce, tendant à obtenir une continuation d'arrêt qu'il ne fût pas par la suite « receu aucuns maistres ny apprentifs dans leurs manufactures que les fils de maistres, pendant trois années ». Le 18 de ce même mois, les fabricants d'Elbeuf décidèrent de s'adjoindre à ceux de Louviers, à cet effet, « veu le nombre considérable de maistres et de fils de maistres qu'il y a dans notre manufacture », et de présenter un mémoire au Conseil du commerce.

Les grosses dettes du duché étaient alors payées, car, le 4 juillet, « Pierre-Lucas de Fleury, écuyer, gentilhomme de la grande fauconnerye de France, directeur des créanciers de Messire Henry de Lorraine, quatrième duc d'Elbeuf », étant venu en notre bourg, donna main-levée des revenus du duché, consentant « que l'acceptation faite par le sieur Martorey par le bail dudit duché, de payer audit sieur Fleury ou autres, soit et demeure nulle, et que ledit Martorey et tous autres receveurs et fermiers particuliers payent et vident leurs mains en celles dudit seigneur d'Elbeuf, à compter du 1ᵉʳ janvier dernier, n'entendant ledit sieur Fleury se mesler dans la suite de recevoir aucune chose des revenus du duché en ladite qualité de directeur des créanciers... »

Le 18 juillet, Nicolas Pollet, alors premier huissier en la Cour des comptes à Rouen, reçut 2.050 livres du duc Henri, pour principal et arrérages de la vente de la basse sergenterie d'Elbeuf, vendue au défunt duc le 9 octobre 1689, qui l'avait réunie et incorporée à son duché.

Le 12 août, Michel et François Dajon, père et fils, meuniers à Saint-Germain de Pasquier, prirent à ferme, d'Alexandre Martorey, receveur du duché, « les moulins de Saint Jean et Saint Estienne d'Elbeuf, dependants de Son Altesse monseigneur le duc et sujets à banalité », à charge de les entretenir de réparations, de nettoyer les courants d'eau et de contribuer avec Martorey au curage de l'étang, et sans jamais demander de diminution pour cause de guerre, peste, famine, etc.; en outre, « de poursuivre à leurs frais les contestations qui pourroient naître pour raison de contravention à la banalité, parce qu'ils auroient à leur profit les despens et les amendes prononcées ». Ce bail fut consenti moyennant 6.000 livres par an.

Martorey stipula encore au contrat que les preneurs seraient obligés de lui livrer deux boisseaux de blé par semaine, comme pot de vin ; qu'ils devraient mettre les blés dans des greniers fermés de deux serrures, dont la clef d'une resterait en ses mains ; que lorsqu'il serait nécessaire de manier ou cribler ces blés,

Martorey enverrait quelqu'un pour assister à l'opération, et de même aux livraisons, dont l'argent lui serait versé par son commis jusqu'à concurrence de ce qui lui serait dû. Enfin les preneurs s'obligèrent à nourrir deux porcs par an au profit du bailleur.

Un acte passé à Elbeuf, le 17 août, concerne une terre sise à Saint-Aubin, « mouvante du fief Boullan, appartenante aux RR. PP. Jésuites du noviciat de Rouen ».

Le 3 septembre, Charles Lamy, vicaire de Saint-Etienne et économe de l'hôpital, bailla à loyer, en cette dernière qualité, les biens appartenant à la maison-Dieu situés à « Susé, Bertimont, Renneville et Farceaux », moyennant le prix annuel de 250 livres.

Le lundi 30 de ce même mois, beaucoup d'Elbeuviens se portèrent à la Saussaye, pour assister à une grande cérémonie religieuse. Le registre des délibérations capitulaires mentionne ainsi cette fête :

« Messire Jean Le Normand, evesque d'Evreux, a donné la confirmation aux habitants des paroisses circonvoisines : Saint Martin la Corneille, Saint Nicolas du Bosc Asselin, Saint Pierre des Cercueils, Saint Amand des Hautes Terres, Amfreville la Campagne, Fouqueville, Becthomas et Montpoignant, Crestot, Limbeuf, Pasquier, ce qui se montoit à huit cent quatre vingt six personnes... » — Jacques Bourdon, bailli d'Elbeuf, demeurait alors paroisse Saint Godard, à Rouen.

Nicolas Planterose, foulonnier à Amfreville-sur-Iton, s'engagea envers Guillaume Boissel drapier d'Elbeuf, par contrat daté du 12 octobre, à conduire le moulin de Châteaubriant, paroisse de Goup·llières, appartenant à Boissel, et d'y fouler les draps qui lui seraient envoyés et, pour cela, de prendre les ouvriers nécessaires. Boissel, de son côté, s'engagea à lui payer 700 livres par an et à faire faire les charriages à ses frais.

Ce fut l'année 1720, dit M. Ballin, que les fabricants d'Elbeuf commencèrent à se créer au dehors des relations directes, par des commis-voyageurs qu'ils envoyèrent dans les différentes provinces de France et même à l'étranger. Ainsi s'établirent assez promptement de nouveaux débouchés, et l'industrie prit, dès lors, une extension progressive et une nouvelle direction :

« Jusque-là, en effet, les draps d'Elbeuf avaient été plus solides qu'élégants et soignés dans leur apprêt. Un habit constituait alors une espèce d'héritage qui se transmettait d'une génération à l'autre ; mais les fabricants, qui venaient de se mettre en rapport avec l'Espagne et l'Italie, ne tardèrent point à confectionner des draps plus légers et plus appropriés au climat de ces pays ».

La rareté du numéraire était toujours la question la plus embarrassante pour notre fabrique. La Monnaie de Rouen avait, pendant quelque temps et sur des ordres du ministère, accepté des billets de banque en échange d'espèces ; mais, dans la première huitaine d'octobre, elle cessa cet échange, et la fabrique d'Elbeuf dut aviser.

Le 15 octobre, les fabricants elbeuviens, pressés par les besoins d'argent pour payer le salaire de leurs ouvriers, déléguèrent à Paris Alexandre Martorey et Pierre Hayet, avec pouvoir d'agir au nom de la Communauté, à l'effet d'obtenir de la Monnaie de Rouen la continuation de l'échange des billets de banque contre espèces.

Martorey et Hayet restèrent une douzaine de jours à Paris sans pouvoir réussir. Obligés de rentrer à Elbeuf pour les besoins de leurs affaires, ils donnèrent pouvoir au sieur Hay, agent de la ville de Dunkerque, demeurant à Paris, d'agir et de solliciter auprès des ministres afin d'obtenir : 1° l'ordre si désiré par les patrons et les ouvriers d'Elbeuf ; 2° un arrêt pour la fixation de la taille et autres impositions concernant le bourg ; 3° un arrêt au sujet des comptes de banque « pour payer en anciennes écritures leurs billets antérieurs et achats faits ».

Marguerite Lemoine dite de Sainte-Claire, supérieure du couvent, reçut en cette qualité, cette année-là, de nombreux remboursements de rentes, au moyen de billets de banque.

Jean Goujon, chevalier, seigneur de Gasville, intendant de justice, police et finances en la généralité de Rouen, ayant été informé que « quelques fabricants en draps du bourg d'Elbeuf donnoient leurs draps à faire dans la campagne et laissoient sans travail les ouvriers dudit bourg, qui n'avoient d'autres ressources, au lieu que ceux de la campagne y trouvent de quoy s'occuper », ordonna, sous peine de 50 livres d'amende, aux drapiers d'Elbeuf de donner, pendant six mois, à dater du 6 novembre 1720, du travail par préférence aux ouvriers du bourg, et fit défense « aux particuliers commis à la garde des portes d'Elbeuf, d'y laisser entrer aucuns draps en toile quinze jours après que ladite ordonnance aura été notifiée, sous la peine de 50 livres d'amende également ».

Voici un intéressant extrait des registres du conseil d'Etat, relatif à l'industrie d'Elbeuf et de ses environs :

« Le Roy estant informé que l'usage s'estant introduit depuis quelques années, pour distinguer les draps fins meslangez d'avec les forts, de mettre aux draps fins une lizière d'une seule couleur, & aux draps forts une lizière de trois couleurs au moins, quelques fabriquans affectent de trier les meilleures laines de la qualité de celles dont doivent estre fabriquez les draps forts, de faire filer ces laines plus fin, d'y ajouter jusqu'à cent & deux cens fils au delà de deux mille six cens fils que ces draps forts doivent avoir suivant les reglemens, de faire frapper davantage ces étoffes, & d'y mettre une lizière d'une seule couleur, pour les vendre pour draps fins, ou pour draps fins bastards, comme quelques-uns les appellent ; ce qui est également préjudiciable aux deux fabriques, en ce que ces draps estant faits de laines inférieures, ne peuvent point atteindre la perfection des draps fins, & estant faits de la plus fine laine des laines inférieures destinées à la fabrique des draps forts, ces draps souffrent une perte considérable de ce que la meilleure & la plus fine laine est ostée de ces laines inférieures, ce qui décrédite entièrement la manufacture des draps forts : Et Sa Majesté voulant empescher un pareil abus, après avoir entendu les principaux fabriquans de draps fins & forts des lieux d'Elbœuf, Orival, Louviers, Ponteau-de-mer & autres ; Le commis aux manufactures de la haute Normandie, establi à Elbeuf : Vu l'avis du sieur de Gasville, maistre des requestes et Intendant en la gé-

OURDISSAGE ET ENCOLLAGE DES CHAINES
(D'après une gravure du XVIIIe siècle)

néralité de Rouen, ensemble celuy des deputez au Conseil de commerce : Ouy le rapport, le Roy estant en son Conseil, de l'avis de Monsieur le duc d'Orleans, régent, a ordonné & ordonne que les ouvriers qui fabriquent des draps fins meslangez, dans la province de Normandie, continueront de faire les lizières desdits draps fins d'une seule couleur, à leur choix. Fait Sa Majesté deffenses aux fabriquans de draps forts, de faire les lizières desdits draps forts d'une seule couleur ; leur enjoint de les faire de trois couleurs au moins, sous peine de cent livres d'amende & de confiscation desdits draps forts, esquels il se trouveroit des lizières d'une seule couleur ; Fait pareillement Sa Majesté deffences, sous les mêmes peines, ausdits fabriquans d'employer dans les draps forts plus de deux mille sept cens fils, ou moins de deux mille six cens. Ordonne au surplus Sa Majesté que les règlements, tant pour lesdits draps fins que pour les draps forts, seront exécutez en ce qui n'est point contraire au présent arrest. Fait au Conseil d'Estat du Roy, Sa Majesté y estant, tenu à Paris, le onzième jour de juillet mil sept cens vingt ». — Signé : « Phelypeaux ».

La fabrique de Saint-Didier des Bois rendit aveu à Henri de Lorraine, duc d'Elbeuf, en 1720. Quelques années auparavant, le duc avait aussi reçu un aveu, de la fabrique de Thuit-Signol, pour des terres relevant de son duché. Vers ce même temps, le duc Henri reçut une déclaration pour des biens de la fabrique de la Harengère.

Un factum, daté de 1720, spécifie que « les mesureurs et porteurs de grains, à cause des fonctions qu'ils font dans les bateaux sur la rivière et sur les quays, sont des officiers en titre, qui sont obligez de se faire recevoir devant le vicomte de l'Eau... Les bréments (ou berments) sont encore des officiers, dont il est fait mention dans le Coutumier, et leurs fonctions sont de charger ou décharger les vins, cidres et autres liqueurs de terre à bord. Comme travaillant sur la rivière et quays, ils sont reçus par le vicomte de l'Eau, qui règle leurs sallaires ».

Un deuil se produisit dans la famille de Lorraine. Il fut l'objet de commentaires de la part d'un auteur que nous avons souvent cité.

« Plusieurs personnes, dit Saint-Simon, moururent à peu près en même temps : la comtesse de Lislebonne, qui avoit pris depuis plusieurs années le nom de princesse de Lislebonne, mourut à 82 ans ; elle étoit bâtarde de Charles IV, duc de Lorraine, si connu par ses innombrables perfidies, et de la comtesse de Cantecroix, et veuve du frère cadet du duc d'Elbœuf...

« Avec beaucoup de vertu, de dignité, de toute bienséance, et non moins d'esprit et de manège, elle ne céda à aucun des Guises en cette ambition et cet esprit qui leur a été si terriblement propre, et eut été admise utilement pour eux aux plus profonds conseils de la Ligue... Cette perte fut infiniment sensible à ses deux filles, à Vaudemont, son frère du même amour, encore plus dangereusement Guisard, si faire se peut. Aussi logeoient-ils tous ensemble à Paris, dans l'hôtel de Mayenne, ce temple de la Ligue, où ils ont conservé ce cabinet appelé « de la Ligue », sans y avoir rien changé, par la vénération, pour ne pas dire le culte d'un lieu où s'étoient tenus les plus secrets et les plus intimes conseils de la Ligue... »

Le 10 décembre, Henri de Lorraine constitua une pension viagère de 100 livres en faveur d'Adrien Loriot, son valet de chambre, en récompense de ses services.

Le 30 de ce même mois, étant à Elbeuf, le duc acheta de Jean Grandin fils Pierre, drapier, plusieurs immeubles destinés à agrandir les jardins du château.

A cette époque, résidaient sur la paroisse Saint-Jean : Louis et Pierre Bünel, Charles Lestourmy, Pierre Lefebvre et Nicolas Maille, tous tapissiers, ce dernier trésorier de la paroisse ; Jean Dupont, Nicolas Dupont fils Nicolas, François Duval, Michel Dupont fils Jacques, Jean et Louis Dupont frères, tous bouchers ; Pierre Delacroix, Jean Dussaussey et Pierre Bense, menuisiers ; Jean Lefebvre, Adrien Potteau et Philippe Élie, boulangers ; Nicolas Lesourd, émouleur de grandes forces; Henri Luce, maître de danse ; Jean Gueroult, taillandier ; François Osmont, tailleur d'habits. — Sur la paroisse Saint-Etienne : Jacques Dugard, boulanger ; Osmont, corroyeur ; Robert Huet, armurier ; Marin Durullé, tapissier ; Robert Harent, teinturier ; Guillaume Manoury, perruquier. — Nicolas Bosquier, foulon, habitait Fouqueville.

CHAPITRE XV
(1721-1722)

Henri de Lorraine *(suite)*. — Terrible catastrophe ; cinquante personnes noyées. — Craintes de peste. — La visite des draps ; réclamations des fabricants. — Julie de Lanquetot et l'hopital de Saint-Etienne. — Donation de Jacques Delahaye. — Travaux a l'église Saint-Jean ; différend entre les paroissiens et le curé. — La Vollant.

L'année 1721 débuta par une catastrophe, la plus terrible de toutes celles dont les annales nous ont conservé la mémoire.

On sait que la traversée de la Seine se faisait, du quai d'Elbeuf au port Saint-Gilles à Saint-Aubin, par des bateaux qui, après avoir franchi le grand bras de la Seine, en face de l'extrémité ouest du quai d'Elbeuf, s'engageaient dans un canal, creusé de main d'homme au travers des îles, pour gagner le port Saint-Gilles. — Ce passage existe encore en partie.

Les habitants de Saint-Aubin, de Cléon et de Freneuse, plus particulièrement intéressés à ce passage, avaient remontré aux autorités, l'année précédente, que le service était mal fait, que la conduite des bateaux était souvent confiée à des enfants sans force et sans expérience et enfin que le curage des traverses, à la charge des propriétaires du passage, n'était pas exécuté ; mais ces réclamations n'avaient point été entendues. Il semblait donc que les populations de la presqu'île pressentaient le malheur qui jeta la consternation dans toute notre région.

Nous avons déjà donné ailleurs des détails sur cet épouvantable événement, et nous ne pouvons mieux faire que rééditer d'abord une note écrite sur les registres paroissiaux de Caudebec, par le curé Genu :

« Le samedi 4e jour de janvier 1721, à onze heures du matin, le bateau passager, plein de passants, et n'ayant pour le conduire que la fille du batelier, âgée de quinze ou seize ans, en partant d'Elbeuf, alla s'échouer à quatre ou cinq pas de la Voiture (bateau d'Elbeuf à Rouen) contre un pieu qui fit hausser un bout du vaisseau et en même temps plonger l'autre.

« Cet accident effraya tellement ces pauvres passants qu'ils se jetèrent les uns sur les autres et firent, pour surcroît de malheur, faire capot au bateau ; c'est ce qui fut la cause que cinquante ou soixante de ces personnes périrent en un moment.

« La fille du batelier se jeta au pieu qui paraissait à demi hors de l'eau ; un homme s'y jeta aussi et furent par ce moyen sauvés. Il y eut encore deux ou trois femmes qu'on reprit heureusement, desquelles il y en avait une qui remportait avec elle deux ou trois livres du coton, dans un bissac, qui lui sauvèrent la vie en la portant suspendue un demi-quart de lieue aval la rivière ; c'est ce qui donna le temps de la secourir.

« Quoique ce malheur fut arrivé par l'imprudence d'un homme à demi ivre, qui avait d'un coup d'aviron poussé le bateau contre ce pieu fatal, cependant tout fut attribué à la faute du maître batelier, qui était resté à boire au cabaret, et qui aurait bien dû prendre la conduite de ce bateau, par rapport aux grosses eaux, au lieu de le confier à sa fille, qui n'avait ni la force ni l'intelligence de le bien conduire. Plusieurs à qui appartenaient les gens noyés voulurent le jeter dans la rivière ; mais il se sauva dans un batelet. Enfin ce fut un triste spectacle à tous ceux qui s'y trouvèrent présents ; un chacun y pleurait amèrement ».

Le lendemain dimanche, Me Bourdon, bailli, fit appeler devant lui cinq des témoins de la catastrophe. Tous furent d'accord pour déclarer que le bateau était trop chargé. Voici la déposition que fit Marie-Anne Leclerc, femme de Jacques Pirou, cabaretier :

« Hyer, sur les onze heures et demye, estant devant ma porte, qui est la dernière maison devers la rivière, je vis le batteau du passage de Saint Aubin chargé d'un nombre considérable de personnes de tous sexes et differentes aages ; et le batteau estant party de la banque, conduit par la fille de Charles Deriberprey, qui estoit à costé d'un homme habillé de gris, que je ne connois point, qui tenoit l'aviron et cabaroit le batteau ; et le batteau ayant esté de costé contre les pieux servant à attacher la voiture (bateau de Rouen) quand la rivière est dans son canal, ce qui fit que le batteau tourna avec précipitation, le bout de devant du batteau au courant de la rivière ; et la secousse du batteau fit lever plusieurs personnes qui tombèrent sur les autres et fit prendre l'eau au batteau qui les fit perir. La fille du passager (passeur) s'attacha aux pieux de la voiture, aussy bien que celuy qui cabaroit et furent sauvés, et quelques autres aussy, et le reste fut submergé. Deriberprey n'estoit point dans son batteau ».

Jacques-Pierre Lejeune, aussi cabaretier près du quai, déclara s'être porté au secours des naufragés, avec Nicolas Osmont ; mais ils n'avaient pu retirer de l'eau que cinq personnes, dont l'une mourut chez lui un moment après y avoir été portée, et une autre qui succomba également cinq heures plus tard. Il avait entendu dire que de 50 à 60 personnes étaient dans le bateau.

Nicolas Osmont, exerçant aussi la profession de cabaretier, ajouta aux renseignements précédents qu'il avait entendu, de chez lui, des voix disant sur le bateau : « Mets avallant ! » et d'autres : « Mets en montant ! », ce qui l'avait porté à regarder sur la Seine. D'après lui et un autre témoin, le bateau était allé à la dérive « jusqu'à la barrière fermant le prey Bazille ».

Les deux autres témoins confirmèrent ces dépositions. Il fut établi également que Charles Deriberprey, chargé du passage, était resté chez lui, au port Saint-Gilles.

Ce même jour et les suivants, la justice d'Elbeuf fut entièrement occupée à dresser des procès-verbaux sur le repêchage des cadavres. Plusieurs corps, emportés par la violence du courant, ne furent point retrouvés.

La plupart des victimes étaient des habitants de la presqu'île ; nous avons publié dans notre Notice sur Saint-Aubin les noms de quelques-uns de ceux qui périrent dans les flots, et dont le nombre fut également estimé de cinquante à soixante par le clergé de cette paroisse.

On croira difficilement que cet affreux accident ne fut point suffisant pour engager les sieurs Boissel et consorts, propriétaires du passage Saint-Gilles, à faire cesser les causes qui l'avaient produit, et les habitants des trois paroisses de la rive droite durent s'adresser à la justice d'Elbeuf, à l'effet de faire condamner Boissel et joints à préposer un passeur donnant toute sécurité aux passagers. Une première sentence, provisoire, donna gain de cause au public.

Boissel et joints soulevèrent alors des incidents, et ce ne fut que le 23 octobre 1722 que le bailli d'Elbeuf rendit un jugement définitif, par lequel Boissel et joints furent condamnés « à fournir un passage bon, commode, solide et sûr, pour passer et repasser tant lesdits habitants qu'autres, et de bien servir ledit passage d'hommes et de bateaux..., à vuider et curer incessamment la traverse et la rendre navigable, sinon qu'il y serait pourvu à leurs frais ».

Il paraît que certains bouchers d'Elbeuf n'étaient pas tendres pour ceux de leurs confrères du dehors qui apportaient de la viande dans notre bourg les jours de marché. Ils allaient les attendre sur les chemins, les menaçaient de les frapper s'ils entraient en ville, et même passaient quelquefois des menaces à l'exécution. Les bouchers forains se plaignirent au bailli, lequel, par ordonnance du 20 janvier, ordonna la cessation de ces faits, sous menaces de fortes peines.

Le lendemain 21, Jean Fréret, sergent de l'eau du duché, remit sa charge à son fils Pierre, qui fut reçu le même jour au bailliage d'Elbeuf.

Le 28, le bailli reçut Guillaume Louvel en qualité de tabellion du duché, au siège de la Haye-du-Theil.

Le 11 mars, Charles Deriberpré, ci-devant passeur au port Saint-Gilles, vendit à Jean Rivette fils Jacques, « passager », demeurant à Saint-Aubin, les deux bateaux servant au passage, avec les avirons et autres ustensiles moyennant 120 livres. Rivette tint quitte son vendeur de 16 livres qu'il avait payées pour lui, afin de retirer de la Seine le plus grand de ces deux bateaux, coulé dans le sinistre du 4 janvier.

La peste qui sévissait dans le Midi, depuis l'année précédente, avait frappé d'effroi beaucoup de populations. Dans un grand nombre de villes, des mesures de salubrité furent prises pour prévenir ou détourner le fléau, qui avait fait tant de victimes à Marseille.

A l'audience tenue au prétoire de la haute justice, le 12 mars, le procureur fiscal remontra au bailli la situation déplorable des voies publiques et des maisons d'Elbeuf :

« Il est à propos, dit-il, de prévenir ce qui peut causer quelque infection dans l'air, principalement dans ce temps où la contagion est à craindre. Rien ne peut causer plus d'infection et de corruption que les villenies que l'on jette tous les jours dans les rues et les immondices qu'on y fait, dont la puanteur est insupportable.

« Cela provient de ce que la plus part des habitans n'ont point de lieu de retraite ny de cloaques dans leurs maisons, non pas mesme dans leurs jardins. Cette infection vient encore des amas de fumiers que l'on fait dans les cours, dans des trous où l'eau se corrompt. Elle peut encore venir de ce que plusieurs particuliers nourrissent en leurs maisons des lapins, des pigeons et des porcs, ce qui est deffendu par les ordonnances... »

Le procureur fiscal requit des mesures, que le bailli prescrivit immédiatement par une nouvelle ordonnance, exécutoire sous quinzaine, à peine de 50 livres d'amende.

Le lendemain 13, le bailli Bourdon, accompagné du procureur fiscal et du greffier de la haute justice, firent une tournée générale dans les maisons d'Elbeuf soupçonnées de n'avoir pas de cabinets d'aisances. On en trouva 110 dans ce cas. Quelques-unes étaient dans un état d'infection qui fit reculer les enquêteurs. A la suite de cette visite et d'une nouvelle ordonnance, des condamnations furent prononcées contre les contrevenants aux arrêtés concernant la salubrité publique.

Le Conseil d'Etat rendit un arrêt contenant règlement pour la réception des maîtres drapiers de Louviers, Elbeuf et Orival. En voici le texte :

« Le roy s'estant fait représenter l'Arrest rendu en son Conseil le 17 mars 1717, par lequel Sa Majesté a fait défenses à tous juges des manufactures & à tous autres juges, tant de la ville de Rouen, Dernetal, Elbeuf, Louviers & Orival, de recevoir aucuns maistres drapiers drapans dans lesdits lieux, pour la fabrique des draps de cinq quarts de large composéz de pure laine d'Espagne, pendant le temps & espace de trois années consécutives, à commencer du jour de la publication dudit arrest, à peine de mille livres d'amende contre les juges, en cas de contravention ; avec de pareilles deffenses aux gardes jurez des drapiers-drapans desdits lieux de présenter, pendant le dit temps, en justice aucuns sujets pour estre reçus maistres, à peine de cinq cens livres d'amende, sans préjudice néantmoins des fils de maistres, qui pourront estre reçus en la manière accoustumée, en conformité des règlements : Et Sa Majesté estant informée qu'il seroit nécessaire, pour le bien de ladite fabrique des draps de cinq quarts de large, de proroger encore pour trois ans lesdites deffenses pour les manufactures de Louviers, Elbeuf & Orival, en réservant le privilège des fils de maistres & de ceux qui épouseront les filles de maistres. Vu l'avis du sieur de Gasville, maistre des requestes & intendant en la généralité de Rouen, ensemble celuy des députez au Conseil de commerce : Ouy le rapport, le Roy estant en son Conseil, de l'avis de monsieur le duc d'Orléans, régent, fait très expresses inhibitions & deffenses aux juges des manufactures de Louviers, Elbeuf & Orival, de recevoir aucuns maistres-drapiers-drapans dans lesdits lieux, pour la fabrique des draps de cinq quarts de large composéz de pure laine d'Espagne, pendant le temps & espace de trois années consécutives, à commencer du jour de la publication du présent Arrest, à peine de mille livres d'amende contre les juges, en cas de contravention. Fait pareillement deffenses aux gardes jurez des drapiers-drapans desdits lieux, de présenter pendant le dit temps en justice aucuns sujets pour estre reçus maistres, à peine de cinq cents livres d'amende, sans préjudice néantmoins des fils de maistres & de ceux qui épouseront les filles de maistres, qui pourront estre reçus en la manière accoustumée, en conformité des règlements. Enjoint Sa Majesté au sieur Intendant & commissaire départi en la généralité de Rouen, de tenir la main à l'exécution du présent Arrest, qui sera lu, publié et affiché où il appartiendra. Fait au Conseil d'Etat du Roy, Sa Majesté y estant, tenu à Paris, le treizième jour de janvier mil sept cens vingt un. — Phelypeaux ».

« Louis, par la grace de Dieu roy de France & de Navarre : a notre amé & féal, Conseiller en nos conseils, maistre des requestes ordinaire de nostre hostel, le sieur Goujon de Gasville, commissaire départi pour l'exécution de nos ordres en la généralité de Rouen, salut. Nous vous mandons & enjoignons par ces présentes signées de Nous, de tenir la main à l'exécution de l'Arrest cy-attaché sous le contre-scel de nostre Chancellerie, ce jourd'huy donné en notre Conseil d'Estat, Nous y estant, pour les causes y contenues : Commandons au premier nostre huissier ou sergent sur ce requis, de signifier ledit arrest à tous qu'il appartiendra, à ce que personne n'en ignore, & de faire pour son entière exécution tous actes & exploits nécessaires, sans autres permission, nonobstant clameur de haro, chartre normande & lettres à ce contraires; Car tel est notre plaisir. Donné à Paris le treizième jour de janvier, l'an de grace mil sept cens vingt un, & de notre règne le sixième. — Louis.

« Par le Roy, le duc d'Orléans, régent ; Phelypeaux. »

Anne Michel, femme de Pierre Chrestien, inspecteur des Manufactures royales, décédée à l'âge de 67 ans, fut enterrée dans l'église Saint-Jean, le 17 mai.

Par acte passé à Paris devant les notaires du Châtelet, Henri de Lorraine, demeurant alors en son hôtel de la rue Vaugirard, constitua une rente annuelle de 1.200 livres, à dater du 1er juillet 1721, en faveur de Catherine-Thérèse de Bagny de Corbigny, fille majeure, résidant rue du Battoir à Paris ; cette constitution ainsi faite « pour donner à ladite demoiselle des marques de l'estime et de la consideration » que le duc Henri avait pour elle. — Peu après, le duc d'Elbeuf constitua une autre pension de 500 livres, au profit de Robert Roques de Métery, « pour services rendus à feu Monsieur le prince d'Elbeuf », fils du constituant.

En 1721, Thomas Bourdon, ancien fabricant d'Elbeuf, qui avait monté une manufacture aux Andelys et auquel son père Jacques avait cédé tous ses droits, engagea un de ses neveux, fabricant à Elbeuf, à s'associer avec lui. Le ministre fit obtenir aux associés un privilège de vingt ans.

A cette époque, l'ancienne auberge du *Pot d'étain*, propriété de Louis Flavigny, bourgeois de Rouen, était à l'usage de graineterie et de chandellerie.

Jean Bachelet et Marguerite Partie, sa femme, avaient été noyés dans la catastrophe du 4 janvier, laissant plusieurs enfants mineurs et quelques dettes. Mus de compassion pour les orphelins, les créanciers firent abandon, par acte du 16 juillet, de ce qui leur restait dû ; d'autres personnes généreuses vinrent en aide à ces enfants par divers dons.

Le 19, Chrestien, inspecteur des manufactures, convoqua les fabricants d'Elbeuf à une assemblée générale, au sujet d'un mémoire dressé par les députés du Commerce, pour établir trois visites sur les draps en fabrication, afin de remédier aux abus qui se commettaient par l'usage des rames, et afin que ces visites fussent conformes à celles qui se pratiquaient à Sedan et en Languedoc. Les fabricants demandèrent quinze jours pour répondre à ce mémoire.

Disons ici que les fabricants de Sedan avaient demandé d'être exemptés de faire auner leurs draps en blanc, par l'auneur juré de leur ville, avant de les envoyer à Paris, où ils recevaient la teinture en écarlate et les derniers apprêts.

Les députés du Commerce, ayant examiné la requête des fabricants de Sedan, estimèrent que l'ordre de Louvois avait été sagement donné, pour remédier à l'abus, qui s'était introduit dans leur fabrique, d'augmenter la longueur de quatre ou cinq aunes les pièces au-delà de ce qu'elles avaient au retour du foulon.

Cet ordre, dirent les députés, était nécessaire lorsque les draps étaient envoyés en blanc à Paris pour y être teints en écarlate, et qu'ils étaient ensuite reportés à Sedan pour y recevoir le dernier apprêt ; mais il était devenu inutile depuis, parce que les draps teints à Paris y recevaient maintenant les dernières façons.

Les députés dirent cependant qu'il fallait

sévir contre l'allongement des draps au moyen des rames, notamment dans les fabriques où se faisaient les cinq quarts de large, et, à cet effet, ils rappelèrent l'arrêt du 12 février 1718 et observèrent que, si les fabricants de draps s'y conformaient, « le public n'aurait pas lieu de se plaindre que la plus part des habits se retirent, se racourcissent et qu'ils en perdent leur façon...

« Les marchands drapiers qui achètent ces draps pour les revendre, n'ont guère d'interest à empescher cette malversation ; il arrive même souvent que les drapiers détailleurs, lorsqu'ils font teindre les draps blancs, les font tirer à la rame autant et plus que les fabricans, en sorte que le public est trompé par les uns et par les autres.

« Cet abus est connu depuis longtemps. M. de Louvois y pourvut pour Sedan, et le Conseil ordonna la même chose pour les draps du Languedoc, par l'arrest du 20 novembre 1708 ; mais l'arrest du 12 février 1718, rendu pour la manufacture d'Elbeuf et autres du Royaume, n'a produit aucun effet ».

Les députés estimèrent qu'on devait appliquer à ces manufactures l'article 22 du règlement du 20 novembre 1708, comme aux fabriques de Sedan, du Languedoc, de la Provence et du Dauphiné. Cet article était ainsi conçu :

« Article 22. — Les draps seront visités trois fois par les gardes jurés en charge, dans leur bureau : la première fois en toille au sortir du mestier et avant que d'estre portés au foulon, pour examiner s'ils sont conformes au présent règlement tant dans la qualité des laines que dans le travail et la fabrique ; la seconde fois au retour du foulon, pour en examiner le foulage, estre lesdits draps aunés et y estre apposé un plomb sur lequel sera marqué le nombre d'aulnes que contiendra la pièce, et la troisième fois après qu'ils auront été tirés avec excès par le moyen des rames, sçavoir : de plus de trois quarts d'aune sur une pièce de trente aunes, et ainsy à proportion d'un plus ou moins grand aunage, s'ils auront été teints en bonne teinture et si on leur aura donné tous les apprêts nécessaires pour les rendre plus parfaits, et en ce cas, ils seront marqués du plomb de fabrique ».

D'autres observations des députés du Commerce nous apprennent que Sedan envoyait partie de ses draps à Rouen, pour y être teints en écarlate, et que ceux teints à Paris étaient ensuite apprêtés aux Gobelins.

Les fabricants d'Elbeuf répondirent aux communications que leur avait faites l'inspecteur Chrestien, par un mémoire dont voici les principaux passages :

Les trois visites étaient impraticables à Elbeuf, où il se faisait, par an, plus de 12.000 pièces ; dix gardes n'y suffiraient point, même en abandonnant leurs fabriques. Il est à noter encore que, tous les foulons étant éloignés de quatre lieues, les draps ne reviennent que lorsque le chargement du bateau est complet, de sorte que ces jours là, les gardes seraient encombrés et ne pourraient même pas plomber la moindre partie.

Et quand même, cela n'empêcherait pas l'abus des rames : un fabricant pourrait, après la visite faite et le plomb de l'aunage placé, ramer son drap de rechef et l'allonger de ce qu'il lui plairait, par une « traverse » qu'il y ferait.

On n'aurait rien à lui dire à cause de cette traverse, puisque les taches et « effrondures » qui n'arrivent que trop souvent au foulon mettent dans la nécessité le meilleur fabricant de faire de pareilles traverses pour enlever la partie défectueuse du drap.

La fabrique d'Elbeuf est différente de celle de Sedan, dont les draps blancs reviennent du moulin bien conditionnés sans tare, cassure ni autres accidents qui arrivent aux draps de couleurs teints en laine, ce qui les exempte de traverses.

Cette même année, la Chambre des fabricants d'Elbeuf décida « de faire une machine pour la marque, en forme de balancier, les empreintes et autres pièces nécessaire pour la construction de laditte machine, et ce pour éviter la depense fréquente que l'on est obligé de faire par le peu de durée des marques, ce qui se fera avec beaucoup plus de propreté et de facilité. »

Etant à Elbeuf, le 18 octobre, le duc Henri de Lorraine donna procuration à Louis Assire, avocat, lieutenant au comté de Brionne et receveur de la seigneurie de la Haye-du-Theil, appartenant au duc, de gérer la baronnie de Grosley et la seigneurie de la Hunière, près Beaumont-le Roger.

Le 4 octobre, Julie de Lanquetot, bourgeoise de Rouen, veuve de Louis Delarue en son vivant procureur du roi au grenier à sel de Pont-de-l'Arche, retrocéda à l'hôpital de notre bourg, représenté par Charles Lamy, prêtre, économe de l'établissement, une maison avec masure sise en la paroisse Saint-Etienne, rue Meleuse, au triage de l'Eclette, bornée d'un bout par la sente de ce nom. Cette propriété avait appartenu précédemment à Anne Pollet, femme de Louis-François Le Conte de Nonent chevalier, seigneur de Pierrecourt :

« La présente retrocession ainsy faite audit hopital en faveur seulement des pauvres malades de Saint Estienne dudit Elbeuf, du consentement de Son Altesse, pour donner lieu aux habitants d'icelle de commencer dès maintenant à faire bastir, sur ledit fonds, des demeures propres à les loger et à y monter des lits pour autant de personnes que la charité des paroissiens de ladite paroisse et le revenu dudit hospital, qui se partage par égalle portion chaque année entre les deux paroisses dudit bourg, pourront permettre d'y en recevoir.

« S'estant offerte lad. damoiselle de la Rue d'en prendre soin tant qu'elle vivra et que sa santé le pourra permettre, à condition néanmoins pour elle, retenue de jouir de lad. maison et masure sa vie durante, en payant la rente pendant le temps qu'elle y faira sa demeure, mais venant à la quitter, ledit hospital en demeurerait chargé et serait tenu de payer ladite rente annuelle à ladite dame Pollet, au terme de son contrat.

« Et par ce mesme acte ledit sieur esconosme demeure bien et duement authorisé, de la part des sieurs directeurs et administrateurs dudit hospital, de recevoir de Sadite Altesse, de dame Angelique Flecelles de Vuillard et desdits paroissiens de Saint Estienne les dons qu'ils auront agréables de faire pour l'exécution de cette pieuse entreprise, afin d'estre employée incessamment à acheter les matériaux nécessaires pour la construction d'un bastiment propre à y loger les pauvres malades de ladite paroisse, aussy tost que la saison le pourra permettre, desquels dons il rendra compte dans l'an de ce jour... »

Suivent les signatures de Pierre Juvel et Louis Flavigny, témoins, de Julie de Lanquetot, de Henri de Lorraine ; de Pierre Hayet, trésorier en charge de Saint-Etienne ; de Charles Lamy, économe ; de Ledoulx, curé ; de Jean Lefebvre, trésorier de Saint Jean, et autres.

On inhuma dans l'église Saint-Etienne, le 13 novembre, Marie-Catherine de Flesselles, femme de Germain de Villiart, écuyer, âgée de 37 à 38 ans.

Le duc Henri constitua, le 18, une rente viagère de 200 livres, à prendre sur le produit des moulins d'Elbeuf, en faveur d'Anne Moy, sa servante à la Saussaye, en récompense de ses bons services.

Un testament, dont le texte suit, se rattache à la fondation du nouvel hôpital :

« *In nomine Domini,*

« Je Jacques Deshayes, prestre vicaire de St Jean d'Ellebeuf, desirant me disposer à la mort, dès à present, quoyque sain de corps et d'esprit, par une disposition de mes biens meubles, pour prevenir toute surprise de la mort à l'heure que nous y pensons le moins.

« Et comme les pauvres sont les premiers qui doivent ressentir les effets de notre liberalité, aussi je commence par eux à repandre dans leur sein la meilleure partie des biens que Dieu m'a donnés, pour m'acquitter de mes obligations de faire des omones et pour obtenir de Dieu la remission de mes fautes.

« Je donne donc à l'hôpital d'Ellebeuf, pour

la subsistance des pauvres, la somme de 4.000 livres que je promets payer pendant quatre années à raison de 1.000 livres par chacun an ; laquelle somme sera employée à constitution de parties de rente ou en achat de fond d'heritage au profit dudit hôpital.

« Et j'entends que s'il se fait quelque partage des revenus de l'hôpital, entre les pauvres des deux parroisses de Saint Jean et de Saint Estienne dudit lieu d'Ellebeuf, cette somme ains son revenu ne sera point partagée, mais sera pour les pauvres seuls de Saint Jean, sans aucune part à ceux de Saint Estienne.

« Et pour satisfaire au payement de cette somme, en cas que je mourusse avant que d'y avoir satisfait, j'ai mis entre les mains de Me Pierre Dugard, prestre de la parroisse de Saint Jean, 5.700 livres sur trois billets, l'un de 3.000 livres du fait de Mathieu Rouvin, et les deux autres de 2.700 livres, du fait de Louis Lamy, drapier, pour les faire payer comme j'aurois pu faire le cas arrivant, et en assigner les deniers au payement des quatre mille cy dessus données à l'hôpital d'Ellebeuf, et le surplus aux choses qu'il se pourroit marquer dans la suite du temps.

« Fait et arrêté ce 25 de novembre 1721 ».
Signé : «Deshayes ».

Le 9 décembre, la ferme des droits du tarif fut adjugée à Michel Lecerf, marchand d'Elbeuf, pour sept années, à commencer du 1er octobre précédent, moyennant la somme de 23.000 livres par an. Lecerf présenta comme caution Charles Ansoult, marchand chandelier, et Guillaume Boissel, fabricant de drap. Cette adjudication eut lieu à Rouen, devant

Goujon de Gasville, intendant de la généralité, et en présence de Charles Maille et Robert Bourdon, avocats au Parlement, Nicolas Lefebvre, Jacques Ménage, Pierre Hayet et Thomas Béranger, trésoriers des deux paroisses d'Elbeuf, députés par la communauté des habitants, en vertu d'une délibération du 28 septembre précédent.

Le duc de Saint-Simon rapporte que ce fut en cette année que « Thury mourut, sans avoir été marié, ayant donné ou plutôt trafiqué tout ce qu'il avoit avec le maréchal d'Harcourt. Ils étaient fils de deux frères, mais totalement différents. Thury était noir, méchant, cynique, atrabilaire, avec beaucoup d'esprit insolent et dangereux ; et quoique avec méchante réputation à la guerre et dans le monde, reçu en de bonnes compagnies. Il est pourtant vrai qu'un soufflet que le duc d'Elbœuf lui appliqua à table avec une épaule de mouton, dont il ne fut autre chose, étoit resté imprimé sur sa mauvaise physionomie ».

En cette même année 1721, un gros scandale éclata: la fille d'un des bourgeois d'Elbeuf les plus en vue fut séduite par le fils d'un des principaux fabricants de draps, et la justice intervint.

En cette année encore, outre les victimes de l'accident du janvier, retrouvées dans la Seine, on recueillit plusieurs autres cadavres dans le fleuve et d'autres sur divers points des environs du bourg.

Au 2 janvier 1722, Denis Civet (ou Cirette), garennier de Cléon, était redevable envers Alexandre Martorey, receveur du duché, de la somme de 1.799 livres 16 sols pour reste du fermage de la garenne, qu'il tenait moyennant 500 livres et 30 douzaines de lapins par an. Il résulte d'un compte, établi le même jour, que le garennier avait livré au duc d'Elbeuf 3.140 lapins estimés à 10 sols pièce. Congé lui fut donné pour le 31 décembre suivant.

Pierre Juvel, drapier et trésorier de Saint-Etienne, décédé à l'âge de 54 ans, fut inhumé dans l'église de cette paroisse, le 1er février.

Un autre acte de cette époque concerne un jardin, situé « ruelle de la Bague », dont se rendit acquéreur Michel Martin, maître plâtrier.

Le 15, Nicolas Naudé, maître d'hôtel du duc d'Elbeuf, acheta un ténement de maisons et un jardin, sis paroisse Saint-Etienne, « en la grande rue et ruelle Carage... avec la droiture d'aller au courant d'eau de Son Altesse par dessus l'héritage de François Saint Gilles ».

Les registres paroissiaux de Saint-Jean portent, à la date du 22, mention d'une nouvelle triple naissance : un garçon et deux filles. Le père était Charles Maille, avocat, et la mère Marie Le Roy, âgée de 42 ans, à laquelle cette couche fut fatale. Elle mourut huit jours après et fut inhumée dans l'église.

Au 8 mars, les administrateurs de la paroisse Saint-Jean étaient Jean Lefebvre, Jacques Ménage, Mathieu Rouvin, Louis Flambart, trésoriers en charge, Jean Gourdin et Nicolas Maille, anciens trésoriers.

Etienne Cavelier, avocat et procureur au Parlement, ayant épousé Marguerite de Colbosc, alors décédée, donna 3.000 livres au couvent des Ursulines d'Elbeuf, le 11 juin, pour la dot de sa fille, novice dans ce monastère.

Guillaume Boissel, drapier de la paroisse Saint-Jean, prit à fieffe, le 16 du même mois, de Pierre-François de Nollent, chevalier, seigneur de Limbeuf, la seigneurie de la Harangère, mouvant du Bec-Thomas, et devant au suzerain deux journées d'homme, en la compagnie du seigneur du Bec-Thomas, à la porte du château du Vaudreuil, quand le roi y venait.

Le fief du Parc, dont était seigneur Routier du Parc, était situé à Surville, et remontait au XIIe siècle. Le 27 juin de cette année, « damoiselle Marguerite Flavigny, épouse de Routier du Parc, fut marraine d'une fille de Charles Durufley ».

Jean Genu, curé de Caudebec, représentant l'abbé de Saint-Taurin d'Evreux, donna à loyer les dîmes de la bourgeoisie d'Elbeuf dans la paroisse Saint-Jean, sauf la dîme des îles qui appartenait au curé, moyennant 640 livres par an. L'acte est du 30 juin.

Le bailli, sur la demande des bouchers elbeuviens, prit cet arrêté, le 16 juillet :

« Nous avons, du consentement du procureur fiscal, permis à tous bouchers de venir vendre leurs viandes dans cette ville, en se faisant recevoir et en faisant massacrer dans cette ville leurs bœufs, vaches, veaux et moutons, ny de debiter sans estre visitées par les gardes bouchers, affin qu'ils ne vendent aucunes viandes qui ne soient bonnes et loyalles et propres à mettre au corps, et avons fait deffences à tous bouchers d'exposer en vente les viandes qu'ils auroient tuées hors la ville, à peine de confiscation, aux termes de l'édit du Roy de 1704 ; et sera le present lu et affiché, affin que nul n'en ignore... »

Depuis cinq ans, les paroissiens de Saint-Jean préméditaient d'agrandir leur église. En septembre, ils adressèrent la supplique suivante au chef du diocèse :

« A Monseigneur l'Evesque d'Evreux,

« Supplient humblement les habitans de la paroisse de St Jean d'Elbeuf, stipulés par les sieurs Jean Lefevre et Mathieu Rouvin, tresoriers en charge de ladite paroisse.

« Et remontrent à Votre Grandeur que l'eglise paroissialle de St Jean d'Elbeuf est trop pettitte et ne peut contenir les habitans dont une partie reste dans le cimetière dans le temps des grandes messes. Plusieurs de ceux qui ont pu entrer dans l'eglise si trouvent tellement pressés qu'ils n'y peuvent flechir les genoux, même quand on lève l'hostie.

« Ce sont ces raisons qui ont obligé lesdits habitans à faire la deliberation du 19 avril 1720 jointe à la presente, pour agrandir l'eglise jusqu'au droit de la tour, en execution du projet qu'en avoient fait leurs encestres, qui paroit par le pillier du portail joint à la tour, demeuré interrompu, et par les pierres d'attente qui se trouvent au bout de l'eglise.

« Ils ont tâché d'abord d'employer à un ouvrage si necessaire les billets de banque que le tresorier etoit forcé de recevoir pour l'eglise, et dont on ne pouvoit faire aucun remplacement à constitution. Ils ont fait faire les fondements de cette augmentation jusqu'au rais de chaussée, ce qui leur a coûté, avec pour plus de 400 livres de matériaux qui reste à employer, la somme de 1.900 livres.

« Cette somme de 1.900 livres est la seulle que le tresorier lors en charge ait pu employer, dans l'année 1720, à cet edifice, des billets provenant des franchissements qui etoient faits à l'eglise. Les billets avoient de jour en jour moins de credit, et ce ne fut pas un petit ouvrage de convertir en espèces pour 1.900 livres de billets de banque.

« Le surplus des billets de banque provenant des franchissements faits au tresor, qui monte à la somme de 6.660 livres, a été visé et reste aux mains du tresorier en charge de l'année 1720, en attendant la liquidation, outre la somme totale des franchissements, composée de ce qui a été employé aux fondements de l'agrandissement et des billets visées. Il y encore es mains du tresorier de 1720 des recepiscés du receveur des tailles, qui doivent produire en argent pour la part de Saint Jean d'Elbeuf, suivant l'ordonnance de monseigneur l'Intendant de la generalité de Rouen, la somme de 1.000 livres, lorsque la somme avancée par le trésorier sera imposée.

« Les suppliants etoient en etat d'employer encore cette somme de 4.000 livres à la continuation de l'ouvrage commencé, lorsque M. le curé s'est avisé de desapprouver un dessein qui luy avoit plu d'abord, pour la reussite duquel il avait celebré une messe solemnelle du St Esprit. Il a pretendu que cette somme de 4.000 livres devoit être employée au retablissement des fondations, pretextant que c'etoit les billets de banque des franchissements qui auroient eté portés au receveur des tailles.

« On ne sçait par quel moyen ledit sieur curé pouroit justifier sa pretention.

« Par la deliberation du 21 avril 1720, le sieur Maille etoit authorisé d'employer à l'agrandissement de l'eglise les billets de banque qu'il recevoit pour le tresor ; mais, par la même deliberation, il est authorisé de quester. Qui peut dire que ces billets portés à M. Le Cordier, receveur des tailles, ne soient pas des billets provenus de la quête, puisque la declaration fournie au visa porte que ce sont billets provenants des franchissements faits à l'eglise ?

« Mais on passe, pour un moment, audit sieur curé, que les deniers provenants des franchissements ont eté portés en recette pour être convertis en argent, et que ces billets ayant eté remplacés par le public, aux fins d'employer la repartition qui en doit être faitte à l'agrandissement de l'eglise afin qu'elle puisse les contenir. Le sieur curé, à la teste de la confrerie de Notre Dame de Liesse, qui est la seule de tous les fondateurs que ledit sieur curé ait pu ameuter pour plaider contre les tresoriers, poura-t-il pretendre à cette somme au prejudice de la Communauté ?

« Quel privilège a ce particulier fondateur pour employer les billets prevenants d'un franchissement que luy mesme il a fait au payement des dettes de la Communauté ?

« Cette question a dejà été décidée par M. l'Intendant, qui a condamné les habitans de St Jean de recevoir en billets de banque la part contributive des habitants de St Estienne d'Elbeuf de la somme de 5.690 (?) livres, lorsque les billets n'étoient plus de mise et n'avoient aucun cours.

« D'ailleurs, pour etablir qu'aucun des fondateurs [n'avoit] raison de se plaindre il ne faut faire qu'une att... qui est en 1720 on ne remplaçoit à constitution qu'à denier 50 ; plusieurs même ont constitué dans cette année au denier 70 ; 7.800 livres, somme entière des franchissements, ne pouvoit donc produire que 156 livres de rente.

« Voilà cependant ce qu'on a fait dans la paroisse de St Jean, après le deluge des billets de banque. On a fait une ballence des charges auxquelles ce même revenu étoit spécialement affecté. Il s'est trouvé pour tout 91 livres 7 sols de revenu qui reste affecté à toutes les autres parties de rentes. Cependant on a étably une messe de *Requiem*, par chaque semaine, pour tous les fondateurs dont les rentes ont été franchies en billets, ce qui coûte au trésor 257 livres par an ; par conséquent, on fournit sur les questes qui ne sont susceptibles d'hipothèques 165 livres 13 sols qui excède le remplacement, s'il avoit eté permis de le faire à constitution sur particuliers, de la somme de 9 livres 13 sols.

« A ces causes, Monseigneur, plaise à Votre Grandeur authoriser les suppliants à faire continuer l'agrandissement de l'eglise, d'y employer ladite somme de 4.000 livres, les relicats des comptes dus par les anciens tresoriers, et à même temps, approuver la réduction des fondations franchies en billets à une haute·messe par semaine, sauf à augmenter le service pour autant qu'il plaira à Sa Majesté rembourcer des billets presents au visa.

« A ce moyen, les suppliants sont fort assurés que l'ouvrage sera conduit à sa perfection, et que le zele et la liberalité des habitans pour l'eglise augmentera, puisque rien n'engage plus à donner que d'avoir donné, et ils seront obligez de prier Dieu pour Votre Grandeur ». — Suivent les signatures de Lefebvre et de Rouvin.

Avant de répondre à cette requête, l'évêque ordonna qu'elle serait soumise au curé de Saint-Jean pour y contredire.

Le 27 septembre, les habitants de la paroisse Saint-Jean s'assemblèrent au son de la cloche, en état de commun, pour délibérer sur « les fondations et services portées en icelles, desquelles fondations il n'y a eu que celles dont les revenus originairement fournis par les fondateurs subsistent soit en fond soit en... ; les autres, par la force de la nécessité, ayant cessé d'être exécutées, réservé toutes fois que depuis viron... mois, on a célébré pour le repos des âmes des fondateurs dont les rentes ont été franchies en billets de banque, une haute messe par semaine, avec retribution pour M. le curé de 75 livres et de 25 livres pour chacun des habitués, par an.

« Et comme ce qui a été fait ne peut que marquer l'intention des uns et des autres et ne peut avoir force de loy, parce que c'est à Monseigneur l'évêque d'Évreux de faire les réductions des fondations, ont, lesdits habitants, en la présence et du consentement de noble et discréte personne Me Henry Odouard Duhazé, prestre, curé de ladite paroisse, authorisé le sieur Jean Lefebvre, tresorier presentement en charge et autres tresoriers, de demander ladite reduction, sauf à augmenter les services au cas que les billets appartenant au tresor soient payés ». — Suivent les signatures de J. Lefebvre, Rouvin, C. Maille, Flambart, Pollet, Delacroix, J. Grandin, Bourdon, M. Maille et N. Maille.

En octobre, Pierre-Lucas de Fleury, écuyer et gentilhomme de la grande fauconnerie de France, fut reçu par le bailli en qualité de verdier des forêts et chasses du duché d'Elbeuf, charge de laquelle il avait été pourvu par le duc Henri.

Le 19, le duc d'Elbeuf constitua une rente de 5.000 livres sur les moulins du duché, au profit de sa maîtresse la Vollant.

Le duc d'Elbeuf fit, sous couvert de vente, une donation à cette même fille, le 10 novembre, par l'acte suivant, passé devant le notaire du duché :

« Très haut, très puissant et très illustre prince monseigneur Henry de Lorraine..., a vendu, quitté, cédé et abandonné à damoiselle Marie-Joseph Vollant, fille majeure, demeurante en son manoir seigneurial de la Saussaye, c'est assavoir : une grande route avec la lizière de bois estant des deux costés, scize audit lieu de la Saussaye, au bout du friche estant au bout du jardin de ladite damoiselle acquereure et faisant face au jardin, à continuer et finir dans la grande route qui descend sur la coste de Saint Cyr passant au travers de la vente du Nerval et clos Thibault, contenante ladite route et lizière sur toute ladite longueur quarante-cinq pieds de large, savoir vingt-trois pieds de vide dans le milieu et vingt-deux pieds de large de lizière... cette vente faite pour le prix de 1.500 livres payé comptant par ladite damoiselle... »

Voici la description d'Elbeuf faite en 1722, par Le Brasseur : « Elbeuf en latin *Elbovium*, bourg situé sur la rivière de Seine à quatre lieües de Roüen : il est au pied d'une montagne couverte d'un assez grand bois. Ce bourg est riche, peuplé et fort renommé pour les étoffes que l'on y fabrique. On y voit une grande et belle maison pour la manufacture des Draps. Un petit ruisseau qui sort de la côte fait tourner ses moulins, avant que de se rendre dans la Seine... Il y a deux paroisses situées sur deux différents diocèses. La paparoisse de Saint Etienne, le Couvent des Ursulines et la chapelle des Saints Félix et Adaucte sont du diocèse de Rouen, et la paroisse de Saint Jean est du diocèse d'Evreux ».

CHAPITRE XVI
(1723-1725)

Henri de Lorraine *(suite)*. — Fondation de l'Hospice-Hopital actuel. — Plainte contre les ouvriers de la fabrique. — Procès contre le curé de Saint-Jean. — Réduction des salaires ouvriers. — La Vollant s'enrichit. — Donations a L'Hospice-général d'Elbeuf. — Trois fabricants de draps privilégiés.

Vers le commencement de 1723, on afficha le texte d'un jugement rendu par le tribunal d'Elbeuf et confirmé par un arrêt du Parlement, condamnant Vincent Fréret, voiturier par eau, pour avoir refusé de charger les draps de Jacques Doinville. La cour ordonna, en outre à Fréret, « pour éviter les vols qui pourraient être faits de draps, comme il a été fait, d'avoir un registre relié et paraphé, pour l'enregistrement de toutes les marchandises mises dans la voiture ».

Jacques Bourdon, avocat au Parlement et bailli d'Elbeuf, mourut le 9 février à l'âge de 65 ans ; trois jours après, on l'inhuma dans l'église Saint-Jean. — Jacques Pollet, lieutenant du duché, qui avait remplacé le bailli pendant sa maladie, continua ses fonctions pendant plusieurs années, car la vacance du siège se prolongea jusqu'en 1729.

Jacques Deshayes, qui remplissait depuis trente-six ans les fonctions de vicaire à Saint-Jean, mourut le 3 mars, à l'âge de 66 ans ; on l'inhuma le lendemain, dans le chœur de l'église.

Comme on le voit, les inhumations se continuaient encore dans les églises ; cependant Charles Lamy, vicaire de Saint-Etienne, décédé à l'âge de 55 ans, fut inhumé, le 7 mars, dans le cimetière, devant le grand portail, du côté gauche en entrant. Etaient présents à la cérémonie funèbre : Martin Périer, qui lui succéda comme vicaire, et plusieurs autres prêtres.

M. Maille nous donne les renseignements qui suivent sur les débuts de l'Hôpital actuel :

« En 1723, après la chute des deux hopitaux qui l'avaient précédé, un troisième hopital, d'abord particulier à la paroisse Saint-Etienne, puis devenu général, s'est établi sans autre fondation que le dévouement d'une vénérable dame Julie de Lanquetot, veuve de Louis Delarue, et la libéralité des habitants d'Elbeuf, surtout de ceux qui employaient des ouvriers, et qui, mus de compassion et de charité à leur égard, connaissant toute la nécessité de les secourir dans leurs souffrances, commencèrent en 1723, et terminèrent en 1725, les bâtiments à leur usage pour les cas de maladie.

« Ces bâtiments continrent d'abord douze lits, portés en 1727 à vingt-deux ; nombre encore insuffisant ; malheureusement la pauvreté de l'hospice ne permettait pas alors de l'augmenter.

« C'est en 1727 que, pour suppléer à la pénurie de l'hospice, il fut convenu de recourir à une quête publique faite, chaque mois, par chaque administrateur dans sa paroisse. Cet administrateur fut, dans la suite, remplacé par un ecclésiastique.

« Sans le produit de cette quête, qui formait presque la moitié du revenu de l'hôtel-Dieu, il n'aurait jamais pu remplir son but, couvrir ses frais, à moins de rendre ses secours presque insignifiants.

« On était encore venu à son aide par d'autres quêtes qu'aux fêtes du Saint-Sacrement faisaient, par toute la ville, des enfants choisis et invités à cet effet par l'ordonnateur en chef ».

L'hôpital-hospice étant une des plus belles fondations philanthropiques de notre ville, nous avons recueilli tous les documents s'y rattachant que nous avons rencontrés, bien que quelques-uns fassent parfois double emploi, au moins en certaines de leurs parties. Nous reproduisons ici un historique de cet asile, conservé aux Archives départementales, portant la date de 1787 :

« Hopital general d'Elbeuf pour les malades

« Avant cet etablissement, il y avoit à Elbeuf un hopital ou maison Dieu, qui, à en juger par la date des anciennes rentes, subsistoit depuis au moins 300 ans, destiné à loger les pauvres passans ; il etoit situé dans la grande rue Saint-Etienne, depuis le bâtiment du sieur Beranger, prestre, jusqu'à l'entrée de la rue Meleuse, avec autres bâtiments et jardins sur le derrière, et il a subsisté en cet etat jusqu'à l'echange fait avec les dames Ursulines de ce lieu, en avril 1657, pour les bâtiments nommés aujourd'huy (1787) l'ancien hopital sis à la rue Meleuse servir au même usage pendant quelque temps.

« Mais comme il y avait longtemps que l'on s'apercevoit de la mauvaise conduite de ces passants, dont la plupart etoient des coureurs de profession, et sujet à plus d'une sorte de déboire, on prit le parti de leur fermer cet asile et de donner à loger les bâtimens pour employer le revenu, conjointement avec les autres revenus dudit hopital, au soulagement des pauvres des deux paroisses.

« Les choses restèrent en cet estat lorsqu'en 1721, on forma sur la paroisse de Saint-Étienne le projet d'un etablissement plus utile pour le soulagement des pauvres malades de la paroisse. En consequence la dame veuve du sieur Louis Delarue, par acte du 24 octobre 1721, du consentement de Monseigneur le duc d'Elbeuf, retroceda pour cet etablissement le fonds qu'elle avait pris à fieffe du sieur marquis de Pierrecourt, et les plus notables et les plus zelés paroissiens ayant promis de concourir à cette bonne œuvre, M. Charles Lamy, vicaire de Saint-Etienne et econome de l'ancien hopital, commenca en 1722 la première salle et le vestibule du batiment neuf; mais sa mort, arrivée au commencement de 1723, suspendit cet ouvrage.

« Le 5 avril suivant, Mᵉ J. B. Beranger, prestre sacriste de Saint Estienne fut nommé administrateur par laditte paroisse, dans une assemblée generale, convoquée par ordre de

Son Altesse Monseigneur le duc d'Elbeuf, pour la reunion des deux paroisses à l'hopital commencé. Mais cette reunion n'eut pas lieu pour certaine raison qui engagea le prince à la faire rompre. Elle ne fut renouée que quatre ans après par une assemblée de 1727.

« En 1724, ledit sieur Beranger, prestre, aidé des aumônes des zelés paroissiens qui avoient contribué au commencement de l'entreprise, fit achever la salle et vestibule commencés. Dès lors, les malades y furent reçus, et un autel et un tabernacle placés dans le vestibule.

« En 1725, ledit sieur Beranger, prestre, acquit une portion de jardin d'heritage du sieur Hermerout, pour former le jardin dudit hopital. En la même année, ledit sieur Beranger, toujours avec les mêmes secours, fît bâtir la deuxième salle, avec la cave dessous. Le prince en posa la première pierre.

« La dame Delarue qui, dans la retrocession qu'elle avoit faite, s'etoit reservée le seul bâtiment se trouvant sur le fonds pour son logement, à la charge de payer la rente de 55 livres, voyant qu'elle avoit peine à suffire au soin des malades, avoit sollicité la dame veuve Le Roy de s'associer avec elle à cette fin ; mais comme il n'y avoit pas assez de logement, elle lui offrit un cabinet de fond en comble à costé de son escalier, si la dame vouloit y faire un elargissement pour s'y loger.

« L'offre fut acceptée, laditte dame Le Roy y vint demeurer ; mais la bonne intelligence n'ayant pas duré entre elles, la dame Delarue se dechargea entierement du soin des malades sur laditte dame Le Roy, qui s'en acquitta jusqu'à 1727, que le desagrement qu'elle y ressentit lui fit prendre le party de se retirer, moyennant une somme de 800 livres qui lui fut payée par M. Delacroix, en dedommagement de la depense qu'elle avoit faite pour son logement.

« Alors la dame Delarue reprit le soin des malades et le quitta encore dix-huit mois après. A cette époque, le sieur Pierre Delacroix etoit administrateur-receveur, nommé par la paroisse Saint Jean dans l'assemblée de 1727 ; la dame Delarue lui ayant protesté de ses infirmités, ledit sieur traita avec une demoiselle Manoury, de Rouen, qui mourut au bout de deux mois.

« La demoiselle Lecour, qu'elle avoit amenée avec elle, resta seule, et alors la dame Delarue reprit une troisième fois le soin des malades, conjointement avec elle, et il n'y eut rien de bien fixé à cet egard jusqu'à ce que la dame Delarue, demeurée paralysée, les sieurs Dupont et Thomas Berenger, administrateurs en 1739, jettèrent les yeux sur Mlle Elisabeth Flavigny, qui voulut bien se consacrer à cette bonne œuvre, qu'elle a exercée avec applaudissement general jusqu'au 7 juillet 1764 jour de son décès. Elle fut recommandable par son desinteressement et par sa charité envers les pauvres, auxquels elle a laissé par testament tous ses meubles... »

Nous reprendrons plus tard l'intéressant historique de notre hospice municipal, et si nous avons empiété sur l'avenir, c'est que nous n'avons pas voulu tronquer la note que l'on vient de lire, dont l'auteur fut M. Jean-Baptiste Grandin, administrateur de l'hospice en 1785-1786.

Malgré les engagements pris par chacun des

manufacturiers d'Elbeuf, quelques années auparavant, certains attiraient chez eux les ouvriers des autres par des prix plus élevés et des gratifications. D'autres pour se gagner des fileuses et des maîtres fileurs favorisaient l'emploi d'hasples plus courts ou de plus petit compte ; ce qui, suivant le procès-verbal d'une séance tenue le 1er mars 1723, « rend l'ouvrier d'une arrogance si insupportable que les maistres qui voudroient continuer la perfection de leur manufacture, sont contraints aujourd'huy à les laisser travailler à leur fantaisie, dans crainte de les perdre et de s'en voir dépourvus, ce qui cause un derangement considerable dans laditte manufacture et amenera infailliblement son entière destruction ».

Les fabricants demandèrent au Conseil du roi d'autoriser l'ordonnance de M. de Richebourg, alors intendant, en date du 25 juin 1712, qui défendait à tout ouvrier de quitter son maître sans cause légitime ou jugée telle par les gardes en charge et les anciens, et défendait aussi aux maîtres de recevoir de nouveaux ouvriers sans un billet de congé en bonne forme, sous peine de 100 livres d'amende contre le patron et de 10 livres contre l'ouvrier.

Les manufacturiers réclamèrent aussi que le prix des divers ouvrages fussent fixés par un règlement, afin que le maître ne pût payer au-delà sans encourir une amende, et que ces prix pussent être augmentés ou diminués, suivant le besoin, par les gardes en charge et anciens, en présence de l'inspecteur des manufactures.

Ils demandèrent encore que les fileuses et les maîtres fileurs hasplassent leurs fils en cinq quarts et missent à chaque « penot de trème dix sons, qui font 600 tours de hasple, et à l'etain onze sons, tel qu'il a eté etabli à l'origine de la manufacture »,

Ils voulaient également que le maître fut tenu de mesurer et compter chaque paquet de fil en le recevant, pour être, en cas de contravention, porté au bureau, où la fileuse ou le fileur serait condamné à 10 livres d'amende.

Enfin, les fabricants de draps demandaient qu'il fut défendu à toutes personnes de tisser ou faire fabriquer « des siamoises et petittes toilles de coton dans ladite ville d'Elbeuf et à une lieue aux environs, sous peine d'amende, cette manufacture ayant commencé depuis deux ans et pouvant, dans l'avenir, être préjudiciable à la nôtre ».

Le 12 avril 1723, le roi fit insérer dans le Recueil des règlements généraux concernant les manufactures, un nouvel arrêt, défendant « à tous fabriquans d'Elbeuf, Dernetal, Louviers et Orival, de recevoir chez eux les ouvriers des autres maîtres, à peine de cent livres d'amende, et aux ouvriers de quitter leurs maîtres pour aller travailler chez les autres maîtres, à peine de trente livres d'amende ».

Nous avons déjà donné l'opinion de Piganiol de la Force sur l'industrie de notre contrée ; voici celle de Savary des Bruslons, que nous trouvons dans son dictionnaire, publié en 1723 :

« Les métiers pour la fabrique des draps de toutes façons et autres étoffes de laine qui se font soit à Rouen même, soit à Elbeuf, Darnétal, Saint-Aubin, Aumale, Bolbec, Louviers, la Bouille, Gournay, Glatigny, etc., sont au nombre de plus de douze cents, dont la seule manufacture d'Elbeuf, qui n'y a été établie qu'en 1667, en fait travailler trois cents.

« On a fait à Rouen des draps façon d'Elbeuf, de Sedan et d'Angleterre, d'une aune de large; on y fait aussi des droguets blancs appelés espagnolettes, des droguets de couleur de demi-aune de large, des ratines, des baracans et des berluches.

« On a dit combien la seule fabrique d'Elbeuf occupait de métiers; ses produits sont des draps blancs, d'une aune et de cinq quarts de large, pour manteaux de campagne, jusqu'en 1669, plus des draps façon de Hollande et d'Angleterre et autres draps fins ordinaires.

« La manufacture de Louviers est presque semblable à celle d'Elbeuf; il n'y existe peut-être de différence que pour la qualité.

« Ce sont des entrepreneurs d'Elbeuf, les sieurs Jean Maille et ses associés, André et Thomas Lemonnier, qui ont perfectionné la draperie de Louviers, au moyen d'un privilège obtenu en 1681.

« Dans la manufacture d'Orival, ce ne sont que draps façon d'Elbeuf, et, dans celles de Pont-de l'Arche et Louviers, que des draps façon de Hollande et d'Angleterre... »

Le 13 mai, Elisabel du Rideau abjura le protestantisme, en l'église Saint-Etienne, devant le P. Blaise, de la Compagnie de Jésus, le curé Ledoulx et Joseph Duval, prêtre habitué à Saint-Jean.

Le 28, don Richard Bridet, procureur et religieux de l'abbaye du Bec-Hellouin, vint à Elbeuf, où il bailla à ferme à Michel Courtois, curé de Thuit-Anger, le tiers des grosses dîmes de cette paroisse, moyennant 160 livres par an.

Le 22 juin, la cour des Comptes, Aides et Finances de Normandie enregistra les lettres patentes données par le roi, en 1708, concernant le tarif d'Elbeuf.

Nous y trouvons que les habitants avaient décidé que la demande des curés des deux paroisses tendant à les exempter, eux et les autres ecclésiastiques du bourg, serait agréée, et aussi que le curé de Saint-Etienne aurait la franchise pour ses dîmes, s'il les faisait personnellement valoir. Les religieuses Ursulines, celles de la Providence et de l'Hospice, furent également exemptes des droits d'entrée.

Depuis le commencement de l'année, Michel Dorival était jaugeur public à Elbeuf.

Vers cette époque, un sieur Flavigny était vicaire à Saint-Herbland, de Rouen. Trois ans plus tard, un Pierre Flavigny était trésorier de la même paroisse ; celui-ci mourut en 1729 ou 1730. Ces Flavigny descendaient probablement du brodeur qui avait quitté notre ville pour aller s'établir à Rouen.

En cette année, Guillaume Dauphin, prêtre chanoine de la Saussaye, aumônier du duc d'Elbeuf, obtint un monitoire ecclésiastique contre les auteurs de l'assassinat commis sur la personne de Louis Dauphin, son neveu.

Au 9 octobre, Jacques-Michel Bourdon était échevin, et François Rouvin, prévôt, de la charité de Saint-Jean.

Le 16, mourut Nicolas Pollet, premier huissier à la Cour des Aides, Comptes et Finances de Normandie, à l'âge de 67 ans ; il fut inhumé à Saint-Etienne.

Louis-François Cabut, avocat au Parlement, demeurant à Elbeuf, fils de Gaspard Cabut, également avocat à la Cour et bailli de Mauny, se maria en l'église Saint-Jean, le 4 novembre.

Me Odouard du Hazé, curé de Saint-Jean, avait à plusieurs reprises insulté publiquement Nicolas Maille, maître tapissier et ancien trésorier de la paroisse, notamment en mars 1722. Il avait dit « que Maille retenoit entre ses mains une somme de 4.000 livres appartenant au trésor, qu'il en faisoit ses affaires aux despens de l'eglise et qu'il le feroit passer pour ce qu'il etoit en le montrant au doigt ». Par suite, un premier procès s'était élevé entre Maille et le curé, mais il avait pris fin, à l'amiable, par l'entremise de Me Maille, avocat du curé.

Le prêtre conservait cependant un ressentiment contre Nicolas Maille, et ne cessait de publier par la parole que l'ancien trésorier conservait 4.000 livres de deniers du trésor ; il tint même ces propos devant un grand nombre de paroissiens, assemblés à l'église à l'occasion d'une visite de l'archidiacre, en ajoutant qu'il prouverait son dire et en qualifiant Nicolas Maille de fripon.

Cette fois, l'ancien trésorier assigna le curé devant la justice d'Elbeuf et lui demanda 10.000 liv. de dommages-intérêts, qu'il se proposait de verser immédiatement au trésor paroissial pour l'agrandissement de l'église ; il demandait, en outre, que le jugement fut lu et affiché partout.

Le 21 janvier 1724, Me Charles Duruflé plaida pour Maille, et Me Jean Maigret pour le curé. — C'est tout ce que nous avons pu recueillir sur cette affaire, qui certainement dut piquer la curiosité des Elbeuviens.

Le duc d'Elbeuf s'était employé à faire exempter le bourg des charges municipales, s'élevant pour chaque année, à « saize cents et tant de livres ». Pour le remercier, la chambre de la Manufacture décida, le 1er avril, « d'offrir à Son Altesse un présent », se composant d'une somme de 2.000 livres, qu'avancèrent Thomas Béranger et Louis Flavigny, anciens gardes. — On sait que le prince Henri ne faisait rien pour rien, même pour les habitants de son bourg d'Elbeuf.

L'intendant de la généralité écrivit au bailli d'Elbeuf, le 11 avril, que le salaire des ouvriers serait ainsi fixé pour l'avenir :

Les tisserands payés ci-devant 12 sols de la livre de trame, ne recevraient plus que 10 sols pour la même longueur ;

Les fileurs d'étain (en chaîne), au lieu de 15 sols, ne recevraient plus que 10 sols ;

Les fileurs de trame, au lieu de 12 sols, 8 sols seulement ;

Les cardeurs étaient réduits de 5 sols à 4 sols ;

Les tondeurs de 13 sols à 10 sols ;

Les laineurs et autres ouvriers à la journée virent leur salaire réduit dans les mêmes proportions.

Enfin, le prix du drap lui-même fut baissé et les manufacturiers durent réduire du cinquième le prix de 23 livres l'aune auquel ils vendaient leurs étoffes précédemment.

Les fabricants observèrent que par le nouveau tarif de la main d'œuvre, il n'y avait que les ouvriers fileurs de diminués au tiers, « attendu que les fileurs ont esté augmentés d'une manière exorbitante par rapport aux cotons, qui ont fait un tort considerable à notre manufacture ».

Quant à ce qui concernait la réduction du prix des draps, ils dirent : « Il convient aller aux principes qui sont la base de cette manufacture, pour operer la diminution du prix des draps, qui sont les laines, les huiles, les savons, les ingrediens de la teinture et les charbons de terre ; pour quoy les manufacturiers de cette draperie consentent diminuer les draps à proportion des matières et des diminutions des prix de leurs ouvriers ».

Le 24 du même mois, en réponse à une lettre que leur avait adressée l'intendant, les fabricants d'Elbeuf écrivirent :

« En 1718, de janvier à may, nos laynes segoviennes se vendoient couramment 48 sols et nos draps 12 livres 10 sols. En 1723, avant la diminution sur les prix du mois de juillet, nos laynes etoient à 4 livres 10 sols et nos draps à 22 livres 10 sols. En 1724, avant le 11 février, nos laynes etoient à 5 livres 5 sols et nos draps à 23 livres 10 sols,

« Depuis le 11 février, nos laynes sont à 4 livres 15 sols et nos draps à 22 livres. Aujourd'huy, nos marchands de layne nous la proposent à 4 livres, et nous nous proposons de vendre nos draps 18 livres, prix qui est au-dessous de celui de 1718, dans laquelle année la layne se vendoit 48 sols et le drap 12 livres 10 sols. Les autres matières qui entrent dans les draps suivent le prix de la laine ».

Le 13 mai, les manufacturiers d'Elbeuf furent avertis par M. de Gasville, intendant, qu'il serait informé contre les personnes qui répandraient le bruit « de nouvelles diminutions d'espèces ». Ils furent, en même temps, invités à se rassurer sur la crainte de ces diminutions.

Le 6 juillet, Jean Dubuc, prêtre habitué à Saint-Jean, fit une assez importante donation à l'Hôtel-Dieu d'Elbeuf, représenté par Pierre Dugard, aussi prêtre habitué à Saint-Jean, Jean-Baptiste Béranger, prêtre habitué à Saint Etienne et économe de l'hôpital, Jacques Pollet, lieutenant du duché, Alexandre Flavigny, procureur fiscal, Jacques Pollet et Louis Lamy, bourgeois d'Elbeuf, tous deux administrateurs de l'établissement hospitalier.

La donation consista en une maison sise paroisse Saint-Jean, plus 40 livres de rente ; à charge toutefois par l'Hôpital de payer au trésor de Saint-Jean une rente annuelle de 20 livres pour une fondation de prières au profit du donateur, lequel, en outre, se réservait l'usufruit de la maison jusqu'à sa mort.

Cette donation fut attaquée en nullité par un des héritiers du testateur ; mais le bailli d'Elbeuf, par sentence du 7 août 1759, la rendit exécutoire.

En août 1724, les fabricants se réunirent à propos d'un avis que le Roi envoyait dans notre province des troupes pour y tenir garnison, et prirent cette délibération :

« Considerant le prejudice que causeroit dans cette fabrique le logement de gens de guerre, qui ne feroient qu'augmenter la misère qui n'y est déjà que trop grande, nous decidons qu'il sera remis es mains des sieurs Pierre Bourdon et Jacques Beranger une somme de 2.000 livres, payées par tous les maistres de la manufacture, qui sera employée à faire exempter toute la fabrique du logement des gens de guerre pour le restant de cette année et la suivante ».

H. Lecler, l'un des principaux fabricants de

draps, avait fait de mauvaises affaires ; mais, revenu en meilleure situation, il avait complètement désintéressé ses créanciers, aussi les juges consuls de Rouen l'avaient-ils réhabilité, le 31 octobre 1721. Cependant, malgré la loyauté de Lecler, le corps des manufacturiers d'Elbeuf ne voulait pas le réadmettre dans son sein. Il s'adressa donc au bailli pour obtenir justice. Sa demande fut agréée, par sentence rendue au bailliage d'Elbeuf, le 28 août.

A la requête de Louis Duval, prêtre habitué à Saint-Jean et tenant une école, le bailli condamna un ouvrier drapier à 15 sols d'amende envers le duc d'Elbeuf et à 20 livres de dommages-intérêts envers le prêtre, pour avoir dit que celui-ci était ignorant et incapable d'instruire les enfants.

Par une transaction passée devant Mᵉ Caillet, notaire à Paris, le 24 février 1725, « les creanciers consentirent que le duché d'Elbeuf et les 700.000 livres prix d'iceluy restassent deffinitivement à Henry de Lorraine et ses frères et sœurs pour les remplir de tous leurs devoirs et creances... »

Au 21 avril, Thomas Picot et Jacques-Michel Bourdon étaient échevin et prévôt de la charité de Saint-Jean.

Le 30 juin, la dîme des Ecameaux, appartenant à la Commanderie de Sainte-Vaubourg, fut donnée à loyer, par acte passé à Elbeuf, moyennant 145 livres par an.

D'un « arrest portant nouveau reglement pour la fabrique des draps et autres etoffes dans la ville de Rouen, et pour la police de cette manufacture, tant par rapport aux maistres qu'aux ouvriers », daté du 8 juillet 1725, nous extrayons ce qui suit :

« ... Permet Sa Majesté aux maistres de teindre, si bon leur semble, en toute couleurs, ainsi que font les fabriquans de Dernetal, Elbeuf, Louviers et Orival, leurs laines avec bons ingrediens du grand et petit teint, pour la fabrique de leurs draps et autres étoffes : à la reserve neantmoins du bleu. Pourront aussi teindre les draps de leur fabrique en noir, après avoir esté mis en bleu par les teinturiers du bon teint ; et seront garans des mauvaises teintures, tant pour les laines que pour les draps qu'ils auront teints ».

Un édit royal du mois de juin 1725 créa des offices de receveurs et contrôleurs de biens patrimoniaux. Elbeuf fut compris dans cette création. Les habitants protestèrent et se défendirent pendant des années, mais ils finirent par succomber en 1752, ainsi que nous le verrons plus tard.

Nous noterons pour mémoire un arrêt du Conseil d'état, du 8 juillet, portant règlement pour la fabrique des draps et autres étoffes à Rouen, et pour la police de cette manufacture en ce qui concernait les maîtres et les ouvriers. M. Parfait Maille a publié cet arrêt. (Tome II, p. 144 et suiv.)

A partir du 13 de ce mois, un Elbeuvien, Guillaume Boissel, conseiller du roi, receveur des tailles à Montivilliers, seigneur de la Harengère, obtint plusieurs jugements du tribunal de notre duché, contre un grand nombre de ses vassaux « faute d'hommages, adveux, rentes non payées, etc. ». Quelques mois après, il fit saisir leurs immeubles, sis à la Harengère, à Mandeville et à Criquebeuf.

Le 3 septembre, le duc d'Elbeuf abandonna

« à Marie-Joseph Vollant, dame patronne de Saint-Martin la Corneille, demeurante au manoir seigneurial de la Saussaye, c'est à sçavoir :

« Huit cents arpents de bois taillis en six ventes faisant partye des bois d'Elbeuf appelés la forest des Monts le Comte ; la première desdites ventes appelée le Nerval, la seconde le Clos Thibault, la troisième la Marre Gros Haistre, la quatrième la Marre Gros Chesne, la cinquième la Carrière Pesselot et la sixième la vente du Haistre Saint Nicolas au Gros Haistre.

« Lesquelles ventes, pour le Nerval, Clos Thibault et Mare Gros Haistre et Haistre Saint Nicolas se bornent d'un costé le chemin de la vallée de la Saussaye, d'autre costé la vallée de Saint Cir, d'un bout la grande route et d'autre bout les champs de Villeneuve, les bois des Chanoines de la Saussaye, les Pelouses de la Saussaye, les Vingt Acres et ladite damoiselle acquereur.

« Et pour les ventes de la Marre Gros Chesne et Carrière Pesselot se bornent d'un costé la vente du Val Alleaume au Val Osmont, d'autre costé la vallée de Saint Cir, d'un bout la vente de la Carte et d'autre bout la grande route...

« Cette vente faite moyennant le prix et somme de 100.000 livres faisant le principal, et dont ladite damoiselle tient quitte mondit seigneur d'Elbeuf de 5.000 livres de rente hipothecque que ladite damoiselle acquereur a à prendre sur les moulins d'Elbeuf et constitués au profit de ladite damoiselle Vollant par contrat passé à Rouen, devant Coignard et son confrère, notaires, le 19 octobre 1722».

Lecture de cet acte de vente fut donnée devant

le portail des églises de Saint-Martin-la-Corneille et de Caudebec, à l'issue des messes paroissiales, les 5 et 19 octobre suivant.

Une nouvelle donation fut faite, le 10 septembre, à l'Hôtel-Dieu de notre bourg, par Julie de Lanquetot, veuve de Louis Delarue ; elle consista : 1° en une maison de la paroisse Saint-Etienne, bornée d'un côté par Louis Leroy, d'autre côté par « la rue de la Teste de Mouton allant au vivier » et des deux bouts Marguerite Duval, veuve Baille ; 2° une autre maison en la paroisse Saint-Jean, rue de la Barrière ».

« Messire Maximillien de Canilliac de Beaufort de Mont Boissier, prestre, docteur en Sorbonne, demeurant à Paris, rue de Condé », se trouvant à Elbeuf le 16 septembre, bailla à ferme pour six ans, à Charles Mariquier, tondeur drapier, « le revenu temporel de la chapelle de Sainte Marguerite les Elbeuf et les terres en dependant », sous diverses charges, notamment celles de payer 22 livres 10 sols pour le service de la chapelle, d'entretenir les vitres de cette chapelle et payer 70 livres de ferme par an. — Signé : « L'ABBÉ DE CANILLAC ».

Par un édit rendu au mois de juin précédent, Louis XV, « en consideration de son mariage », avait rendu un édit créant six maîtres de chaque métier à Paris, quatre dans chacune des villes ayant cour supérieure, trois dans celles où il y avait présidial, bailliage ou sénéchaussée, et deux dans les autres villes. Pour obtenir une de ces maîtrises privilégiées, il fallait payer au roi une certaine somme.

Ce fut ainsi que Jean Lecomte père versa 1.500 livres, le 25 novembre, « pour la finance principale de l'une des trois maistrises de draperies, créées par edit de juin 1725, pour estre establies en la ville d'Elbeuf pour, par l'acquereur, y estre receu et installé, en jouir avec tels et semblables droits, franchises, libertés et privilèges dont jouissent les autres maistres jurez dudit mestier, sans aucune difference ny destinction et sans qu'il soit tenu de faire aucun chef d'œuvre ny experience, ny subir aucun examen, payer banquets, droit de confrairie et de boüette, ny aucuns droits que lesdits jurez de chaque maistrise ont accoustumé de prendre et de faire payer à ceux qui veulent estre receus maistres, dont il demeure dispensé. Avec inhibitions et deffences à tous baillys, seneschaux et autres sièges et aux maistres jurez desdits arts et mestiers de recevoir ni admettre aucun compagnon, soit apprentif ou fils de maistre, par chef d'œuvre ou autrement, qu'au prealable cesdites lettres n'ayent esté remplies, et les pourveus d'icelles receus et mis en possession, sous peine de 200 livres d'amende. Avec permission de mettre et tenir sur les rues et en tels lieux et endroits que bon luy semblera, estaux, ouvroirs et boutiques garnies d'outils et autres choses necessaires pour l'usage et exercice de ladite maistrise, de mesme manière que les autres maistres ayant fait chef d'œuvre et experiences, estre appelés à toutes les assemblées et visittes, pouvoir estre nommé et fait garde desdits mestiers et en jouir par ledit Lecomte père, sa veuve et ses enfants après son deceds... A Paris, ce 25e novembre 1725 ».

Le mardi 4 décembre, en la haute justice d'Elbeuf, on mit en délibération « le procéds extraordinairement commencé faire, à la requeste du procureur fiscal, datée du 28 novembre dernier, contre la memoire de François Bouteiller, vivant tabellion à Couronne pour le siège de Moullineaux, branche de cette haute justice, accusé de s'estre pendu et estranglé dans son grenier ». — Nous n'avons pas trouvé le texte du jugement rendu sur cette affaire.

Henri de Lorraine étant à Elbeuf, le 20 décembre, signa une convention avec Michel de Beaumer, écuyer, sieur de Chantelou, conseiller à la cour des comptes de Normandie, représenté par Pierre-Augustin Durand, écuyer, seigneur de Missy, conseiller au Parlement.

En 1725, Charles-Joseph Huismes, cordelier de Rouen, aumônier du duc d'Elbeuf, fut relevé de ses vœux et abandonna la prêtrise.

Le trésor paroissial de Saint-Jean acheta, cette année-là, « un soleil pesant 22 marcs, qui coûta 2.500 livres ».

CHAPITRE XVII
(1726-1727)

Henri de Lorraine *(suite)*. — Autour de l'église Saint-Jean.—Le prieuré de Saint Gilles. — Affaire de la Manufacture ; plaintes contre les ouvriers tisserands. — Une colossale fumisterie ; le chevalier de Saint-Hubert, faiseur de miracles. — Abandon des bienvenues en faveur de l'hôpital.

Le 7 janvier 1726, le duc Henri de Lorraine se trouvant à Elbeuf, vendit à Alexandre Martorey, des terres sises à Damneville, pour le prix total de 12.500 livres payées comptant. Martorey signait à la manière des nobles, en longs caractères, plus grands même que ceux de la signature de son seigneur vendeur, dont il avait été précédemment le receveur.

Le 25 mars, Jean Girardin, receveur du duc d'Elbeuf, demeurant paroisse Saint-Jean, bailla à loyer pour six ans à Jean Cauchoix, maçon de Caudebec, « le fourneau à chaux appartenant à Monseigneur, à charge de refaire ledit fourneau à neuf et de fournir les materaux necessaires, parce que mondit seigneur luy fournira seulement de voiture pour aller chercher la brique ou thuile au fourneau du Thuissignol... et en outre moyennant 80 livres par an ».

Le 9 avril, étant à son château de la Saussaye, et par acte passé devant Me Levalleux, notaire du duché, Henri de Lorraine vendit à Etienne Patallier, de la paroisse Saint-Jean d'Elbeuf, « une chambre basse, vulgairement appelée la Chambre à chair, bornée d'un côté et d'un bout le cimetière Saint-Jean, d'autre côté une allée commune et d'autre bout la rue Saint Jean ». — Patallier n'achetait que le rez-de-chaussée ; le premier étage, appartenant au trésor de la fabrique, et le grenier étaient occupés par un ecclésiastique de la paroisse.

A la Révolution, l'étage et le grenier furent saisis sur le trésor paroissial et déclarés biens nationaux. Laurent Patallier, héritier d'Etienne, qui possédait le bas de cet immeuble, se rendit acquéreur du reste le 5 frimaire an V.

En 1834, cette maison, appartenant alors à Mlle Catherine-Renée Patallier, avait des jours et une porte sur l'ancien cimetière et était soutenue par deux arcs-boutants appuyés contre l'église, pour empêcher sa chute, car elle avait perdu son aplomb.

Le famille Patallier était aussi propriétaire d'une portion de terrain, rue Saint-Jean, cour de la Plâtrerie, qui avait fait partie du cimetière, vendu comme bien national.

En 1834, M. Patallier déclara que son père n'avait fait usage de ce terrain que pour y déposer des charbons et plâtres et que la servitude qu'il possédait sur l'ancien cimetière serait supprimée de droit s'il en changeait la destination. Le passage allait de la rue Saint-Jean à ce terrain du côté Nord de l'église, car le propriétaire s'engageait à conserver en bon état « le passage en ciment étant auprès de la chapelle des Fonts ». L'entrée de la cour de la Plâtrerie se trouvait donc entre l'église et la cour Potteau ; cette entrée était fermée par la porte principale de l'ancien cimetière.

Le 13 avril 1726, Flavigny, procureur fiscal, remontra à Jacques Pollet, avocat, lieutenant général du duché et comme tel faisant fonctions de bailli, que les chanoines de la Saussaye possédaient des bois « dont ils usoient comme ils l'entendoient et sans mesures ny bornes » ; et comme, par une ordonnance, il était défendu aux ecclésiastiques et gens de main-morte d'user leur bois à moins de dix années d'âge, Flavigny requit que défense fut faite aux chanoines de couper les leurs à plus court temps, et que les membres du tribunal se rendissent à la Saussaye afin de procéder à l'arpentage de ces bois, pour ensuite en autoriser la coupe annuelle par dixièmes.

Le surlendemain 15, Pollet et Flavigny se transportèrent à la collégiale, avec Thomas Siot, arpenteur. Les chanoines déclarèrent se soumettre à l'ordonnance; ils commirent Routier et Faussabry, d'eux d'entre eux, pour assister au procès-verbal d'arpentage des bois du chapitre, bornés d'un côté les Pelouses de la Saussaye, d'autre côté les bois d'Elbeuf, d'un bout la vallée et d'autre bout les bois de la seigneurie de Saint-Martin-la-Corneille et les Vingt-Acres ; leur contenance était de 40 arpents 35 perches.

Au 5 mai, Jean Bénard de Granville, ancien gendarme, chevau-léger de la brigade de Berry, est cité comme seul fils et héritier de Jean Bénard de Granville, auquel le roi avait donné les biens du fabricant Lemonnier, émigré pour cause de religion.

Une obligation de cette époque mentionne le triège des Fontenelles, en la paroisse Saint-Jean, borné d'un côté par la forêt d'Elbeuf et d'un bout par la sente du Vallot.

Par acte passé à Elbeuf, le 4 juin, devant M° Jean-Baptiste Capplet, notaire, « R. P. Estienne Rossignol, prêtre, religieux de la Compagnie de Jésus, recteur du noviciat de Rouen », bailla à loyer à Jean Hédouin, de Cléon, « le fief, terres et seigneurie du prieurey de Saint Gilles, parroisse de Saint Aubin, consistant en... Les amendes qui seront jugées sur les vassaux faute de comparence aux plaids et gages pleiges, seront employées pour moityé à la decoration de la chapelle dudit prieurey et l'autre moityé au proffit dudit preneur, lequel aura à son proffit le droit de deux francs batteaux à pescher poisson sur la rivière de Saint Ouen (partie de la Seine en aval du Gravier d'Orival, appartenant à l'abbaye de Saint-Ouen de Rouen)... Ledit preneur sera tenu de cultiver et entretenir les vignes de hautes branches et à pied comme les voisinnes et de fournir le nombre de pourvins qu'il faudra jusqu'à la concurrence de trois à quatre cens et tout et autant d'echalards qu'il conviendra...; tiendra le colombier bien peuplé de pigeons... ; sera en outre tenu de conserver les cuves et pressoir et de les nettoyer sitost que les vendanges et pillages seront finis chaque année, et de fournir un grand batteau couvert, à Rouen, deux ou trois jours avant la feste de Saint Gilles, selon qu'il en

ANCIEN PRIEURÉ DE SAINT-GILLES, A SAINT-AUBIN-J.-B.
(Etat actuel)

sera averti, pour porter ledit sieur bailleur ou autre compagnie, pour solemniser ladite feste, aux frais dudit preneur, lequel sera obligé de fournir audit noviciat, à Rouen, tous les ans, trois douzaines de pigeons, ensemble un bareau (baril) de vergus de grain nouveau, aussy tous les ans, contenant soixante pots... plus six boisseaux de sarazin..., etc. Ce present bail fait moyennant 900 livres de ferme par an... »

En mars, procès-verbal avait été dressé contre Nicolas Flavigny, Jacques Leroy, François Quesné et Jean Delarue, à la requête de « Martin Girard, fermier des droits de la moitié des deniers des octroys destinés pour rembourser les gages des officiers municipaux », pour n'avoir point déclaré plusieurs balles de laine qu'ils avaient achetées. Girard prétendait prélever 15 sols par chaque balle, et avait assigné les manufacturiers devant l'intendant pour s'entendre condamner à la confiscation de ces laines.

La corporation se réunit le 14 du même mois. Flavigny et consorts représentèrent à leurs confrères que les droits demandés étaient destinés, par l'arrêt du Conseil, à rembourser les officiers municipaux ; qu'il n'y avait jamais eu d'officiers municipaux à Elbeuf, qui n'était point ville, mais simple bourg ; que c'était sans doute par inadvertance que, dans l'arrêt du Conseil du 24 juillet 1725, Elbeuf avait été compris pour payer ces droits, tandis que Darnétal et Bolbec, qui étaient des bourgs aussi considérables qu'Elbeuf et où il y avait des manufacturiers en plus grand nombre, n'y étaient point compris, parce qu'ils n'avaient pas eu d'officiers municipaux,

Flavigny et joints furent autorisés par la Communauté à présenter une requête en son nom à l'intendant, afin d'être déchargés, ou qu'il plût à l'intendant de renvoyer les parties devant le Conseil d'Etat. Les gardes en charge furent également autorisés à faire toutes suites et frais nécessaires pour les intérêts de la corporation.

Néanmoins et malgré l'opposition des fabricants, un octroi de 15 sols par balle de laine fut perçu presque immédiatement. Le 6 avril, les manufacturiers résolurent de se pourvoir sans nul retard devant le Conseil royal, mais auparavant, « de supplier monseigneur le duc d'Elbeuf d'aider la fabrique de sa protection ». A cet effet, Jacques Béranger et Nicolas Delarue, gardes en charge, Louis Doinville et Robert Grandin, anciens gardes, furent délégués vers le duc. Les députés furent autorisés « à faire tels engagements et avances à ce necessaires, qui leur seront remboursés et reportés à la balle de laine ».

Le mois suivant, les marchands de Rouen assignèrent les manufacturiers d'Elbeuf « pour debtes escheues avant l'augmentation du 26 mai dernier, lesquels entendent estre payés en ecus de cinq livres, ce qui est contraire au cours de l'espèce de ce jour ». Quesné et Lecerf furent chargés de défendre les intérêts de la Communauté, par délibération du 21 juin.

Le 25 septembre, les trésoriers de Saint Jean donnèrent à fieffe, à Jean-Baptiste Leclerc, fabricant de drap à Elbeuf, moyennant cinq livres de rente annuelle, vingt-cinq perches de terre sises au triège du Bout-du-Gard.

L'un des registres de l'Archevêché contient une dispense de publication de bans de ma-

riage, en date du 2 octobre, accordée à Jean Flavigny, d'Elbeuf, et à Angélique de Postis.
— La famille de Postis était du Houlbec ; elle blasonnait : *D'azur, à trois rencontres de cerf d'or*.

Une pièce de drap saisie, comme trop étroite, sur Louis Doinville, amena la corporation des drapiers d'Elbeuf à demander au Conseil un Règlement sur l'article 31 des statuts de cette fabrique, et un autre Règlement pour les draps « servant à faire des redingottes ». Les gardes en charge, avec l'adjonction de Pierre Grandin, furent chargés de cette nouvelle affaire, par délibération du 15 octobre.

Quatre jours après, une nouvelle commission, composée de Robert Grandin, Nicolas Lefebvre, Louis Flavigny et Jacques Bourdon, fut chargée de présenter une requête et tels mémoires convenables à l'intendant et même au Conseil, au sujet d'un second drap prétendu trop étroit, saisi par les gardes des marchands de Rouen, sur Louis Flavigny.

Toutes ces députations coûtaient cher à la corporation, et encore on n'en obtenait pas toujours les effets désirés, car ces délégués, fabricants eux-mêmes, avaient hâte de rentrer à Elbeuf, pour reprendre la direction de leurs fabriques. En conséquence, le 9 novembre, la Communauté décida de confier ses affaires à Paris à une seule personne, habitant cette ville. François-Alexandre Quesné proposa un homme habile qu'il connaissait. La corporation l'autorisa à lui promettre 200 livres par an pour s'occuper de ses intérêts.

Le 7 novembre, sœur Anne-Louise-Radegonde de Lorraine d'Elbeuf prit possession, en qualité d'abbesse, de l'abbaye de Saint-

Saens, vacante par la démission de Marguerite du Bouzet de Rocquepine. Elle occupa ce bénéfice pendant 22 ans, et en fit démission avant le 4 juillet 1748, car des bulles papales portant cette dernière date nomment une religieuse pour lui succéder.

Le 12 novembre, mourut, à l'âge de 52 ans, Thomas Bourdon, écuyer, conseiller du roi, trésorier de France, qui, le lendemain, fut inhumé dans l'église Saint-Jean. Voici la description de quelques-uns des vêtements et objets à l'usage du défunt :

« Une robbe de chambre de satin couleur de cerise, à fleurs d'or, doublée de taffetas vert, un habit de drap de petit gris, doublé de velours rouge, à boutons d'or; une veste de drap d'or, doublée de taffetas blanc ; une redingote de drap blanchet; une épée à garde et poignée d'argent, avec son ceinturon de soye ; un couteau en forme de bayonnette, monté sur corne noire ; deux couches à la Duchesse ». La chambre mortuaire ne renfermait aucune tapisserie, « parce qu'elle etoit entierement lambrissée ».

Parmi les cérémonies qui eurent lieu en cette année, à Saint-Etienne, nous citerons l'inhumation, dans la nef de l'église, d'Antoine Gosset, chirurgien ; le mariage de Jacques Godré, garde général de la maîtrise de Pont-de-l'Arche, par Jean Lesage, prêtre de Saint-Jean ; et, le 19 novembre, le baptême d'Henriette, fille de Nicolas Lefebvre, appartenant à la religion protestante, qui eut le duc Henri de Lorraine pour parrain et pour marraine Henriette de Grouchet, femme d'Antoine de Gaugy.

Des dragons prirent leurs quartiers d'hiver

à Elbeuf en 1726. Leur colonel logea dans une maison appartenant à Louis Lamy.

Michel Couturier, prêtre habitué à Saint-Jean, mourut le 20 janvier 1727, à l'âge de 35 ans ; il fut inhumé dans cette église.

Le duc d'Elbeuf restait débiteur de 31.000 livres envers Pierre-Auguste de La Faye, écuyer, demeurant aux Damps. Le 21 mars, étant tous deux chez la Vollant, au manoir de la Saussaye, Henri de Lorraine s'acquitta en abandonnant à son créancier une certaine quantité de biens sis tant à Damneville qu'à Quatremare.

Un nouveau mouvement se produisit parmi les ouvriers tisserands en 1727. Beaucoup d'entre eux quittèrent leurs chaînes commencées « par un esprit de mutinerie, sous prétexte d'augmentation de prix ». Plusieurs allèrent travailler dans les fabriques d'Orival et autres des environs.

Les fabricants, émus par ces faits, se réunirent le 15 mai ; ils nommèrent Louis Sevestre et Louis Caumont, alors gardes en charge, et les sieurs Hayet et Pierre Couturier, maîtres drapiers, à l'effet de poursuivre devant la justice les fabricants voisins qui avaient donné du travail à ces ouvriers, sans que ces derniers pussent présenter des billets de congé, ainsi que les Règlements le prescrivaient.

En juillet, les gardes jurés d'Elbeuf furent eux-mêmes assignés, à la requête du procureur du roi de l'Hôtel-de-Ville de Rouen, pour répondre «en leur propre et privé nom» au sujet d'un autre drap, appartenant à Joseph Delarue, qui avait été saisi par les gardes jurés des drapiers de Rouen, comme étant trop étroit, et afin de les faire condamner à l'amende, pour l'avoir marqué du plomb ordinaire de la manufacture d'Elbeuf.

Sevestre et Caumont exposèrent, le 10 du même mois, à la corporation des drapiers elbeuviens, qu'à la visite ce drap avait ses cinq quarts de large ; mais qu'ils ne pouvaient être garants de ce qui pouvait arriver aux draps fins après leur marquage. L'assemblée les autorisa à poursuivre leur décharge de cette action, au nom et aux frais de la Communauté.

Disons tout de suite que les gardes en charge furent condamnés « par sentence de la ville de Rouen », à chacun 10 livres d'amende et 31 livres de frais. Mais la Communauté des fabricants décida qu'il serait fait appel de ce jugement devant le Conseil, aux soins des gardes et des sieurs Bourdon et Quesné qui leur furent adjoints, ce qui fut signifié immédiatement au procureur du roi à Rouen.

Charles et Pierre Lestourmy, fils de feu Jacques Lestourmy, étaient maîtres drapiers à Elbeuf « par lettres de bulle créées par le Roy », suivant son arrêté de novembre 1722, qui accordait à ceux ayant obtenu ces lettres les mêmes privilèges qu'aux anciens maîtres drapiers. Charles et Pierre demandèrent à être reçus maîtres dans la manufacture de notre bourg. Les gardes leur déclarèrent, le 19 juillet, qu'ils ne pouvaient être reçus parce que le roi avait défendu de recevoir ni maître, ni apprenti, pas même les fils de maîtres, avant de remplir les lettres de maîtrises dont parlait l'arrêt du Conseil rendu en juin 1725. « Et au cas que quelqu'un se fît recevoir maistre au préjudice dudit arrest, les receptions seroient nulles et contraints de fermer leurs boutiques. Pour quoy y restant encore quelqu'unes à lever dans notre manufacture de celles qui ont esté créées par ledit arrest de juin 1725, n'ont voulu lesdits gardes en charge et anciens recevoir lesdits sieurs Lestourmy, jusqu'à ce que toutes les lettres de bulle soient levées ».

Une lettre du 3 août 1727, adressée de Versailles au sieur Chrestien, inspecteur, nous apprend que l'affaire du drap saisi sur Doinville avait été portée au Parlement de Normandie, puis au Conseil ; et que le roi « avoit trouvé bon que cette pièce fut rendue au fabricant, après neanmoins avoir esté coupée de quatre aunes en quatre aunes, et le payement de 50 livres d'amende ».

Au 16 août, Madeleine Daubichon dite de Sainte-Ursule était supérieure du couvent ; Angélique Auber de Sainte Catherine, assistante ; Marie Lefebvre de Sainte Geneviève, zélatrice, et Elisabeth Chapelle de la Conception, dépositaire.

Ce fut problement encore pour prix de services rendus au corps de la draperie que Nicolas Delarue paya « un billet de Son Altesse » le duc d'Elbeuf, en septembre de cette année.

Le même jour, la Communauté des fabricants décida de payer les juges de la haute justice d'Elbeuf, suivant l'usage ordinaire, à condition que lesdits juges tiendraient audience dans le bureau de la manufacture.

On trouve dans les *Notes* manuscrites de François Dupont, écrites vers 1782, le récit d'une mystification extraordinaire, à laquelle se laissèrent prendre un grand nombre de personnes, qui par leur qualité et l'intelligence que l'on peut leur supposer avoir eu, auraient dû s'y soustraire. Nous citons notre auteur textuellement :

« En 1727, un aventurier, connu sous le nom de chevalier de Saint Hubert, de la famille duquel il se disoit descendre, trouva le moyen de s'insinuer chez M^r Le Normand, évêque d'Evreux, et pour lors à Paris, et de surprendre sa religion en lui persuadant qu'il avoit reçu des grâces particulières de Dieu pour toucher et guérir les boîteux, paralytiques, sourds et généralement tous les malades.

« Ce prélat fut séduit au point qu'il lui donna tous les pouvoirs nécessaires pour exercer sa mission extraordinaire dans son diocèse. Muni de ces pouvoirs, il se rendit à Evreux, où il les communiqua aux grands vicaires, qui ne soupçonnèrent pas pour lors la surprise faite à Sa Grandeur.

« Il commença donc sa mission dans plusieurs paroisses de la campagne du Neufbourg, d'où ses miracles momentanés répandirent sa réputation bien avant dans la province. Il eut l'effronterie de se présenter à la Saussaie, chez le prince Henri, duc d'Elbeuf, et de lui demander la permission d'exercer son ministère dans la collégiale dudit lieu et dans la ville d'Elbeuf.

« Ce prince ne croyoit aux miracles que par bénéfice d'inventaire ; cependant, entraîné comme les autres par le bruit éclatant des merveilleux effets de ses attouchements, que la nouveauté, l'enthousiasme et la renommée grossissoient encore, et aussi par sa hardiesse et son audace qu'il soutenoit en produisant les pouvoirs du prélat, il le lui permit.

« Il fit plus ; il le retint à dîner. C'étoit un jour d'abstinence ; la table du prince étoit servie en gras et en maigre : notre apostre donna la préférence au gras, dont Son Altesse fut fort mal édifiée. De là, on se rendit à la collégiale, où tous les malades et estropiés du canton s'étoient rendus.

« Les miracles s'y succédèrent rapidement. Mlle Volant, maîtresse du prince, voulut aussi se faire toucher, soit pour être guérie d'un mal réel, soit pour se mettre à couvert des maux futurs ; mais elle se présenta dans un habillement si galant que la modestie de notre missionnaire en fut offensée ; il la refusa, ne croyant pas que la grâce de Dieu put opérer dans l'état où elle étoit.

« De là, il se rendit à Elbeuf, où il prit son logement chez Mr du Hazé, curé de la paroisse Saint Jean. Ce fut là le grand théâtre de ses triomphes. Ses miracles y furent sans nombre. Son arrivée, annoncée d'avance, y avoit attiré de la vallée de Rouen et des campagnes des environs une multitude infinie de malades et de curieux. Jamais l'on n'avoit vu à Elbeuf une affluence aussi prodigieuse. Pendant cinq ou six jours qu'il y séjourna, il y eut une telle consommation de denrées, que le pain manqua chez les boulangers : de tous ses miracles, celui-là a été le plus réel.

« Le clergé et les marguilliers furent le prendre avec le dais chez Mr le curé et le conduisirent en procession à l'église. D'abord, il se plaça au bas du sanctuaire, où les malades lui étoient amenés.

« —Avez-vous la foy ? » leur demandoit-il.

« La réponse étoit : Oui ! et alors il les touchoit d'un paquet de grosses clefs où étoient renfermées des reliques, disoit-il, de saint Hubert et de plusieurs autres saints, et en leur disant : « Levez-vous, quittez vos béquilles et marchez !

« L'imagination échauffée de ces paralitiques et estropiés qui ne leur représentoit dans ce charlatan qu'un homme envoyé de Dieu, leur faisoit faire les plus grands efforts : ils quittoient leurs béquilles et marchoient ; et ce premier miracle, qu'on ne se donnoit pas la peine ni le temps d'approfondir, en préparoit d'autres.

« Il fit ranger dans l'allée de la grande nef tous les malades, et puis, suivant chaque file, il faisoit à chacun la même demande : « Avez-vous la foy ? La réponse étant toujours la même, l'attouchement des clefs suivoit avec : « Allez, soyez guéri ! » ou : « Marchez ! » si c'étoit à des boîteux ou paralitiques qu'il parloit, et il faisoit porter les béquilles dans le chœur.

« Un jeune homme âgé d'environ vingt à vingt-deux ans qui, depuis plusieurs années, avoit un tremblement dans tous les membres d'une peur qu'il avoit eue, y fut amené par sa mère. Le saint homme, arrivé à lui, lui fit la même interrogation, et, d'après la réponse, lui dit : « Levez-vous, soyez guéri ! » Le jeune homme fit un effort pour se lever ; dans le même temps, la mère fit un mouvement pour aider son fils ; mais, dans le moment, il retomba.

« — O femme de peu de foy ! s'écria-t-il, vous avez douté, et votre fils n'est pas guéri ! » Plus de trente ans après, dit François Dupont, j'ai vu cette bonne mère se reprocher d'avoir été la cause de ce que son fils n'avoit pas été guéri : « Je n'ai pourtant fait que çà ! » disoit-elle, en montrant qu'elle avoit étendu ses bras pour lui aider à se lever.

« Un religieux mathurin qui, depuis longtemps, ne se soutenoit qu'à l'aide de deux potences, vint aussi à Elbeuf, fut touché, et s'en retourna à Rouen, d'où il étoit venu, sans potence. Il a été vu dans la ville marcher seul et sans potence et sans aucun aide, pendant cinq à six semaines, tant une imagination échauffée a de force sur le physique ; mais après cela, il fut forcé de reprendre ses béquilles. M. Flavigny, curé actuel de cette paroisse, qui pour lors étoit au collège à Rouen, m'a dit l'avoir vu, dans les premiers jours, marcher sans potence, et ensuite forcé de les reprendre.

« Il en fut de même de tous les autres, à cette différence près que, dès le même jour, la plus part eurent beaucoup de peine à se rendre chez eux. Mais ce ne fut pas la faute du saint homme : pourquoi leur foi étoit-elle si chancelante ?

« D'Elbeuf, notre charlatan se transporta à Criquebeuf ; mais là il fut troublé dans ses opérations. Un grand vicaire d'Evreux, ne voyant dans tous ces prétendus miracles que du charlatanisme et des scandales, en écrivit à M. d'Evreux qui, outré d'avoir été la dupe de ce chevalier, manda de lui retirer ses pouvoirs.

« Le grand vicaire se rendit aussitôt à la Saussaie, où il ne trouva pas le prince plus disposé en faveur du chevalier missionnaire que M. l'évêque. Son Altesse donna ordre de mettre les chevaux au carosse pour se rendre à Criquebeuf et chasser le missionnaire, qui, averti de sa prochaine arrivée, ne trouva pas à propos de l'attendre. Il se mit dans un bateau avec son domestique, traversa la rivière et se rendit aux Authieux au-dessus du Port de Saint Ouen, d'où il se retira dans le plus incognito, et depuis on n'en a pas entendu parler.

« Plus de dix ans après, ce domestique, qu'il avoit pris dans la campagne du Neubourg, est revenu. Mr Louis Delarue m'a dit l'avoir vu au Neufbourg, et avoir employé tous les moyens pour le faire causer ; mais soit que le chevalier eût été de la plus grande retenue vis à vis de son domestique, ou que le domestique eût les plus grandes raisons pour ne pas dire ce qu'il savoit, il n'avoit pu en tirer autre chose que, au départ des Authieux, ils avoient traversé la France, gagné l'Italie, et qu'après un certain séjour dans ce pays-là, son maître s'estoit embarqué et que, n'ayant pas voulu le suivre plus loin, il l'avoit quitté et étoit revenu.

« Etait-ce un chevalier d'industrie ou un fanatique qui se croyoit réellement inspiré de Dieu ? Pour moi, je suis assez porté à croire que c'étoit un fanatique. Il n'exigeoit et ne recevoit aucun présent, aucune aumône, et dans tous ses discours et ses actions, on n'a rien vu qui pouvoit le faire soupçonner d'escroquerie.

« Mais ce qu'il y a de remarquable dans la mission de cet homme extraordinaire, est qu'il ait pu surprendre la religion d'un prélat éclairé, de ses grands vicaires, d'un clergé nombreux, d'un prince qui sera longtemps célèbre par son esprit et ses lumières, et enfin d'une multitude d'hommes de tous états.

« On ne se donnoit ny le temps ny la peine d'approfondir ses prétendus miracles ; on craignoit même d'y porter un œil trop curieux, et l'imagination des spectateurs étoit aussi exaltée que celle des malades et estropiés. Il n'en faut pas davantage pour voir des miracles dans les événements les plus ordinaires ».

Dans l'inventaire qui fut dressé le 14 octobre, après la mort de Pierre Bunel, maître tapissier, nous trouvons : une roue à chien, six livres in-12 et six in-8º reliés en veau, dix autres livres reliés couverts en parchemin, un parapluie — c'est le premier que nous rencontrons à Elbeuf —, 38 livres de coton filé, 4.900 livres de coton en laine, 50 livres de gros coton filé, 200 pièces de tapisseries, quatre barils pour mettre du noir à noircir — les tonnes au noir des anciens fabricants d'Elbeuf, dans lesquelles étaient de la limaille de fer et de l'acide acétique.

Nous trouvons également quatre rouleaux de tapisseries à fleurs de lys, longs de 200 aunes, trois rouets avec leurs tournettes, un ourdissoir, cinq métiers à tapisser, quatre autres rouets, un lot de bobines, des reconnaissances de bourgeois de Bordeaux, clients du défunt, et, enfin, de l'argenterie, des espèces et un assez bon mobilier.

Le 6 novembre, Charles Leroy, Jean-Baptiste Martin, Jacques Leroy et Louis Lamy, maîtres drapiers et trésoriers de Saint-Jean, constituèrent, au nom du trésor, « aux pauvres de cette paroisse, s'il y a partage de biens entre les pauvres de la parroisse de Saint Estienne, et s'il y a union, au proffit commun des pauvres des deux parroisses, représentés par Me Pierre Dugard, prestre habitué de Saint Jean, distributeur des deniers desdits pauvres de Saint Jean, 115 livres de rente hipothèque par chacun an, creées sur les biens dudit tresor..., moyennant la somme de 2.300 livres que lesdits sieurs tresoriers ont receue dudit sieur Dugard ; declarant ledit sieur Dugard que ladite somme de 2.300 livres provient de l'aumosne faite par M⁰ Jacques Deshais, en son vivant prestre de lad. paroisse de Saint Jean... »

Jacques Deshais avait donné aux mêmes pauvres une autre somme de 1.300 livres, que lui devait Mathieu Rouvin, greffier de la verderie du duché.

Les fabricants délibérèrent, le 22, sur la continuation du tarif créé en remplacement de la taille, dont la perception devait finir au 1er octobre de l'année suivante. Comme ce tarif était avantageux pour la Manufacture autant que pour le bourg tout entier, l'assemblée nomma huit maîtres drapiers « pour avoir l'authorité de Mgr le duc d'Elbeuf et supplier Son Altesse de vouloir bien accorder à son bourg sa protection pour obtenir la continuation du tarif, suivant un nouveau projet dressé par les habitants ».

La délégation se composa de Louis Caumont, garde en charge, Pierre Delacroix, Nicolas Lefebvre, Pierre Grandin, Robert Grandin, Pierre Hayet, Pierre Bourdon et Henry père, lesquels furent autorisés par le bureau de la Manufacture à emprunter 9.000 livres au nom de la Communauté,

Le 24 du même mois, environ 90 ouvriers de la paroisse Saint-Jean s'assemblèrent, et, après avoir délibéré, prirent la résolution suivante, signée par tous les présents :

« Au nom de Dieu !

« Nous soussignés, travaillants tous à la fabrique de draps du bourg d'Elbeuf et autres fabriques dudit lieu, avons veu avec douleur les revenus de l'hospital partagés pendant un temps par moitié entre les deux paroisses de Saint Jean et de Saint Estienne, d'autant que le partage ne pouvoit estre égal parce qu'une des deux paroisses et beaucoup plus chargée de pauvres que l'autre, ce qui vraisemblablement ne pouvoit tendre qu'à entretenir une division perpétuelle entre les habitants de l'une et de l'autre paroisse.

« Nous nous sommes crus dans l'obligation de garder le silence jusques au temps qu'il a plu à Dieu en ordonner autrement ; mais, grâce à sa bonté divine, nos peines et nos craintes à cet égard se trouvent aujourd'huy entièrement dissipées. Nous voyons avec joye que les revenus de l'hospital sont à présent réunis et que l'on prend tous les arrangements requis pour perfectionner et augmenter cet établissement si louable et si necessaire au soulagement des pauvres malades.

« Nous ne saurions faire connaître plus efficacement combien nous en reconnaissons l'utilité qu'en contribuant de toutes nos forces à en augmenter les revenus, tant qu'il plaira à Dieu nous accorder la santé et nous conserver les moyens de gagner quelque chose au delà de nostre nécessaire.

« Pour commencer à prouver nostre zèle pour le soulagement de nos frères qui auront le malheur de tomber dans l'indigence ou d'estre affligés de maladies, nous consentons que toutes les bien-venues des apprentis qui seront faits à l'avenir, dont le tarif sera incessamment réglé de conformité à l'usage le plus généralement receu dans toute la fabrique, vertissent au profit de l'hospital, aux conditions que les deniers en seront mis aux mains du maistre chez qui lesdits apprentis commenceront à travailler, qui les remettra sous quinze jours à Monsieur l'administrateur comptable de l'hospital, dont le receu devra estre remis à l'apprenty pour luy servir de quittance d'apprentissage.

« Nous nous portons d'autant mieux à faire ce sacrifice au soulagement des pauvres malades qu'une longue expérience nous apprend que nous ne tirons d'autre proffit de ces bienvenues que la perte de notre temps et presque toujours de nostre argent.

« Nous reconnaissons d'ailleurs qu'il est de toute équité que les dons de ceux à qui Dieu donne les forces et la volonté de s'initier dans le travail vertissent au soulagement de ceux que la vieillesse, les infimitez et les maladies mettront hors d'état de gagner de quoy vivre; nous flattant que, lorsque les revenus de l'hospital seront suffisants, on prendra des arrangements pour y retirer les pauvres vieillards et les enfans orphelins, où les uns trouveront une subsistance assurée et apprendront à bien mourir, et les autres apprendront à travailler et à bien vivre, priant Dieu de tout nostre cœur que ce soit pour sa sainte gloire.

« Fait et arresté à Elbeuf ce jourd'huy 24ᵉ novembre 1727 ». — Suivent les 90 signatures ou marques des délibérants.

Le 5 décembre de la même année, c'est-à-dire onze jours après, environ 50 ouvriers habitant la paroisse Saint-Etienne se réunirent également, délibérèrent sur le même texte, recopié sur une autre feuille, et le signèrent également.

Le 29 de ce mois de novembre, « Alexandre

de Martorey, ancien receveur de Monsgr le duc d'Elbeuf et amoriateur de ses bois, demeurant paroisse Saint Estienne, obeissant à la clameur conventionnelle à luy signifiée par La Biffe, sergent en ce lieu, à la requeste de damoiselle Marie Joseph Vollant, dame et patronne de la paroisse Saint Martin la Corneille, demeurant en son manoir seigneurial dudit lieu... a fait remise à lad. damoiselle Marie Joseph Vollant des heritages mentionnés en l'adjudication du decret des biens du feu sieur Nicolas Maille et adjugés aud. sieur Martorey le 24e septembre 1726, sis en la parroisse du Bosroger..., moyennant 8.194 livres...»

La suite de l'acte mentionne que la maîtresse du duc était propriétaire d'une partie de bois de la forêt des Monts-le-Comte. Vers cette même époque, la Vollant acheta un immeuble sis à Thuit Anger, et plusieurs autres à Saint-Martin-la-Corneille.

En décembre, J.-B. Grandin, drapier, vendit à Jacques-Louis Flavigny, aussi drapier, une ferme de douze acres, sise à Marcouville, Saint-Denis-du-Bosguerard et environs, relevant de la seigneurie de la Mésangère. — A cette époque « noble dame Madeleine de Postis du Houlbec, épouse séparée d'Etienne Lamy, drapier, habitait la paroisse Saint-Etienne. Louis Conchis exerçait la profession de tailleur d'habits en la même paroisse.

Guillaume Le Clerc, moine de la congrégation de Saint-Maur, né à Elbeuf, fit profession à l'abbaye du Bec-Hellouin, en 1727. Il a dressé le *Catalogue des manuscrits grecs de la bibliothèque de Coislin*, en collaboration avec Montfaucon.

CHAPITRE XVIII
(1728-1729)

Henri de Lorraine *(suite)*. — Encore les bienvenues. — Les oblations de la chapelle Sainte-Marguerite ; procès. — Prorogation des tarifs d'octroi. — Demande en réduction d'impots. — La situation de la Manufacture. — Réunion des deux hopitaux en un seul. — Une fête publique. — Les Ecameaux ; procès.

Le premier acte de l'année 1728 que nous rencontrons porte la date du 7 mars : Jean Ledoulx, curé de Saint-Etienne, donne à ferme à Jean Morel, laboureur, les dîmes de sa paroisse, moyennant 270 livres et un demi-quarteron de gerbées par an.

Le P. Étienne Rossignol, jésuite, revint le 20 du même mois à Elbeuf, où il bailla à loyer, pour neuf années, le manoir seigneurial et les terres d'Ecauville, dépendance et membre du prieuré de Saint-Gilles à Saint-Aubin, appartenant au noviciat des Jésuites de Rouen. Le bail fut consenti par le prix annuel de 750 livres.

Un second brevet de maître drapier privilégié fut acheté, le 25 avril, moyennant 1.400

livres, par Jacques Pollet. — Nous croyons que ce personnage était le même que Jacques Pollet, avocat, lieutenant général du duché d'Elbeuf et remplissant depuis longtemps déjà les fonctions de bailli.

Le 27, à Elbeuf, MM^{es} de Villeneuve, doyen, F. Pollet, F. Guilbert, chantre, Routier, Dauphin, Demirlabaud, Petit, tous chanoines de la Saussaye, baillèrent à loyer, à François-Nicolas Pollet, pour le prix de 2.500 livres par an, les revenus de la collégiale, consistant en dîmes, produits des terres labourables et rentes.

Le 14 juin, les héritiers d'Antoine Martin vendirent « une des six places de maître barbier, baigneur, etuviste et perruquier du bourg d'Elbeuf », à Roger Roquette, moyennant 60 livres payées comptant.— C'était le prix ordinaire de chacune de ces maîtrises.

Nous relevons des déclarations données en 1728, à la Chambre ecclésiastique du diocèse de Rouen, par les ecclésiastiques du doyenné de Bourgtheroulde, que les revenus paroissiaux de Ledoulx, curé de Saint-Etienne, consistaient en :

« 1º Une dîme affermée 270 livres à Jean Cavé, demeurant au Buquet ;

« 2º Une demi-acre de terre en labour louée 5 livres ;

« 3º Vingt livres de rente foncière sur les héritiers de feu Pierre Grandin ;

« 4º Cent cinquante livres reçues du trésor pour acquitter ou faire acquitter soixante-six hautes messes et quatre-vingt sept basses messes et autres prières de fondation ;

« 5º Quinze livres de la Charité de Sainte Croix pour acquitter plusieurs messes et offices, et sept livres de la Charité de Saint Roch ;

« 6° Le casuel peut se monter à 150 livres ».

La délibération prise, le 5 août, par l'assemblée générale des fabricants d'Elbeuf, ne manque pas d'intérêt. Elle fait suite à la décision arrêtée entre les ouvriers de la Manufacture, que nous avons rapportée au chapitre précédent.

Il s'agit de « l'abus qui se commet lorsque les ouvriers font des apprentifs, lesquels ont coutume de payer une bien-venue qu'ils mangent ensemble au cabaret, perdent leur temps et dépensent encore de leur argent ».

L'assemblée discuta sur l'emploi qu'il convenait de faire de l'argent des bien-venues, pour qu'il servit plus utilement aux ouvriers, et en même temps sur l'importance de la somme que verserait chaque jeune homme en entrant en apprentissage. On prit la résolution suivante :

« Considerant que rien n'est plus utile pour le bien et utilité des ouvriers que de les soulager quand ils sont malades, ce qui ne se peut commodément faire qu'en les recevant à l'hôpital qui est estably pour ce ; et comme les revenus n'en sont pas assez considerables pour satisfaire au zelle et au desir que l'on a de les soulager, et rien ne nous paroissant de plus prompt pour augmenter les fonds dudit hôpital que de luy attribuer lesdittes bienvenues, nous avons, par notre presente deliberation, arresté que toutes les bienvenues quy ont coustume d'estre payées par les ouvriers apprentifs, seront et demeureront à l'avenir pour l'hôpital, lesquelles bienvenues seront payées par les maistres à l'administrateur en charge dud. hôpital.

« Et pour eviter tous les abus et contestations quy pourroient naistre, nous avons par le present fixé et moderé lesdites bienvenues, sçavoir :

« Les apprentifs tondeurs à 20 livres, les fils de maistres tondeurs à 15 livres, et l'estranger qui sçaura son mestier à 10 livres ;

« Pour les tisserends 13 livres, les fils de maistres tisserends 10 livres, et les tisserends estrangers 5 livres ;

« Les apprentifs lanneurs 6 livres, et les apprentifs cardeurs 4 livres ».

Un procès assez singulier surgit à cette époque entre Martin Périer, vicaire de Saint-Étienne, et Pierre Langlois, curé d'Orival, à propos du casuel de la chapelle Sainte-Marguerite, située au hameau de Candie entre Elbeuf et Orival.

Cette chapelle, très fréquentée dans les siècles précédents par les pélerins, était encore une source de revenus assez importants au XVIIIe siècle. Maximilien de Canillac de Beaufort de Montboissier, abbé commendataire de l'abbaye d'Eu, était titulaire de cette chapelle, et il en avait loué le bénéfice à Martin Périer, qui établit ses griefs contre le curé Langlois, dans cette lettre signée de lui et adressée, le 7 août 1728, à l'official de Rouen :

« Monsieur... et vous remontre qu'il a été pourveu par M^r l'abbé de Canillac de Beaufort de Montboissier, pour desservir ladite chapelle et acquitter les charges et fondations au lieu et place de M^r l'abbé de Canillac, laquelle nomination vous avez eu la bonté d'approuver et fait deffense au sieur curé d'Orival de troubler Mr de Canillac ny le suppliant dans les droits attribuez à ladite chapelle.

« Et cependant, au mepris des deffences et par attentat à vostre authorité, ledit sieur curé d'Orival, sans aucun droit ny titre, s'est immissé à troubler le suppliant dans ses fonctions, et est venu, le jour des Rogations et le jour de la feste de Sainte Marguerite, patronne de ladite chapelle, y faire des fonctions qui appartiennent au suppliant, et s'est emparé des droits des Evangiles, offertes et oblations, ce qui est une entreprise sur les droits de M. de Canillac qui n'est pas tolerable. Pourquoy le suppliant a recours à votre authorité pour luy estre pourveu.

« A ces causes, Monsieur, il vous plaise, veu l'esnoncé en la presente, accorder mandement au suppliant, et pour faire assigner à bref jour par devant vous ledit sieur curé de la parroisse d'Orival, pour luy estre fait deffence de faire aucunes fonctions dans ladite chapelle de Sainte Margueryte et s'immisser directement ny indirectement à la perception d'aucuns droits d'Evangiles, oblations et retributions appartenant audit de Canillac, et de troubler le suppliant dans ses fonctions de chapelain et dans la perception desdits droits ; pour se voir aussy ledit sieur curé d'Orival condamner à rendre et restituer lesdits droits d'Evangiles, oblations et autres qu'il s'est emparé indument », etc.

Pierre Langlois fut cité devant l'official, mais il ne se présenta point. Martin Périer ayant poursuivi ses réclamations, le curé d'Orival fut condamné, le 1er avril de l'année suivante, à restituer au vicaire de Saint-Etienne le montant des évangiles, sous contrainte d'une somme de 15 livres, et la justice ecclésiastique lui défendit, en outre, de porter atteinte à l'avenir aux droits des chapelains de Sainte-Marguerite.

Le 16 août, Laurent Lestourmy, diacre à Saint-Jean, Charles et Pierre Lestourmy, drapiers, tous frères, achetèrent « le pré de la foire, sis en la paroisse Saint Jean, contenant demi acre dix perches, clos de haies vives, borné d'un costé la ruelle Beaumont, d'autre côté et d'un bout en pointe la ruelle Banastre... »

Au 4 septembre, il y avait procès entre Louis Lambert, sieur de Lamberville, chevalier de Saint-Louis, capitaine au régiment de Piémont, demeurant à Pont-Audemer, représenté par Pierre Lambert, ancien contrôleur des actes et exploits d'Elbeuf, d'une part, contre Charles Ansoult, receveur et adjudicataire du tarif de notre bourg, de l'autre.

La pièce suivante est conservée aux archives municipales :

« Du lundy 27e de septembre 1728, à Elbeuf, devant nous Jacques Pollet, avocat à la Cour, lieutenant général du duché d'Elbeuf, pour le décéds de M. le bailly dudit lieu, au prétoire ordinaire, en la présence de M. Flavigny, procureur fiscal, assemblée générale a esté faitte au son des cloches, par la semonce en la manière accoutumée, des habitans des deux paroisses... pour entendre à la proposition faitte par le sieur Allexandre Martorey concernant le tarif dudit lieu.

« Par le sieur Pierre Delacroix et les sieurs Pierre et Robert Grandin, Jacques Henry, Lefebvre, Pierre Hayet et Pierre Bourdon, tant pour eux que pour le sieur Louis Caumont, absent, a esté dit qu'ayant esté cy devant nommez et deputéz par la communauté pour obtenir la continuation du tarif, ils représentent l'arrêt du Conseil sur ce rendu, le 20e avril dernier, pour en estre fait lecture dans ladite assemblée, ce qui a esté fait à hautte et intelligible voix.

« Après quoy ont dit qu'en leur ditte qualité de deputéz, ledit sieur Martorey s'est retiré vers eux et leur a fait offre d'une somme de 23.500 livres par an, sy les habitans veulent luy abandonner, à ses périls et risques, la régie dudit tarif pendant dix ans, aux mesmes clauses, charges et conditions dont les sieurs Boissel et Ansoult estoient précédemment tenus et dont on estoit tenu envers eux, ce qui a donné lieu audit sieur Boissel de faire pareille soumission à plus haut prix que ledit sieur Martorey et par différentes offres faittes à l'envye l'un de l'autre.

« Ledit sieur Martorey leur a offert, le 25 de ce mois, en présence et par dessus ledit sieur Boissel, et offre actuellement la somme de 27.500 livres au proffit du bourg, si la communauté veut agréer son offre pour dix ans et le mettre en possession de laditte régie pour le 1er octobre prochain et non autrement, attendu les arrangemens qu'il a pris ; sans quoy, il a déclaré que, passé ledit temps, il se désistera de son offre sy elle n'est allors agréée et receue, ce qui a paru ausdits sieurs députez avantageux infiniment au bien de la communauté et au delà de ce qu'on pouvoit espérer...

« Sur quoy la communauté, reconnoissant l'avantage évident résultant de l'offre dudit sieur Martorey, l'importance de la recevoir à délibérer ; qu'avant tout ledit sieur Martorey sera présentement mandé, et iceluy, mandé et fait entrer, a dit que luy et le sieur Girardin, son associé aussy présent, ont fait et font actuellement leurs soumissions, de prendre des bourgeois d'Elbeuf leur tarif, pour le prix de 27.500 livres par chacun an, pourveu que ce soit pour dix années et à partir du 1er octobre prochain...

« Ce fait, veu l'offre desdits sieurs Martorey et Girardin et iceux retirez, la communauté a arresté que laditte offre... est et demeure receue... Les sieurs Charles Maille et Jean Maigret, advocats, et les sieurs Pierre Delacroix et Jacques Henry sont dès à présent authorisez d'arrester avec lesdits sieurs Martorey et Girardin, les clauses, charges et conditions justes et nécessaires en pareil cas...

« Monseigneur de Gasville, intendant, sera expressément supplié d'ordonner l'exécution de la présente... »

Un arrêt du Conseil d'Etat, rendu peu après, prorogea pour vingt ans la perception des droits du tarif d'octroi établis en 1708.

Le 2 octobre, « Jacques Bourdon, seul nottaire royal héréditaire à Elbeuf », procéda conjointement avec « Pierre Levalleux, tabellion du duché d'Elbeuf », dans une affaire de testament. Me Jean-Charles Caritté, prêtre, directeur des Ursulines, était témoin.

Louis Flavigny, entrepreneur de la Manufacture royale de draps des Andelys, ayant épousé Madeleine Pollet, passa plusieurs actes à Elbeuf, en ce même mois.

Le 21, Jean Saint-Ouen, cabaretier de la paroisse Saint Jean, bailla à ferme pour six ans, à Michel Thibault, ancien sergent à Thuit-Signol, demeurant également à Elbeuf, « l'état et office de la sergenterie royale et héréditaire de la Haye du Theil, branche et membre de la sergenterie royale de Tourville la Campagne et Neufbourg, laquelle sergenterie de Tourville est le chef et fief noble et dont est relevante ladite sergenterie de la Haye comme membre... ; ce bail fait moyennant 60 livres par an ».

Les gardes drapiers-merciers de Rouen et le sieur Delaval, inspecteur de cette corporation, avaient fait saisir le 28 décembre précédent, au bureau de la halle foraine de Rouen, une pièce de drap appartenant à Jacques Henry, fabricant à Elbeuf, lequel fut condamné par l'Hôtel-de-Ville, à 20 livres d'amende avec confiscation du drap, dont les lisières furent coupées avant la mise en vente, qui eut lieu le 15 janvier 1729.

La contravention consistait en ce que la pièce « péchait en la laize » d'un demi-pouce, d'un pouce et, par endroits, de deux pouces. Cette saisie émut à nouveau la fabrique d'Elbeuf, car tous les manufacturiers se trouvaient exposés à être poursuivis « veu l'impossibilité de la saison présente qu'un drap bien foulé ne se rétrécisse après avoir été tiré à la rame ».

La communauté des fabricants, en conséquence, donna pouvoir à Henry de présenter en son nom, au Conseil, une requête tendant à obtenir une tolérance pour des draps de bonne qualité qui se trouveraient parfois plus étroits que la largeur prescrite par les Règlements.

Jacques Pollet, lieutenant général du duché, présida, en présence d'Alexandre Flavigny, procureur fiscal, l'assemblée des fabricants tenue le 30 janvier 1729, au retour de la messe des Rois, célébrée, comme de coutume, en l'église Saint-Etienne. La corporation comptait alors 58 membres.

A une autre réunion de manufacturiers, qui eut également lieu en janvier, il fut dit que depuis le mois d'octobre précédent, on avait mis beaucoup de métiers bas et que ceux battant encore faisaient moins d'ouvrage que précédemment, ce qui était très apparent «par la quantité d'ouvriers qu'il y avoit sur le pavé, et que, dans la suite, il étoit nécessaire que la manufacture diminuât considérablement».

Le 1er mars, Mathieu Maille, bourgeois de Louviers, abandonna, à l'hôpital d'Elbeuf, la part qu'il avait sur une maison sise en la rue Meleuse, où pendait pour enseigne *la Chasse royale*. Cette présente donation, dit le contrat, «faitte par ledit sieur Maille, mû de piété pour les pauvres d'Elbeuf, au soulagement desquels il est bien aise de contribuer, estant originaire de ce lieu..., estimée ladite donation à 90 livres en principal...».

Le 3 avril, devant les paroissiens sortant de l'église Saint-Jean, Me Levalleux, notaire, fit lecture d'un acte par lequel «Jean Bénard de Granville, demeurant à Grostheil, fils de Jean Bénard de Granville, qui avoit esté envoyé en possession des biens des sieurs Nicolas et Thomas Lemonnier frères, fugitifs du royaume pour cause de religion, lequel Thomas avoit espousé Madeleine Leboullanger, et ledit Nicolas Anne Leboullanger, sœur de ladite Madeleine...», signa un accord avec Jean Leboullanger, beau-frère des deux anciens fabricants émigrés.

Le 3 avril, les habitants des deux paroisses d'Elbeuf se réunirent en assemblée générale. Ils déléguèrent J.-B. Leclerc et François Leroy, fabricants de draps, pour aller présenter au roi et à son Conseil une demande tendant à décharger le bourg de la somme de 31.590 livres à laquelle il avait été imposé par arrêt du Conseil en date du 11 janvier précédent, et qu'il ne pouvait payer. — Les dépenses et frais du voyage des deux députés s'élevèrent à la somme de 392 livres 18 sols, qui fut prélevée sur le produit du tarif.

Un extrait des registres du Conseil d'Etat va nous apprendre quelle suite fut donnée à cette réclamation, et en même temps nous montrer la situation de notre ville à cette époque :

« Sur la requeste presentée au Roy en son Conseil par les habitans du bourg d'Elbeuf, contenant qu'en l'année 1708 il plut à Sa Majesté leur accorder un tarif sur toutes les marchandises et denrées qui entrent et se consument dans ce bourg, pour tenir lieu de la taille qui auroit deu estre imposée, et pour empescher les haines et les jalousies qui naissoient de la repartition arbitraire de lad. taille et autres impositions, Sa Majesté accorda aussy aux supliants la faculté de percevoir le quart en sus desdits droits du tarif pour fournir au payement de la capitation et ustancils que payait ledit bourg.

« Ce bourg payoit, en l'année 1708, pour la taille la somme de 17.419 livres, pour capitation 2.200 livres, pour les fourages et ustancils une somme modique. Comme depuis ce temps la taille a augmenté de plus de 6.000 livres, la capitation de 6.500 livres et les fourages à proportion, puisque ledit bourg paye actuellement, pour la presente année 1728, pour la taille 23.700 livres, pour la capitation

8.700 livres, pour les fourages et ustancils 3.511 livres, ce qui compose en tout la somme de 35.911 livres, le tarif n'a pu produire à beaucoup près cette somme, et l'on a esté obligé de faire dans ledit bourg trois rolles, tous les ans, pour l'excedent de la taille, la capitation et les fourages, et de nommer des collecteurs pour les assiettes desdits rolles, de sorte que l'on a vu renoistre les disputes, et les envies et jalousies que l'on avoit eu dessein d'eviter lors de l'etablissement du tarif.

« Le bourg d'Elbeuf n'est composé, pour la plus grande partie, que d'ouvriers et petits marchands qui ne subsistent qu'autant que la Manufacture de draperie qui y est etablie va bien ; de sorte que plus des deux tiers d'Elbeuf ne peuvent supporter que des sommes très modiques des impositions qu'il convient de faire dans ledit bourg ; il est, par consequent, de necessité absolue que l'autre tiers supporte des sommes très considerables pour parvenir au recouvrement de plus de 35.900 livres que paye actuellement led. bourg, qui sait que plusieurs fabriquants payent, tant pour l'entrée de leurs marchandises que sur les rolles, plus de 700 livres par an, somme si considerable dans des temps aussi malheureux que ceux qu'a essuyé la Manufacture depuis l'année 1720, que plusieurs y ont succombé et d'autres ont été obligés de se retirer ailleurs et ont laissé à la charge des autres habitans des sommes considerables qu'ils payent.

« Tout le bourg ne subsiste que par les sommes que repandent tous les jours les fabriquants dans les mains des ouvriers, et si-tost que, par la rareté des espèces, l'on a cessé de paier regulierement ceux qui travaillent ou fournissent la manufacture, tout languit, ce qui n'a eté que trop eprouvé depuis trois ans ; sitost que l'ouvrier est privé de travail ou du payement, il ne peut plus subsister ny paier sa cotte aux rolles ; il devient à charge aux plus zelés du bourg, tant pour sa subsistance que pour les sommes qui sont rejetées sur ceux qui paroissent aisés. Le nombre des miserables se trouve considerable tous les ans.

« La Manufacture d'Elbeuf est la plus considerable du royaume, tant par rapport au grand nombre d'ouvriers qu'elle entretient que par la perfection qu'elle a donnée à ses etoffes. Outre ses ouvriers qui sont dans Elbeuf, elle fait subsister encore tous ceux qui se trouvent dans les villages à six et sept lieües autour d'Elbeuf, qui payent avec facilité les sommes dues au Roy, lorsqu'ils reçoivent le payement de leurs ouvrages et qu'ils ne manquent point de travail ; elle procure plus de bien dans les campagnes qu'elle ne fait à Elbeuf, puisque de quinze cents ouvriers qu'elle entretient, il ny en a que six cents dans le bourg, et le reste est répandu dans tous les villages, qui subsistent et payent au Roy, dans leurs paroisses, les sommes auxquelles ils sont imposés.

« La Manufacture d'Elbeuf a beaucoup souffert depuis l'année 1720, époque dont elle se ressentira longtemps par le nombre considerable de billets de banque dont elle s'est trouvée chargée et dont elle n'a pas retiré le dixiesme, et, depuis, par les diminutions considerables qu'elle a essuyé sur le grand nombre des marchandises qu'une manufacture comme celle d'Elbeuf est obligée d'avoir, tant en magasins qu'entre les mains des ouvriers.

« Elle a beaucoup souffert, depuis trois ans, par la grande rareté d'espèces, qui a fait cesser toute consommation, l'etranger ne tirant plus et les marchands du Royaume n'en tirant que très peu depuis que les draps des etrangers ont eu entrée dans le Royaume; la plus grande partie des fabriquans s'est epuisée pour soutenir ses ouvriers, en vendant ses marchandises à bas prix pour avoir de l'argent comptant pour leur subsistance, dans l'esperance de voir bien tost finir leurs maux par les attentions et la prudence du Conseil.

« La Manufacture d'Elbeuf est aujourd'huy et l'on peut dire tout le bourg, dans une triste scituation, accablée d'impositions; languissante par l'inaction du commerce, elle se trouve surchargée de ses dettes par le peu de consommation de ses draps, dont elle est toute remplie, sans esperance de les pouvoir vendre qu'avec beaucoup de perte. Elle se voit avec douleur aux approches de sa perte si elle n'est promptement secouruë; mais elle l'espère avec d'autant plus de confiance que ses maux sont très connus et icy fidellement tracés.

« Elle se flatte que Sa Majesté, toujours attentive au bien des manufactures, si necessaires à l'Etat, et en particulier celle d'Elbeuf, qui n'a jamais jouy d'aucun privilège pendant son agrandissement, pendant que les nouvelles manufactures ont jouy et jouissent des plus beaux et des plus favorables, voudra bien soulager les habitans d'Elbeuf dans leurs impositions, et modérer leurs tailles à la même somme que payoit le bourg lors de l'obtention du tarif, en l'année 1708, et de leur aecorder une fixation de vingt années de de ladite somme pour les aider à suporter les grosses pertes qu'ils ont fait et qu'ils font actuellement.

« Et comme le tarif etably dans ledit bourg finit à la fin de la presente année, requéroient à ces causes, les supliants, qu'il plaise à Sa Majesté de vouloir bien leur continuer encore pour vingt années, avec la fixation à la même somme qu'ils payoient pour la taille en 1708 pendant ledit temps, et de leur permettre que tant que la capitation et les ustancils subsisteroient, de percevoir sur les marchandises sujettes au tarif le quart en sus, pour eviter les assiettes des rolles, qui font toujours tant de mal par l'envie et les disputes qu'ils causent ; et comme le tarif, en l'etat qu'il est, ne seroit pas suffisant pour remplir les sommes qui seront à payer au Roy dans led. bourg, il plaise en outre à Sa Majesté ordonner que les marchandises et denrées dont ils joignent l'etat à leur requeste et qui ne sont point comprises dans le tarif, y seront employées, par augmentation, et payeront à l'avenir suivant le tarif qui en a eté fait par les habitans assemblés pour cet effet.

« Et qu'il plaise aussi à Sa Majesté ordonner que tous ceux qui voudront venir habiter dans ledit bourg y soient receus, en faisant les translations requises par l'ordonnance, et que ceux qui ont levé ou lèveront par la suitte des lettres de bulles, qui ne sont dudit bourg, y soient agregés, et biffés sur les rolles des parroisses où ils faisoient leur demeure avant l'obtention desdites lettres que Sa Majesté a accordées ».

Cette requête des habitants d'Elbeuf est suivie, sur le même registre du Conseil d'Etat, d'un arrêt, dont voici les principales dispositions :

« Veu laditte requeste, l'arrest du 14 juillet 1708 portant etablissement du tarif dans le bourg d'Elbeuf, ensemble l'avis du sieur de Gasville, intendant et commissaire departy en la generalité de Rouen...

« Le Roy en son Conseil, ayant aucunement egard à ladite requeste, a prorogé et proroge pour vingt années consecutives à commencer du 1er octobre de la presente année, l'etablissement et perception des droits de tarif accordé aux habitans du bourg d'Elbeuf en 1708.

« En consequence, ordonne Sa Majesté que les droits par le tarif annexé aud. arrest continueront à être payés, pendant ledit terme de vingt années, sur les bestiaux, denrées et marchandises y speciffiées qui entreront et se consommeront, seront vendues et fabriquées dans ledit bourg d'Elbeuf et lieux en dependans, par tous les habitans indistinctement, exemps et non exemps, privilegiés et non privilegiés, nobles et autres, de quelque qualité et condition qu'ils soient, même sur les denrées provenant de leur cru et destinées pour leur propre consommation...

« Veut Sa Majesté que ce qui manquera (pour la taille et autres impositions) soit imposé par capitation sur tous les habitans generalement quelconques dudit bourg et lieux en dependans, en vertu du present arrest et sans qu'il ne soit besoin d'autre, à condition que si les habitans dudit bourg et lieux en dependans font valoir de leurs propres ou prennent à ferme aucuns heritages, tant dans l'election de Pontdelarche que hors d'icelle, ils seront et demeureront taillables dans les parroisses où lesdits biens et heritages seront scituez ; et encore à la charge qu'aucun particulier sortant d'un lieu taillable ne pourra s'etablir au bourg d'Elbeuf pour y jouir de privilèges sous quelque pretexte que ce soit qu'à condition d'y payer la taille sa vie durant ; qu'aucuns negocians, fabriquants ny autres dud. bourg ne pourront faire d'entrepôt ny magasin de denrées sujettes aux droits du tarif hors dud. bourg, dans leurs maisons de campagne ny ailleurs, à peine de 500 livres d'amende, confiscation des bestiaux, denrées et marchandises, et des voitures et harnois qui se trouveront saisis...

« Fait au Conseil du Roy, le 20 avril 1728 ».

Cet arrêt fut enregistré à la Cour des comptes de Normandie, le 28 mai 1729.

Le 20 juin, Henri de Lorraine, étant à Elbeuf, vendit à Jacques-Louis Flavigny, pour le prix de 1.000 livres payé comptant « la charge de bailly d'Elbeuf et de Quatremarres, pour en jouir sa vie durante, aux gages de 140 livres par an, que mondit seigneur luy payera tous les ans à compter de ce jour d'huy, comme aussy son chauffage dans la forest des Monts le Comte, et jouira de tous les privilèges et emoluments attribués à ladite charge, après qu'il sera reçu au Parlement. Et mondit seigneur luy fournira des provisions particulières d'icelles charge, en date de ce jour d'huy...; au cas ou après que ledit sieur Flavigny sera receu avocat, on luy feroit quelques difficultés à la Cour sur la datte des provisions de ladite charge, mondit seigneur luy en donnera d'autres... »

En février, Pierre Delacroix, administrateur

ENTRÉE DE L'HOSPICE-HOPITAL ACTUEL

de l'hospice, avait sollicité des lettres patentes du roi pour unir les revenus de l'ancien hôpital au nouveau, en lui accordant les privilèges dont jouissaient les autres hôpitaux du royaume. Ces lettres lui furent accordées ; en voici le texte :

« Louis par la grace de Dieu Roy de France et de Navarre, à tous presens et à venir, salut.

« Les bourgeois et habitans de la ville d'Elbeuf nous ont fait représenter qu'il se trouvoit en ladite ville deux hôpitaux, l'un ancien et hors d'usage depuis longtemps, dont les revenus se partageoient pour les secours communs des parroisses Saint-Jean et Saint-Etienne, et l'autre nouvellement étably et dans lequel on recevoit actuellement les pauvres malades ; et que s'il nous plaisoit unir lesdits deux hôpitaux et les biens et revenus qui en dependent, pour en former à l'avenir qu'une seule maison où l'hospitalité seroit exercée, les pauvres malades des deux parroisses, et même les étrangers qui viennent travailler dans les manufactures établies en la ville d'Elbeuf, trouveroient plus d'assistance et plus de secours dans leurs besoins et dans les maladies dont ils pourroient être affligez.

« A ces causes, et voulant contribuer au succès de cet établissement, nous, de l'avis de notre Conseil et de notre grace spécialle, pleine puissance et autorité royalle, avons dit et ordonné, disons et ordonnons par ces présentes, signées de notre main, voulons et ordonnons que les deux hôpitaux actuellement établis en la ville d'Elbeuf, ensemble les biens et revenus qui en dépendent, soient et demeurent unis à toujours, comme nous les unissons par ces présentes, pour en faire et former à l'avenir qu'une seulle et même maison, où l'hospitalité sera exercée et qui sera établie sous le titre d'Hôpital Général de la ville d'Elbeuf.

« Lequel établissement nous avons, des mêmes pouvoir et autorité que dessus, aprouvé, loüé et confirmé, aprouvons, loüons et confirmons par cesdites presentes ; voulons qu'il soit à perpétuité sous notre protection et sous celle des Roys nos successeurs, sans qu'il puisse en aucune manière dependre de notre grand aumosnier, ny être sujet aux visittes et jurisdictions des officiers de la générale réformation, grande aumosnerie et autres, pour être ledit hôpital, régi et administré conformément à nôtre déclaration du 12 décembre 1698.

« Permettons aux administrateurs dudit hôpital de recevoir tous dons, legs, universelles ou particulières aumosnes et autres dispositions qui seront faites en sa faveur, soit par testamens, donations entrevifs ou à cause de mort ou autrement, acquérir des fonds jusqu'à concurrence de 600 livres de revenu par chacun an seulement, voulons qu'il jouisse des acquisitions qu'il a cy devant faites et qu'en tant que de besoin nous avons validé et validons.

« Comme aussi, de notre grace spécialle et autorité royalle, nous avons amorti et amortissons par cesdites presentes, comme à Dieu dédiées et consacrées, la maison, lieu, place et closture dudit hôpital, sans que, pour raison de cela, ledit hôpital soit tenu de nous payer et à nos successeurs Roys aucune finance ny indemnité, dont nous l'avons deschargé et deschargeons.

« Fait et faisons don, par ces présentes, à

la réserve des indemnités et autres droits deûs à d'autres seigneurs qu'à nous, auxquels nous n'entendons nuire ny préjudicier, et voulons au surplus que ledit hôpital jouisse de tous les avantages, franchises, exemptions et immunitez dont jouissent les autres hôpitaux de notre Royaume.

« Si mandons à nos amez et féaux conseillers les gens tenant notre cour de Parlement, cour des Comptes, aides et finances à Rouen, et à tous autres nos officiers et justiciers qu'il appartiendra, que ces présentes ils ayent à faire registrer et exécuter selon leur forme et teneur, et du contenu en icelles jouir et user ledit hôpital de la ville d'Elbeuf pleinement, paisiblement et perpétuellement, cessant et faisant cesser tous troubles et empeschements contraires. Car tel est notre plaisir.

« Donné à Marly, au mois de février l'an de grace 1729 et de nôtre règne le 14e.—Louis ».

Au-dessous : « Par le Roy : CHAUVELIN ».

Ces lettres, après avoir été lues par Labiffe, sergent, à l'issue des messes paroissiales de Saint-Jean et de Saint-Etienne, le 12 juin, furent enregistrées à la Chambre des comptes de Rouen, le 5 juillet. Le scribe ajouta que Chauvelin les signa avec paraphe et les scella « d'un sceau de cire verde ».

Le 21 juin, « Me Guillaume Dauphin, prestre, chanoine de l'église collégiale de Saint Louis de la Saussaye et chapelain titulaire de la chapelle Saint Chaud d'Elbeuf », bailla à ferme pour trois ans à Jacques Coulon, laboureur, paroisse Saint-Etienne, les terres et dépendances de cette chapelle, moyennant 45 livres par an ; « declarant ledit sieur Dauphin que, sur ledit fermage, il est obligé de payer la somme de 6 livres tous les ans pour les décimes ; en outre, les reparations urgentes et necessaires à faire à ladite chapelle se montent à 15 livres par an ».

Nous trouvons dans une réponse adressée par les fabricants au contrôleur général, à propos de plaintes portées contre la mauvaise teinture de nombreux draps fabriqués en France, quelques détails intéressants :

Les manufacturiers établissent d'abord que ces plaintes ne sont pas provoquées par des draps d'Elbeuf, parce que dans ce bourg, il n'y avait aucun maître teinturier teignant pour la fabrique, chaque fabricant teignant lui-même les laines dont il avait besoin. Il n'existait qu'un seul teinturier à façon : il teignait les laines filées employées par les tapissiers.

Les fabricants disent ensuite que « la variété infinie des coulleurs qui se font dans cette fabrique est cause qu'il n'a jamais esté déposé au bureau de la Manufacture des échantillons matrices pour servir de modèle de bonne teinture, d'autant plus que l'article 4 des Règlements généraux ne regardent que les coulleurs faites en drap et ne concerne que les couleurs simples ou matrices ».

Ils ajoutent que les couleurs simples qui se font en laine dans la fabrique d'Elbeuf ne servent que pour mélanger ; ces couleurs sont les « rouge de garance, jaulne citron et bleu, faisant de cette coulleur bleue seullement des draps pour uniformes des officiers, mais toujours teints en laine ».

Ils disent encore que toutes les couleurs faites en laine sont obtenues partie avec « des drogues du bon teint et partie drogues de petit teint, et quelques-unes sont faites avec toutes drogues de petit teint ».

Ils terminent ainsi : « Les fabricants, cependant, ne font ces dernières coulleurs que malgré eux et voudroient bien qu'elles ne leur fussent jamais demandées, parce qu'elles sont beaucoup plus sujettes à estre tachées dans le foullon et ailleurs, ce qui leur cause de grosses pertes, et cela avec d'autant plus de raison que les dittes coulleurs, faites avec drogues du petit teint, ne sont que coulleurs claires et dans lesquelles il entre une très petite quantité de drogues, et que si elles se pouvoient faire avec drogues de bon teint ne coûteroient pas aux fabriquants cinq sols de plus par pièce... Mais cela est impossible, aujourd'huy plus que jamais, puisque le goust du publiq est déterminé entièrement pour les coulleurs vineuses et emportées et dont il ne se lassera qu'avec le temps, ou peut-estre tournera-t-il dans le goust de coulleurs encore plus emportées et plus vives qu'on ne les fait aujourd'huy ».

Le 25 août, Charles Leroy fut nommé garde de la draperie, et Abraham Frontin et Pierre Bourdon gardes des laines.

Ce même jour, Thomas Saint-Ouen, chirurgien, décédé la veille à l'âge de 48 ans, fut inhumé dans l'église Saint-Jean. — Trois semaines auparavant, Jean Lesage, prêtre habitué, mort à l'âge de 36 ans, avait été enterré dans le chœur de cette même église, en présence de Jean-Jacques Hamon et Mathieu Doinville, prêtres de la paroisse.

Un arrêt rendu par le roi, le 13 septembre, fit défense aux fabricants d'Elbeuf, Rouen, Darnétal, Louviers, etc., de recevoir dans leurs ateliers les ouvriers travaillant chez un de leurs confrères.

Louis XV avait épousé, le 4 septembre 1725, Marie Leczinska, fille unique de Stanislas Leczinski, qui, porté par Charles XII sur le trône de Pologne, avait été obligé d'en descendre et vivait alors sous la protection de la France.

De ce mariage étaient nées plusieurs filles, mais pas encore de prince, lorsque le 4 septembre 1729 — quatre ans jour pour jour après leur mariage — Marie donna un dauphin au roi.

Ce ne fut qu'allégresse par toute la France : car on croyait encore, à cette époque, que le pays aurait couru les plus grands dangers sans l'existence d'un héritier présomptif de la couronne.

A Elbeuf, on voulut célébrer cet événement par une fête sans précédent. Les fabricants en drap se réunirent le 22 septembre pour délibérer sur les moyens de fêter la naissance « de Monseigneur le Dauphin », qui fut Louis XVI, plus tard.

On décida « de faire quelque chose qui convienne au corps de la Manufacture placée sous la protection du Roy » et on arrêta qu'au jour « qui serait marqué par Monseigneur l'archevêque de Rouen de chanter un *Te Deum*, tous les maîtres drapiers se réuniraient au bureau de la corporation et de là se rendraient en corps à l'église ».

Voilà pour le programme de la journée. Celui du soir comportait « un feu de joye sur la place publique — il n'y avait alors que la place du Coq — avec des illuminations aux endroits où il conviendra le plus propre, pour marquer l'éclat. Et sera tiré des artifices et bouettes ».

A l'effet de couvrir les frais de la fête, les fabricants décidèrent « de donner chacun leur pièce de six livres, laquelle sera prise aussy sur ceux qui sont absents, et en cas d'insuffisance il sera supleé du surplus chacun par teste, ou rendre en cas que ladilte somme soit plus que suffisante ».

Ceux qui prirent l'initiative de cette fête furent :

Jean Le Roy, Bourdon, Nicolas Lefebvre, Pierre Grandin, C. Le Roy, Nicolas Delarue, L. Sevaistre, Robert Grandin, Frontin, Nicolas Roblot, Pierre Delarue, Delacroix, Pierre Hayet, Martin, J. Lecomte, Ledoulx, Louis Grandin, Louis Delarue, H. Lecler et Jacques Grandin, tous fabricants de draps.

Pollet, lieutenant du duché, exerçait toujours les fonctions de bailli. A l'audience qu'il tint le 1ᵉʳ octobre, le procureur fiscal lui fit cette représentation :

« Il a plu au Roy ordonner des prières et des rejouissances publiques pour rendre graces à Dieu et temoigner la joye de ce qu'il avoit plu au Ciel combler ses vœux et ceux de toute la France par la naissance d'un dauphin. En execution de ses ordres, Monseigneur l'archevesque de Rouen a ordonné de chanter un *Te Deum* dans l'eglise de Saint Estienne, et de celebrer une messe et une procession solemnelle le lendemain... »

Le procureur fiscal requit que les habitants des deux paroisses fussent tenus de cesser tout travail pendant les fêtes ; de leur ordonner « de faire des feux chacun devant sa porte, de mettre des lumières à leurs fenestres et d'enjoindre à toutes personnes de fermer et boucher les fenestres de leurs bastiments et greniers, et soupiraux de leurs caves pour eviter aux accidents qui pourroient arriver, sous peine de 50 livres d'amende... »

Les officiers du duché et les avocats du siège furent tenus d'assister en corps aux offices religieux. Par une autre ordonnance, Pollet, après avoir rappelé l'incendie de Bacqueville, défendit « de tirer des fusées et coups de feu ailleurs que dans des lieux sûrs ».

Le 4, à Elbeuf, les trente « bardeurs et barbanneurs » de la paroisse d'Orival se désistèrent de l'appel par eux interjeté contre une sentence rendue en la haute justice de La Londe, le 12 juillet 1723, entre eux et les « anciens bardeurs et barbanneurs » de la même paroisse. Par suite, Jean-Baptiste François le Cordier, seigneur haut justicier du marquisat de la Londe et d'Orival, conseiller au Parlement, capitaine des chasses du roi en ses forêts d'Arques et autres, représenté par Pierre Gueroult, curé de la Londe, les déclara déchargés de tous frais, intérêts et dépens, moyennant que les « trente barbanneurs et bardeurs » se soumissent, ainsi qu'ils l'avaient promis, de verser chaque année seize boisseaux d'avoine, mesure d'Elbeuf, au manoir seigneurial de la Londe et de payer les arrérages échus.

Le 20 octobre, le procureur fiscal du duché représenta aux fabricants, assemblés, qu'il était nécessaire que les rôts aient la largeur réglementaire, « mais qu'il etoit difficile d'y apporter remède parce que plusieurs maistres avoient des mestiers hors du bourg...; pour y remédier, il est bon de punir les lamiers qui font des rôts trop estroits ; il est necessaire de connoistre celuy qui a fait lesdits rôts, et comme on ne peut en avoir connoissance par les tisseurs, qui ont pu aller eux-mesmes prendre lesdits roz chez le lamier, requiers... que lesdits roz soient apportés au bureau ».

Le mois suivant, le bailli de Louviers rendit une sentence par laquelle il nommait Nicolas Lefebvre et Pierre Grandin, fabricants à Elbeuf, pour expertiser des laines.

Les habitants de Saint-Aubin, de Cléon et de Freneuse plaidaient encore, devant la justice d'Elbeuf, contre Boissel et consorts, au sujet du paiement de 778 livres, montant de la dépense faite pour le curage de la traverse du passage Saint-Gilles. Une sentence fut rendue par le bailli, le 8 novembre, en faveur des habitants de la presqu'île.

Des extraits du registre des délibérations de la paroisse Saint-Jean nous font connaître deux singuliers différends qui s'élevèrent à cette époque à propos de la délimitation des Ecameaux.

Les habitants des deux paroisses furent convoqués, par invitation faite au prône et par le son des cloches, à assister à une réunion générale le 27 décembre, dans laquelle on leur exposa que les habitants de Bosnormand avaient fait assigner, devant le lieutenant général de Pont-de-l'Arche, le nommé Revel, fermier de Pierre Lemire, demeurant aux Ecameaux, pour le faire condamner à rembourser le prix d'un pain bénit, fourni par le trésorier de Bosnormand, et l'obliger de fournir, à l'avenir et à son tour, un pain bénit, comme habitant de cette paroisse.

Lemire, intervenant au procès, soutenait

que la masure occupée par Revel était située sur la paroisse Saint-Étienne d'Elbeuf, et le prouvait par les contrats qu'il possédait. Mais cette contestation intéressait tous les habitants d'Elbeuf, puisque, si Revel était condamné à payer le pain bénit, il serait, par conséquence naturelle, jugé que la masure occupée par lui était du territoire de Bosnormand et qu'elle y acquitterait les impôts dont elle était chargée, au préjudice de l'intérêt général des habitants d'Elbeuf, qui perdraient ainsi un co contribuable.

Après délibération, l'assemblée nomma les deux trésoriers en charge, Pierre Godet et J. B. Lecler, pour intervenir également au procès, au nom de la communauté elbeuvienne.

Une affaire du même genre se présenta deux mois après. Un sieur Bérenger était en procès, au bailliage de Pont-Audemer, contre les habitants de Saint-Ouen de la Londe, par suite du refus qu'il avait opposé à offrir le pain bénit dans cette paroisse, alléguant que la maison qu'il habitait, aux Ecameaux, était située sur la paroisse Saint-Etienne, ce qu'il justifiait par d'anciens aveux rendus au duché d'Elbeuf et autres pièces.

Par une seconde délibération, les habitants d'Elbeuf décidèrent de se porter intervenants au procès, et, à cet effet, nommèrent à nouveau Godet et Lecler leurs procureurs.

Voici un extrait de l'inventaire dressé, après le décès de Pierre Couturier, maître drapier à Elbeuf, le 30 décembre 1729 :

Trente-cinq pièces de drap portant des numéros entre 1036 et 1233 inclusivement, trois paires de vieilles forces, deux tables à tondre, six paires de forces dont deux chargées de leurs poids, une grande brosse, deux tuilles, un ourdissoir et son chevalet, un métier à drap garni de rôts, lames, navettes et pouliots sur laquelle une chaîne de dix marques numéro 1237, trois autres métiers à drap garnis de leurs ustensiles, une étuve de cinq marmites, cinq rouets à trame avec leurs pieds et tournettes, plusieurs chaînes bobinées, deux autres en bobines et autres, trois claies, deux banettes, six pièces de lisières, douze tables de savon, vingt-cinq livres de garance, un baril plein de chardon, un lot de croisées de chardon, des restes de laine, un bancard avec son fléau garni de 70 livres de poids, 400 livres de laine teinte, une claie à battre la laine, les pieux et gaulettes du grenier à laine, une presse garnie de ses plaques, plateaux et chouquets, deux lanneurs montés de leurs cabales de chardon, une étuve de quatre marmites, un fût de pipe à huile, une pièce de santal, deux faudets, des cribles à loquets, 50 livres de bois violet, d'autres pièces de drap, un drap n° 1207 revenu foulé du moulin, où étaient encore deux autres pièces portant les nos 1238 et 1244, etc. etc.

CHAPITRE XIX
(1730)

Henri de Lorraine *(suite).* — Les hasples des fileurs. — Supplique adressée au roi par les fabricants. — Une émeute à Elbeuf, a Caudebec et a Saint-Aubin ; quatorze ouvriers condamnés a mort et deux autres aux galères.—Affermage général du duché. — Une tannerie. — Les portes et barrières d'Elbeuf.—Actes pour l'abbaye du Bec-Hellouin.

Le 12 janvier 1730, le procureur fiscal du duché d'Elbeuf observa aux fabricants « qu'il y avoit plusieurs plaintes de differents maistres que les hasples sont de differentes grandeurs, les uns d'une aune, les autres une aune demi-quart, au lieu de cinq quarts qu'ils doivent être ; ce qui arrive souvent par la malice des fileurs qui diminuent eux-mêmes leurs hasples, parce que le payement de leurs filages se faisant à raison d'un certain nombre de tours de hasples, plus les hasples sont petits, plus il y a de tours, et plus par conséquent et forcément ils font d'ochées ou perrots, ce qui fait une différence du prix pour le filage du cinquième d'avec les hasples qui sont de largeur de cinq quarts, et cause que ces ouvriers veulent quitter les maistres qui tiennent la main à la largeur du hasple, pour travailler pour les autres maistres qui ont plus de facilité ; cela fait encore un autre prejudice, en ce que les tisserands à qui l'on donne de ces fils profitent d'un cinquième qui tombe encore en perte au maistre... »

Le juge Pollet ordonna que les hasples auraient tous « cinq quarts de tour, pour estre les fils devidés en perrots et non en eschets, à raison de 600 tours pour la trame faisant 10 sons, et de 660 tours pour l'etain faisant 11 sons ». Cette ordonnance fut publiée à son de trompe et affichée.

Le 4 février, on dressa le procès-verbal de l'état de la manufacture d'Elbeuf pour l'envoyer au roi. Il existait chez les fabricants 512 métiers, nombre inférieur à celui de l'année précédente. Les manufacturiers étaient chargés de marchandises, faute de consommation, « ce qui provient de ce qu'en France on consomme plusieurs autres estoffes pour les habillements venant de pays estranger, et il se feroit une forte consommation de draps de cette manufacture dans les pays estrangers, s'il plaisoit à Sa Majesté en permettre la sortye sans payer aucuns droits.

« Il y a encore une chose que les maistres sont obligés de remontrer à Sa Majesté, qui est qu'en consequence de l'arrest du Conseil du mois de juillet 1725, on les oblige de payer un octroy sur leurs laines ; cet octroy est pour rembourser les officiers municipaux des villes, lesquels ont esté supprimés. Comme il n'y a jamais eu d'officiers municipaux dans Elbeuf, qui est un bourg, cet octroy n'auroit pas deu y estre demandé, et quand il auroit deu avoir lieu dans Elbeuf, il n'auroit pas dû estre perçu sur un seul corps... »

Malgré l'ordonnance rendue précédemment, des fabricants payant encore le filage 6 sols 6 deniers pour la trame et 8 sols 6 deniers pour la chaîne, au lieu de 6 et 8 sols, l'affaire fut remise en délibération le 25 février et l'on passa au scrutin. Vingt-sept fabricants étaient présents : dix-huit se prononcèrent pour l'exécution de l'ordonnance et neuf pour une augmentation de six deniers. En conséquence, Pollet, lieutenant du duché, remplaçant le bailli, déclara que la sentence précédente serait exécutée, sous peine d'amende.

Le rapport suivant va nous instruire d'une émeute qui éclata dans notre bourg et des suites qu'elle eut pour les émeutiers :

« Au mois de mars 1730, l'inspecteur des manufactures ayant tenu la main à ce que la largeur des draps d'Elbeuf fust de cinq quarts en conformité des Règlements, les ouvriers à qui on avoit toleré de les faire de quelque demi quartier moins en prirent occasion de demander à leur maistre 10 sols de la livre de laine au lieu de 8, prix fixé par arrest du Conseil.

« Les maistres ayant refusé cette augmentation, les ouvriers abandonnèrent le travail, firent des assemblées tumultueuses, allèrent chez les maistres colleurs pour les empescher par menaces de coller les chaisnes de draps, firent courir des billets chez les autres ouvriers pour les soulever et empescher de continuer de travailler, criblèrent, la nuit, à coups de pierres la maison d'un ouvrier qui travailloit, et auroient peut estre porté le desordre plus loing si, par les ordonnances que je fis publier aussi tost que j'en fus informé et par la marechaussée que j'y envoyoi, les ouvriers ne s'estoient portés d'abord à achever les ouvrages commencés et ensuite à rentrer chez eux et à travailler à l'ordinaire.

« La multitude de ces ouvriers, qui occupent principalement quatre grandes paroisses, scavoir le bourg d'Elbeuf, Caudebec, Saint Aubin et la Londe, et la consequence d'un pareil soulevement, portèrent M. le controlleur general et M. Fagon à faire d'abord arrester, sur les ordres du Roy, quatre de ceux qui furent connus pour estre des plus mutins, dont Jean Paris, qui s'est joint au memoire de Michel Surget, est du nombre, et je fus chargé par arrest du Conseil de faire le proceds aux auteurs et complices de cette émotion.

« Je representoi alors à M. le controlleur general que la difficulté de trouver des preuves juridiques contre des gens atroupés et même de scavoir leur nom, les ouvriers les uns pour les autres ne voulant pas se deceler, et les maistres, qui estoient les premiers à crier avant que le bruit fust calmé, estant ceux qui gardoient le plus le silence par le regret de perdre leurs ouvriers, on pourroit se contenter de tenir ceux qui estoient arrestez quelque temps en prison, sans s'engager dans une instruction qui coûteroit beaucoup de frais au domaine et pourroit ne pas produire une condamnation de peines afflictives, telles qu'on en vist en pareil cas ; mais il me marqua que l'intention du Roy estoit que le proceds fust fait et qu'il y eust un exemple.

« J'ay en consequence, Monseigneur, fait le

proceds. L'instruction que j'ay fait faire a fait connoître dix-huit accusés.

« Il y en a eu onze qui ont pris la fuite. Quatorze ont esté condamnés à estre pendus — *ces trois derniers mots sont barrés et remplacés par* « à mort » — par contumace. Des sept autres, dont il y en a eu six mis en prison et un maistre d'ecolle — ou de colle, *ce qui est plus probable* — en adjournement personnel, il n'y eut que Michel Surget dit Gillot et Jean Paris sur lesquels on ait pu faire l'exemple desiré par M. le controlleur general. Ils ont esté condamnez aux galères. Les autres ne l'ont esté qu'à des amendes, y ayant peu de charges contre eux.

« Michel Surget a esté le chef des ouvriers de la parroisse de Saint Aubin qui se sont soulevés ; il a assisté aux assemblées, il s'y est chargé de faire une queste dans sa parroisse, il a fait cette queste le samedy après midy, et le lendemain matin ayant mis l'argent de cette queste, qui ne fust que de 9 livres et quelques sols, il est retourné à Elbeuf aux assemblées. Il est allé au matin chez un ouvrier, nommé Delarive, accompagné d'autres ouvriers, luy faire quitter son travail; et comme Larive retourna travailler chez luy, dès la nuit suivante la couverture de sa maison fut criblée à coups de pierres; il y a une grande présomption que Surget, qui y avoit esté le matin, est l'auteur de cette violence.

« Jean Paris a esté le chef du soulevement de la parroisse de Caudebec. De son aveu, il a esté avec les ouvriers de sa boutique demander l'augmentation de prix ; de son aveu, il a le premier sonné la cloche de l'eglise de Caudebec pour assembler les ouvriers ; de son aveu, il s'est trouvé aux assemblées, et, quoiqu'il n'y ait pas contre lui de preuves certaines de billets envoyés, de menaces faittes aux colleurs et autres ouvriers, il y a une grande presomption qu'il n'a pas abandonné les ouvriers qu'il avoit excités et mis en mouvement en les assemblant... »

Le sixième jour de septembre de la même année, Surget et Paris furent condamnés aux galères. Plus tard, comme on l'a vu par cette lettre, ils firent rédiger un mémoire en leur faveur, concluant à obtenir des lettres de rappel des galères. Nous ne savons s'ils y réussirent, mais nous en doutons beaucoup, car alors la justice était fort sévère pour les ouvriers qui se révoltaient.

Les habitants de Caudebec, représentés par Pierre Saint-Pierre, trésorier de la fabrique, plaidaient alors contre Robert Lemarchand, prêtre, clerc de l'œuvre de la paroisse, qu'ils voulaient faire partir de la maison occupée par lui, appartenant au commun des habitants, et auquel aussi ils refusaient de continuer le payement des gages pour remplir les fonctions de clerc de l'œuvre, en lui notifiant qu'ils le destituaient de cet emploi. Le 28 mars, le bailli d'Elbeuf donna gain de cause aux paroissiens.

Les registres du tabellionage d'Elbeuf étaient, de temps à autre, présentés aux assises mercuriales du bailliage de Pont-de l'Arche. Le 24 avril, M° Jacques Bourdon, notaire, n'ayant pu le faire pour cause d'absence, ce fut Alexandre Flavigny, avocat du roi au bailliage, qui soumit celui en cours à la signature de Pierre Le Massif, lieutenant général à ce bailliage.

Le 2 mai mourut « noble homme Henry

Odoard du Hazé », âgé de 62 ans, curé de Saint-Jean. Le surlendemain, on l'inhuma au milieu du chœur de l'église, en présence de Louis Dévé, vicaire, Pierre Dugard, prêtre de la paroisse, — Le 15 du même mois, « Messire Philippe Odoard du Hazé, âgé de 64 ans, decedé la veille » fut également inhumé dans l'église, devant le crucifix. — Nous noterons encore parmi les inhumations faites en ce même mois, à la date du 20, celle de Pierre Bénard, prêtre, sacristain de la paroisse Saint-Jean depuis trente ans, décédé la veille dans sa 79e année; on l'enterra aussi dans le chœur, en présence de Jean Dubuc, Laurent Lestourmy, Mathieu Doinville, prêtres, et Louis Dévé, vicaire.

Par acte passé à Elbeuf, le 7 mai, « très haut et très puissant prince Monseigneur Henry de Lorraine, duc d'Elbeuf, pair de France, seigneur haut justicier de la rivière de Seine depuis l'ombre du Pont de l'Arche jusques au Gravier d'Orival, baron haut justicier de la Haye du Theil, du Gros Theil et de Quatremares, baron de Grosley, seigneur suzerain et haut justicier de la chastellenye de Boissey le Chastel et lieux en dependant, seigneur particulier des fiefs de Criquebeuf sur Seine, Saint Aubin, Cleon, La Heuze, gouverneur pour le Roy des provinces de Picardie, Boullonnois, Artois, païs conquis et reconquis, gouverneur particulier des ville et citadelle de Montreuil sur la mer et lieutenant general des armées de Sa Majesté, demeurant à Paris en son hostel, rue Vaugirard, de present au manoir seigneurial de la Saussaye », bailla à loyer, pour neuf années à deux bourgeois de Rouen et à François-

Alexandre Quesney et à Jean-Baptiste Dupont, ces deux derniers habitants de notre bourg, la ferme générale du duché d'Elbeuf consistant en :

« Moulins et coutume d'Elbeuf, le poids, le jauge et courtage, charette, la conciergerie, la sergenterie, le tabellionage, les porteurs, le moutage à plâtre, les carrières, le fourneau à chaux, les recettes de Caudebec, la Haye du Theil et le Gros Theil, la coupe des bois de la forest des Monts le Comte à raison d'une vente par chacun an, qui sont les ventes des Montoris et Queue des Rues, la Mare Ango, la Mare Done, le Mont Duve, le Haistre Saint Nicolas, la Croix, la Carte, le Vallot et le Canouel, suivant la division faite en dix huit coupes, la voiture et batteaux par eau pour aller et venir d'Elbeuf à Rouen, y compris la *Mal-Menée* ou voiture de la Coste, la voiture par terre des charrettes à Paris, les fermes de l'Eau, de Saint Aubin, Cleon, la Heuze, Criquebeuf sur Seine, la recette de Caudebec, Mandeville, les prevostés du Thuit Anger, Thuit Signol et Thuit Hagueron, la ferme des baronyes de Grosley, Quatremares et Routot, les maisons de la halle et de la Barrière, et generalement tout ce qui est la dependance du duché d'Elbeuf...

« A la reserve neanmoins de son chasteau, escuries, jardin et tenements, de la garenne de Cleon, des deniers d'octroy, des treizièmes et des amendes autres que celles qui proviendront des delits des bois ; à la reserve aussy de pourvoir à tous les benefices qui dependent dudit duché, office, garde noble, fortfaiture, drois de main morte, aubaine, confiscation et reversions...

« Ne pourront lesdits preneurs demander aucune diminution du prix du present bail pour aucuns cas fortuits preveus et non preveus, comme guerre, peste et famine, gresles et inondations ; entretiendront lesdites preneurs de toutes reparations locatives les batiments des fermes, les halles, conciergerie, pretoire et autres lieux, excepté les maisons de la halle et de la Barrière ; seront tenus d'entretenir les moulins, mesme celuy du Bosroger, de tournants et moulans, mesme de gros ouvrages et meulles, et les faire replacer lorsqu'ils manqueront, les rendront moulant et faisant farine à la fin dudit bail ; entretenir le pavé d'entre les deux halles, curer et nettoyer les etangs et cours d'eaux...

« Lesdits preneurs se fourniront pour la voiture par eau de batteaux, chevaux et equipages à leurs frais et depens, feront bien et dument servir le public, en sorte qu'il n'en arrive aucune plainte ny retardement ; seront aussy lesdits preneurs tenus d'apporter les meubles qui seront à mondit seigneur *gratis*, de se fournir de chevaux, charettes et equipages pour la voiture par terre, pour mener et voiturer les marchandises de draperie, tapisserie et autres à Paris et de Paris à Elbeuf, et de mener et ramener les hardes de mondit seigneur bailleur d'Elbeuf à Paris et de Paris à Elbeuf... »

Suivent d'autres charges concernant l'exploitation des bois, la culture des terres, la tenue des plaids et gages pleiges. Le bail fut consenti moyennant 43.230 livres par an, et 25.000 livres de vin payées comptant.

A ce contrat était présente la Vollant, qui consentit à l'exécution du bail à condition qu'elle recevrait 5.000 livres par an des mains des preneurs, à déduire du prix de 43.230 livres.

Quelque temps après, les quatre associés rétrocédèrent plusieurs parties de la ferme du duché à divers.

A cette époque, Pierre Revel était maître d'école en la paroisse Saint-Jean. Sa signature, tremblée, indique qu'il était très âgé; son fils Michel le cautionna dans un emprunt de 100 livres qu'il fit au trésor de Saint-Etienne. En février suivant, Pierre Bataille est cité comme remplissant la fonction de maître d'école en la même paroisse, et, au printemps de 1731, nous trouvons André Desboues, aussi mentionné en qualité de maître d'école en la paroisse Saint-Jean.

Voici un extrait de l'inventaire dressé le 9 mai, après le décès de « François Saint Gilles, marchand meguicher, en la paroisse Saint Estienne, à la requeste de son fils François, également marchand meguicher, au même lieu :

« 14 cuirs tant vache que bœuf, 16 cuirs de vache et 7 de veau; dans une cuve 100 moutons tant bons que mauvais; sur le bord du vivier, 16 cuirs de vache, 8 veaux et 2 moutons, un moule de cuivre à faire des mottes; dans un plein, 16 cuirs tant bœuf que vache en poil, 54 veaux en poil, 14 tousars en poil; sur la tannerie, 100 livres de bourre, 30 livres de bourre blanche, 14 gaules, quatorze pieux; dans la tannerie, 72 pièces, des tentes garnies de mottes, un bard, etc.

« Dans un grenier, 12 bendes de cuir de cheval et de vache, 100 livres de colle; dans le vivier, 8 cuirs de bœuf; ailleurs, 8 bendes de cuir de cheval et 2 de bouriques, des bancards, balances et poids, une peau de sanglier, 18 costés de cuir de cheval, 3 costés de cuir de vaches etoquées, 3 costés de cuir de bœuf gras, 4 housses du Berry, 2 tousars en laine, 76 bazannes, 21 costés de cuir de cheval, 9 peaux de chien, 3 peaux d'annes noires, une peau de sanglier appartenant au sieur de la Hetraye, 3 peaux de renard ; dans un grenier, 7 peaux de veau sans etoquer, 6 peaux de mouton, 24 costés de cuir de cheval dont plusieurs appartiennent à divers particuliers, 6 peaux de mouton, 24 costés de cuir de cheval, 13 rappes de cerf appartenant à divers », etc.

Le jeudi 10 mai, les habitants d'Elbeuf, dûment convoqués, se réunirent en assemblée générale, pour examiner le mémoire présenté par Pierre Hayet et Jacques Béranger, autorisés précédemment par la Communauté de faire réédifier les barrières du bourg, destinées à faciliter la perception des droits de tarif. Ce mémoire se montait à 1.718 livres 12 sols.

Cette dépense avait été consacrée « à la porte de Paris, à la petite porte donnant sur les champs et à celle de la rue de l'Eclette ». Mais comme il restait à réédifier celle du Neubourg (rue de la Justice), de la Croix-Féret (rue Meleuse), de Rouen et du bord de l'Eau, qui étaient totalement pourries, l'assemblée autorisa Hayet et Béranger à les faire rebâtir « aussy solidement que celles qui sont commencées, et les faire couvrir en thuille, à l'exception de celle de Rouen », pour laquelle il fallait l'autorisation préalable de l'intendance.

Quelques jours après, Hayet et Béranger adressèrent une supplique à M. de Gasville, intendant de la généralité, dans laquelle ils exposèrent que le bourg d'Elbeuf avait donné à ferme son tarif, à condition de remettre en état toutes les portes et barrières tombées en ruine.

Mais, dirent-ils, on s'est aperçu « dans les démolitions de quelques barrières, que tout etoit pourry et consommé jusqu'au pied, parce que lesdites barrières, étant sans couverture, etoient exposées aux injures du temps ; pourquoy les suppliants ont trouvé à propos de faire construire, au lieu de barrières, de bonnes portes couvertes et solidement bâties en charpente, ce qui a coûté beaucoup plus que l'on ne s'etoit imaginé, mais dont la solidité dedommagera assez la ditte Communauté, qui a approuvé la construction de la grande porte de Paris et deux autres plus petites, lesquelles ont coûté 1.718 livres 12 sols.

« Comme il reste encore quatre portes à faire construire, lesdits sieurs Hayet et Béranger ont convoqué une nouvelle assemblée des habitants, pour presenter l'etat des choses et combien il etoit necessaire d'y faire travailler avant l'hiver... » Ils mentionnent alors la délibération du 10 mai et terminent en demandant l'autorisation nécessaire, qui leur fut accordée, le 13 juillet.

Dans les mémoires que nous trouvons concernant la reconstruction de ces trois portes, celle de Paris est presque toujours désignée sous le nom de « la grande porte ». Elle était percée d'un guichet, portait un marteau et deux serrures. Il était entré dans sa construction 703 livres pesant de fer, sans compter les clous, pitons, barres, clenches, crochets, serrures, etc.

On avait fait pour l'établissement de cette même porte quatre voyages de « bittes » prises aux carrières de Candie, charrié sept marques de bois prises au port de la Brigaudière et onze autres marques de bois ; charrié encore 246 sommes de bloc prises au « Glajeu » (Glayeul). — Faut-il voir ici des restes de l'ancienne chapelle et du château que les comtes d'Harcourt avaient commencé à construire avant la guerre de Cent ans ?

Enfin, nous trouvons un voyage de bois pour le feu de joie, allumé devant la porte lorsqu'elle fut terminée. Quant à l'ancienne barrière, elle fut enlevée d'un seul voyage. Comme dernier détail, notons qu'il était entré 110 marques de bois dans la construction des trois portes nouvelles, sans compter celui employé pour divers travaux de menuiserie.

Pendant ce même été, on répara aussi les rues d'Elbeuf. Les ouvriers employés aux travaux recevaient un salaire de 16 sols par jour. Des enfants chargés de ramasser des cailloux, reçurent 5 sols par jour. Une journée de charriage par banneau à trois chevaux était payée 4 livres 15 sols. Quatre pics neufs, achetés chez le « blanchœuvre », coûtèrent 5 livres. Le « batteux de tambourg », pour avoir averti huit fois la population, reçut 40 sols.

Par acte du 19 juillet, Louis Sevaistre, drapier, fonda deux hautes messes à Saint-Etienne, moyennant une rente de 19 livres 8 sols 10 deniers donnée au trésor, représenté par Guillaume Manoury, Jean-François Ledoulx, Louis Delarue et Marin Guenet, trésoriers.

Le 28 août, Charles Maille, avocat au Parlement, demeurant à Elbeuf ; Jean Patallier, d'Elbeuf, oncle et cousin des enfants de feu Marin Maille et de Marie David ; Jacques David, bachelier de Sorbonne ; et Etienne David, avocat à la Cour, bailli de la haute justice d'Acquigny et lieutenant général au bailliage du Vaudreuil, oncles maternels des mineurs de Marin Maille, se réunirent à Elbeuf en conseil de famille.

Un arrêt du Conseil royal, daté du 5 décembre, concernant le contrôle des draperies, porte ce qui suit :

« ... III. — Les draps et autres etoffes des fabriques de Louviers, Elbeuf, Darnetal et autres lieux de la généralité de Rouen, qui auront tous leurs apprêts, et dont la destination sera pour les pays etrangers, ou pour les villes du royaume où il n'y a point de bureaux de contrôle, seront prealablement apportez à Rouen, au bureau de la halle foraine, pour y être, par les gardes des marchands drapiers et merciers unie de laditte ville, visitez, marquez du plomb de controlle et emballez de la manière expliquée au premier article, s'ils se trouvent fabriquez, teints et apprêtez conformement aux reglements... »

A cette époque, François Flavigny, fils de Pierre et de Catherine Flavigny, était fabricant à Orival. Il était neveu de François Flavigny, frère de sa mère, chirurgien à Elbeuf.

Guillaume Boissel, conseiller du roi, seigneur de la Harengère, receveur ancien et alternatif des tailles en l'élection de Montivilliers, né à Elbeuf, où il possédait des immeubles importants, résidait souvent dans notre bourg. De 1730 à 1732, il y signa de nombreux baux, en qualité de fondé de pouvoirs de Louis de Bourbon-Condé, comte de Clermont, prince du sang, abbé commendataire de l'abbaye du Bec-Hellouin, avec des tenanciers de la mense abbatiale. Bien qu'en dehors de notre sujet, nous relèverons sommairement ces contrats, conservés dans les Archives de l'ancien notariat du duché d'Elbeuf, et dont l'analyse pourra servir aux personnes qui s'intéresseraient à l'histoire de cette célèbre abbaye ou à celle des localités que nous allons mentionner :

18 juillet 1730. — Bail à Georges Voisin, curé de Breux, de la dîme de cette paroisse ; 120 livres par an.

Même jour. — Bail à Charles Portier, curé, des dîmes de Penlatte ; 300 livres et dix livres de sucre par an.

22 juillet. — Bail à Claude et Louis Harent frères, laboureurs, de vingt acres de terre à Saint-Eloy-de-Fourques ; 460 livres et quatre couples de canards.

27 juillet. — Bail à François Frontin, curé, des dîmes de Bosbénard-Cressy ; 328 livres 8 sols, quatre boisseaux de bled et dix livres de sucre, le tout par an.

Même jour. — Bail à Georges Lefort, curé, des dîmes d'Alincourt ; 158 livres 8 sols.

Même jour. — Bail à Philippe Vallée, curé, des dîmes de Lhosmes.

29 juillet. — Bail d'un trait de dîme à Serquigny ; 108 livres.

2 août. — Bail de la dîme d'Acon ; 312 liv.

4 novembre. — Bail d'une terre à Saint-Eloy-de-Fourques ; 48 livres, deux canards et trois bons poulets.

Même jour. — Bail de la dîme de la Harengère ; 244 livres 16 sols, quatre boisseaux de blé et cinq livres de sucre.

Même jour. — Bail de la dîme du Neubourg ; 350 livres.

5 novembre. — Bail de la dîme de Fouqueville ; 780 livres, quatre boisseaux de blé et dix livres de sucre.

6 novembre. — Bail à Nicolas Fanouillère, curé, des dîmes de Saint-Taurin-des-Ifs ; 240 livres.

7 novembre. — Bail de terres sises à Gros-Theil ; 36 livres et une couple de poulets ;

Même jour : Bail de terre sises à Saint-Taurin-des-Ifs ; 120 livres et deux chapons ;

Même jour. — Bail de la dîme du Gros-Theil ; 1.750 livres, quatre boisseaux de blé et dix livres de sucre, toujours par an ;

9 novembre.—Bail d'une terre sise à Saint-Eloy de-Fourques ; 50 livres et une couple de poulets ;

11 novembre. — Bail de quatre acres de terre, sises à Saint-Paul-sur-Fouques ; 96 livres et deux chapons ;

14 novembre. — Bail de 21 acres de terre sises à Saint-Eloy ; 380 livres et quatre canards ;

15 novembre. — Bail de cinq acres de terre sises à Saint-Paul et à Gros-Theil ; 125 livres deux chapons et deux canards ;

18 novembre. — Bail du moulin de Béquerel sis à « Abbeville » — lire Appeville ; — 420 livres, quatre boisseaux de blé et dix livres de sucre ;

20 novembre. — Bail de quatorze acres de terre, sises à Saint Paul ; 274 livres, huit poulets et un chapon ;

Même jour. — Bail de dix acres de terre, sises à Saint-Paul ; 229 livres et cinq chapons ;

23 novembre. — Bail de trois pièces de

terres, sises à Saint Eloy ; 72 livres et deux chapons ;

28 novembre. — Bail de trois acres de terre, sises à Saint-Paul ; 75 livres et deux chapons ;

Même jour. — Bail de quatre acres et demie de terre, même paroisse ; 105 livres et six poulets ;

4 décembre. — Bail de la dîme de Voiscreville, à Rémy Collet, curé ; 80 livres et une couple de chapons ;

Même jour. — Bail de seize acres de terre, sises à Saint-Léger du Genetey ; 65 livres 10 sols et deux chapons ;

5 décembre. — Bail du moulin des Vieils, sis à Pont-Authou ; 662 livres, dix livres de sucre, quatre boisseaux de blé et quatre bons canards ;

Même jour. — Bail de trois pièces de terre à Saint-Eloy ; 100 livres et deux chapons ;

9 décembre. — Bail de quatre autres pièces même paroisse ; 63 livres ;

12 décembre. — Bail de douze acres, même paroisse ; 294 livres, quatre chapons et deux poulets ;

13 décembre. — Bail de seize acres, même paroisse ; 366 livres et quatre chapons ;

16 décembre. — Bail de huit acres, sises à Voiscreville ; 96 livres ;

Même jour. — Bail de terres, dîmes, rentes seigneuriales et treizièmes de Saint-Denis du Bosguerard, à Pierre de la Houssaye, curé du lieu, 980 livres, quatre boisseaux de blé et dix livres de sucre ;

20 décembre. — Bail d'un trait de dîme au Theillement, à Antoine Isabel, curé de la paroisse ; 42 livres 10 sols ;

21 décembre.—Bail de trois pièces de terre; sises à Saint-Eloy ; 138 livres ;

Même jour. — Bail de deux autres pièces, même paroisse ; 30 livres 10 sols et trois chapons ;

Même jour. — Bail de deux pièces, sises à Saint-Taurin ; 150 livres et quatre chapons ;

30 décembre. — Bail des fermes de la Coudraie, de la Barre, de Mesy, des dîmes d'Haincourt, « Court-Dimanche » (Courdemanche), Flain, Morainvilliers, la ferme de la Gâtine, dîmes de Tesencourt et Condécourt, la dîme du Perché et Senseil, la dîme de Senault ; 4.900 livres et diverses charges.

Après avoir passé d'autres baux, Boissel quitta Elbeuf pour retourner à Montivilliers, où, sans doute, il traita avec d'autres fermiers. Nous le retrouverons l'année suivante à Elbeuf.

CHAPITRE XX
(1731)

Henri de Lorraine *(suite)*. — Affaires de la fabrique. — Une condamnation a mort. — Plaintes des manufacturiers de Louviers contre ceux d'Elbeuf ; arrogante réponse de ceux-ci. — Etablissement, a Elbeuf, d'un bureau de contrôle pour les draps des deux villes. — Autres actes pour l'abbé du Bec-Hellouin.

Jacques-Louis Flavigny, avocat à la cour, qui avait été nommé bailli d'Elbeuf, présida l'assemblée des fabricants qui se tint le 27 janvier 1721.

Les manufacturiers y renouvelèrent leurs plaintes contre l'invasion des draperies étrangères dans toutes les villes du royaume, malgré les ordres donnés par le roi, et dirent que le seul moyen « d'arrester cette contrebande seroit d'en empescher le détail dans les magasins et boutiques ». Sans cette mesure, ajoutaient les fabricants, la diminution de la production s'accentuerait encore et causerait la ruine de l'industrie française.

Ils se plaignirent également de la qualité des laines d'Espagne « qu'ils achetoient autrefois avec confiance, mais qui etoient devenues meconnaissables, de sorte que le fabriquant le plus esclave est tous les jours exposé à estre trompé par des deguisements pernicieux ». Ils adressèrent au Conseil un mémoire pour réprimer cet abus qui causait un grand préjudice à la fabrique d'Elbeuf, obligée, par les Règlements, de n'employer que des laines d'Espagne fines.

Ils ajoutèrent à leur plainte que la fabrique de Rouen n'était pas tenue, comme celles d'Elbeuf, d'Orival, de Louviers et de Darnétal, d'avoir ses hasples d'une longueur fixe ; ce qui gênait les maîtres d'Elbeuf, parce que des fileurs de ce bourg et des environs travaillaient pour Rouen, et que la tolérance que l'on avait pour cette dernière fabrique les entraînait dans le relâchement ou les faisait quitter les maîtres d'Elbeuf pour ceux de Rouen.

En terminant, ils exprimèrent l'espoir que leurs réclamations seraient prises en considération, car il s'agissait de la protection d'une manufacture donnant la subsistance « à près de 30.000 ouvriers ».

Le 6 février, le Conseil d'Etat rendit un arrêt sur une contestation entre les habitants de la paroisse Saint-Jean et ceux de Caudebec, concernant l'imposition de la taille. Il fixa les limites de la bourgeoisie d'Elbeuf au côté d'en de ça de la rue du Port et de la rue du Boût-du Gard, et dit néanmoins que les maisons et masures sises sur ces deux rues seraient réputées de la paroisse de Caudebec, et le reste de la paroisse Saint Jean.

Le presbytère de la paroisse Saint-Jean fut reconstruit cette année-là ; on y dépensa 1.840 livres.

Le 17 février, Louis Boucachard, de la Bouille, fermier de l'adjudicataire des droits de boucherie au département de Rouen, vint à Elbeuf, où il rétrocéda, pour une durée de huit ans, le droit d'inspection des boucheries d'Orival, à Jacques Adam, boucher en cette paroisse. Ce droit, qui consistait en 40 sols par bœuf ou vache, 12 sols par veau et 4 sols par mouton, plus 2 sols pour livre, fut cédé moyennant 80 livres par an.

En 1731, Pierre Bourdon, administrateur-receveur de l'hospice, fit bâtir l'infirmerie et commença l'élargissement de la ruelle de l'hôpital, trop étroite pour l'entrée des charrettes. « Le sieur Flavigny, d'Andely, permit de l'élargir aux dépens de sa masure, contiguë, et Bourdon fit construire le mur de moellon », lisons-nous sur une note manuscrite.

Nous avons dit qu'un arrêt du Conseil, daté du 5 décembre 1730, avait ordonné à toutes les fabriques du département de Rouen de faire porter leurs marchandises destinées pour les villes de Lyon, Bordeaux, Bayonne et autres, où il n'existait point de bureau de contrôle, au bureau de la halle de Rouen, afin d'y être visitées, marquées du plomb de cette ville et enfin être emballées.

Les fabricants d'Elbeuf trouvèrent cet arrêt très préjudiciable à leurs intérêts, par le dérangement que ce transport à Rouen devait leur causer. Aussi chargèrent-ils l'un d'eux, Pierre Hayet, de présenter au Conseil une requête au nom de la Communauté. Cette décision fut prise le 24 février 1731. Ainsi que nous le verrons bientôt, les Elbeuviens gagnèrent leur cause, et un bureau de contrôle fut créé dans notre ville pour Elbeuf et Louviers.

Au commencement du mois de décembre précédent, un nommé Pierre Aillet, âgé de 36 ans, ouvrier tisserand, de la paroisse Saint-Etienne, avait à plusieurs reprises franchi, au moyen d'une échelle, le mur de Robert Grandin et volé quatre pièces de drap dans son magasin.

Découvert par la justice, on l'avait emprisonné à Elbeuf et placé sous la surveillance de Pierre Mouchard, geôlier. Mais, pendant la nuit du 12 au 13 février, le voleur s'échappa de sa prison, après s'être délivré des fers qu'il portait aux mains et que l'on retrouva le lendemain cachés dans un coin. Aillet étant sorti sans laisser de traces d'effraction, on en conclut à la complicité de Mouchard, qui fut emprisonné à son tour. L'instruction du procès d'Aillet se poursuivit et, le 6 mars, le bailli Jacques-Louis Flavigny rendit cette sentence :

« Pour punition et réparation duquel crime, nous avons condamné ledit Aillet à estre pendu et estranglé jusqu'à ce que mort s'ensuive, à une potence qui pour cet effet sera dressée à la place du Coq ; préalablement, ledit Aillet sera appliqué à la question ordinaire et extraordinaire ; tous et un chacqu'un ses biens sont confisqués, sur yceux préalablement pris la somme de 100 livres d'amende à laquelle nous l'avons condamné envers Son Altesse Monseigneur le duc d'Elbeuf, en tant que confiscation n'ait lieu à son profit ; et sera nostre présente sentence exécutée par effigie dans un tableau qui sera attaché à ladite potence par l'exécuteur de la haute justice... Les morceaux de draps en ce greffe seront rendus audit sieur Grandin... »

Entre temps, Robert Dubois avait sollicité

auprès du bailli l'emploi de geôlier, en remplacement de Mouchard, et l'avait obtenu.

Un arrêt du roi, rendu à la date du 12 mars prorogea, pour trois nouvelles années, les défenses faites par ceux des 17 mars 1717, 13 janvier 1721, 15 février et 13 juin 1724, 27 mai 1727 et 9 mai 1730, à tous juges de Rouen, Elbeuf, Louviers et Darnétal de recevoir de nouveaux maîtres drapiers.

Le notaire d'Elbeuf, M° Pierre Levalleux, reçut, le 9 mai, Jacques Lefebvre, curé de Saint-Pierre-des-Cercueils; Louis Leloup, trésorier en charge; François Le Métayer, écuyer, sieur des Champs; Louis Emery de Rocquigny, écuyer, seigneur du fief Portpinché; Nicolas Le Métayer, écuyer, sieur de Lormaye, Jean et Louis Lechartier, et plusieurs autres des principaux paroissiens de Saint-Pierre-des-Cercueils, qui déclarèrent et reconnurent que :

« Messire Henry de Campion, prestre, écuyer, seigneur du fief de Saint Pierre, a fait construire à ses frais et dépens la chapelle dédiée en l'honneur la très sainte Vierge, saint Joseph et saint Henry, du consentement de dame de Formentin, veuve de messire Marc-Anthoine de Languedor de Bois le Viconte, seigneur et patron d'Anouville, baron du Béthomas, et, en cette qualité, seigneur et patron de ladite paroisse de Saint Pierre et autres lieux, tutrice principalle de Messieurs ses enfants mineurs, et de celuy desdits sieurs curé, trésoriers et paroissiens, avec prommesse de la dotter, d'y faire une fondation, ce que ledit sieur de Campion présent a maintenant exécuté, aumosnant pour cet effet... 100 livres de rente foncière perpétuelle et irracquittable... »

Le trésor s'engagea, de son côté, à faire célébrer chaque année à perpétuité, pour le repos de l'âme du fondateur : une messe basse tous les dimanches et fêtes depuis la Saint-Michel jusques à Pâques ; plus cinquante messes basses par an, à raison d'une par semaine ; plus deux hautes messes, l'une à la Saint-Joseph, l'autre à la Saint-Henri ; plus un salut aux cinq principales fêtes de la Vierge, avec procession.

Une donation de 15 livres de rente fut faite à l'hôpital d'Elbeuf, le 18 du même mois, par Pierre Godet, fabricant de draps.

Le 13 juin, on procéda à l'inventaire du mobilier, assez pauvre, laissé par feu Etienne Lamy, en présence d'Adrian de Postis, sieur de la Boissière, tuteur des enfants née du défunt et de Madeleine-Françoise de Postis, sa femme.

Au 23 du même mois, Jean-Charles Carité, prêtre, était directeur des Ursulines d'Elbeuf.

En cette année, un fabricant d'Elbeuf, du nom de Bourdon, obtint une concession pour établir une « filerie de laine » à Pont-Audemer, où déjà une tentative avait été faite, quelques années auparavant, par un Flamand ou Hollandais, nommé Van Hille, marchand à la Bouille, pour y établir une fabrique de draps.

Au mois d'avril précédent, les fabricants de Louviers avaient adressé au Conseil une demande tendant à ce que le Règlement du 15 janvier 1715, rendu pour leur manufacture, fut exécuté, et qu'en conséquence, il fut ordonné aux fabricants d'Elbeuf de ne produire que des draps forts ordinaires, ou bien que le Règlement donné à la fabrique de Sedan, le

19 septembre 1718, fut déclaré commun pour les manufactures de Louviers et d'Elbeuf.

Le contrôleur général voulut connaître l'opinion de la fabrique d'Elbeuf sur cette demande, et, sur une convocation du « clerc ordinaire » de la manufacture, nos fabricants se réunirent le 3 juillet pour délibérer et formuler leur avis.

L'arrêt du 15 janvier 1715 ordonnait que les draps fins de Louviers auraient au moins 3.300 fils en chaîne et seraient fabriqués dans des rôts de deux aunes un quart entre les lisières ; la laine devait être de la qualité dite prime Segovie. Il en résultait que la fabrique de Louviers était restreinte à la production de draps imités de ceux de Van Robais ; mais que, cependant, elle rencontrait, dans ces limites, la concurrence des Elbeuviens qui, depuis quelques années, fabriquaient des draps fins, quoique leurs Règlements leur prescrivissent de ne faire que des draps ordinaires « vulgairement appelés draps d'Elbeuf ».

C'était pour empêcher un « abus semblable, à Sedan », que le roi avait donné l'arrêté du 19 septembre 1718, défendant aux Sedanais d'employer des primes Ségovie, sous peine de 100 livres d'amende et de confiscation des draps.

Voici ce que répondirent les fabricants d'Elbeuf aux commissaires du Conseil du commerce :

« Les fabriquants de Louviers ont grand tort de chercher ailleurs que chez eux la cause du discrédit où leurs fabriques sont tombées depuis plusieurs années, et au lieu de vouloir réformer ce qui se fait chez leurs voisins, ils devroient plutôt penser à rectifier le désordre qui règne dans leurs fabriques, en faisant un meilleur choix des laines qu'ils employent.

« Ce bon choix, cependant, ne suffit pas ; car il n'est plus le temps de fabriquer des draps par routine : Il faudrait aux fabriques de Louviers plus de discernement et d'intelligence dans le gouvernement de leurs ouvriers, plus de goût et de science dans l'art de bien fabriquer et de perfectionner les apprêts de leurs draps : toutes qualités essentielles qui doivent caractériser le bon fabriquant, mais qui, malheureusement pour la fabrique de Louviers, ne se trouvent presque plus dans aucun de ses membres, principalement dans ceux qui, par leur fortune, seroient le plus en état de remettre cette fabrique dans une meilleure situation.

« Ce sont leçons que la fabrique d'Elbeuf se croit en droit de faire à celle de Louviers, qui lui doit son origine et son établissement.

« Le début de cette réplique des fabriquants d'Elbeuf scandalisera sans doute ceux de Louviers, mais les observations que font les premiers sont vrayes.

« Il n'en est pas de même du placet présenté au Conseil par les fabriquants de Louviers, où il n'y a pas un mot de vray, surtout dans ce qu'ils ont osé avancer contre les fabriquants d'Elbeuf.

« Quelle impudence et quelle malice n'est-ce point à eux d'en vouloir imposer au Conseil, jusqu'au point de luy exposer, contre leurs propres connoissances, que ces derniers ne se sont immiscez que depuis quelques années de faire fabriquer des draps fins et à leur imitation !

« Ils scavent, ces fabriquants de Louviers, et

ne sçauroient ignorer qu'il s'est fait des draps fins à Elbeuf longtemps avant qu'il fut question de fabriquer à Louviers. Ils sçavent qu'on n'a point discontinué d'y en fabriquer, et ils devroient sçavoir, en se rendant plus de justice, que la fabrique d'Elbeuf ne s'est jamais avisée de la prendre pour modèle dans la façon de fabriquer ces draps fins.

« Les fabriquants de Louviers veulent insinuer qu'en laissant les fabriquants d'Elbeuf en possession de faire des draps forts et des draps fins, il y auroit à craindre, dans la composition de ces derniers, un mélange des laines de la première qualité avec les laines plus inférieures, d'où, disent-ils, il résulteroit un abus considérable. Nous allons démontrer que ce mélange de laines prétendu est une supposition frivolle, qui n'a pu jusques à présent et ne sçauroit à l'avenir être pratiqué dans la fabrique d'Elbeuf ; qu'au contraire, ce mélange doit être, à juste titre, imputé aux fabriquants de Louviers.

« La fabrique d'Elbeuf est connue dans tout le royaume et peut-être par toute l'Europe pour fabriquer des draps forts, parce que, depuis son établissement, elle s'est principalement attachée à faire des draps de cette espèce, qui sont parvenus à un point de reputation qui luy fait honneur : c'est de cette réputation là mesme de leurs draps forts que les fabriquants d'Elbeuf prétendent prouver la perfection et la bonne qualité de leurs draps fins, qui sont moins connus pour en avoir toujours fabriqué une bien plus petite quantité que des autres.

« Il en résulte que le nom d'Elbeuf posé au chef de ces mesmes draps est plus nuisible que profitable dans la vente et la consommation qui s'en fait ; que conséquemment les fabriquants d'Elbeuf ne sçauroient s'en procurer la vente qu'en tant que la bonne qualité et la perfection s'y rencontrent ; autrement, ils se trouveroient forcés de les vendre au-dessous du prix de leurs draps forts.

« Or, pour faire un drap fin de belle qualité, il faut, sans contredit, la plus belle laine; donc le mélange de laines supposé par les fabriquants de Louviers est impraticable dans la fabrique d'Elbeuf.

« Pour prouver que ce mélange de laines de différentes qualités doit, à juste titre, être imputé aux fabriquants de Louviers, on prend la liberté de leur demander d'où vient cette distance prodigieuse du prix de leurs draps à celuy du sieur Van Robais, dont ils se vantent d'être les imitateurs ?

« On leur demande pourquoy eux, qui ont sur les fabriquants d'Elbeuf l'avantage d'être connus pour ne fabriquer que des draps fins, vendent les plus parfaits à plus bas prix que tous ceux qui sont fabriqués à Elbeuf? On leur demande pourquoy une bonne partie de leurs draps sont vendus depuis trente sols jusqu'à cinquante sols par aune moins ?

« On n'attend pas de réponse d'eux à cette objection : mais on ne sçauroit raisonnablement en conclure autre chose, sinon que le mélange de laine de différentes qualités est autant réelle dans la fabrique de Louviers qu'il est imaginaire dans celle d'Elbeuf, ou que s'il étoit vray, comme non, qu'on employât à Louviers les laines de la plus belle qualité, ce seroit de belle laine très mal employée.

« Par tout ce qui vient d'être dit, on peut juger si les fabriquants de Louviers sont bien fondés à demander au Conseil que ceux d'Elbeuf soient exclus de fabriquer des draps fins ; cependant, pour appuyer cette demande, ils ont recours à l'arrêt du 19 septembre 1718, rendu pour la fabrique de Sedan.

« La citation de cet arrêt ne fait pas beaucoup d'honneur à leur jugement, puisqu'il n'y est rien ordonné qui ne soit conforme à ce qui s'est pratiqué et se pratique continuellement dans la fabrique d'Elbeuf. Tous les fabricants de Sedan sont, par cet arrêt, maintenus dans la possession de fabriquer des draps de la première et de la seconde sortes, à l'exclusion seulement des draps de la troisième sorte.

« Or, ces draps de la première et seconde sortes sont les mesmes que ceux de la première et seconde qualités qui se sont de tous temps fabriqués à Elbeuf. Les fabriquants d'Elbeuf ne sont point dans le cas de l'option, ne faisant aucuns draps de la troisième qualité.

« Les qualités de laine prescrites par ce mesme arrêt aux fabriquants de Sedan pour la composition de leurs draps de la première et seconde sortes, sont absolument les mesmes qu'il est enjoint à ceux d'Elbeuf d'employer dans leurs draps fins et draps ordinaires.

« Que peut-on donc induire de la disposition de cet arrêt en faveur de la demande des fabricants de Louviers? Rien certainement qui ny soit contradictoirement opposé.

« Le Conseil n'a jamais varié dans ses décisions à cet égard ; tous les arrêts et règlements rendus pour les manufactures en font foy. Par les articles 17, 18, 19 et 20 des statuts particuliers donnés à la manufacture d'Elbeuf en

1669, il est permis d'y fabriquer des draps de cinq quarts de largeur de la première et seconde qualités, et aussy des draps d'une aulne de large. Elle n'a point attendu qu'on lui interdît cette troisième qualité de drap ; il y a plus de cinquante ans qu'elle en a d'elle mesme proscrit l'usage.

« Par l'arrêt du 8 juillet 1725, portant nouveau Règlement pour la manufacture de Rouen, tous les fabriquants de ladite ville sont mis en possession de faire non seulement des draps de cinq quarts de la première et seconde qualités, mais encore des ratinés et flanelles; que l'on consulte tous les Règlements faits pour la fabrique de draps de cinq quarts à Carcassonne, on y trouvera toujours les mesmes décisions.

« Les fabriquants d'Elbeuf avouent de bonne foy qu'ils n'entendent pas bien ce que veulent dire les fabriquants de Louviers en demandant, dans la conclusion de leur placet, que là « où le Conseil ne se porteroit pas à faire « delfense à ceux d'Elbeuf de fabriquer des « draps fins, il luy plaise ordonner que l'arrêt « rendu pour Sedan soit déclaré commun pour « eux et pour Elbeuf ».

« Demandent-ils, les fabriquants de Louviers, la liberté de faire des draps de la seconde qualité ? Non, sans doute ; car ils ne voudroient pas s'exposer au mélange des différentes qualités de laine, dont ils ont si bien établi la dangereuse conséquence dans le corps de leur placet. Cependant, comme il est très difficile de donner un autre sens à leur proposition, les fabriquants d'Elbeuf prennent le parti de supposer que ce sont là leurs véritables intentions. Ils sont d'autant plus inclinés à le penser que ce n'est pas d'aujourd'huy que les fabriquants de Louviers se sont immiscez de fabriquer des draps forts à l'imitation de ceux d'Elbeuf, ce qu'ils auroient continué de faire si le feu sieur Chrestien, inspecteur, convaincu que cette nouveauté ne tendoit pas moins qu'à la ruine entière de cette fabrique, ne sy étoit formellement opposé. Ce fut ce qui donna lieu au Conseil de rendre son arrest du 15 janvier 1715, qui restreint les fabriquants de Louviers à la seule fabrique de draps fins.

« Il ne reste plus qu'à prouver, ce que nous allons faire avec la dernière évidence, que la demande des fabriquants de Louviers est également contraire à l'esprit des Règlements et à leurs propres intérêts.

« Personne ne révoque en doute que les arrêts et règlements émanez du Conseil sur le fait des manufactures n'ont eu autre chose en vue que d'en procurer l'accroissement et la plus grande perfection. Cecy posé pour principe incontestable, le Conseil n'a pu ny dû faire autrement que donner aux fabriquants de draps ordinaires, autrement dit de la seconde qualité, la liberté de fabriquer des draps fins de la première qualité, puisque c'est le moyen le plus efficace qui puisse être mis en pratique pour exciter et augmenter entre les fabriquants l'émulation si necessaire pour soutenir et perfectionner les fabriques. Fut-il encore de moyen plus efficace pour faire naître et entretenir cette mesme émulation parmi les ouvriers et les encourager à perfectionner de plus en plus leurs ouvrages, dans l'espérance de travailler aux draps fins et de se procurer par là un salaire plus considerable? C'est à cette mutuelle envie de se surpasser les uns les autres qu'est due la conservation et la réputation que la fabrique d'Elbeuf s'est si justement acquise.

« Le Conseil, qui a toujours eu pour but de tendre à la perfection, par son arrest du 15 janvier 1715, s'est porté à restreindre les fabriquants de Louviers à la seule fabrique de draps fins ; autrement ce auroit été, contre eux-mesmes, tendre à l'imperfection que de donner la liberté de faire des draps ordinaires à une fabrique qui, depuis sa première institution, a été dans l'usage de ne faire que des draps fins.

« Au reste, le Conseil a mieux connu ce qui convenoit à leurs intérêts qu'eux-mesmes. Combien de temps ne leur auroit-il pas fallu pour se faire une réputation en draps ordinaires égale à celle des draps forts d'Elbeuf, qui est le fruit de 70 années, et combien d'entre eux se seroient ruinez avant d'y être parvenus ?

« Les objets d'émulation ne leur manquent point, et la différence de quatre livres et plus par aulne du prix des draps des sieurs Van Robaïs à celuy qu'ils vendent les plus parfaits de leurs fabriques n'est-elle pas un attrait plus que suffisant pour les exciter à mieux faire ?

« Qu'une louable et utile émulation les engage donc à suivre de plus près ceux qu'ils proposent pour modèles !

« Qu'ils travaillent à donner à leurs draps une réputation supérieure, s'ils le peuvent à celle des draps fins qui se fabriquent à Elbeuf !

« Ce sont là les seules armes qui leur soient légitimement permis d'employer contre leurs voisins, qui en seront d'autant plus charmez qu'une telle conduite les animera eux-mesmes à ne se pas laisser surpasser. Il en résultera une plus grande perfection et un bien général, qui, par une suite nécessaire, refluera sur un chacun en particulier.

« Les fabriquants d'Elbeuf osent se promettre des lumières et de la justice du Conseil qui, pour le bien général des fabriques et le bien particulier des fabriquants de Louviers, il luy plaira débouter ces derniers des fins de leur placet ».

Ce mémoire fut signé des fabricants elbeuviens, le 3 juillet, et porté au Conseil quelques jours après.

Les biens que l'hôpital d'Elbeuf possédait à Susay, Boisemont, Neuville et Farceaux furent donnés à loyer, le 28 juillet, pour le prix annuel de 300 livres, par Pierre Bourdon et Pierre Hayet, alors administrateurs de l'établissement, et du consentement de Jacques-Louis Flavigny, bailli, d'Alexandre Flavigny, avocat du roi à Pont-de-l'Arche et procureur fiscal du duché d'Elbeuf, administrateurs-nés de cet hôpital, et de Pierre Delacroix, ancien administrateur.

En août, Nicolas Delarue fut élu garde ancien, pour la visite des laines, et Pierre Frontin garde nouveau pour les laines également. Abraham Frontin et Pierre Godet restèrent gardes en charge pour le bureau.

Voici le texte d'une ordonnance rendue au Conseil d'Etat, siégeant à Versailles, le 15 septembre :

« Sur ce qui a esté représenté au Roy, étant en son conseil, par les fabriquans de draps des manufactures d'Elbeuf, de Louviers & d'Orival que, par l'article 111 de l'arrêt du

Conseil du 5 décembre 1730, il auroit été ordonné que les draps et autres étoffes des fabriques de Louviers, Elbeuf & autres lieux de la Généralité de Rouen, qui auroient tous leurs apprêts, & dont la destination seroit pour les pays étrangers ou pour les villes du royaume où il n'y a point de bureaux de contrôle, seroient préalablement apportéz à Rouen au bureau de la halle foraine, pour y être par les gardes des marchands drapiers & merciers unis de la dite ville, visitéz & marquéz du plomb de contrôle, s'ils se trouvoient fabriquéz, teints & apprêtéz en conformité des règlemens ;

« Que l'exécution dudit arrêt causeroit un dérangement très préjudiciable à leurs manufactures & exposeroit les fabriquans à des embarras & à des inconvéniens inévitables ; que la plus grande partie des draps qui se fabriquent à Elbeuf, Louviers & Orival, étant envoyez à l'étranger ou dans les villes du royaume où il n'y a pas de bureaux de contrôle, les frais de voiture pour les transporter à Rouen & les droits de halle, qu'ils seroient obligéz de payer, se monteroient chaque année à des sommes considérables ; que les draps d'Elbeuf ne pouvant être envoyez à Rouen que par des barques publiques, ils y seroient exposéz aux injures du tems & au danger certain de perdre leur apprêt ; en sorte qu'ils ne seroient plus en état d'être emballéz après la visite qui en auroit été faite, & qu'il seroit absolument nécessaire de les renvoyer à Elbeuf pour être réapprêtez ; que n'y ayant de Louviers à Rouen d'autre voiture publique qu'un messager qui ne part que deux fois la semaine, & ne peut porter que dix huit pièces de draps chaque voyage, un fabriquant qui en auroit vingt pièces pour une seule commission, seroit forcé de les envoyer en différens jours ; ce qui en retarderoit l'expédition & dégoûteroit insensiblement les marchands, tant des provinces du royaume que des pays étrangers, de continuer avec eux une correspondance directe ; que d'ailleurs les fabriquans qui seroient obligéz de se trouver au bureau de Rouen lors de la visite de leurs draps, pour veiller à ce que l'apprêt n'en fut endommagé & qu'il ne s'y fit pas de confusion en les emballant, seroient par là forcéz de s'absenter fréquemment de leurs manufactures & d'abandonner leurs ouvriers à leur propre conduite, ce qui y causeroit un désordre & un relâchement auxquels il ne leur seroit pas possible de remédier ; qu'il y auroit un moyen d'éviter ces inconvéniens et de s'assurer également de la bonne qualité de leurs draps, s'il plaisoit à Sa Majesté d'établir à Elbeuf, qui se trouve dans le centre des trois manufactures, un bureau de contrôle, dans lequel les draps & autres étoffes d'Elbeuf, de Louviers et d'Orival seroient apportéz, pour y être vus, visitéz et marquéz en présence de l'inspecteur des manufactures, par les gardes juréz des fabriquans d'Elbeuf.

« A ces causes, requéroient les supplians qu'il plût à Sa Majesté les dispenser d'envoyer au bureau de la halle foraine de Rouen, les draps de leurs fabriques destinéz pour l'étranger, & pour les villes & lieux du royaume où il n'y a pas de bureau de contrôle, pour y être visitéz & marquéz du plomb de contrôle ordonné par l'article III dudit arrêt du 5 décembre 1730 ; ordonner en conséquence qu'il sera incessamment établi un bureau de contrôle à Elbeuf, dans lequel les draps & autres étoffes des fabriques d'Elbeuf, de Louviers et d'Orival seront apportéz pour y être vus, visitéz et marquéz en présence de l'inspecteur des manufactures, par les gardes-jurés des fabriquans d'Elbeuf.

« Vu le dit arrêt du Conseil du 5 décembre 1730, & l'avis des députés du commerce ; Ouï le rapport du sieur Orry, conseiller d'Etat & au Conseil royal, contrôleur général des finances ;

« Le roy étant en son Conseil, en interprétant en tant que de besoin ledit arrêt du 5 décembre 1730, a ordonné & ordonne qu'il sera incessamment établi à Elbeuf un bureau de contrôle, dans lequel les draps & autres étoffes, tant de ladite fabrique que de celles de Louviers & d'Orival, qui auront été marquéz du plomb de fabrique, & qui, après avoir reçu le dernier apprêt, seront destinés, soit pour les villes du royaume où il n'y a pas de bureau de visite & de contrôle, soit pour les pays étrangers, seront préalablement apportéz, pour avant leur départ y être vus, visitéz et marquez en présence de l'inspecteur des manufactures, par les gardes-juréz des fabriquans dudit Elbeuf, du plomb de contrôle dudit bureau, s'ils se trouvent fabriquéz, teints & apprêtéz en conformité des règlemens, & les balles cordées & plombées du même plomb, portant d'un côté les armes dudit Elbeuf, & de l'autre ces mots : *Plomb de visite & de contrôle d'Elbeuf*; au moyen de quoi lesdites seront exemptes des visites des bureaux de contrôle qui se trouveront sur leur route, même de celles du bureau de la halle foraine de Rouen, & pourront aller librement à leur destination, sans être sujettes à aucunes visites, mais seulement à la vérification du plomb de contrôle.

« Ordonne au surplus Sa Majesté que ledit arrêt du 5 décembre 1730 sera exécuté selon la forme & teneur, en ce qui n'y est pas dé-rogé par ce présent arrêt. Enjoint Sa Majesté au sieur de Gasville, intendant & commissaire départy pour l'exécution de ses ordres dans la Généralité de Rouen, de tenir la main à l'exécution du présent arrêt. Fait au Conseil général d'Etat du Roy, Sa Majesté y étant, tenu à Versailles le 15 septembre mil sept cens trente un. — Signé : « CHAUVELIN. »

Le 18 octobre, Abraham Frontin, garde en charge de la Manufacture, présenta à la corporation des fabricants une sommation faite par Mallet, de payer, par le corps des drapiers, la somme de 12.000 livres pour droit de confirmation. Mais comme Charles Le Roy, le précédent garde en charge, avait payé à Dumont, receveur de ce droit, la somme de 431 livres pour ce même droit de confirmation, suivant quittance du 31 décembre 1730, la corporation nomma Pierre Godet, autre garde en charge, pour aller au Conseil, au nom de la Communauté, faire « ses très humbles remontrances, presenter memoire et poursuivre la decharge de cette somme de 12.000 livres ».

Vers ce temps, les gardes de la draperie représentèrent aux fabricants que, par arrêt du Conseil, « un quart des amendes jugées au bureau devait vertir au profit des gardes en charge », et comme il y en avait eu plusieurs qui devaient leur appartenir, ils désiraient les remettre au profit du corps pour lui aider à supporter ses charges, pourvu que par la suite il en fût de même. L'assemblée approuva cette proposition.

Guillaume Boissel, fondé de pouvoirs de l'abbé du Bec-Hellouin, était revenu vers la fin de l'hiver précédent à Elbeuf, et y était resté la plus grande partie de l'année. Pendant son séjour, il passa de nouveaux baux pour des biens dépendant de la mense abbatiale ; voici la liste de ceux conservés à l'ancien notariat de notre ville, avec les principales conditions imposées aux preneurs:

15 mars 1731. — La ferme de Saint-Paul ; 850 livres par an et charges diverses stipulées au contrat ;

22 mars. — La ferme des Fourquettes, sise à Saint-Eloy ; 1.500 livres, vingt-huit boisseaux de blé et cinq livres de sucre ;

24 mars. — La ferme du Hauzey, les rentes seigneuriales et les dîmes de Saint-Pierre-du-Bosguerard ; 2.500 livres, quatre boisseaux de blé et dix livres de sucre, toujours pour chaque année ;

Même jour. — Trois pièces de terre sises au Gros-Theil ; 39 livres, deux chapons et deux poulets :

27 mars. — La terre et seigneurie d'Aillet, dont fut preneur Mathurin Dumouchel, notaire royal à Saint-Nicolas-du-Bosc ; 1.360 livres, quatre boisseaux de blé et cinq livres de sucre ;

28 mars. — Huit acres de terre sises à Voiscreville ; 94 livres et deux chapons ;

15 avril. — La ferme et seigneurie du Theil-Nollent, avec les dîmes de cette paroisse et celles de Courbépine ; 5.600 livres, seize boisseaux de blé et vingt livres de sucre ;

16 avril. — Neuf acres à Thierville ; 190 livres ;

17 avril. — La seigneurie et les dîmes de Cesseville ; 1.200 livres et quatre boisseaux de blé ;

28 avril. — Les dîmes de la Neuville ; 600 livres ;

12 mai. — La seigneurie et les dîmes de Marbeuf ; 3.800 livres ;

29 mai. — La grosse dîme de Criquebeuf-la-Campagne ; 1.130 livres, quatre boisseaux de blé et dix livres de sucre ;

Même jour. — Le moulin à blé des Mangeants, sis à Glos-sur-Risle ; 480 livres ;

5 juin. — La dîme de Malleville-sur-le-Bec; 850 livres ;

17 juin. — La dîme de Champagne, paroisse de Réuilly ; 240 livres, trois boisseaux de blé et cinq livres de sucre ;

8 juillet. — La ferme de Caumont à Pont-Authou ; 1.400 livres, huit boisseaux de blé et vingt livres de sucre « estimé à 20 sols la livre » ;

21 juillet. — La dîme de Haranvilly ; 96 livres ;

23 juillet. — Le moulin Becquerel, à Appeville ; 360 livres ;

15 août. — Le moulin du Parc, à Bosrobert ; 550 livres ;

1er septembre. — Trois acres à Thierville ; 54 livres ;

3 septembre. — La ferme de la Chambrerie, sise au Bec-Hellouin et à Pont-Authou ; 1.000 livres.

Il y a ici une lacune. Sans doute que Boissel avait quitté Elbeuf pour retourner à Montivilliers ; mais pour ne pas revenir sur ce sujet, nous noterons les actes qu'il passa plus tard à Elbeuf :

16 février 1732. — Les grosses dîmes de Saint-Christophe, Condé, Saint-Georges-du-Vièvre et la coutume de ce bourg ; 1.925 livres 2 sols et dix livres de sucre ;

21 février. — Le trait de dîme du Buhot et deux acres et demie de terre, à Saint-Taurin-des-Ifs ; 100 livres et deux boisseaux de vesce ;

22 février. — Onze acres à Saint-Aubin-d'Ecrosville ; 211 livres 17 sols ;

28 février. — Douze acres de terre, même paroisse ; 218 livres et deux chapons ;

1er mars. — Le bois de Saint-Martin, à Bosrobert ; 40 livres et deux chapons ;

3 mars. — La ferme, seigneurie et les dîmes de la Roussière, et le moulin à blé de la Trinité ; 3.000 livres, vingt boisseaux de blé estimé à 3 livres le boisseau et douze livres de sucre ;

9 mars. — Deux acres à Saint-Taurin ; 46 livres et deux chapons ;

Même jour. — Quatre autres acres en la même paroisse ; 76 livres et deux chapons ;

14 mars. — Six autres acres en la même paroisse ; 90 livres ;

22 mars. — Trois acres et demie à Thierville ; 70 livres 10 sols et deux chapons.

La série des baux est encore une fois interrompue. Le premier que nous retrouvons est à la date du

4 décembre 1732. — Bail des deux tiers de la dîme de Routot ; 900 livres.

8 janvier 1733. — Bail des deux tiers de la grosse dîme de Thillières ; 312 livres ;

15 octobre 1733. — La moitié des dîmes de Crestot et les deux tiers de celle de Limare ;

1.420 livres, quatre boisseaux de blé et dix livres de sucre.

Tous ces baux furent contractés pour neuf années. Les payements devaient être faits en espèces sonnantes, et il était stipulé que « au cas qu'il seroit introduit des billets ou papiers dans le commerce, il seroit au pouvoir du bailleur de prendre en payement, au lieu desdits papiers et billets, les blés et autres grains provenant des choses louées ».

Si l'on considère que Guillaume Boissel n'était pas le seul procureur chargé du renouvellement des baux de l'abbé du Bec, on se fera facilement une idée des immenses revenus de ce prélat et de son abbaye. Ce monastère, en effet, possédait quatre baronnies, 30 prieurés et avait des droits, du genre de ceux énumérés ci-dessus, dans 160 paroisses. Ces richesses colossales avaient donné lieu, à Elbeuf et ailleurs, à ce dicton :

De quel côté qu'il vente
L'abbé du Bec a rente.

Après la Révolution, on ne l'entendit guère plus ; mais, en parlant d'un dissipateur, on dit encore dans nos campagnes : « Il mangerait le Bec et ses revenus ».

CHAPITRE XXI
(1732)

Henri de Lorraine *(suite)*. — Double condamnation a mort. — La mouture des bois de teinture. — Le controle et la marque des draps. — Le charbon de terre proscrit des teintureries ; enquête dans ces établissements. — Un matériel de tapissier. — Le bureau des maitres en tapisserie. — Jean Lesage. — Réunions publiques. — Procès entre deux confréries de charité.

La justice d'Elbeuf s'occupait, à cette époque, d'un crime commis par les nommés Ch. Fleury et Jean Quesney, sur la personne d'un berger du nom de Pierre, qu'ils avaient tué à coups de houlette, le 29 août de l'année précédente.

Les deux accusés étaient en fuite ; leur procès fut néanmoins fait, et, le 29 mars 1732, le bailli les condamna « à paroistre à l'audience nuds et en chemise, testes et pieds nuds, la corde au col, tenant à leur main chacun une torche ardente pesant deux liv., suivis de l'exécuteur de la haute justice, pour là, à genoux, déclarer que méchamment ils ont assassiné ledit Pierre dans la campagne, qu'ils en demandent pardon à Dieu, au Roy et à la justice ; ensuite être conduits devant le principal portail de l'église Saint Jean de ce lieu, pour y faire la mesme amende honorable, et ensuite être conduits à la place du Coq, pour y estre pendus et estranglés, jusques à ce que mort s'ensuive, à un poteau qui pour cet effet sera dressé dans ladite place, et leurs corps morts y rester pendus pendant vingt quatre heures, pour après lesdits corps être portés aux fourches ordinaires de cette haute justice ; tous leurs biens déclarés acquis et confisqués au profit de qui il appartiendra, préalablement prise sur iceux la somme de 300 livres d'amende, en laquelle nous les avons condamnés au profit de Monseigneur le duc d'Elbeuf... ; et d'autant que lesdits Charles Fleury et Jean Quesney sont absents et contumaces, la présente sentence sera exécutée dans un tableau, par effigie, qui sera attaché à une potence dans ladite place... ».

Le 17 mars, nos manufacturiers répondirent ainsi à un mémoire qui leur avait été adressé par les syndics de la Chambre de commerce de Rouen, au sujet d'une demande présentée par les sieurs Morgan frères, d'Amiens, pour avoir seuls le droit de faire la mouture des bois jaune et de santal :

« Nous estimons que tous privilèges exclusifs ne sont dus qu'à ceux qui, par des connaissances et des talents qui leur sont particuliers, sont en estat de former des etablissements utiles et avantageux à l'Estat, ou à ceux qui, entrepreneurs d'établissements considerables, utiles au bien public, mais douteux dans le succès, sont obligés de faire des avances proportionnées à la force de l'entreprise.

« Les sieurs Morgan ne sont ni dans l'un ni dans l'autre cas. Ils ne sont pas seuls les premiers entrepreneurs des moulins à moudre le bois jaune et le bois de santail... Ils ont eu tout le temps de se dedommager de leurs avances, puisque, depuis 22 ans, ils font presque seuls ce commerce...

« Laissant la liberté à tous de faire les mesmes entreprises, on met tous les entrepreneurs dans la necessité de ne pas alterer la qualité d'une marchandise qui, de toutes celles en usage dans la teinture, est sans contredit la plus susceptible d'infidelité ; infidelité que nous eprouvons journellement dans l'employ que nous faisons du bois de santail en poudre, sans compter les augmentations de prix sur cette marchandise, sans que pour cela il y aye aucune augmentation au prix de ces mesmes bois non travaillés et moulus ».

Les fabricants terminaient en faisant des vœux pour que le roi donnât des ordres à l'effet d'établir un moulin de ce genre dans tous les centres de fabrication.

Un arrêt du Conseil, du 15 décembre 1731, ayant, comme on le sait, ordonné l'établissement d'un bureau de contrôle pour la manufacture d'Elbeuf ; les fabricants se réunirent, le 1ᵉʳ avril, en présence de Chrestien, inspecteur, pour délibérer sur ces questions, proposées par celui-ci :

Augmentation d'appointements pour l'inspecteur, proportionnée au soin qu'il devrait donner pour les opérations de ce bureau de contrôle ;

Agrandissement du bureau, afin de pouvoir

y installer des presses propres à emballer les draps contrôlés et destinés aux lieux où il n'existait point de bureau de contrôle pour les balles, y être apposé le plomb ordonné par le Conseil ;

Etablissement d'un balancier pour la marque, de tables pour la visite des draps, et d'une armoire pour y placer le registre sur lequel se trouveront les numéros des draps contrôlés et le lieu de destination.

Les fabricants objectèrent que le roi, en établissant un bureau de contrôle à Elbeuf, avait voulu économiser à la fabrique les frais de transport à Rouen ; mais que la dépense réclamée par Chrestien, outre le dérangement qui leur serait causé par l'envoi et l'emballage de leurs draps au bureau, équivaudrait presque à ceux qui leur étaient créés par le bureau de Rouen.

On lui représenta que tous les draps, devant être apportés au bureau pour recevoir le «plomb de fabrique», il pouvait en même temps exercer son inspection sur ceux qui lui seraient désignés comme devant être contrôlés.

Il lui fut encore observé qu'en appliquant le plomb de contrôle à l'extérieur des balles, ce plomb serait sujet à être perdu pendant le transport, ce qui amènerait l'ouverture des balles et un retard pour les voituriers ; mais qu'il conviendrait mieux qu'il fût fait une empreinte dont les balles seraient marquées des quatre côtés, afin que la marque de contrôle put être plus facilement reconnue, sans déranger les balles.

Chrestien se rendit à ces raisons et consentit à se transporter, quand il en serait requis, chez les fabricants ayant des draps à faire contrôler, pour, après avoir reconnu le plomb de contrôle de chaque pièce, faire imprimer en sa présence, sur les quatre côtés de chaque balle, la marque de contrôle, ainsi que cela se pratiquait à Rouen sur les balles de « toile blancard » destinées pour l'étranger.

Après cette discussion, l'assemblée, d'accord avec l'inspecteur, arrêta :

Que le bureau de contrôle serait établi dans celui où, alors, les draps recevraient le plomb de fabrique ;

Que l'on construirait un balancier pour la marque, et achèterait des tables, des livres, etc., etc.

Que les draps sujets au contrôle seraient apportés au bureau pour y estre visités et marqués, en présence de l'inspecteur, par les gardes, aux jours et heures désignés pour la marque du plomb de fabrique.

Que chaque fabricant serait tenu de joindre à ses draps une déclaration signée, indiquant le numéro des pièces et les lieux de destination.

Enfin, que toutes les années, à commencer du 1er mars précédent, il serait payé par la Communauté au sieur Chrestien « la somme de 1.000 livres d'augmentations d'appointements ».

L'intendant approuva cette délibération, sauf le passage concernant le marquage des balles sur les quatre côtés, et il exigea que l'on se renfermât dans les prescriptions de l'arrêt du 15 déceembre 1731, portant que les balles seraient cordées et plombées du même plomb que celui appliqué sur les draps.

Le 20 mai, la corporation des drapiers décida de demander au procureur général « une surséance d'un mois au moins à l'exécution de l'arrest du Parlement enjoignant à tous les fabricants de faire les fourneaux de leur teinture au charbon de terre, parce que par l'expérience que la Communauté a que l'usage du charbon de terre est pernicieux à la teinture de la laine, elle a fait ses remontrances au Conseil pour qu'il lui fut permis d'user de bois pour la teinture ».

Voici quelques extraits du mémoire adressé au ministre le 5 juin à ce sujet :

« Les fabricants d'Elbeuf qui connoissent, Monseigneur, combien vous vous êtes intéressé à la perfection de notre fabrique, osent prendre la liberté de vous représenter qu'il ne leur sera pas possible de seconder vos intentions si, pour la teinture de leurs laines, ils sont forcés de faire usage du charbon de terre.

« Lors de l'arrêt du Conseil d'Etat du 15 mars 1723, qui interdit aux teinturiers et manufacturiers et autres de la ville de Rouen l'usage du bois et leur ordonna celuy du charbon de terre, on nous insinua que quoique point nommément désignés dans l'arrêt, nous n'étions pas moins dans l'obligation de nous y conformer,

« Sans autre examen, nous ne pensâmes qu'à obéir, et en 1724, nous fîmes rompre tous les fourneaux de nos teintures pour y en construire de nouveaux à l'usage du charbon de terre.

« Cette opération coûta à la fabrique de 8.000 à 10.000 livres ; mais les mauvais effets lui coûtèrent infiniment davantage, et auroient infailliblement causé sa ruine entière si, après dix-huit mois et plus d'expérience, nous n'en avions pas totalement abandonné l'usage.

« Au commencement de 1726, il nous fallut faire de nouvelles dépenses pour rétablir les fourneaux à bois; nous en avons continué l'employ sans inquiétude jusques au 19 mars dernier, qu'il a plu au Parlement de Rouen rendre un arrêt qui nous défend, à peine de 150 livres d'amende, de brûler dans nos fourneaux autre chose que du charbon de terre, nous laissant cependant la liberté d'employer du bois dans la teinture des couleurs qui ne pourroient être bien faites avec ledit charbon, lesquelles seroient déterminées par les inspecteurs.

« Nous osons assurer, Monseigneur, pour l'avoir expérimenté trop longtemps, que toutes les couleurs, sans exception, dans la teinture de nos laines, ne sçauroient se bien faire avec le charbon, et que les couleurs de bon teint se font encore plus mal que les autres; la trop grande vivacité du charbon de terre faisant prendre couleur à la laine du fond de la chaudière avec trop de précipitation, il est impossible que toute la laine contenue dans la chaudière puisse prendre une couleur égale et unie.

« Ce n'est pas là le plus grand mal que cause le charbon de terre; il est d'expérience qu'il communique à la laine une sécheresse et une acrimonie qui en a ôté la sève, la soye, et en altère la qualité. Il en résulte un mauvais filage; la tissure s'en fait imparfaitement et les draps s'en foulent très mal... Cette acrimonie se perpétue jusques dans l'apprêt et cause dans les draps une dureté et une sécheresse qui nous empêchent de les porter à leur état de perfection.

« Ces effets du charbon de terre sont si extraordinaires que la fumée seule des fourneaux portée dans les greniers où les laines teintes sont étendues, en efface les couleurs, cause le même dommage aux draps qui sont aux égouttoirs ou dans nos boutiques, lorsque par le vent cette fumée y est portée.

« Ce n'est point par un esprit de ménagement que nous demandons la liberté d'user du bois dans nos teintures, puisqu'il est vray que le charbon de terre nous coûte meilleur marché.

« Nous ne sommes point seuls, Monseigneur, qui ayons connu le mauvais usage du charbon de terre dans la teinture de nos laines : les sieurs Van Robais et neveu, d'Abbeville, en ont fait une plus longue expérience et ont connu plus tard, au grand dommage de leur fabrique, les pernicieux effets. Après en avoir usé pendant cinq ou six années, ils l'ont totalement quitté en septembre dernier pour les mêmes causes qui nous y ont fait renoncer en 1726... »

Les réclamations des fabricants et teinturiers ne furent point admises, et, par ordre supérieur, Jacques-Louis Flavigny, bailli, accompagné du procureur fiscal, du greffier de la haute justice et de Pierre Labiffe, sergent, se rendit dans les établissements de teinture, afin de s'assurer si leurs propriétaires ou occupants avaient satisfait à l'arrêt de la Cour du 19 mars précédent.

L'enquête commença par la teinture de Boissel, occupée par Rouvin. Le bailli constata qu'elle était en chômage, en attendant que le propriétaire en eût fait changer les fourneaux et mis à l'usage de charbon.

Une autre teinturerie voisine, appartenant au même, était inoccupée.

Chez Godet, le bailli trouva quatre chaudières, dont trois étaient chauffées par du bois et l'autre par de la houille.

Roblot en possédait quatre ; leurs fourneaux étaient disposés pour brûler du charbon, mais toutes étaient en inactivité.

Louis Lamy chauffait deux de ses quatre chaudières au bois ; les deux autres étaient vides. Il déclara avoir donné des ordres pour changer ses fourneaux.

Des trois chaudières de Nicolas Lefebvre, disposées pour brûler du charbon, deux étaient en chômage ; l'autre était chauffée par du bois. Lefebvre observa au bailli qu'il était obligé d'agir ainsi à cause de la couleur claire que devaient recevoir les matières en traitement, le charbon poussant trop vivement à la chaleur.

Pierre Hayet avait fait de même pour ses quatre fourneaux, dont un seul fonctionnait ; il était alimenté par du bois, à cause, dit-il, de la teinture pourpre qu'il faisait : le charbon, chauffant avec trop de vigueur, « fait prendre la couleur différemment et rend la laine savetée ».

Les quatre fourneaux de Jean-Baptiste Leclerc étaient tous au bois ; un seul fonctionnait. L'établissement était la propriété de Michel Lesueur ; l'occupant se conformerait à l'arrêt de la Cour aussitôt que le propriétaire aurait fait changer la disposition de ses fourneaux.

La teinturerie de Louis Guenet, occupée par Pierre Grandin, comptait quatre chaudières, toutes à fourneaux à bois ; deux seulement fonctionnaient. L'occupant avait aussi donné des ordres pour se conformer à l'arrêt.

L'établissement de Martorey possédait cinq chaudières, dont trois étaient en activité ; il n'avait que des fourneaux à usage de bois. Marin Guenet, qui l'exploitait, déclara que, ne travaillant que pour les tapissiers, il lui était impossible de brûler du charbon.

Les quatre fourneaux de Pierre Frontin étaient réglementaires : un seul était allumé.

Bourdon frères et joints possédaient trois chaudières, toutes chauffées par du bois. Précédemment, ils avaient fait à leurs fourneaux les modifications nécessaires pour se conformer à l'arrêt du Parlement, mais l'emploi du charbon de terre avait donné de si déplorables résultats qu'ils avaient été obligés de revenir à l'ancien mode de chauffage.

La société Vve Jumel et Bérenger avait trois chaudières, dont deux en chômage ; leurs fourneaux recevaient du bois. Ils déclarèrent, comme Pierre Hayet, qu'il leur était impossible de chauffer au charbon, à cause de la couleur pourpre qu'ils donnaient à leurs laines.

« Et ce sont, dit le bailli à la fin de son rapport, toutes les teintures d'Elbeuf ». — Elles étaient donc au nombre de quatorze à cette époque.

Jean Lecomte, trésorier de Saint-Jean, mort subitement, fut inhumé dans l'église, le 2 juin. — Le mois suivant, Jean Dubuc, prêtre de cette paroisse, décédé à l'âge de 37 ans, fut également inhumé dans l'église.

Le 19 juin, Jacques Lasne, « chauffe-cire héréditaire en la chancellerie de Rouen », passa un acte à Elbeuf, concernant une terre sise à Bosnormand.

Les régisseurs de la vente des offices des octrois, rue Sainte-Anne, à Paris, écrivirent le 30 du même mois aux, « échevins de la ville d'Elbeuf », qu'il y avait plus d'un an qu'ils avaient été invités à payer la somme de 30.590 livres de finance principale due par la ville, pour la réunion des offices de receveurs et contrôleurs des octrois, faite par arrêt du Conseil en date du 11 janvier 1729 : « Vous avez gardé jusqu'ici le silence et vous n'avez pas daigné nous faire un mot de réponse sur cette affaire. Elle devient très sérieuse, et Monseigneur le contrôleur général veut absolument qu'elle finisse dans le courant du mois prochain ; et pour cet effet, il nous a donné des ordres de faire les plus vives poursuites contre votre ville, de faire saisir ses revenus, même d'établir garnison chez le receveur de la ville, ce que nous ne ferons qu'à la dernière extrémité et qu'après que vous nous y aurez forcés... »

A cette époque, la haute justice du duché était ainsi composée : Jacques-Louis Flavigny, bailli, juge en chef ; Jacques Pollet, lieutenant ; Alexandre Flavigny, procureur fiscal ; Gemblet, Cabut, Maille, Maigret, avocats.

Le 1er juillet, Flavigny, bailli du duché, fit défense « à tous cabaretiers de porter aucune boisson aux ouvriers dans les boutiques des maistres où ils travaillent, même de donner chez eux à boire ny à manger pendant les jours de travail, hors les heures du dîner et souper ». Cette ordonnance fut lue et affichée dans le bourg.

Cette année-là, le nombre des gardes de la fabrique fut porté à quatre « pour le bien du service et afin d'accélérer le départ des marchandises ».

Le 3 août, Martin Davoult, bourgeois de

Rouen, héritier de son frère Pierre, d'Elbeuf, versa à la confrérie de Saint-Jacques, établie en l'église Saint-Jean, une somme de 500 livres pour faire dire une haute messe le jour anniversaire de la mort de Pierre Davoult, et 100 livres au trésor de la même paroisse pour faire exécuter cette fondation.

Le 10 septembre, Mathieu Maille, maître tapissier, vendit son matériel de fabrique à Pierre Maille son fils. Ce matériel se composait de :

« Un mestier de cinq quarts de point de Hongrie, avec ses ustencilles : 40 livres.

« Trois mestiers de sept quarts, aussi de point de Hongrie et leurs ustencilles, ensemble : 150 livres.

« Trois autres mestiers de deux aulnes, aussi de point de Hongrie, ensemble : 150 liv.

« Trois autres mestiers d'une aune, de ligature, ensemble : 150 livres.

« Un autre mestier de sept quarts, aussy de ligature, 60 livres.

« Un autre mestier de deux aunes, de ligature, 60 livres.

« Trois mestiers de sept quarts, de commune, ensemble 60 livres.

« Un autre mestier de cinq quarts, aussy de commune, 15 livres.

« Une presse à presser les tapisseries, 50 livres.

« Deux ourdissoirs, dont un tournant, pour ourdir les chaînes de fil, et l'autre à cueilles pour les chaînes de laine, avec leurs chevallots, savoir un pour le fil et huit pour la laine, le tout vendu 36 livres.

« Quatorze rouets, avec les pieds à tournettes et les tournettes, 24 livres.

« Vingt douzaines de bobines nues et vuides, pour le prix de 5 livres.

« Quarante huit gaules servantes à estendre les fils et les laines, avec les crocs, ensemble 14 livres 8 sols.

« Une chaudière de fer servante à faire le parment avec son trepied ; trois grands baquets et trois petits, le tout pour 15 livres ».

Tout ce qui était dans « la bouticque aux bobineurs », pour 15 livres.

Les planches du magasin « avec la table qui sert à nettoyer les tapisseries, 9 livres.

« Treize ansouples d'une aune, deux de cinq quarts, treize de sept quarts et treize de deux aulnes pour les chaînes de laine, avec leurs roullets, toutes nues de laine, le tout pour 41 livres.

« Une etuve demontée dans la boutique de fleurs, une autre dans la boutique de point et une autre dans la boutique des bobineurs, ensemble pour 15 livres.

« Soit au total la somme de 909 livres 8 sols, payés comptant en louis d'or de 24 livres, escus de 6 livres et autre monnoie ». — Témoin : Charles Maille, avocat à la cour, demeurant à Elbeuf.

La pièce suivante, datée du 23 septembre 1732, est extraite du fonds de l'ancien bailliage du duché :

« ...Au bureau de la Manufacture de Tapisserie d'Elbeuf, tenu devant nous Jacques-Louis de Flavigny, advocat à la Cour, bailly du duché dudit Elbeuf, des chastellenies royales de Boissey, la Haie du Theil et du Theil, baronnie de Quatremare, juge de la police et des manufactures de draperie et tapisserie dudit Elbeuf, en la cause d'entre le sieur Louis Deriberpré, tant pour luy que les sieurs Nicolas Maille, Jean-Michel Lefebvre, Pierre Bunel et la veuve Videcoq, maîtres du metier de tapisserie aud. Elbeuf, demandeurs vertu de requeste à nous par eux presentée...; exposant qu'il est deu au sieur Bonpain, sergent de la Londe, plusieurs années de loyer d'une chambre que la Communauté desdits maîtres tapissiers ont loüée de luy pour leur servir de bureau, il s'est elevé difficulté entre eux pour le payement de cette chambre ; les sieurs Marin Duruflé, Mathieu et Louis Maille pretendant que ce payement doit se faire teste par teste.

« Cette pretention etant d'autant moins soutenable que ces trois maistres font entre eux le double au moins de commerce pendant le cours d'une année que ne font tous les autres ensemble, en sorte qu'un maître qui fait viron pour mil écus de tapisserie par an payeroit autant pour le bureau que le sieur Mathieu Maille, dont le commerce va à plus de 50.000 livres par an ; d'ailleurs que c'est une règle etablie, non seulement dans la manufacture de draperie de ce bourg, mais encore dans toutes celles du Royaume, que les frais du bureau et autres se payent, par les fabricants, à proportion du commerce qu'ils font ; ce qui n'est pas même sans exemple entre les maîtres tapissiers de ce bourg... »

Le bailly décida, du consentement des parties et après avoir entendu le procureur fiscal, « que les sommes deues pour le loyer du bureau seront payées, sçavoir : moitié par teste de chaque maître et l'autre moitié par métier, en ayant égard au nombre de mettiers que chaque maître aura employé dans les trois dernières années, parce que deux petits mettiers payeront pour un ; et, dans la suite, seront les frais dudit bureau payés eu égard au nombre des mettiers que chaque maître aura... » — Louis Maille était alors garde en charge du corps des tapissiers.

Le 11 octobre, Me Mathieu Doinville, prêtre habitué à Saint-Jean, déclara devant le notaire que Marie Videcoq, veuve Bunel, fondait à perpétuité, en l'église de cette paroisse, « la prière publique du soir pour tous les jours de l'année, suivie chaque jour de la bénédiction du très St Sacrement avec le St Ciboire, à l'exception des jours où il y aura salut » et à cet effet lui avait remis la somme de 1.000 livres. Les trésoriers décidèrent que cette somme serait placée à intérêt entre les mains de Me Nicolas-Jacques Le Sueur, curé de la paroisse, pour le revenu être employé aux fins de la fondation. Suivent, sur le contrat, les détails qui devaient être observés dans la cérémonie de chaque jour.

Plus tard, la même dame donna la porte de la collatérale de la Vierge, les coquilles de marbre pour bénitiers, une vitre dans la chapelle de la Vierge, six beaux chandeliers en cuivre doré pour orner le maître-autel de l'église Saint-Jean, et 120 livres pour augmenter la fondation de la Prière du soir.

Par testament, en date du 29 octobre, dont l'exécuteur fut Me Louis Dévé, vicaire de Saint-Jean, et plus tard curé de Saint-Etienne, Jean Lesage donna une partie de ce qu'il possédait au trésor de Saint-Jean, pour la fondation de messes du matin en cette église, à la décharge de la confrérie de Charité, le tiers outefois revenant à la fabrique.

Le vicaire Louis Dévé déposa, le 31, au notariat d'Elbeuf, le testament de Jean Lesage, décédé la veille, stipulant qu'il voulait être enterré dans la chapelle Saint Nicolas, où l'on ferait une tombe neuve de six pieds de longueur sur quatre de largeur. A cet effet, il donnait à la fabrique une somme de 50 livres et 100 livres pour les frais funéraires. En plus, il donnait au trésor 200 livres ; aux pauvres « soit malades ou honteux » 100 livres ; à l'hôpital d'Elbeuf 100 livres ; à l'église, pour acheter une chape blanche, 150 livres, le surplus de ce qu'il possédait serait employé à fonder des messes matinales, à la décharge de la confrérie de Charité. Il fit aussi des donations à ses parents et à sa servante et donna quittance à plusieurs personnes qui lui devaient de l'argent.

Le défunt avait pour principal héritier Nicolas Lesage, chapelain de la cathédrale d'Evreux, qui fit faire l'inventaire de son mobilier, alors que le cadavre de son parent était encore étendu sur une paillasse dans la maison qu'il habitait, près l'église Saint-Jean, « les lit, traversain, matelas et couverture ayant esté transportés au grenier, de la requisition dudit Nicolas ».

Jean Lesage était un prêteur sur gages. On trouva chez lui des bagues et anneaux, des tasses d'argent, des croix d'or et d'argent, un christ, une vierge, des boutons, des plaques et autres objets en métaux précieux, sur lesquels il avait avancé des sommes ne s'élevant guère que de trois à treize livres. Il prêtait aussi sur des vêtements, du linge, des meubles, du fer, du cuir, des grains, etc. On trouva également à son domicile un assez grand nombre de reconnaissances pour argent prêté.

L'inventaire de tous ces objets et de ceux composant son mobilier personnel nécessita l'emploi de trente-neuf pages.

Les héritiers attaquèrent la donation faite au trésor de Saint-Jean ; mais les juges d'Elbeuf les déboutèrent de leur demande.— D'un compte, rendu en 1751 par Me Dévé, il ressort que cette donation s'était élevée à 5.392 livres 4 sols, somme que l'on employa à la construction de deux piliers neufs du bas de l'église, côté de la chapelle de la Vierge.

Les paroissiens de Saint-Jean et de Saint-Etienne se réunirent à nouveau le 2 novembre pour délibérer une seconde fois sur l'arrêt du 11 janvier 1729, par lequel le bourg d'Elbeuf avait été imposé à une somme de 31.590 livres pour taxe de la suppression des offices de receveurs et contrôleurs des deniers d'octrois, biens et revenus patrimoniaux, tarif et autres impositions, fournir un mémoire pour présenter au contrôleur général et nommer deux députés pour aller appuyer leurs raisons auprès du ministre.

Le choix des assistants se porta sur Pierre Hayet et Louis Caumont, de la paroisse Saint-Etienne. Ils partirent le 17 janvier suivant, et restèrent à Paris pendant un mois et demi. Les dépenses qu'ils firent pendant ces six semaines se chiffrèrent par 440 livres 10 sols.

Grâce à leurs démarches, ils parvinrent à faire détaxer le bourg de 19.590 livres, de sorte qu'il ne resta plus imposé qu'à 12.000 livres, payables en cinq années.

Au 6 novembre, les principales religieuses du couvent des Ursulines étaient : Elisabeth Chapelle de la Conception, supérieure ; Catherine Broussault de Saint-François de-Salles, assistante ; Marthe Jouen de Sainte-Gertrude, zélatrice ; Marie-Anne Roger, dépositaire ; Marie Lesueur de Sainte-Élisabeth, Jeanne Flavigny de Sainte-Angélique et Geneviève Henry de Sainte-Rose.

Le 2 décembre, Pierre Godet et Pierre Frontin, gardes de la fabrique, convoquèrent tous les maîtres de la corporation « au sujet d'une insulte faite au bureau de cette manufacture ». Les verroux des auvents avaient été emportés par plusieurs gens « rôdeurs de nuit ». Les gardes demandèrent « qu'une telle insulte fut réprimée » et qu'il leur fut permis de faire informer aux frais de la Manufacture, afin de traduire les malfaiteurs devant la justice ; ce qui leur fut accordé.

Deux actes furent passés à Elbeuf, le 8 du même mois, au nom de « illustrissime seigneur frère Guillaume de la Salle, commandeur de Saint Estienne de Reneville », pour la location du moulin d'Epreville et le bail des revenus du fief que la commanderie possédait à Thuit-Signol.

Il y avait alors procès au bailliage de Pont-de-l'Arche, entre la Charité de Sainte-Croix, de Saint-Etienne, représentée par Jean-François Ledoulx, échevin en charge, et la Charité de la Londe, ayant Marin Chrestien pour échevin, au sujet « d'excès, violence et scandale » commis par les frères de cette dernière confrérie contre ceux de Saint-Etienne, le jour de l'inhumation de Marie Le Cat, femme Aillet, et « n'ayant en outre voulu lesdits frères de Charité de Nostre Dame de la Londe, defferer au haro sur eux interjeté par ledit sieur Ledoulx, pour les empêcher de faire aucunes fonctions dans lad. paroisse de Saint Estienne, en consequence de quoy ledit sieur Ledoulx auroit mis sa plainte, et information auroit esté faite et decret de comparence personnelle décerné contre tous les frères de lad. Charité de la Londe, et en ont transigné par transaction finalle, perpetuelle et irrevoquable...

« Pour eviter à l'avenir aux bruits, troubles ou sevice et scandale qui pourroit arriver..., ledit sieur Chrestien, pour et au nom de sadite Charité, a renoncé et renonce à jamais venir dans ledit lieu d'Elbeuf pour y faire aucunes fonctions, en conformité des Reglements faits par nos seigneurs les archevesque de Rouen et des arrests de la Cour, à quoy ils se soumettent... Ledit sieur Chrestien a presentement payé et remboursé aud. sieur Ledoulx la somme de 121 livres 16 sols, à quoy se sont trouvés monter les frais faits par led. sieur Ledoulx... » — Cette convention porte la date du 18 décembre 1732.

CHAPITRE XXII
(1733)

Henri de Lorraine *(suite)*. — Contrat pour la fonte d'une cloche. — L'octroi sur la laine. — Craintes du poteau et du carcan. — Les courtiers en laines. — Lettres patentes du roi sur la teinture des laines pour la tapisserie. — La Cerisaie. — Une « marque de grace ». — Travaux a l'église Saint-Jean.

Le 8 janvier 1733, les fabricants d'Elbeuf demandèrent d'être exonérés des droits d'octroi et de pontage que payaient à Rouen, où elles n'y étaient pas consommées, certaines marchandises réexpédiées à Elbeuf, notamment les laines, huiles, savons, charbons de terre, matières tinctoriales, etc.

A la suite d'une supplique adressée au bailli, par Louis Denayville, d'Orival, ayant pour objet d'être reçu sergent et tabellion à Couronne, M⁰ Flavigny avait ordonné une enquête, au cours de laquelle Jean-Jacques Hamon, prêtre à Saint-Jean, déclara que le postulant faisait profession de la religion catholique et « qu'il sçavait lire et écrire », ce qui fut confirmé par Louis Martin, épicier, demeurant en la même paroisse, et par Jean-Baptiste Gabot, perruquier, habitant celle de Saint-Etienne. En conséquence, Denayville fut déclaré capable d'être tabellion et sergent, et on l'admit en cette double qualité, au bailliage d'Elbeuf, le 10 février.

Pareille requête avait été adressée, une dizaine de jours auparavant, par Nicolas Allan, candidat au tabellionage du Gros Theil et de la Haye, lequel, après semblables informations sur sa capacité, avait été également reçu par le bailli du duché.

Sur une demande présentée au bailli d'Elbeuf, par Charles Maille, clerc tonsuré du diocèse d'Evreux, il fut procédé le 25 février, à l'inventaire des meubles et papiers laissés par Charles Maille, avocat à la Cour, demeurant en la paroisse Saint-Jean de notre bourg, décédé l'avant-veille à l'âge de 62 ans, et inhumé dans l'église.

En mars, la fabrique de Saint-Etienne, représentée par Jean-François Ledoulx, ancien trésorier, et Louis Delarue, trésorier en charge, fit revalider plusieurs obligations passées antérieurement à son profit.

Le contrat suivant fut signé à Elbeuf, le 7 avril :

« Furent presents les sieurs Jean-Baptiste Brocard et Jean Simonnot, maistres fondeurs de cloches, demeurant en Brevan en Lorraine, diocèse et élection de Langres, d'une part ; discrette personne Messire Louis de Vauquelin, escuier, sieur de la Brosse, et curé de la paroisse de Saint Aubin jouxte Boulleng, Jacques Bachelet, trésorier en charge, Alexis Lefebvre, Pierre Maille, Estienne Vivien, Pierre Seneschal et Jean Rivette, tous tresoriers tant anciens que modernes de lad. paroisse, lesquels ont fait ensemble le marché qui suit :

« Sçavoir que lesdits Brocard et Simonnot s'obligent de refondre la seconde cloche de lad. paroisse de Saint Aubin, et, pour cet effet, ils s'obligent à faire à leurs frais et depens le moule et fourneaux pour fondre lad. cloche, avec les inscriptions des noms du parain et de la maraine et autres qui leur seront donnés par ledit sieur curé, de fournir pareillement à leurs frais et depens tout le metail qu'il conviendra pour ladite refonte, bon, loyal et marchand, et la rendre de poids egal et de mesme epoiseur, comme elle est de present, de manière qu'elle soit d'accord avec l'autre.

« Et par après, lesdits Brocard et Simonnot s'obligent d'aider de leur travail à remonter lad. cloche, moyennant qu'il n'y ait aucun retardement, parce que tous lesdits tresoriers s'obligent de leur fournir tous les cables, cordages et autres ustencilles accessoires pour remonter lad. cloche, avec establis et charpentiers qu'il conviendra ; et s'obligent lesd. sieurs Brocard et Simonnot de garantir lad. cloche pendant le temps et espace de trois années, sous bonne et due visite.

« Au moyen et parce que lesdits sieurs curé et tresoriers s'obligent de payer solidairement et un seul pour le tout aud. sieurs fondeurs la somme de 180 livres, pour ladite refonte, trois ans après que la refonte aura esté faite, de mesme que l'augmentation ou diminution du metail, de part et d'autre, à raison de 28 sols la livre.

« Fourniront, en outre, lesdits tresoriers une place couverte pour fondre lad. cloche et faire les fourneaux, à commencer par lesdits

L'ÉGLISE DE SAINT-AUBIN-JOUXTE-BOULLENG

fondeurs à faire ladite refonte au commencement du mois de may prochain... »

Une sentence rendue en l'élection de Pont-de-l'Arche, le 13 avril, sur la demande de Martorey et Girardin, adjudicataires du tarif, condamna les habitants du Buquet, de la Chouque et des Ecameaux à produire dans la quinzaine un rôle de répartition de 284 livres, somme à laquelle ils avaient été imposés pour leur part de tarif, et d'une somme de 39 livres 2 sols 2 deniers pour non valeurs; les condamnant également à remettre un rôle de 284 livres au mois d'octobre de chaque année.

Louis Sevaistre, l'un des principaux fabricants de draps de la paroisse Saint-Etienne, mourut le 16 avril. — Jean-Baptiste Bizet était alors prêtre habitué en cette même paroisse.

Le 30 mai, le bailli Flavigny condamna la veuve Leconte, fabricant de drap, en 100 livres d'amende pour avoir fait tisser une pièce « au delà de ce qui est porté par les Reglements ». En outre, il ordonna la confiscation du drap au profit du duc d'Elbeuf, lequel en donna quittance.

Pierre-Gabriel Fermanel, écuyer, sieur d'Ectot, demeurant à Beaumont le-Roger, se trouvant à Elbeuf, le 17 juin, échangea avec François Le Pelletier, écuyer, auditeur à la Cour des comptes de Normandie, demeurant à Villettes, la seigneurie d'Ectot, de laquelle relevaient deux autres fiefs, contre diverses terres stipulées au contrat.

Marin Duruflé, maître tapissier, donna au trésor de Saint-Etienne, le 28 août, Louis-Marin Guenet, Jean-Baptiste Grandin, Joseph Godet et Robert Flavigny étant alors trésoriers, la somme de 72 livres, pour la fondation de deux hautes messes à perpétuité.

Pierre Frontin et J.-B. Martin, gardes en charge, assemblèrent le corps de la Manufacfacture, le 17 septembre, et lui rappelèrent que l'octroi de 15 sols par balle de laine que l'on payait depuis huit ans, par suite de l'arrêt du 24 juillet 1725, devait expirer le 1er octobre 1733, et comme la fabrique était menacée de voir continuer les effets de cet arrêt, pour subvenir aux besoins des hôpitaux de la généralité, les gardes dirent que l'hôpital d'Elbeuf, autorisé par des lettres patentes du roi, servait à tous les habitants et qu'il n'était pas juste que la manufacture elbeuvienne contribuât seule aux besoins de son entretien, alors que dans toutes les autres villes de la généralité l'octroi était perçu sur les boissons, et conséquemment acquitté par tout le monde. L'assemblée prit en considération ces observations et nomma Pierre Caumont pour présenter une requête au Conseil.

Le 12 octobre, Louis Delarue, sieur de Freneuse, avocat à la Cour, demeurant à Rouen, vint à Elbeuf, d'où il était originaire, avec une procuration de Julie de Lanquetot, sa mère, veuve de Louis Delarue, en son vivant procureur du roi au grenier à sel de Pont-de-l'Arche, elle demeurant à Elbeuf, paroisse Saint Etienne. Devant Me Levalleux, notaire, le sieur de Freneuse reçut de Pierre-Hippolite Le Tellier, chevalier, seigneur de la Boullaye, la somme de 1.463 livres, capital d'une rente due à Julie de Lanquetot comme héritière d'Angélique Cajolles, héritière elle-même de Michel de Lanquetot, élu à Bayeux, son aïeul maternel.

Au nombre des membres de la confrérie de Saint-Jean-Baptiste, composée des porteurs de grains, nous trouvons Louis Lozeré, maître en charge, Jean Tanquereuil, Antoine Cavillon, Guillaume Renault, Jean Osmont dit Cordonnier, Robert Osmont, Georges Deriberpré, Louis Pestel dit Brunet et Madeleine Heurtault, veuve d'Etienne Talbot.

Cette même année, les fabricants s'émurent « à cause de quelque menace qui leur avait été faite », d'un arrêt du Conseil remontant au 24 février 1670, et qui sans doute n'avait pas encore reçu d'application à Elbeuf.

Cet arrêt ordonnait que les étoffes manufacturées reconnues défectueuses et non conformes aux Règlements seraient exposées sur un poteau de neuf pieds de hauteur avec un écriteau indiquant le nom du marchand ou de l'ouvrier ; que ce poteau aurait un carcan et qu'il serait posé devant la principale porte de l'endroit où les étoffes étaient habituellement visitées et marquées.

L'arrêt ajoutait que les tissus exposés y resteraient deux fois vingt-quatre heures, puis seraient retirés pour être coupés, déchirés, brûlés ou confisqués, suivant le jugement rendu ; qu'en cas de récidive, les marchands ou ouvriers seraient blâmés en pleine assemblée du corps, outre l'exposition au poteau et le reste, et enfin que ceux qui seraient pris une troisième fois seraient, pendant deux heures, attachés au carcan, avec des échantillons des étoffes sur eux confisquées, etc.

Les fabricants, craignant de tomber sous le coup d'un pareil arrêt, car ils étaient tous exposés à fabriquer involontairement des étoffes défectueuses, déléguèrent, le 20 octobre, Pierre

Delacroix, Pierre Grandin, Pierre Hayet et Pierre Bourdon, avec les gardes en charge pour établir un mémoire et le présenter au Conseil.

Les marchands et commissionnaires en laines, de Rouen, avaient établi un concordat, le 12 mai précédent, pour bannir tous les courtiers de la vente des laines, disant que ceux-ci se rendaient les maîtres absolus du commerce et que leur existence était également préjudiciable aux manufacturiers.

Le sieur Le Massif, subdélégué de l'intendant, voulut connaître l'opinion des fabricants de draps sur les courtiers supprimés et, à cet effet, il s'adressa aux gardes de notre manufacture, lesquels convoquèrent la corporation le 29 octobre. Voici quelle fut la réponse de l'assemblée ; on y trouvera d'assez intéressants détails :

« Nous estimons, pour l'avoir longtemps éprouvé, que le ministère des courtiers est utile aux fabriquants, soit pour leur indiquer les laines qui sont en vente, soit pour les instruire du prix courant et de la juste valeur de cette marchandise, soit pour obvier aux difficultés qui naistroient souvent dans les marchés faits sans leur ministère.

« Les courtiers indiquant les laines aux fabriquants, leur en envoyent ou leur en portent, par ordre des marchands, des montres ou échantillons non suspects et tels qu'ils les ont eux-mesmes tirés des balles de différents prix et qualités. Les fabriquants font chez eux et sans se déplacer les épreuves de ces montres, ce qui les met à portée de juger avec connoissance de cause et par pièces de comparaison des qualités qui leur conviennent le mieux et d'en conclure ensuite le marché en peu de moments.

« Après les achats faits, les courtiers ont toujours été par les fabriquants chargés de faire la vérification des balles et d'examiner, en les perçant, si toutes sont d'une égale qualité à la montre, et le soing d'en prendre la livraison au poids et d'en faire les expéditions leur a toujours été confié.

« Chacune de ces opérations, sans le secours du courtier, coûteroit infailliblement un ou deux jours d'absence au fabriquant, ce qui pour un seul achapt lui consommeroit un temps considérable, qu'il ne sçauroit dérober à sa fabrique qu'elle n'en souffrit un domage considérable.

« Le ministère d'un bon courtier ne se borne pas à épargner au fabriquant la perte d'un temps dont il ne sçauroit être trop ménager, mais occupé tous les jours de l'année à comparer, à reconfronter les différentes qualités et les différents prix des laines, il acquiert nécessairement des connoissances sur cette marchandise qu'il communique au fabriquant; la fréquentation continuelle qu'il a avec le vendeur comme avec l'achepteur le met en état d'aider de ses lumières le fabriquant qui, de son côté, comparant ses idées avec celles du courtier, se forme un jugement plus net et moins fautif, et est à ce moyen à l'abry de toutte surprise.

« Il est vray que le courtier n'est utile au fabriquant qu'autant qu'il est bon connaisseur, laborieux, homme droit et incorruptible : tels sont ceux qui viennent d'être supprimés, comme le sieur Levert et particulièrement les sieurs Yvelin père et fils qui, depuis 35 à 40 ans, ont servy la manufacture d'Elbeuf avec un zèle, une capacité et une probité à toutte épreuve ; c'est une justice que toutte la fabrique leur doit et un témoignage qu'elle ne peut se dispenser de leur rendre.

« Il a toujours été libre au fabriquant de se servir de courtier ou de ne s'en pas servir, de choisir celuy-ci plus tôt que l'autre, et c'est précisément cette liberté qui a excité une louable émulation entre les courtiers, qui les a rendus vigilants, connoisseurs et habilles dans leur profession, et c'est à cette liberté que les fabriquants sont redevables de l'utilité et avantages qu'ils ont retiré de leur ministère.

« En vain, les marchands de laine établissent-ils que les courtiers se rendent maistre absolus du négoce des laines ; il ne sçauroit tomber sous le sens de tout homme raisonnable que les marchands étant maistres du prix de leurs marchandises, de la vendre ou de ne la pas vendre au prix offert, les courtiers ayent jamais pu leur faire violence à cet égard.

« Ils ne sont pas mieux fondés à dire que ces mêmes courtiers, favorisant quelques maisons, la font vendre par préférence et au désavantage des fabriquants, parce qu'il est hors de toute vraysemblance qu'une telle prévarication put échapper à l'attention de plus de soixante fabriquants dans Elbeuf, qui ont continuellement les yeux ouverts sur la conduitte de leurs courtiers, qui seroient bientôt punis de leur infidélité en perdant sans ressource la confiance de ceux qui les font travailler ». — Suivent quarante signatures environ.

Nous publierons ici plusieurs pièces importantes concernant la teinture des laines devant servir à la fabrication des tapisseries, dont les textes sont conservés aux archives municipales.

La première est un Règlement donné par le roi, à Versailles, le 3 mars 1733 :

« Art. Ier.—Les laines fines destinées à être emploïées à la fabrique des tapisseries et aux canevas, seront teintes en bon teint, conformément à ce qui est prescrit par l'article XXXII. des règlements pour les teinturiers en grand et bon teint, des draps, serges et autres étoffes de laine, du mois d'aoust 1669, et par des articles LXXXIX. et XC. de l'instruction générale pour la teinture des laines de toutes couleurs, et pour la culture des drogues et ingrédiens qui y sont emploïez, du 18. mars 1671, à peine de confiscation des laines qui se trouveront teintes en contravention, et de deux cens livres d'amende contre les contrevenans pour la première fois, et d'interdiction de la maîtrise en cas de récidive.

« Art. II. — Fait Sa Majesté défenses, sous les mêmes peines, de teindre, en petit teint, d'autres laines que les laines grossières, telles que celles qui sont emploïées à la fabrique des bergames, points de Hongrie, ou autres ouvrages en tapisseries grossiers, conformément aux articles LXXXIX. et XC. de la dite instruction du 18. mars 1671.

« Art. III. — Fait pareillement Sa Majesté défenses, sous les mêmes peines que ci-dessus, de teindre aucunes laines fines en teinture communément apellée *demi-fin*.

« Art. IV.— Les teinturiers en bon teint se

ront tenus d'emploïer le kermès ou graine d'écarlate, avec l'alun et le tartre, dans la teinture des laines fines servant aux carnations foncées.

« Art. V. — Seront aussi tenus lesdits teinturiers de se servir de ladite graine de kermès, pour la teinture des laines fines en écarlate foncée, communément apellée *écarlate de Venise*, et pour lesdites laines teintes en pourpre et maron, en les passant ensuite sur la cuve d'inde, ou après les y avoir passées auparavant.

« Art. VI. — Sera aussi ladite graine de kermès emploïée dans la teinture des laines fines en gris-vineux, gris plombé, gris ardoisé et gris lavandé, en donnant un petit pied de cuve, et rabatant ensuite avec le brou de noix, ou la racine de noïer, s'il est besoin.

« Art. VII.—Lesdits teinturiers se serviront de la cuve d'inde, ou de celle de pastel, à leur choix, pour la teinture des laines en bleu, verd et autres couleurs qui demandent un pied ou une nuance de bleu ; et au cas qu'ils se servent de la cuve de pastel, leur permet Sa Majesté d'y emploïer la quantité d'indigo qu'ils jugeront à propos, dérogeant à cet égard aux articles VIII. IX. X. et XI. de ladite instruction du 18. mars 1671.

« Art. VIII. — Permet Sa Majesté ausdits teinturiers, d'avoir chez eux du bois d'inde ou de campêche, et de l'emploïer dans les teintures des laines fines en noir, pourpre, maron, pruneau et rouges bruns presque noirs ; leur faisant très-expresses inhibitions et défenses d'emploïer dudit bois d'inde ou de campêche, dans la teinture des laines fines en bleu, verd, violet, et en toutes couleurs, autres que les nuances les plus brunes de celles énoncées au présent article.

« Art. IX. — Défend Sa Majesté, sous les peines ci-dessus ordonnées, de teindre aucunes laines fines en noir, qu'après leur avoir donné le pied de bleu le plus foncé qu'il sera possible ; et ce, conformément à l'article XLVI. des réglemens pour les teinturiers en soïe, laine et fil, du mois d'aoust 1669.

« Art. X. — Défend aussi Sa Majesté, sous les mêmes peines, de se servir de bois de Brésil pour la teinture des laines fines, en quelques couleurs que ce soit ; comme aussi d'emploïer dans la teinture desdites laines, la fonte de bourre, dérogeant à cet éfet aux articles XLIII. et XLIX. desdits réglemens pour les teinturiers en soïe, laine et fil, du mois d'aoust 1669.

« Art. XI. — Fait pareillement Sa Majesté défenses ausdits teinturiers, sous les mêmes peines, de se servir de l'orseille de terre dans la teinture des laines fines.

« Art. XII. — Permet ausdits teinturiers, d'emploïer dans la teinture des laines fines en violet, de l'orseille d'herbe ou des Canaries, après néanmoins leur avoir donné le pied de cuve et de cochenille sufisant.

« Art. XIII. — Défend Sa Majesté, sous les mêmes peines que ci-dessus, l'usage du roucou, du safran et du fustet dans la teinture des laines fines, de quelques couleurs que ce soit.

« Art. XIV. — Veut Sa Majesté, que pour connoître si les laines sont de bon teint, ou s'il a été emploïé dans la teinture quelques ingrédiens prohibez, il soit fait tous les mois, et plus souvent s'il est jugé nécessaire, des visites exactes chez tous les maîtres teinturiers, par les gardes-jurez de la communauté, lors desquelles ils seront tenus de faire le déboüilli des laines qu'ils soupçonneront de faux teint.

« Art. XV. — Le déboüilli desdites laines sera fait conformément à ce qui est prescrit par l'instruction jointe au présent règlement, avec l'alun, le savon ou le tartre, suivant la couleur desdites laines, et la classe où elle se raporte ; et en cas de contestation sur ledit déboüilli, de la part du maître teinturier chez lequel les laines soupçonnées de faux teint auront été trouvées, il en sera fait un second avec l'échantillon matrice, qui sera déposé dans le bureau de la communauté des teinturiers.

« Art. XVI.—Ordonne que les articles LVI. et LXXX. desdits réglemens pour les teinturiers en soïe, laine et fil, du mois d'aoust 1669, seront exécutez ; et en conséquence qu'à la diligence des gardes-jurez desdits teinturiers, il soit teint incessamment, si fait n'a été, des écheveaux de laines fines de toutes les couleurs principales énoncées dans lesdits réglemens, pour être déposez dans le bureau de chacune des communautez desdits teinturiers, et servir de comparaison, tant de la beauté que de la bonté desdites couleurs.

« Art. XVII.—Les amendes qui seront prononcées pour les contraventions faites au present réglement, seront apliquées ; sçavoir, un tiers au profit de Sa Majesté, un tiers au profit des gardes-jurez, et l'autre tiers au profit des pauvres de l'hôpital le plus prochain des lieux où les jugemens seront rendus ; et en cas de dénonciation desdites contraventions, le tiers desdites amendes apliqué au profit de Sa Majesté, sera remis au dénonciateur.

« Art. XVIII.—Veut au surplus Sa Majesté que lesdits réglemens pour les teinturiers en grand et bon teint, des draps, serges et autres étofes de laine, du mois d'aoust 1669, ceux pour les teinturiers en soïe, laine et fil, des mêmes mois et an, et l'instruction générale pour la teinture des laines de toutes couleurs, du 18. mars 1671, ensemble les arrêts et réglemens intervenus depuis, sur le fait des teintures, soient exécutez selon leur forme et teneur, en ce qui n'y est pas dérogé par le present réglement et l'instruction qui y est jointe. Fait et arrêté au conseil roïal de commerce, Sa Majesté y étant, tenu à Versailles le troisième jour de mars mil sept cens trente trois ».

« Signé, ORRY ».

La seconde de ces pièces consiste en lettres patentes signées du roi, étant à Compiègne, le 7 juillet de la même année 1733 :

« Louis par la grâce de Dieu roy de France et de Navarre : A tous ceux qui ces presentes lettres verront, salut. Aïant été informez des abus qui se commettent dans les teintures, tant des draps, serges et autres étofes de laines, que des soïes, laines et fils, et des difficultez que causent les déboüillis prescrits par les réglemens ci-devant faits, pour en reconnoître la bonne qualité ; il nous a paru que le plus sûr moïen d'y remédier, étoit de faire faire des expériences de la propriété de toutes les drogues qui sont emploïées au bon teint, et de fixer pour chaque couleur un déboüilli certain, qui ne laissât aucun doute sur la qualité des ingrédiens qui y auroient été emploïez. Ces expériences aïant été faites, et le succès ne pouvant en être douteux, nous avons jugé à propos de pourvoir d'abord à ce qui regarde la teinture et le déboüilli des laines destinées à la fabrique des tapisseries, par un réglement et une instruction qui y est jointe, en laissant subsister quant à present, et jusqu'à ce que nous en aïons autrement ordonné, les anciens réglemens pour la teinture des étofes de laine, des soïes, du fil et du coton. A ces causes, de l'avis de nôtre conseil, qui a vu et examiné ledit réglement du 3 mars de la presente année 1733, contenan dix huit articles, et ladite instruction contenant vingt-huit articles, ci-atachez sous le contrescel de nôtre chancellerie ; ensemble les réglemens du mois d'oust 1669. et l'instruction du 18 mars 1671, concernans les teintures ; nous avons par ces presentes signées de nôtre main, et de nôtre certaine science, pleine puissance et autorité roïale, confirmé et autorisé, confirmons et autorisons ledit réglement pour la teinture des laines destinées à la fabrique des tapisseries, et ladite instruction pour le déboüilli desdites laines. Voulons que dans toute l'étenduë de nôtre roïaume, terres et seigneuries de notre obéissance, ils soient gardez, observez, et exécutez de point en point, selon leur forme et teneur. Si donnons en mandement à nos amez et feaux conseillers les gens tenans nôtre cour de Parlement à Paris, que ces presentes ils aïent à faire lire, publier et registrer, et le contenu en icelles garder, observer et exécuter, selon leur forme et teneur ; car tel est nôtre bon plaisir. En témoin de quoi, nous avons fait mettre nôtre scel à ces dites presentes. Donné à Compiègne, le septième jour de juillet, l'an de grace mil sept cens trente-trois ; et de nôtre régne le dix huitième. Signé, Louis : Et plus bas, par le roy, Phelypeaux : Vû aux conseil, Orry. Et scellées du grand sceau de çire jaune », lisons-nous sur une copie.

Ces lettres furent enregistrées au Parlement de Paris le 7 septembre 1733.

Enfin, la troisième pièce renferme ces instructions sur le débouilli des laines destinées à la fabrication des tapisseries, données à Rouen par le marquis de la Bourdonnaye, intendant de la généralité :

« Comme il a été reconnu que la métode prescrite pour les déboüillis des teintures, par l'article XXXVII des réglemens pour les teinturiers en grand et bon teint, des draps, serges et autres étofes de laines, du mois d'aoust 1669, et par les articles CCXX, et suivans de l'instruction générale pour la teinture des laines de toutes couleurs, et pour la culture des drogues et ingrédiens qui y sont emploïez, du 18. mars 1671, n'est pas sufisante pour juger exactement de la bonté ou de la fausseté de plusieurs couleurs ; que cette métode pouvoit même quelquefois induire en erreur, et donner lieu à des contestations ; il a été fait par ordre de Sa Majesté, diférentes expériences sur les laines destinées à la fabrique des tapisseries, pour connoître le degré de bonté de chaque couleur, et les déboüillis les plus convenables à chacune.

« Pour y parvenir, il a été teint des laines fines en toutes sortes de couleurs, tant en bon teint qu'en petit teint, et elles ont été exposées à l'air et au soleil, pendant un temps convenable. Les bonnes couleurs se sont parfaitement soûtenuës, et les fausses se sont éfacées plus ou moins, à proportion du degré de leur mauvaise qualité : Et comme une couleur ne doit être réputée bonne qu'autant qu'elle résiste à l'action de l'air et du soleil, c'est cette épreuve qui a servi de règle pour décider sur la bonté des diférentes couleurs.

« Il a été fait ensuite sur les mêmes laines, dont les échantillons avoient été exposez à l'air et au soleil, diverses épreuves de déboüilli ; et il a d'abord été reconnu que les mêmes ingrédiens ne pouvoient pas être indiféremment emploïez dans les déboüillis de toutes les couleurs, parce qu'il arrivoit quelquefois qu'une couleur reconnuë bonne par l'exposition à l'air, étoit considérablement altérée par le déboüilli, et qu'une couleur fausse résistait au même déboüilli.

« Ces diférentes expériences ont fait sentir l'inutilité du citron, du vinaigre, des eaux sures et des eaux fortes, par l'impossibilité de s'assûrer du degré d'acidité de ces liqueurs ; il a paru que la métode la plus sûre, est de se servir, avec l'eau commune, d'ingrédiens dont l'éfet est toujours égal.

« En suivant cet objet, il a été jugé nécessaire de séparer en trois classes toutes les couleurs dans lesquelles les laines peuvent être teintes, tant en bon qu'en petit teint, et de fixer les ingrédiens qui doivent être emploïez dans les déboüillis des couleurs comprises dans chacune de ces trois classes.

Les couleurs comprises dans la première classe doivent être déboüillies avec l'alun de Rome ; celles de la seconde, avec le savon blanc ; et celles de la troisième, avec le tartre rouge.

« Mais comme il ne sufît pas pour s'assûrer de la bonté d'une couleur par l'épreuve du déboüilli, d'y emploïer des ingrédiens, dont l'éfet soit toujours égal ; qu'il faut encore non seulement que la durée de cette opération soit exactement déterminée, mais même que la quantité de liqueur soit fixée, parce que le plus ou le moins d'eau diminuë ou augmente considérablement l'activité des ingrédiens qui y entrent ; la manière de procéder aux diférens déboüillis sera prescrite par les articles suivants.

« Art. Ier. — Le déboüilli avec l'alun de Rome sera fait en la manière suivante.

« On mettra dans un vase de terre ou terrine une livre d'eau et une demi-once d'alun, on mettra le vaisseau sur le feu, et lorsque l'eau boüillira à gros boüillons, on y mettra la laine dont l'épreuve doit être faite, et on l'y laissera boüillir pendant cinq minutes, après quoi on la retirera, et on la lavera bien dans l'eau froide ; le poids de l'échantillon doit être d'un gros ou environ.

« Art. II. — Lorsqu'il y aura plusieurs échantillons de laine à déboüillir ensemble, il faudra doubler la quantité d'eau et celle d'alun, ou même la tripler, ce qui ne changera en rien la force et l'éfet du déboüilli, en observant la proportion de l'eau et de l'alun ; en sorte que pour chaque livre d'eau, il y ait toûjours une demi-once d'alun.

« Art. III. — Pour rendre plus certain l'éfet du déboüilli, on observera de ne pas faire déboüillir ensemble des laines de diférentes couleurs.

« Art. IV. — Le déboüilli avec le savon blanc se fera en la manière suivante :

« On mettra dans une livre d'eau, deux gros seulement de savon blanc, haché en petits morceaux ; aïant mis ensuite le vaisseau sur le feu, on aura soin de remuer l'eau avec un bâton, pour bien faire fondre le savon; lorsqu'il sera fondu, et que l'eau boüillira à gros boüillons, on y mettra l'échantillon de laine, que l'on y fera pareillement boüillir pendant cinq minutes, à compter du moment que l'échantillon y aura été mis ; ce qui ne se fera que lorsque l'eau boüillira à gros boüillons.

« Art. V. — Lorsqu'il y aura plusieurs échantillons de laine à déboüillir ensemble, on observera la métode prescrite par l'article II, c'est-à-dire que pour chaque livre d'eau on mettra toûjours deux gros de savon.

« Art. VI. — Le déboüilli avec le tartre rouge se fera précisément de même, avec les mêmes doses, et dans les mêmes proportions que le déboüilli avec l'alun, en observant de bien pulvériser le tartre avant que de le mettre dans l'eau, afin qu'il soit entierement fondu, lorsqu'on y mettra les échantillons de laine.

« Art. VII. — Les couleur suivantes seront déboüillies avec l'alun de Rome ; sçavoir, le cramoisi de toutes nuances, l'écarlate de Venise, l'écarlate couleur de feu, la couleur de cerise, et autres nuances de l'écarlate, les violets et gris-de-lin de toutes nuances, les pourpres, les langoustes, jujubes, fleur de grenade, les bleus, les gris-ardoisez, gris-lavendez, gris-violens, gris-vineux, et toutes les autres nuances semblables.

« Art. VIII.— Si contre les dispositions des réglemens sur les teintures, il a été emploïé dans la teinture des laines fines en cramoisi des ingrédiens de faux teint, la contravention sera aisément reconnuë par le déboüilli avec l'alun, parce qu'il ne fait que violenter un peu le cramoisi fin, c'est-à-dire le faire tirer sur le gris-de-lin ; mais il détruit les plus hautes nuances du cramoisi faux, et il les rend d'une couleur de chair très-pâle, il blanchit même presqu'entièrement les basses nuances du cramoisi faux ; ainsi ce déboüilli est un moïen assuré pour distinguer le cramoisi faux d'avec le fin.

« Art. IX. — L'écarlate de kermès ou de graine, communément apellée *écarlate de Venise*, n'est nullement endommagée par ce déboüilli ; il fait monter l'écarlate couleur de feu ou de cochenille, à une couleur de pourpre et fait violenter les basses nuances, en sorte qu'elles tirent sur le gris-de-lin ; mais il emporte presque toute la fausse écarlate de Brésil, et il la réduit à une couleur de pelure d'oignon ; il fait encore un éfet plus sensible sur les basses nuances de cette fausse couleur.

« Le même déboüilli emporte aussi presqu'entièrement l'écarlate de bourre, et toutes ses nuances.

« Art. X. — Quoique le violet ne soit pas une couleur simple, mais qu'elle soit formée des nuances du bleu et du rouge, elle est néanmoins si importante qu'elle mérite un examen particulier. Le même déboüilli avec l'alun de Rome ne fait presqu'aucun éfet sur le violet fin, au lieu qu'il endommage beaucoup le faux : mais on observera que son éfet n'est pas d'emporter toûjours également une grande partie de la nuance du violet faux, parce qu'on lui donne quelquefois un pied de bleu de pastel ou d'indigo ; ce pied étant de bon teint n'est pas emporté par le déboüilli, mais la rougeur s'éface, et les nuances brunes deviennent presque bleuës, et les pâles d'une couleur désagréable de lie de vin.

« Art. XI.—A l'égard des violets demi-fins, défendus par le présent réglement, ils seront mis dans la classe des violets faux, et ne résistent pas plus au déboüilli.

« Art. XII.—On connoîtra de la même manière les gris-de-lin fins d'avec les faux ; mais la diférence est légère, le gris-de-lin de bon teint perd seulement un peu moins que le gris-de-lin de faux teint.

« Art. XIII. — Les pourpres fins résistent parfaitement au déboüilli avec l'alun ; au lieu que les faux perdent la plus grande partie de leur couleur.

« Art. XIV. — Les couleurs de langouste, jujube, fleur de grenade, tireront sur le pourpre après le déboüilli, si elles ont été faites avec la cochenille ; au lieu qu'elles pâliront considérablement, si l'on y a emploïé le fustet, dont l'usage est défendu.

« Art. XV. — Les bleus de bon teint ne perdront rien du déboüilli, soit qu'ils soient de pastel ou d'indigo ; mais ceux de faux teint perdront la plus grande partie de leur couleur.

Art. XVI. — Les gris-ardoisez, gris-lavendez, gris-violens, gris-vineux perdront presque toute leur couleur, s'ils sont de faux teint ; au lieu qu'ils se soûtiendront parfaitement s'ils sont de bon teint.

« Art. XVII.—On déboüillira avec le savon blanc les couleurs suivantes ; sçavoir, les jaunes, jonquilles, citrons, orangez, et toutes les nuances qui tirent sur le jaune, toutes les nuances de verd, depuis le verd jaune ou verd naissant, jusqu'au verd de chou ou verd de perroquet, les rouges de garance, la canelle, la couleur de tabac et autres semblables.

« Art. XVIII. — Ce déboüilli fera parfaitement connoître si les jaunes et les nuances qui en dérivent sont de bon ou de faux teint; car il emporte la plus grande partie de leur couleur, s'ils sont faits avec la graine d'Avignon, le roucon, le terramerita, le fustet ou le safran, dont l'usage est prohibé pour les teintures fines; mais il n'altère pas les jaunes faits avec la sarette, la genestrole, le bois jaune, la gaude et le fenugrec.

« Art. XIX. — Le même déboüilli fait connoître aussi parfaitement la bonté des verds: car ceux de faux teint perdent presque toute leur couleur, ou deviennent bleus, s'ils ont eu un pied de pastel ou d'indigo : mais ceux de bon teint ne perdent presque rien de leur nuance et demeurent verds.

« Art. XX. — Les rouges de pure garance ne perdent rien au déboüilli avec le savon, et n'en deviennent que plus beaux ; mais si on y a mêlé du brésil, ils perdent de leur couleur, à proportion de la quantité qui y en a été mise.

« Art. XXI. — Les couleurs de canelle, de tabac, et autres semblables, ne sont presque pas altérées par ce déboüilli, si elles sont de bon teint ; mais elles perdent beaucoup, si on y a emploïé le roucou, le fustet ou la fonte de bourre.

« Art. XXII. — Le déboüilli fait avec l'alun ne seroit d'aucune utilité, et pouroit même induire en erreur sur plusieurs des couleurs de cette seconde classe ; car il n'endommage pas le fustet ni le roucou qui cependant ne résistent pas à l'action de l'air, et il emporte une partie de la sarette et de la genestrole, qui font cependant de très-bons jaunes et de très-bons verds.

« Art. XXIII. — On déboüillira avec le tartre rouge, tous les fauves ou couleurs de racines : on apelle ainsi toutes les couleurs qui ne sont pas dérivées des cinq couleurs primitives : ces couleurs se font avec le brou de noix, la racine de noïer, l'écorce d'aune, le sumac ou roudoul, le santal et la suïe, chacun de ces ingrédiens donne un grand nombre de nuances diférentes, qui sont toutes comprises sous le nom général de fauve ou couleur de racine.

« Art. XXIV — Les ingrédiens dénommez dans l'article précédent sont bons, à l'exception du santal et de la suïe qui le sont un peu moins, et qui rudissent la laine lorsqu'on en met une trop grande quantité ; ainsi tout ce que le déboüilli doit faire connoître sur ces sortes de couleurs, c'est si elles ont été surchargées de santal ou de suïe, dans ce cas elles perdent considérablement par le déboüilli fait avec le tartre ; et si elles sont faites avec les autres ingrédiens, ou qu'il n'y ait qu'une médiocre quantité de santal ou de suïe, elles résistent beaucoup davantage.

« Art. XXV. — Le noir étant la seule couleur qui ne puisse être comprise dans aucune des trois classes énoncées ci-dessus, parce qu'il est nécessaire de se servir d'un déboüilli beaucoup plus actif, pour connoître si la laine a eu le pied de bleu turquin, conformément aux réglemens, le déboüilli en sera fait en la manière suivante :

« On prendra une livre ou une chopine d'eau, on y mettra une once d'alun de Rome, et autant de tartre rouge pulvérisez ; on fera boüillir le tout, et on y mettra l'échantillon de laine, qui doit y boüillir à gros boüillons pendant un quart d'heure ; on le lavera ensuite dans l'eau fraîche, et il sera facile alors de voir si elle a eu le pied de bleu convenable ; car dans ce cas la laine demeurera bleuë presque noire, et si elle ne l'a pas eu, elle grisera beaucoup.

« Art. XXVI. — Comme il est d'usage de brunir quelquefois les couleurs avec la noix de gale et la couperose, et que cette opération apellée *bruniture*, qui doit être permise dans le bon teint, peut faire un éfet particulier sur le déboüilli de ces couleurs ; on observera que quoi qu'après le déboüilli le bain paroisse chargé de teinture, parce que la bruniture aura été emportée, la laine n'en sera pas moins réputée bon teint, si elle a conservé son fond ; si au contraire, elle a perdu son fond ou son pied de couleur, elle sera déclarée de faux teint.

« Art. XXVII. — Quoique la bruniture qui se fait avec la noix de gale et la couperose soit de bon teint, comme elle rudit ordinairement la laine, il convient autant que faire se poura, de se servir par préférence de la cuve d'inde ou de celle de pastel.

« Art. XXVIII. — On ne doit soûmettre à aucune épreuve de déboüilli, les gris communs faits avec la gale et la couperose, parce que ces couleurs sont de bon teint, et ne se font pas autrement ; mais il faut observer de les engaler d'abord, et de mettre la couperose dans un second bain beaucoup moins chaud que le premier, parce que de cette manière ils sont plus beaux et plus assûrez ».

On lit au bas de ces lettres patentes :

« Louis-François, marquis de la Bourdonnaye, chevalier, conseiller du roy en ses conseils, maître des requêtes ordinaires de son hôtel, intendant de justice, police et finances, en la généralité de Roüen.

« Veu les lettres patentes du roy ci-dessus, avec le réglement du conseil, et instruction pour la teinture y attachez ;

« Nous ordonnons qu'ils seront exécutez selon leur forme et teneur, lûs et publiez partout où besoin sera, dans l'étenduë de nôtre département, à ce que personne n'en ignore. Fait à Roüen, ce premier jour d'octobre mil sept cens trente-trois ».

« Signé, « DE LA BOURDONNAYE » : Et plus bas : « par monseigneur, GIRAULT ».

L'acte suivant, passé à Paris devant Leverrier et Dutartre, notaires, le 21 octobre, concerne la terre de la Cerisaie :

Alexandre Martorey, de la paroisse Saint-Etienne d'Elbeuf, vendit à Thomas Lemonnier, écuyer, demeurant rue N.-D.-des-Victoires, à Paris, « la maison et clos appelé la Cerisaye, avec toutes les terres et prés en dépendant, le tout scitué en la prairie de Saint Jean d'Elbeuf, mesme les meubles meublants... Ladite maison et enclos appartenant au sieur Martorey tant par diverses acquisitions par lui faites que comme ayant fait construire ladite maison et enclos..., declarant ledit Martorey que la terre de la Cerisaye estant en bourgeoisie, il ne sera rien dû de treizième ny autres droits seigneuriaux pour la vente presente ».

Le mobilier était beau ; trois chambres étaient tapissées de soie, les sièges recouverts de tapisseries à fleurs ; trois autres chambres étaient « meublées de damas de Caux et de fauteuils et sièges de canne » ; toutes ces chambres étaient lambrissées et leurs cheminées garnies des ustensiles à feu nécessaires. — La vente de l'ensemble fut consentie moyennant 15.000 livres payées comptant.

On lit sur un ancien registre de la Communauté des fabricants d'Elbeuf :

« Le 22 octobre, les gardes présentèrent à Jacques-Louis de Flavigny, bailly, les marques de grâce ordonnées par l'arrest du Conseil du 30 juin dernier, lesquelles, après en avoir pris l'empreinte sur de la cire d'Hespagne à la marge du présent registre, nous avons fait braser et icelles fait marteller par Philippe Jourdain, serrurier, pour en effacer l'empreinte, attendu l'expiration des deux mois accordés ordonnés par ledit arrest ».

Une empreinte en cire rouge se trouve, en effet, sur ce registre. Nous la reproduisons ci-dessous :

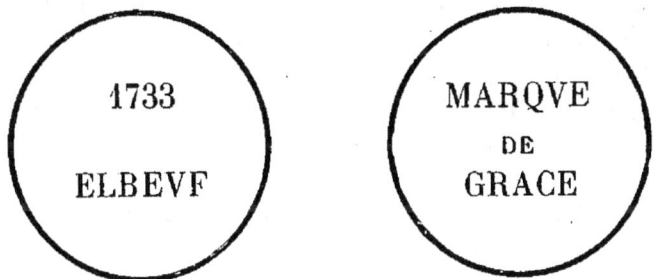

Ce fut en 1733 que John Kay, constructeur de métiers à tisser, à Colchester (Angleterre), imagina la navette volante. Nous reviendrons plus tard sur cette invention qui devait révolutionner l'industrie du tissage des étoffes.

En 1733, dit François Dupont, on démolit les orgues de Saint-Jean, et l'on édifia le gros pilier parallèle à celui de la tour, le pilier d'au-dessus, le demi-pilier adapté dans celui de la tour, la chapelle des fonts, la voûte sous les cloches, conformément au plan de M. Le Cerf, et la couverture. La main-d'œuvre, tant pour le portail que pour ce dernier ouvrage, fini en 1735, coûta 12.488 livres ; mais « on ne parle point des materiaux, des grues, cordages et fouilles, qui etoient à la charge du tresor ». Deux ans après, on démolit les deux chapelles Saint-Jacques et Saint-Sébastien, ainsi que l'arcade qui portait les crucifix, « parce qu'elle étoit trop basse, trop massive et qu'elle masquoit la vue de la contretable ».

Le registre des comptes que rendit, en 1733, Philippe Marye, receveur des décimes du diocèse, à l'archevêque de Rouen, nous apprend que le curé de Saint-Etienne payait 34 livres et le chapelain de « Saint Chaux » d'Elbeuf 30 sols.

Louis Jourdain, maître serrurier à Elbeuf, fournit deux portes de fer à la fabrique de l'église de Villettes, moyennant le prix de « 35 livres le cent ». Elles furent payées, à son fils, en la même année, 255 livres. Elles pesaient donc plus de 700 livres.

Une ordonnance de M. de la Bourdonnaye, intendant de Rouen, en date du 22 décembre, obligea les trésoriers de Saint-Jean et de Saint-Etienne d'imposer au rôle de capitation et fourrages une somme de 1.189 livres, due aux adjudicataires du tarif.

Suivant M. Guilmeth, l'ancienne voie romaine n'avait pas été entièrement détruite à la suite de l'accord passé avec les habitants Caudebec en 1619 ; car, en 1733, on enleva encore de la vieille chaussée des pierres qui furent utilisées dans la réparation de « la digue du port d'Elbeuf ».

Cette année-là, Pierre Hayet, administrateur de l'hospice, acheta un corps de logis et un jardin appartenant à M. Flavigny, chanoine de la cathédrale de Rouen, rue Meleuse, pour agrandir le domaine de l'hospice.

CHAPITRE XXII
(1734-1736)

Henri de Lorraine *(suite).* — Crise industrielle. — Les marques du Bureau de la manufacture. — Visite des draps; affaire veuve Le Comte. — La confrérie du Sacré-Cœur a Saint-Jean. — Inventaire d'un maitre tapissier. — Les billets de congé pour les ouvriers drapiers. — La messe de Saint-Crespin. — Le renouvellement des vœux du Baptême, a Saint-Jean.

Le sieur de la Bourdonnaye rendit une ordonnance, le 8 février, dont le passage suivant intéressait notre manufacture :

« Et pour remédier aux plaintes à nous faites par des fabricans de diférentes manufactures de notre généralité, comme Elbeuf, Louviers et autres, que l'aunage des auneurs, souvent diférent de celui porté par leur facture, servoit cependant de loi contre lesdits fabriquans ;

« Nous défendons à tous marchands, en cas de diférence de l'aunage des auneurs avec celui des fabriquans porté par leur facture, de disposer des marchandises à eux envoïées par lesdits fabriquans, qu'au préalable le recensement desdits aunages n'ait été fait en présence du fabriquant, qu'à cet éfet y sera apellé ; parce qu'au cas où le marchand en disposeroit sans cette formalité, il sera tenu de païer au fabriquant sur le pied de sa facture... »

On sait que les membres de la Manufacture avaient coutume, le jour de la Saint-Louis, leur fête corporative, après avoir nommé le nouveau garde, de se réunir dans un banquet. Pour un motif que nous ignorons, mais peut-être à cause du mauvais commerce, par décision prise dès le 7 janvier, ce repas n'eut pas lieu en 1734, et l'argent qui aurait pu y être dépensé fut employé à réparer l'escalier conduisant à la chambre du bureau, dont les marches tombaient de vétusté.

La fabrique d'Elbeuf était, en effet, dans un grand état de souffrance, tant à cause de l'insuffisance des achats que par les « exorbitantes impositions » dont elle était chargée. Les fabricants déidèrent, le 9 mars, de représenter au contrôleur général la pitoyable situation de notre industrie, et pour cela, rédigèrent un placet, que Nicolas Lefebvre et Pierre Bourdon furent chargés de présenter au ministre. Voici le texte de cette pièce :

« Monseigneur, les manufacturiers en drap du bourg d'Elbeuf représentent très respectueusement à Votre Grandeur que leur commerce diminue tous les jours. Au mois de janvier dernier, le nombre de leurs métiers étoit diminué au moins de cent, et depuis, ils ont été encore obligés d'en retrancher une bonne partie, ce qui est causé par un défaut général de consommation et par le retardement des sommes qui leur sont deubs par les marchands, en sorte qu'ils sont chargés de près de 6.000 pièces de drap et se voyent à la veille de ne pouvoir continuer ny mesme de satisfaire à leurs engagements.

« Quelque malheureux que soit leur état, ils n'en sont pas moins obligez de payer au Roy pour le gros de la taille 25.329 livres, y compris les trois deniers pour livre, celle de 9.537 livres pour la capitation, et celle de 9.397 livres pour fourrages et ustancilles ; toutes lesdittes sommes montant à 44.263 livres.

« Il est aisé de comprendre que ce sont les maistres et ouvriers de leurs manufactures qui sont susceptibles de ces impositions, puisque le bourg n'est principalement composé que d'eux, et que leur commerce venant à manquer, comme ils ont lieu de l'appréhender, il est impossible qu'ils remplissent d'aussi fortes impositions.

« Les suppliants sont encore taxez actuellement à une somme de 12.000 livres pour les offices de receveur et controlleur d'octroy créés en 1725, et dont la bonté du Roy auroit pu les exempter, les fabriquans n'ayant jamais joui ni possédé aucun octroy.

« Ils vous font envisager, Monseigneur, leur triste situation pour implorer l'honneur de votre protection. A ces causes, Monseigneur, il plaise à Votre Grandeur pourvoir au soulagement de supliants par les moyens qui luy paroistront les plus convenables. Ils continueront leurs vœux et prières pour la prospérité et la satisfaction de Votre Grandeur ».

Alexandre Flavigny, avocat du roi au bailliage de Pont-de-l'Arche et procureur fiscal du duché d'Elbeuf, y demeurant, marié à Marguerite-Barbe Routier, constitua, le 27 mars, un titre de 150 livres de rente viagère en faveur de son fils Charles Louis-Alexandre Flavigny, acolyte du diocèse d'Evreux, résidant alors au séminaire de Saint-Magloire, à Paris, afin de lui faciliter les moyens d'entrer dans les ordres. — Ce jeune homme, nous le verrons plus tard, devint curé de Saint-Jean, fut inquiété pendant la Révolution et mourut dans un âge très avancé.

Les dîmes de Saint-Etienne furent baillées à ferme, le 6 mai, par le curé Le Doulx, « moyennant 250 livres et dix sommes de fumier » par an.

A la réunion du corps de la Manufacture, tenue le 15 mai, Chrestien, inspecteur, donna lecture des lettres patentes du roi, accordant aux sieurs Van Robais, d'Abbeville, une lisière particulière pour leurs draps, composée de « fils bleus avec quatre fils aurore » et faisant défense aux autres manufacturiers d'imiter ou de contrefaire cette lisière.

Ce même jour, Chrestien donna également lecture d'un second arrêt du Conseil, ordonnant que l'élection des gardes se ferait à l'avenir en décembre, pour entrer en exercice le 2 janvier suivant. En outre, l'arrêt prescrivait que « l'année d'exercice des gardes jurés seroit gravée sur les plombs de la fabrique et de controlle, et qu'un chacun d'eux auroit son coin ou marque particulière, sur laquelle la première lettre de son nom et de son surnom seront gravées en entier au-dessous de la datte de l'année d'exercice ».

François-Alexandre Quesné fils François, pour remplir les intentions de son père, fonda un obit de deux messes basses à Saint-Jean, moyennant une rente perpétuelle de 3 livres. L'acte est du 10 juin.

Le roi, étant à Versailles, le 24 août, rendit un nouvel arrêt prorogeant pour trois nouvelles années l'interdiction de recevoir de nouveaux maîtres drapiers à Elbeuf, Orival, Louviers, Rouen et Darnétal, toujours sous peine de 1.000 livres d'amende pour les juges et 500 livres également d'amende pour les gardes jurés.

Le 17 septembre, Oneille, commis aux aides à Pont-de-l'Arche, mourut à Elbeuf, chez Nicolas Vaguet, aubergiste, d'un coup d'épée qu'il avait reçu d'un nommé Pimont, de Rouen. La justice d'Elbeuf procéda à une enquête.

Louis de Vauquelin de la Brosse, curé de Saint-Aubin, fit un testament en faveur de sa servante, Marie Roussel, et le déposa au notariat d'Elbeuf, le 18 novembre.

Jean Le Doulx, curé de Saint-Etienne, vendit, le 1er décembre, à Marin-Louis Guenet, maître teinturier, pour le prix de 4.000 livres, la part d'héritage qui lui revenait de Jean Le Doulx, son père, bourgeois d'Evreux.

Deux fabricants d'Orival prirent l'engagement suivant, le 9 décembre :

« Nous soussignez Nicolas Rivette père et fils, marchands manufacturiers demeurant à Orival, promettons et nous obligeons, sçavoir :

« Moy dit Rivette fils de faire travailler dans l'enclave du bourg d'Elbeuf, et non hors les portes dudit bourg d'Elbeuf ; et moy dit Rivette père, je promets de quitter à faire travailler à Orival, même de ne plus achetter de laines pour les employer à Orival, sitost que mon fils fera travailler à Elbeuf ». — Suivent les signatures.

Le compte des dépenses du Bureau de la manufacture se monta cette année-là à 3.630 livres ; cette somme fut répartie sur les fabricants au prorata du nombre de balles de laines employées par chacun d'eux, à raison 20 sols 4 deniers par balle.

L'étude de Mᵉ Levalleux, notaire d'Elbeuf, fut, le 24 décembre, le théâtre d'une scène, qui fit quelque sensation.

Le nommé Sansterre, de Saint-Didier, se rendit chez ce notaire, sous prétexte de passer un bail avec un sieur Binet, et, à cet effet, demanda un acte passé précédemment entre lui et le nommé Renault. Mᵉ Levalleux donna lecture de cet acte et le posa ensuite sur sa table. Aussitôt, Sansterre se jeta sur l'écrit et le déchira en six morceaux. Levalleux appela Jean Labiffe, sergent, qui dressa procès-verbal de cette violence ; puis, sur le champ, interjetta clameur de haro et conduisit les parties devant Charles Flavigny, avocat du roi. Ce magistrat ordonna « que les partyes entreroient en prison ou donneroient caution, que ledit notaire a fourny, et que ledit Sansterre n'en ayant fourny, il demeure constitué prisonnier es prisons d'Elbeuf ».

Le 4 janvier 1735, le bailli Flavigny rappela les prescriptions du Conseil en date du 9 février de l'année précédente, et se fit représenter la marque du Bureau de l'année, 1734, dont l'empreinte fut posée en marge du registre des procès-verbaux, puis la fit briser à coups de marteau, de façon à la mettre hors d'usage.

La nouvelle marque, au nom de J.-B. Martin, figure également sur le registre dont nous venons de parler, ainsi que celle Jean Grandin, qui ne fut livrée par le graveur que le 14 janvier.

Louis Leroy, vicaire de Pacy-sur-Eure, originaire de notre bourg, décédé à l'âge de 45 ans, le 27 avril, fut inhumé, le lendemain, dans la chapelle de la Vierge de l'église Saint-Jean.

La Manufacture de draps fut de nouveau mise en émoi par une ordonnance du ministre concernant l'élargissement des draps au ramage. La pièce suivante nous donnera l'indication des procédés que l'on employa pour connaître les délinquants :

« L'an 1735, le 10ᵉ jour de may, nous Jacques Chrestien, inspecteur pour le Roy des manufactures de Normandie, sur les ordres à nous donnés par Monseigneur le controlleur général, nous nous serions transporté, avec les sieurs Jean-Baptiste Martin et Jean Grandin, gardes en charge de la Manufacture d'Elbeuf, chez plusieurs fabriquants, dans les magasins desquels nous aurions fait enlever une pièce de drap de leur fabrique pour, conformément aux ordres à nous adressés, les faire jetter à l'eau, après en avoir préalablement fait prendre l'aulnage, bois à bois, sur une table de quatre aulnes, en présence des parties, ensuite les faire sécher et réaulner, pour, en cas de contraventions, faire juger sur les contrevenants les peines portées par les règlements et arrest du Conseil du 12 febvrier 1718 ; pour à quoy parvenir, nous aurions fait aulner dans le bureau de la Manufacture, en présence des gardes et des parties, lesdits draps, au nombre de six pièces ».

Suit le détail des draps, que l'inspecteur fit mesurer puis jeter par trois fois à l'eau, le lendemain, « en un endroit nommé le Glayeul », et qu'après séchage on rapporta au bureau pour être aunés de nouveau.

Une pièce gris d'épine, appartenant à Nicolas Flavigny, qui mesurait avant le mouillage, 21 aunes 5/8, n'avait plus que 21 aunes 3/8 après l'opération.

Une autre de même couleur, prise dans la fabrique de la veuve Gosset, de 25 aunes 3/4 n'était réduite qu'à 25 aunes 1/2, mais comme cette pièce avait perdu un seizième et demi en largeur, elle fut saisie.

La troisième, de couleur olive, appartenait à Pierre Dupont ; de 26 aunes et demie, elle était seulement descendue à 26 aunes 3/16 après trempage.

La quatrième, de couleur brune, provenant de chez la veuve Le Comte, était tombée, en longueur, de 25 aunes 7/8 à 24 aunes 7/8, et en largeur d'un seizième et demi. Cette pièce fut aussi saisie.

La cinquième, de nuance olive, sortait de chez la veuve Nicolas Roblot ; de 26 aunes, elle n'avait perdu qu'un huitième d'aune en longueur.

Enfin, la dernière, de couleur grise, levée chez Mathieu Poulain, qui mesurait 28 aunes 5/8 avant mouillage, n'avait plus que 27 aunes 7/8 ; en outre, elle avait perdu un seizième et demi en largeur : on la fit saisir également.

L'inspecteur agit vigoureusement auprès du bailli pour qu'une punition rigoureuse fût prononcée, principalement contre la veuve Jean Le Comte, déjà prise une fois en contravention. Elle comparut donc, le 14 mai, devant la justice d'Elbeuf, qui, entre autres peines, la condamna à être destituée de sa maîtrise.

Cette condamnation excessive causa un vif mouvement dans la population, car la manufacture atteinte était l'une des plus considérables du bourg. Chacun s'employa alors à obtenir la grâce de la veuve Le Comte. Le bailli Flavigny lui-même, qui avait prononcé la sentence, nous paraît avoir fait son possible en ce sens auprès du duc d'Elbeuf.

Ces démarches furent couronnées par le succès, car nous avons trouvé aux Archives départementales des lettres royales, sur parchemin, ainsi conçues :

« Extrait des registres du Conseil d'Etat :

« Veu par le Roy en son Conseil la sentence du juge des manufactures d'Elbœuf du 14 mai dernier, par laquelle il a esté confisqué sur la veuve Le Comte, fabriquante à Elbœuf, une pièce de drap, de sa fabrique, qui avoit esté trop tirée à la rame, ladite veuve Le Comte condamnée en outre à l'amande prescrite par les reglements est declarée decheue et destituée de sa maîtrise, pour cause de recidive ;

« Veu aussy sur ce les representations de lad. veuve Le Comte, par lesquelles elle demande la restitution de la pièce de drap sur elle confisquée, la remise de l'amande et d'estre retablie dans sa maîtrise, d'autant que cette contravention s'est commise par ses ouvriers pendant son absence, et que si cette sentence avoit son execution, elle causeroit la ruine de son commerce, qui est de plus de 600.000 livres par an, feroit totalement tomber les vingt-sept metiers actuellement travaillant, pour l'entretien desquels elle employe sept à huit cens ouvriers, qu'elle serait obligée de renvoyer faute de travail ;

« Ouy le rapport du sieur Orry, conseiller d'Etat, controlleur general des finances ;

« Le Roy en son Conseil, ayant aucunement egard à ladite demande, a ordonné et ordonne, par grâce et sans tirer à consequence, que ladite veuve Le Comte continuera de faire fabriquer des draps dans sa manufacture d'Elbœuf, comme avant la sentence du juge de la Manufacture de ladite ville du 14 mai dernier, qui sera au surplus exécutée selon sa forme et teneur, à la charge neantmoins par ladite veuve Le Comte de se conformer dans la fabrique et aprests de ses draps aux dispositions et reglements concernant les manufactures et sous les peines y portées.

« Fait au Conseil d'Estat du Roy tenu à Versailles le 4ᵉ jour du mois d'octobre 1725... »

Par contrat du 12 mai de la même année, Louis Hesnault, de Tourville-la-Rivière, constitua 12 livres de rente au profit de Mᵉ Mathieu Rouvin, prêtre habitué de Saint-Jean d'Elbeuf, moyennant 240 livres qu'il reçut du prêtre, lequel déclara le 23 du même mois que ces 240 livres lui avaient été confiées par des personnes mues de dévotion, notamment par Clémence Leclerc, pour fonder l'office du Sacré-Cœur.

Quelque temps après, les bourgeoises elbeuviennes faisant partie de la confrérie demandèrent à l'évêque d'Evreux la permission de faire célébrer cet office dans l'église Saint-Jean, avec exposition du Saint-Sacrement, le troisième vendredi de juillet. Pierre de Rochechouart, évêque du diocèse, y consentit moyennant que le trésor paroissial recevrait 8 livres sur la fondation ci-dessus mentionnée. Les statuts de la nouvelle confrérie furent approuvés le 1er juin, par l'évêque d'Evreux.

Le bailli reçut Michel Guestard, en qualité de notaire pour la Haye-du-Theil et le Gros-Theil, le 22 juin, en l'audience de la haute justice d'Elbeuf.

Le lendemain 23, dom Richard Bridet, prêtre, religieux et procureur de l'abbaye royale de Notre-Dame du Bec-Hellouin, étant descendu à l'auberge « où pendoit pour enseigne le *Dauphin couronné* » à Elbeuf, vendit les deux tiers des grosses dîmes et bois de la paroisse Saint-Pierre-des-Cercueils, appartenant au monastère, moyennant 260 livres pour l'année. Le preneur fut Jean Hamon, d'Elbeuf, maître des postes du Noyer-Ménard, et demeurant alors à Thuit-Signol.

Guillaume Bosquier-Dauphin, chanoine de la Saussaye, mourut ce même jour. Sa prébende fut donnée à Nicolas Dubois, prêtre.

Suit un extrait de l'inventaire dressé, le 5 juillet, après le décès de Michel Lefebvre, fabricant de tapisseries, paroisse Saint-Jean :

« 76 pièces de tapisseries dont 4 montées de leur bordure sur deux aulnes et demye, 13 sur deux aulnes et un quart, dans lesquelles 76 pièces sont comprises 4 pièces qui sont montées sur un metier ; la veuve de Lefebvre declarant que le defunt a vendu 18 de ces pièces de tapisseries aux sieurs Baudin père et fils, marchands à Touars en Poitou ». La veuve déclara en outre que le défunt avait vendu et livré 18 pièces de tapisserie au sieur Hudes, de Paris ; 99 pièces au sieur Hue, de Rouen ; 3 pièces à la dame Lhomme, du Havre.

« Trouvé en outre, six tapis sans bordure, deux metiers, deux rouets, un bacquet à parement, une presse, un bancard avec ses poids, 82 livres de fil à chaîne, 58 livres de laine fillée, 100 livres de gros cotton fillé, 18 livres de coton blanc fillé, 36 livres de cotton teint en noir, 100 livres de ploc filé, une pouche de ploc filé pesant aussi 100 livres, 66 livres de ploc filé, 60 livres de peaux à faire de la colle, 58 livres de gros fil, un sac contenant 68 livres de fil, deux poches de soye teinte en vert aurore, pesantes ensemble 78 livres, 50 livres de laine teinte et filée, une poche de laine filée teinte pesante 54 livres.

« Dans le grenier sur la boutique trouvé un metier de ligature monté d'une chaîne, six tournettes, un ourdissoir avec ses chevallets garnis de bobines à moitié vuides, etc. »

A l'assemblée de la Saint-Louis, les fabricants décidèrent de rapprocher au 10 décembre de l'année précédente la messe corporative qu'ils avaient toujours fait célébrer vers la fête des Rois. Cette décision fut prise pour éviter une seconde réunion générale pendant l'hiver ; le 10 décembre ayant été fixé pour l'élection des gardes de l'année à venir.

Sur la réquisition des gardes en charge, lecture fut faite, le 24 septembre, devant le corps de la draperie assemblé, d'un arrêt du Conseil ordonnant que les fabricants seraient tenus « de mettre au chef et à la queue de chaque pièce de leurs etoffes, leurs noms et surnoms, ainsi que le lieu de leur demeure, et que lesdittes etoffes seroient marquées aux deux bouts tant du plomb de fabrique que de celuy de controlle ».

L'industrie drapière d'Elbeuf et même de toute la généralité de Rouen s'intéressait depuis quelque temps à un procès, qui eut pour dénouement un arrêt du roi, rendu le 25 septembre, à Versailles, dont voici les termes :

« Sur la requeste présentée au Roy estant son Conseil, par Jean Le Masson, fabriquant de draps à Rouen ; contenant que par arrêt du Conseil des 12 avril 1723 & 13 septembre 1729, il auroit été fait défenses à tous manufacturiers de Louviers, Rouen, Dernetal, Elbeuf, Orival & Andely, de recevoir chez eux les compagnons & ouvriers des autres maîtres ni de leur donner aucun emploi directement ou indirectement, à peine de cent livres d'amende, & à tous ouvriers de quitter leurs maîtres pour aller travailler chez les autres maîtres, soit dans le même lieu ou dans l'un de ceux ci dessus désignés, à peine de trente livres d'amende, à moins que ce ne fut pour cause légitime, reconnue telle par les juges & par l'inspecteur des manufactures ; qu'au préjudice des défenses portées par ces arrêts, le nommé Roufflay, maître d'Avignon, cardeur fileur de laine, auquel le suppliant fournissoit de l'ouvrage depuis huit années sans interruption, l'ayant quitté, sans cause légitime & sans billet de congé, pour travailler pour Jean Ficquet, drapier à Dernetal, il auroit fait assigner les 18 & 19 avril 1735 lesdits Ficquet & Roufflay, pardevant les maire & échevins de Rouen, pour se voir condamnés, le premier en cent livres d'amende, & l'autre en trente livres, & à reprendre l'ouvrage que le suppliant lui fourniroit, conformément aux arrêts des 12 avril 1723 & 13 septembre 1729 :

« Que la cause portée pardevant lesdits maire & échevins, les gardes drapiers de Dernetal ont demandé d'estre reçus parties intervenantes, & déclaré qu'ils prennent le fait & cause pour Ficquet, soutenant que les maîtres d'Avignon font des ouvriers publics, qui travaillent chez eux pour toutes sortes de maîtres & non chez les maîtres, & qu'ils n'étoient pas sujets aux billets de congé ; Que le suppliant ayant été interpellé à l'audience de déclarer si les maîtres d'Avignon travaillent en même temps pour plusieurs maîtres, & si Roufflay, qui a travaillé pour luy, travailloit en même temps pour d'autres maîtres, il est convenu que les maîtres d'Avignon fileurs travaillent les uns pour plusieurs maîtres, d'autres pour un seul, & que ledit Roufflay ne travailloit que pour lui & pour François Lafesteur, maître drapier : Que Roufflay a soutenu de sa part, que dans le même tems il a travaillé pour ces deux maîtres & pour un troisième :

« Que sur le tout il est intervenu sentence desdits maire & échevins du 30 avril 1735, par laquelle l'intervention des gardes des drapiers drapans de Dernetal a été déclarée bonne & valable ; & y faisant droit, lesdits Ficquet et Roufflay ont été déchargéz de l'action du suppliant : Qu'il est obligé de se pourvoir contre cette sentence, dont ces dispositions sont formellement opposées aux arrêts du Conseil du 12 avril 1723 & 13 septembre 1729: Qu'il paroit que les motifs de cette sentence sont fondez sur ce que les gardes des drapiers drapans de Dernetal ont soutenu que les maîtres cardeurs fileurs, appellez maîtres d'Avignon, ne sont pas sujets aux billets de congé, parce qu'ils travaillent chez eux & non chez les maîtres ; & sur ce que Rouflay a prétendu avoir toujours travaillé pour plusieurs maîtres ; mais que ces motifs sont contraires aux dispositions desdits arrêts : Qu'en effet, ces arrêts faisant défenses à tous ouvriers de quitter leurs maîtres sans billet de congé, & à tous maîtres de les prendre, il ne doit y avoir d'exception en faveur d'aucune sorte d'ouvriers, à quelque genre de travail qu'ils soient employéz, soit qu'ils travaillent chez eux ou chez les maîtres, dès qu'ils travaillent pour les manufactures de draperie ; et par conséquent Roufflay n'a pu quitter le suppliant, ni Ficquet l'employer, sans encourir les peines portées par lesdits arrêts :

« Que c'est aussi l'usage qui se pratique dans les manufactures d'Elbeuf & de Louviers, comme il paroit par six sentences rendues par les juges de ces manufactures, contre les maîtres cardeurs fileurs, & par deux certificats, l'un du juge des manufactures, & l'autre des gardes en charge des fabriquans de draps de Louviers, par lesquels ils attestent que dans cette manufacture les ouvriers de tout genre, soit maîtres fileurs ou autres, sont sujets aux billets de congé, sans qu'il y ait aucune difficulté à cet égard, ni de la part des ouvriers, ni de celle des maîtres : Que la sentence des maire & échevins de Rouen du 30 avril 1735 peut d'autant moins se soutenir, que par une précédente sentence de ces mêmes juges, du 29 novembre 1732, un maître cardeur fileur, tel que Roufflay, a été condamné à l'amende pour avoir pris sans billet de congé l'ouvrier d'un maître drapier de Dernetal ; les gardes

des drapiers de ce lieu ayant soutenu alors que les maîtres cardeurs fileurs étoient sujets aux billets de congé : Que Roufflay est d'autant plus condamnable d'avoir quitté le travail du suppliant, qu'il lui fournit depuis huit ans des laines pour les travailler, & qu'il n'a cessé de travailler pour lui, que parce qu'il prétendoit augmenter son salaire de six deniers par livre de laine, ainsi qu'il en est convenu lui-même à l'audience :

« A ces causes, requeroit le suppliant qu'il plut à Sa Majesté débouter les gardes des drapiers drapans de Dernetal de leur intervention, casser et annuler la sentence des maire & échevins de Rouen du 30 avril 1735, & condamner ledit Ficquet en cent livres d'amende, & ledit Roufflay en trente livres, conformément aux arrêts du Conseil des 12 avril 1723 & 13 septembre 1729, qui seront exécutez selon forme & teneur.

« Vu ladite requête, les arrêts du Conseil des 12 avril 1723 & 13 septembre 1729, les sentences des juges des manufactures d'Elbeuf & de Louviers des 29 août 1727, 24 mars 1728, 21 août, 18 novembre & 30 décembre 1732 & 26 novembre 1733 : Autre sentence des maire & échevins de Rouen du 29 novembre 1732 : Les certificats du juge des manufactures & des gardes des fabriquans de draps de Louviers, du même jour 23 avril 1735 : La sentence des maire & échevins de Rouen du 30 des mêmes mois & an : L'avis du sieur de la Bourdonnaye, maître des requêtes, intendant & commissaire départi dans la Généralité de Rouen, & celui des députés du Commerce ;

« Ouï le rapport du s^r Orry, conseiller d'Etat

& ordinaire au Conseil royal, controleur général des finances, Le Roy étant en son Conseil, ayant égard à ladite requête, sans s'arrêter à l'intervention des gardes des drapiers drapans de Dernetal, dont Sa Majesté les a déboutez, a cassé & annulé, casse et annulle la sentence des maire & échevins de Rouen du 30 avril de la présente année 1735 :

Condamne ledit Ficquet, drapier drapant de Dernetal, en cent livres d'amende, & ledit Roufflay, cardeur fileur de laine, en trente livres aussi d'amende. Ordonne Sa Majesté que les arrêts du Conseil des 12 avril 1723 & 13 septembre 1729, seront exécutez selon leur forme & teneur ; en conséquence, fait expresses inhibitions & défenses à tous compagnons cardeurs fileurs de laine, & autres ouvriers des manufactures de draps de Rouen, Dernetal, Elbeuf, Louviers, Orival et Andely, de quitter les maîtres chez lesquels ils travailleront, ou qui les employeront, pour aller travailler chez d'autres maîtres, ou prendre de l'ouvrage d'eux, soit dans le même lieu, ou dans l'un de ceux ci-dessus désignez, qu'ils n'en aient obtenu un congé par écrit, ou, en cas de refus de la part desdits maîtres, une permission des juges des manufactures, qui ne pourra être accordée que pour cause légitime, à peine de trente livres d'amende contre chacun desdits compagnons & ouvriers :

« Fait pareillement Sa Majesté défenses à tous entrepreneurs de manufactures & maîtres fabriquans de draps desdites villes & lieux, de recevoir chez eux, ou de donner à travailler, directement ou indirectement, à aucuns desdits compagnons & ouvriers, qu'ils ne leur ayent représenté le congé par écrit du dernier maître de chez lequel ils seront sortis ou pour lequel ils travailloient, ou la permission du juge des manufactures en la forme ci-dessus prescrite, à peine de cent livres d'amende contre chacun desdits entrepreneurs de manufactures & maîtres fabriquans.

« Enjoint Sa Majesté au sieur Intendant & commissaire départi dans la Généralité de Rouen, de tenir la main à l'exécution du présent arrêt, qui sera lû, publié & affiché partaut au besoin sera, & sur lequel seront toutes lettres nécessaires expédiées. Fait au Conseil d'Etat du Roy, Sa Majesté y étant, tenu à Versailles le vingt cinq septembre mil sept cens trente cinq. — : CHAUVELIN ».

Le couvent des Ursulines servait parfois de lieu de détention pour les femmes, ainsi que nous le démontre une pièce, conservée aux Archives de la Seine-Inférieure, dont voici le texte :

« Nous Gabriel Blandin, escuyer, conseiller du roy, lieutenant de la maréchaussée de la haute Normandie en la généralité de Rouen, nous sommes transporté au couvent des dames Ursulines d'Elbeuf, en vertu d'une lettre de cachet du roy en date du 21 de ce mois, à nous mise aux mains par Mr l'Intendant de lad. généralité, pour mettre aux mains desdites dames la dame de Belleville, suivant les ordres portés en lad. lettre de cachet ; où estant arrivé avons mis laditte dame aux mains desd. dames religieuses, stipulées par madame Chapelle, supérieure, madame Bourseaux (Broussaud), assistante, et madame Jouën, zélatrice, et madame Roger, dépositaire. Et m'a esté mis par lad. dame de Belleville, présence desd. dames cy dessus nommées, de Me Bourdon, leur directeur, et de Mr Flavigny, procureur fiscal, un portefeuille dans lequel il y a plusieurs papiers et trois clefs, n'ayant rien trouvé autre chose à lad. dame ; lequel portefeuille et clefs avons cachetés du cachet desd. dames, que lad. dame a emprunté pour n'en avoir point ; dont nous avons dressé le présent procès-verbal pour valoir... », etc. — Signé : Hatteveille », de la prisonnière et des autres personnes indiquées ci-dessus.

Cette dame de Belleville habitait Rouen ; on l'avait arrêtée à cause de la légèreté de ses mœurs. La pièce que nous venons de publier doit être du mois d'avril 1732 ; il en est fait mention dans une autre de cette année 1735.

Par acte passé à Elbeuf le 3 décembre, Jacques Josse, barbanneur, vendit à Jean Baillemont, toilier, « une des trente-six places de barbanneur de la paroisse d'Orival, qui consiste à charger et décharger toutes les marchandises qui entrent et sortent dans ladite paroisse d'Orival, tant en batteau que charettes », moyennant 20 livres payées comptant et l'obligation, pour le preneur, de payer le demi-boisseau d'avoine, que comportait cette charge, au marquis de la Londe.

François-Alexandre Quesné, receveur du duché, donna à ferme le bateau la *Mal-menée*, qui faisait le services de Martot à Rouen, moyennant 220 livres par an. L'acte est du 28 décembre.

En cette même année, Jean Lamy, prêtre de Saint-Jean, mourut à l'âge de 72 ans, et fut inhumé dans l'église.

En 1735, la fabrique d'Elbeuf employa 4.265 balles de laine, sur chacune desquelles on répartit une somme de 2.096 livres 10 sols, montant de la dépense occasionnée par les besoins de la communauté et à raison de 9 sols 10 deniers par balle.

Il y avait alors procès entre Quesné, receveur du duché, et Pierre Tragin, garçon meunier au moulin de la Ronce, à Freneuse, et fermier du passage de Fourneaux, à Orival. Le 3 février 1736, les parties signèrent un accord dont voici les principales dispositions :

« Ledit Tragin s'oblige de ne point rentrer dans Elbeuf dans les jours de marché, ailleurs que sur le quay de la rivière, à dix pieds du bord, pour ne plus detourner les personnes d'aller moudre aux moulins d'Elbeuf, comme il a fait ; et au cas qu'il excède et passe ledit espace de terrain sur le quay de la rivière, il s'oblige de payer aud. sieur Quesné la somme de 50 livres en forme de dedommagement du tort qu'il auroit fait à la ferme des moulins d'Elbeuf en sollicitant et detournant les personnes pour n'y pas aller moudre, le tout conformément à l'arrest de la Cour qui deffend aux meusniers etrangers d'entrer dans les halles d'Elbeuf, lesquelles halles occupent les rues d'Elbeuf les jours de marché, ledit Tragin demeurant permis de venir à Elbeuf dans les jours qui ne sont pas de marché, pourvu que ce ne soit pas pour chasser sur la banalité dudit duché ».

Sous ces conditions, les poursuites contre Tragin furent arrêtées, et il n'eut à payer que les frais déjà faits, plus 50 livres de dommages intérêts et la dépense qu'il avait faite pendant le temps de son emprisonnement, se montant à 27 livres 10 sols.

Un autre procès était engagé à cette époque, entre Ch. Capplet et Fr. Fleury, maître d'école.

Les élèves de celui-ci étaient accusés d'avoir souillé le jardin du plaignant, cassé ses arbres, dégradé ses murs et brisé son escalier. On entendit de nombreux témoins et l'on fit des enquêtes, sans pour cela arriver à produire une lumière bien nette.

Par contrat passé devant les notaires de Rouen, le 25 mars, la veuve de Pierre Capplet et ses co-propriétaires donnèrent par bail emphythéotique de quarante années, à Robert Flavigny, « le terrain de trois places de rames, scitué au bourg d'Elbeuf, rue Meleuse, côte à Vallois, parroisse Saint Estienne, moyennant 30 livres par an ».

Jacques-Adrien Longuet, conseiller du roy en l'élection de Pont-de-l'Arche, reconnut devoir au trésor de Saint-Etienne d'Elbeuf, représenté par Robert Flavigny, une rente foncière assise sur un immeuble situé aux Damps. L'acte est du 25 avril.

Au 26 mai, Me Martin Périer, notaire royal en la vicomté de Beaumont-le-Roger, pour le siège de Saint-Melain-du-Bosc, demeurant ordinairement à Vitotel, était détenu prisonnier en prison d'Elbeuf. On le fit descendre « entre les deux guichets » pour signer un acte devant le notaire de notre bourg.

Le 6 juillet, Charles Maille, vicaire de Caudebec, tant en son nom que comme tuteur de ses frères et sœurs, et stipulant également pour Marie de Lieurey, dame du Quesné, veuve de Jacques-Louis Pollet du Thuit, pour Guillaume de Boissel, écuyer, conseiller du roi, et pour Charles Maille fils Marin, son cousin, bailla à loyer, aux frères Mortreuil, le passage du Port Saint-Gilles d'Elbeuf à Saint-Aubin.

Alexandre Martorey, dont nous avons bien des fois parlé, avait fait son testament le 8 mai, et donné 600 livres à la fabrique de Saint-Jean pour la fondation de messes annuelles, et 400 livres à l'hôpital de notre bourg. Il mourut peu après.

Le notaire d'Elbeuf procéda le 16 juillet et jours suivants à l'inventaire des meubles et écritures trouvés en la maison où demeurait le décédé.

Le mobilier était de valeur beaucoup supérieure à la moyenne des mobiliers bourgeois de notre bourg à cette époque.

Parmi les papiers inventoriés, figure une liasse relative à des biens acquis, par Martorey, « des régisseurs des religionnaires fugitifs ». Une transaction lui assurait la propriété d'héritages « sciz en ce lieu, paroisse de Saint Estienne, entre le vivier ou courant d'eau de Son Altesse et le cimetière ». Martorey s'était aussi rendu acquéreur, moyennant 5.300 livres, de bâtiments, cours et jardins sis en la même paroisse « au Mont Roty ». Le défunt avait également acheté de nombreux héritages aux trièges des Traites « et la ferme de la Cerizaie », et pour 5.000 livres de terres à Grosley, que le duc d'Elbeuf lui avait vendues, ainsi que d'autres à Thuit-Anger et ailleurs encore.

Le P. François Lauverjat, recteur du noviciat des Jésuites de Rouen, vint le 12 juillet à Elbeuf, où il bailla à ferme le fief du prieuré de Saint-Gilles, sis à Saint-Aubin, moyennant quantité de conditions, plus 800 livres en argent par an.

Un assez singulier procès fut soulevé en 1736. La veuve Louis Sevaistre avait vendu une pièce de drap à un marchand de Rouen, duquel drap un nommé Petit se fit faire un habit qu'il porta huit jours. A ce moment, il intenta un procès à son vendeur, sous prétexte que le drap était de mauvais teint. Le marchand appela en cause la veuve Sevaistre et l'affaire fut plaidée devant l'Hôtel-de-Ville de Rouen, qui le 7 août, débouta le sieur Petit de sa demande.

Petit persista néanmoins dans ses prétentions et porta l'affaire au Parlement. La Communauté des fabricants d'Elbeuf prit alors fait et cause pour la veuve Sevaistre et s'engagea à payer les frais qui résulteraient de ce procès, dont nous ignorons l'issue.

Une nouvelle donation au trésor de Saint-Jean fut faite, le 9 août, par Marie-Catherine Prevost, pour la fondation de cinquante-et-une messes basses et une haute par an et à perpétuité, moyennant 100 livres de rente.

Le 5 septembre, l'inspecteur Chrestien procéda à une levée de draps, pour les mesurer, mouiller et remesurer ensuite, chez divers fabricants, comme il l'avait fait l'année précédente, pour savoir si l'on ne tirait pas trop les pièces au ramage. Des draps furent pris chez Baptiste Grandin, Jacques Ménage, Jean-Baptiste Dupont, André Juvel, Louis Delarue, Louis Sevaistre, François Rouvin, la veuve Gosset, Jean-Baptiste Leclerc, Charles Delarue, Pierre Dupont, la veuve Jean Couturier, la veuve Jean Le Comte et Jean Couturier. Deux pièces appartenant à J.-B. Dupont et à Louis Sevaistre, trouvées défectueuses furent saisies. — Les années suivantes, Chrestien opéra de même chez les manufacturiers.

Pierre Dormesnil, barbier-perruquier, paroisse Saint-Etienne, constitua, par acte du 7 septembre, un titre de rente de 50 livres sur la tête de Pierre-André Dormesnil, son fils, pour lui faciliter d'arriver à la prêtrise.

Le 18 du même mois, Jean Tanquereuil, boulanger, paroisse Saint-Etienne, bailla à fieffe à Pierre Palfresne, maître porteur de grains, à Rouen, « un droit de sac et portage de grains en la voiture et bateau d'Elbeuf », moyennant le payement de la redevance annuelle de 40 sols due au duc d'Elbeuf, et 20 livres de rente au bailleur.

Henry de Lorraine, étant à Elbeuf, le 24 septembre, donna ses pouvoirs à Alexandre-Henri Prevost, « directeur du papier terrier du duché d'Elbeuf », pour faire bailler aveu et déclaration aux vassaux nobles ou roturiers tenant des biens relevant du duché.

Les fabricants avaient demandé au contrôleur général des finances que 3.000 livres réclamées pour la réparation de chemins fussent prises sur l'octroi des laines ; mais ils ne furent point écoutés, et la Communauté des drapiers fut chargée d'acquitter seule cette somme.

Le 2 octobre, les manufacturiers firent une nouvelle proposition, et demandèrent à employer cette somme de 3.000 livres exclusivement à la réparation « du chemin de la Barrière tendant au Pont de l'Arche », qui était alors en fort mauvais état.

Vers cette époque, Jean-Jacques Dehors fils Augustin, drapier à Darnétal, ayant remontré à l'intendant de la généralité de Rouen que son père, pratiquant autrefois la religion réformée, s'était réfugié à Genève, où le suppliant était né ; que celui-ci, ayant abjuré le protestantisme, était rentré en France et qu'il avait obtenu du Conseil du roi un arrêt qui le renvoyait en possession de ses biens patrimoniaux, parmi lesquels un clos sis à Elbeuf, triège des Rouvalets, mais qu'il ne pouvait le vendre parce que le suppliant était un « nouveau converti ». Afin de tirer parti de ce clos, Dehors demanda l'autorisation de le louer, ce qui lui fut accordé, le 4 novembre, par La Bourdonnaye, intendant.

Le 16 du même mois, par acte passé devant Ducy et Coignard, notaires à Rouen, J.-B. Davoult, originaire d'Elbeuf, marchand à Rouen, rue de la Grosse Horloge, fils de Romain Davoult, vendit « aux pauvres de l'hospital general etably à Elbeuf, rue Meleuze, stipulés par Robert Grandin, demeurant rue Meleuze, et Charles Le Roy, de la paroisse Saint Jean, administrateurs sortant d'exercice dudit hospital, autorisés par les autres administrateurs, c'est à sçavoir :

« Une mazure, rue Meleuze, au dessus de la Croix Feret, bornée d'un costé par la sente de l'Eclette, d'un bout un chemin tendant à la Croix Feret ; item, un petit bâtiment rue Meleuze ; lesquels mazure et bâtiments sont tenus à loyer par les heritiers de la veuve Davoult ». Cette double vente fut consentie pour le prix de 9.300 livres, qui furent payées comptant, savoir : 4.500 livres par Le Roy, représentant la paroisse Saint-Jean, et 4.800 livres par R. Grandin, représentant celle de Saint-Etienne.

Jacques Dugard était alors vicaire à Saint-Etienne. — Un autre Dugard était prêtre habitué en cette même paroisse. — L'année suivante, sont mentionnés comme prêtres attachés à l'église Saint-Etienne : Jacques Le Bouvry, A. Sevaistre et Jean-Baptiste Béranger. — Des notes paroissiales de la même époque nous font connaître qu'un certain nombre d'ouvriers d'Elbeuf tissaient des siamoises et que d'autres filaient le coton.

Une pièce, sans date, conservée aux archives municipales, nous apprend également que les cordonniers d'Elbeuf faisaient dire une messe chaque année :

« Le 25e octobre sera celebré une messe de St Crespin au rit solemnel mineur, de la devotion des cordonniers, avec diacre, sous-diacre et trois chappiers ; on y fera les encensements et on y observera les ceremonies ordinaires à ce rit.

« Ledit office sera sonné en la manière suivante : la veille sept heures en carillon, et la messe pour la 1re et la 2e fois aux deux moyennes cloches, et la dernière fois aux trois cloches en vollée. La procession qui precède la messe sera aussi sonnée.

« Le thresor fournira les ornemens convenables à la feste, et six cierges pour brusler sur le grand autel pendant la messe.

« Pour l'acquit dudit office solemnel sera payé :

« A la fabrique trois livres, cy.	3 liv.
« A Mr le curé pour messe et assistance deux livres, cy. . . .	2 —
« Au clerc pour sonnerie et assistance cinquante sols, cy. . .	2 — 10 s.
« A chaque ecclésiastique habitué ou non habitué, dix sols, cy.	10 s.
« Aux enfants de chœur, trois sols, cy	3 s.
« Au bedeau, dix sols, cy. . .	10 s.

« Le 26ᵉ dudit mois sera dite
une messe basse de *Requiem* pour
les associés défunts, à huit heures, pour l'acquit de laquelle sera
payé à Mʳ le curé vingt sols, cy . 1 liv. ».

Une autre cérémonie était célébrée dans l'é-
glise Saint-Jean : celle du Renouvellement
des Vœux du Baptême, à laquelle se rapporte
la supplique qui suit:

« A Monseigneur l'Evêque d'Evreux,

« Supplie humblement Nicolas-Jacques Le
Sueur, prestre, curé de la paroisse Saint
Jean d'Elbeuf, en votre diocèse.

« Et vous remontre, Monseigneur, qu'un
grand nombre de ses paroissiens, mus de dévotion pour la cérémonie du Renouvellement
des Vœux du Batême, comme elle se pratique
dans toutes les eglises paroissiales de votre
ville episcopale, l'auroient sollicité d'en faire
l'etablissement dans ladite parroisse et qu'ils
auroient desjà deposé entre les mains d'un
particulier la somme de 200 livres pour acheter un fonds pour rendre ladite fondation
stable; et comme cette ceremonie ne peut être
faite dans ladite paroisse sans l'approbation
de Votre Grandeur,

« A ces causes, le suppliant vous presente
sa requeste pour qu'il vous plaise, Monseigneur, approuver ladite ceremonie, pour être
faite dans ladite paroisse le lundi après la
fête de la Dedicace des eglises, avec les mêmes
antiennes, pseaumes, reponds, versets et oraisons que l'on chante dans les eglises parrois-
sialles de votre ville episcopale, et d'accorder
l'exposition du très Sᵗ Sacrement pendant
lesdites prières, et sur les fonts baptismaux.
Et le suppliant renouvellera ses vœux pour

la conservation de Votre Grandeur ».—Signé : « Le Sueur, curé de Saint Jean ».

Le 10 septembre de l'année suivante, l'évêque d'Evreux donna l'autorisation demandée ; mais, dit-il, « sans déroger à l'ordonnance que nous avons rendue, touchant les processions des saluts, dans le cours de notre visite épiscopalle faitte dans ladite église de Saint Jean d'Elbeuf, le 27e aoust 1736 ». — Suit la signature.

Fin du Tome IV

TABLE DES GRAVURES

DU TOME IV

1. L'ancien château de ducs d'Elbeuf, rue Saint-Etienne. . . . . Au titre
2. Le filage des laines au siècle dernier. . . . . p. 101
3. Procession de la Fierte de saint Romain . . . . p. 114
4. Atelier et outils de tondeurs de draps . . . . p. 127
5. Ensimage et cardage des laines . p. 173
6. Détails d'une pile à fouler les draps p. 288
7. Le lainage ou tirage à poil des draps . . . . p. 339
8. Portail de l'église Saint-Jean . . p. 369
9. Ourdissage et encollage des chaînes p. 381
10. Ancien prieuré de Saint-Gilles (état actuel) . . . . p. 434
11. Entrée de l'Hospice-Hôpital . . p. 469
12. Eglise de Saint-Aubin-jouxte-Boulleng. . . . . p. 542

Nota. — *Cette table servira d'avis au relieur.*

TABLE DES MATIÈRES

DU TOME IV

I. (1688-1689). — Charles III et Henri de Lorraine *(suite)*. — Les biens des protestants d'Elbeuf. — Jean Bénard de Granville. — Une seconde société de secours mutuels. — Ordonnance royale et arrêt du Parlement pour les tapissiers d'Elbeuf. — Désarmement des protestants. — Réparations à la chapelle Saint-Auct. — La basse sergenterie. — Les barbiers-baigneurs-étuvistes-perruquiers. . . . . p. 1

II. (1690-1691). — Charles III et Henri de Lorraine *(suite)*. — Une invention en tapisserie. — Enquête sur les Ursulines. — Orage extraordinaire ; la Ravine ; dégâts causés par les eaux. — Le trousseau d'une jeune bourgeoise. — Adjudication définitive du duché d'Elbeuf au prince Henri. — Effondrement des voûtes de l'église Saint-Jean. — Affermage des revenus du duché. — Réserve de bois pour la marine royale   p. 37

III. (1692-1693). — Charles III et Henri de Lorraine *(suite)*. — Mort du duc Charles. — Un roi d'Angleterre à Elbeuf. — Addition aux statuts de la Société des tondeurs. — Le duc Henri à Namur et à Nerwinden ; ses farces en voyage. — Une crise drapière ; cherté des subsistances et nouvelle épidémie . . . . p. 64

IV. (1694-1695). — Henri de Lorraine *(suite)*. — Les marques de la Manufacture d'Elbeuf. — Discussions au Bureau de la fabrique. — Difficultés d'existence pour les ouvriers. — Continuation de l'épidémie. — Le duc Henri à la cour. — Plaintes contre plusieurs fabricants. — Attentat, à Elbeuf, contre la majesté de Louis XIV ; excommunications. — L'ancien cimetière protestant. — Mort du bailli.— Une série de crimes. — La Fierte de saint Romain . . . . . p. 84

V. (1696-1698). — Henri de Lorraine *(suite)*. — La corporation des maréchaux-ferrants. — La confrérie de N.-D. de Liesse, à Saint-Jean.— Emprisonnement d'ouvriers tondeurs. — Echec à la vanité du duc d'Elbeuf. — Tentative des anciens fabricants contre les nouveaux. — Modification des statuts de la confrérie de Saint-Jacques. — Construction du château ducal d'Elbeuf . . . . p. 115

VI. (1699-1700). — Henri de Lorraine *(suite)*. — Les teinturiers d'Elbeuf sont érigés en maîtrise. - Le vicaire de Mandeville. - Le Bureau de la manufacture. — Le duc et ses chanoines de la Saussaye. — Portrait d'Henri de Lorraine, par ses contemporains. — Encore la « Grande-Maison ». — Deux défenses du duc d'Elbeuf. — Le fils du seigneur de Freneuse et la garenne de Cléon. — L'administration communale d'Elbeuf . . . . p. 141

VII. (1701). — Henri de Lorraine *(suite)*. — Intolérance religieuse des fabricants. — Les quêtes en l'église Saint-Etienne. — Le chef-d'œuvre des apprentis drapiers. — Tarification des salaires ouvriers. — La confrérie du Saint-Sacrement, à Saint-Jean. — Nouveaux statuts de la Charité de cette paroisse. . . . . . p. 166

VIII. (1702-1704).— Henri de Lorraine *(suite)*. — Payement des ouvriers au moyen de coupons de drap. — La charge de syndic. — Deux œuvres d'art. — Assurance contre le service militaire. — Nouvelle émeute des ouvriers drapiers ; scènes sanglantes. — Intrigues de la duchesse d'Elbeuf ; curieux détails. — Les fabricants elbeuviens contre ceux d'Orival. . . . . p. 193

IX. (1705-1708). — Henri de Lorraine *(suite)*. Son fils est tué devant Chivas. — Encore les drapiers d'Orival. — Le duc veut payer ses dettes. — Les marchands de laine de Rouen. — Le frère du duc Henri est pendu en effigie.— Sortilèges et crimes. — Le duc s'empare de l'octroi. — Etablissement de nouveaux droits. — Travaux à l'église Saint-Etienne. . . . . p. 219

X. (1709-1710). — Henri de Lorraine *(suite)*. — Mlle d'Elbeuf, duchesse de Mantoue, veut jouer à la souveraine ; ses déboires et ceux de sa mère. — Crimes aux environs d'Elbeuf. — Nouvelle disette ; accaparement des grains ; tentative de révolte. — Rachat de la capitation d'Elbeuf et de celle de Louviers. — Encore le château ducal. . . . . p. 243

XI. (1711-1713). — Henri de Lorraine *(suite)*. — Les voleurs de laine. — La viande de Carême. — Nouvelles mesures d'hygiène. — Don gratuit au roi, pour la suppression de certaines taxes.— Les bouchers d'Orival. — Le mouillage et le ramage des draps. — Foulage à la façon de Hollande ; le foulonnier Lancelevée. — La Cerisaie. — Statuts, de 1459, des bouchers d Elbeuf. — Aveu des Ursulines . . . . p. 274

XII. (1714-1716). — Henri de Lorraine *(suite)*. — Les fabricants de draps ; leurs observations ; intéressants détails. — Cruel supplice d'un condamné à mort. — Les foulonniers de la vallée d'Andelle. — Les maîtres tapissiers d'Elbeuf et l'apprentissage. — Mort de Louis XIV ; la Régence. — Menus faits. . . . . p 310

XIII. (1717-1719).— Henri de Lorraine *(suite)*. — Les avocats d'Elbeuf. — Les bienvenues et les ouvriers laineurs et tondeurs. — Le duc d'Elbeuf et le pays de Lalleu. — La taille pour les industriels. — Toujours le ramage des draps. — La famille « d'Elbeuf » à Sainte-Croix-sur-Aizier. — L'industrie lainière de la région d'Elbeuf. — La charité de Saint-Roch, à Saint-Etienne. — Le quai et la fontaine du Sud. — Le prince Emmanuel . . . . p. 335

XIV. (1720). — Henri de Lorraine *(suite)*. — Les billets de la banque Law ; ruine de nombreux Elbeuviens. — Construction du portail de Saint-Jean ; abandon du projet d'une seconde tour. — Les rapports du duc avec les bourgeois d'Elbeuf. — Affermage des moulins. — Les premiers commis-voyageurs elbeuviens. — La rareté du numéraire. — Règlement royal pour les draps fins. . . . . p. 363

XV. (1721-1722). — Henri de Lorraine *(suite)*. — Terrible catastrophe ; cinquante personnes noyées. — Craintes de peste. — La visite des draps ; réclamations des fabricants. — Julie de Lanquetot et l'hôpital de Saint-Etienne. — Donation de Jacques Delahaye. — Travaux à l'église Saint-Jean ; différend entre les paroissiens et le curé. — La Vollant. . . . . p. 384

XVI. (1723-1725). — Henri de Lorraine *(suite)*. — Fondation de l'Hospice-Hôpital actuel. — Plainte contre les ouvriers de la fabrique. — Procès contre le curé de Saint-Jean. — Réduction des salaires ouvriers. — La Vollant s'enrichit. — Donations à l'Hospice-général d'Elbeuf. — Trois fabricants de draps privilégiés . . . . p. 411

XVII. (1726-1727). — Henri de Lorraine *(suite)*. — Autour de l'église Saint-Jean. — Le prieuré de Saint-Gilles. — Affaires de la Manufacture ; plaintes contre les ouvriers tisserands. — Une colossale fumisterie ; le chevalier de Saint-Hubert, faiseur de miracles. — Abandon des bienvenues en faveur de l'hôpital . . . . . p. 431

XVIII. (1728-1729). — Henri de Lorraine *(suite)*. — Encore les bienvenues. — Les oblations de la chapelle Sainte-Marguerite ; procès. — Prorogation des tarifs d'octroi. — Demande en réduction d'impôts. — La situation de la Manufacture. — Réunion des deux hôpitaux en un seul. — Une fête publique.—Les Écameaux ; procès.   p. 452

XIX. (1730). — Henri de Lorraine *(suite)*. — Les hasples des fileurs. — Supplique adressée au roi par les fabricants. — Une émeute à Elbeuf, à Caudebec et à Saint-Aubin ; quatorze ouvriers condamnés à mort et deux aux galères. — Affermage général du duché. — Une tannerie. — Les portes et barrières d'Elbeuf. — Actes pour l'abbaye du Bec-Hellouin. . . . . . . p. 480

XX. (1731). — Henri de Lorraine *(suite)*. — Affaires de la fabrique. — Une condamnation à mort. — Plaintes des manufacturiers de Louviers contre ceux d'Elbeuf; arrogante réponse de ceux-ci. — Etablissement, à Elbeuf, d'un bureau de contrôle pour les draps des deux villes.— Autres actes pour l'abbé du Bec-Hellouin. . .   p. 498

XXI. (1732). — Henri de Lorraine *(suite)*. — Double condamnation à mort. — La mouture des bois de teinture. — Le contrôle et la marque des draps. — Le charbon de terre proscrit des teintureries ; enquête dans ces établissements. — Un matériel de tapissier. — Le Bureau des maîtres en tapisserie. — Jean Lesage. — Réunions publiques. — Procès entre deux confréries de Charité . . . .   p. 521

XXII. (1733). — Henri de Lorraine *(suite)*. — Contrat pour la fonte d'une cloche. — L'octroi sur la laine. — Craintes du poteau et du carcan. — Les courtiers en laines. — Lettres patentes du roi sur la teinture des laines pour la tapisserie. — La Cerisaie. — Une « marque de grâce ». — Travaux à l'église Saint-Jean . . . . .   p. 540

XXIII. (1734-1736).— Henri de Lorraine *(suite)*. — Crise industrielle. — Les marques du Bureau de la manufacture. — Visite des draps ; affaire veuve Le Comte. — La confrérie du Sacré-Cœur à Saint-Jean.— Inventaire d'un maitre tapissier. — Les billets de congé pour les ouvriers drapiers. — La messe de Saint-Crespin. — Le renouvellement des vœux du Baptême, à Saint-Jean . . . . p. 568

Table des gravures du tome IV . . . p. 597

Table des matières du tome IV . . . p. 599

Fin de la Table

Elbeuf. — Imprimerie H. SAINT-DENIS.

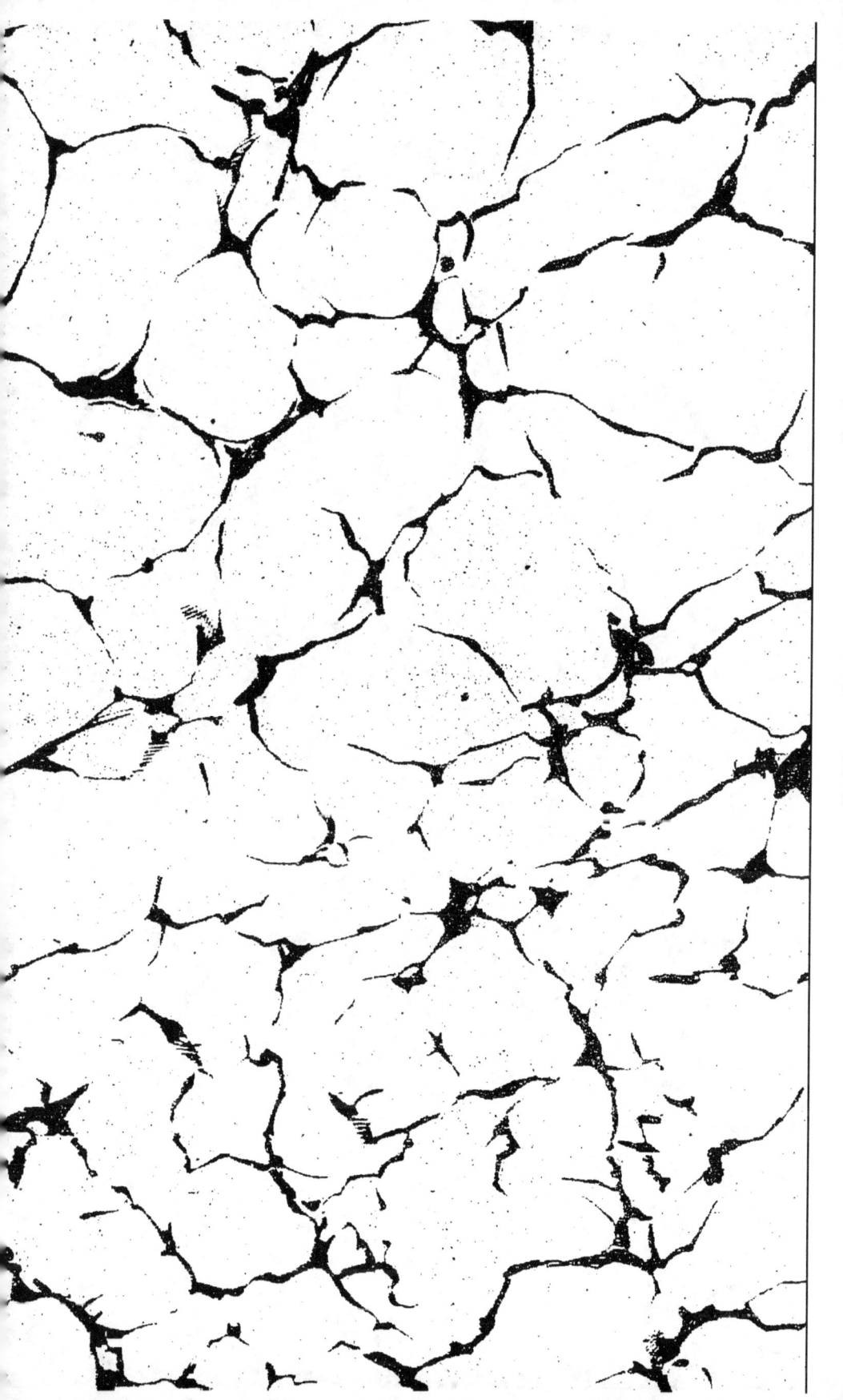

www.ingramcontent.com/pod-product-compliance
Lightning Source LLC
Chambersburg PA
CBHW071151230426
43668CB00009B/906